EMPATIA ASSERTIVA

KIM SCOTT

EMPATIA ASSERTIVA

COMO SER UM LÍDER INCISIVO SEM PERDER A HUMANIDADE

EDIÇÃO TOTALMENTE REVISTA E ATUALIZADA

ALTA BOOKS
E D I T O R A
Rio de Janeiro, 2021

Produção Editorial Editora Alta Books	**Produtor Editorial** Illysabelle Trajano Thiê Alves	**Coordenação de Eventos** Viviane Paiva eventos@altabooks.com.br	**Editor de Aquisição** José Rugeri j.rugeri@altabooks.com.br
Gerência Editorial Anderson Vieira	**Assistente Editorial** Thales Silva	**Assistente Comercial** Filipe Amorim vendas.corporativas@altabooks.com.br	**Equipe de Marketing** Livia Carvalho Gabriela Carvalho marketing@altabooks.com.br
Gerência Comercial Daniele Fonseca			
Equipe Editorial Ian Verçosa Luana Goulart Maria de Lourdes Borges Raquel Porto Rodrigo Ramos	**Equipe de Design** Larissa Lima Marcelli Ferreira Paulo Gomes	**Equipe Comercial** Daiana Costa Daniel Leal Kaique Luiz Tairone Oliveira	
Tradução Cristina Yamagami	**Revisão Gramatical** Alessandro Thomé Diego Gonçales	**Diagramação** Lucia Quaresma	**Capa** Bear's Shop Design
Trad/Copi Carlos Bacci			

Publique seu livro com a Alta Books. Para mais informações envie um e-mail para **autoria@altabooks.com.br**

Obra disponível para venda corporativa e/ou personalizada. Para mais informações, fale com **projetos@altabooks.com.br**

Erratas e arquivos de apoio: No site da editora relatamos, com a devida correção, qualquer erro encontrado em nossos livros, bem como disponibilizamos arquivos de apoio se aplicáveis à obra em questão.

Acesse o site **www.altabooks.com.br** e procure pelo título do livro desejado para ter acesso às erratas, aos arquivos de apoio e/ou a outros conteúdos aplicáveis à obra.

Suporte Técnico: A obra é comercializada na forma em que está, sem direito a suporte técnico ou orientação pessoal/exclusiva ao leitor.

A editora não se responsabiliza pela manutenção, atualização e idioma dos sites referidos pelos autores nesta obra.

Ouvidoria: ouvidoria@altabooks.com.br

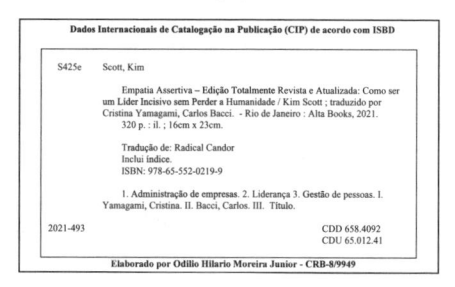

Dados Internacionais de Catalogação na Publicação (CIP) de acordo com ISBD

S425e   Scott, Kim

Empatia Assertiva – Edição Totalmente Revista e Atualizada: Como ser um Líder Incisivo sem Perder a Humanidade / Kim Scott ; traduzido por Cristina Yamagami, Carlos Bacci. - Rio de Janeiro : Alta Books, 2021.
320 p. : il. ; 16cm x 23cm.

Tradução de: Radical Candor
Inclui índice.
ISBN: 978-65-552-0219-9

1. Administração de empresas. 2. Liderança 3. Gestão de pessoas. I. Yamagami, Cristina. II. Bacci, Carlos. III. Título.

2021-493

CDD 658.4092
CDU 65.012.41

Elaborado por Odilio Hilario Moreira Junior - CRB-8/9949

Rua Viúva Cláudio, 291 — Bairro Industrial do Jacaré
CEP: 20.970-031 — Rio de Janeiro (RJ)
Tels.: (21) 3278-8069 / 3278-8419
ALTA BOOKS www.altabooks.com.br — altabooks@altabooks.com.br
EDITORA www.facebook.com/altabooks — www.instagram.com/altabooks

ASSOCIADO Câmara Brasileira do Livro

Para Andy Scott, a milagrosa fonte de romance e estabilidade de minha vida. Para nossos filhos, Battle e Margaret, que nos dão doses diárias de alegria insana e inspiração sã. Para nossos pais, que nos ensinaram tudo. E para nossos irmãos, que nos ajudaram a encontrar uns aos outros.

SUMÁRIO

AGRADECIMENTOS

ESCREVER ESTE LIVRO foi a coisa mais difícil que já fiz na vida, e eu jamais teria conseguido terminá-lo sem a generosidade e ajuda de muitas pessoas. Nenhum livro é obra de uma pessoa sozinha, e sinceramente não entendo por que nossa sociedade insiste no mito do "autor".

A primeira dificuldade foi comigo mesma. Precisei de longos períodos de tempo livre, não só para me sentar diante do computador e escrever, mas também para fazer longas caminhadas, pensar e ter longas conversas para troca de ideias. Isso me deixou sem tempo para me dedicar a meu emprego regular. Sou extremamente grata a minha equipe do Dropbox, especialmente Olga Navarskaya, Oliver Jay e Johann Butting, por terem sido tão compreensivos quando decidi sair da empresa de repente para escrever este livro. Também devo agradecimentos a Dick Costolo, Drew Houston, Adam Bain, Joanna Strober, Ryan Smith, Shannon Miller, Jack Dorsey e Kevin Gibbon, que me ofereceram trabalhos de consultoria, o que me proporcionou a flexibilidade e o tempo necessários para escrever e também cuidar do corpo e da alma.

Em seguida, veio a parte mais difícil: voltar à tona depois de tamanha introspecção. Para realizar essa façanha, tive a sorte de contar com a ajuda de meu editor, a gentileza dos amigos e a generosidade de desconhecidos.

Escrever um livro pode ser como se perder no mar. Tim Bartlett, meu editor e "chefe" desta obra, foi o bote salva-vidas que me resgatou da insanidade de escrever. Ele não só foi capaz de enxergar, em meio a toda minha loucura, as partes boas do texto, como conseguiu limpá-lo com maestria. Escrever um livro é, na verdade, uma obra colaborativa entre autor e editor, e trabalhar com Tim foi como estar nas mãos de um mestre. Ele sempre sabia o que cortar, o que elaborar, quando dizer "E aí? O que aconteceu com o importar-se pessoalmente?" e quando arrancar o manuscrito de minhas mãos. A visão clara de Tim iluminou todas estas páginas. Tim é o melhor editor do mundo, e seu nome deveria ter saído na capa, junto com o meu.

Também gostaria de agradecer à mulher e aos filhos de Tim, pois trabalhar neste livro comigo o fez abrir mão das férias e do tempo de convívio com a família. E, falando nisso, quero agradecer a meu marido, meus filhos, meus pais e meus irmãos, aos pais de meu marido e aos irmãos dele por toda a compreensão e apoio nos momentos em que os abandonei para escrever e depois editar este livro.

Uma equipe de grandes talentos da editora St. Martin's Press ajudou a tornar o livro realidade, e sou profundamente grata a ela. O entusiasmo de Laura Clark desde o momento em que coloquei os pés no escritório da St. Martin's foi uma enorme fonte de energia não só para a obra, mas também para mim, pessoalmente. Aprendi muito com ela a promover e vender ideias. Gabi Gantz, Alice Pfeifer, Karlyn Hixson, Eric C. Meyer, Kathy Parise e James Iacobelli me ajudaram muito, sempre com muita paciência a cada passo do caminho. Dezenas de outras pessoas também trabalharam neste projeto. Posso não ter tido a chance de conhecê-las em pessoa, porém todas se empenharam muito para produzir e vender o livro, especialmente Jeremy Pink, que nunca conheci pessoalmente, mas a quem admiro muito pela melhoria que promoveu em literalmente todas as frases. O trabalho que o pessoal da área editorial faz para levar ideias ao mundo é importantíssimo para a humanidade, e temo que tal trabalho não seja facilitado pelo setor da tecnologia, no qual atuei minha vida toda. Um de meus projetos para o futuro é encontrar um caminho melhor, uma colaboração mais estreita entre a tecnologia e o editorial.

Este livro nunca teria chegado às mãos de Tim ou da equipe da St. Martin's Press sem as várias pessoas que me ajudaram ao longo de todo o processo. Meus amigos Adam Richman e Kim Keating me deram conselhos valiosíssimos para encontrar uma editora que aceitasse publicar o livro. Meu agente, Howard Yoon, leu o manuscrito assim que o recebeu e me ligou empolgadíssimo. A reação dele me reassegurou de que eu não tinha jogado os últimos três anos no lixo justamente no momento em que mais precisava disso. Ele mesmo chegou a escrever a proposta de publicação quando viu que eu não conseguia fazer isso. E também passou meses me ajudando com as primeiras versões do manuscrito antes de submetê-lo às editoras. Howard é um daqueles raros agentes literários que é tão talentoso com as palavras quanto no processo de venda.

E antes mesmo de Howard ou Tim colocarem os olhos no livro, meus familiares e amigos leram uma versão após a outra, sugeriram modificações de palavra após palavra e fizeram questão de me tirar da frente do computador e me arrastar em longas caminhadas para eu poder espairecer um pouco. Meus pais, Allen e Mary Malone, devem ter lido umas quinze versões diferentes do livro sem jamais demonstrar um instante sequer de tédio. Se isso não for amor, não sei o que é.

Meu marido, Andy, combateu com obstinação minha ideia, que alimentei por quase dois anos, de intitular este livro de *Cruel Empathy* ["Empatia Cruel, em tradução livre]. Não sei por que me dei ao trabalho de discutir com ele. Nunca conheci pessoa mais compreensiva do que Andy, mas quando ele insiste em alguma coisa, sei que sempre está com a razão.

Muitas pessoas dedicaram seu tempo a editar vários rascunhos desta obra, e sou profundamente grata a cada uma delas. Denni Cawley editou as primeiras e mais espinhosas versões e me ajudou com as pesquisas. Sierra Kephart-Clary, mais adiante, impôs ordem em minha loucura. James Buckhouse trouxe um senso de beleza e alegria ao processo de edição justamente quando eu mais precisava. Katya Rice salvou meu texto de ficar abstrato ou específico demais e conseguiu fazer mil pequenas alterações ao mesmo tempo em que me ajudava a não focar nem a floresta como um todo nem apenas uma específica folha de árvore.

Alice Traux foi, durante duas intensas rodadas de edição, um reduto enorme de sanidade mental. Ela é implacável em sua tolerância zero a clichês, sempre disposta a me fazer perceber quando o texto não fazia sentido. Ao mesmo tempo, sempre se preocupou com meu moral ao longo do processo, o que me foi de grande ajuda. Sou gratíssima a ela.

Jim e Mary Ottaway editaram uma versão inicial deste livro, me encorajaram a continuar escrevendo e, como se não bastasse, Jim ainda fez heroicamente outra edição completa de última hora.

Sou muito grata a Catharine Burhenne-Sanderson, Steve Diamond, Maria Gotsch, Ellen Konar e Albert Ni, Jane Penner e Gretchen Ruben, que não só leram o livro, como também me acompanharam em incontáveis caminhadas e sessões de comes e bebes, me convencendo a repensar partes inteiras e ajudando a me sentir um pouco menos solitária ao escrever. Todos me ajudaram a esclarecer as ideias, e sua compaixão por mim me lembrou da necessidade de também ter compaixão pelo leitor.

Olga Navarskaya me convenceu de que a estruturação inicial do livro não se sustentava e precisava ser revista. Sanar os problemas me levou três meses, e eu jamais teria conseguido sem imaginar seu rosto cético em frente ao meu.

Devo toda a segunda metade do livro a Daniel Rubin, que passou vários meses insistindo, apesar de minha hesitação, em que uma filosofia de gestão sem recomendações práticas não teria utilidade alguma para os leitores.

Toda minha gratidão a Josh Cohen, Michael Chu, Michael Dearing, Drew Houston, Jared Smith, Russ Laraway, Elisse Lockhart, Charles Morris, Venkat Rao, Caroline Reitz, Sheryl Sandberg, Michael Schrage, Myra Strober, Richard Tedlow, Valerie Yakich e Chris Yeh, que leram e editaram minuciosamente este livro, propondo incontáveis sugestões e contribuindo com comentários que se revelaram absolutamente essenciais.

Muitas pessoas pediram para ler este texto enquanto eu o escrevia, e todas me ajudaram, algumas com conselhos assertivamente empáticos que me abriram os olhos às deficiências do livro, outras apenas manifestando interesse e me encorajando a continuar: Dinara Abilova, Alina Adams, Matt Adams, Richard Alfonsi, Brett Berson, Gina Bianchini, Jeff Bidzos, Nick Bloom, Simon Bolger, Adam Brandenburger, Jenna Buffaloe, Matthew Carpenter, Andrew Catton, Denni Cawley, Lawrence Coburn, Betsy Cohen, Kate Connally, Jack Dorsey, Sarah Friar, Maria Giacona, Kevin Gibbon, Adam Grant, Josh Grau, Karen Grove, James Groves, Matt Hogan, Adam Hundt, Kate Jhaveri, Neeru Khosla, Elizabeth Kim, Janet Kim, Aliza Knox, Brett Kopf, Jayant Kulkarni, Christine Lee, Battle Malone, Tim Martin, Ben Matasar, Blaire Mattson, Michael Maughan, Jamie McCollough, Shannon Miller, Dobromir Montauk, Maran Nelson, Yu-Shen Ng, Andrew Peterson, Ann Poletti, Kanjun Qiu, Adam Regelmann, Robyn Reiss, Katya Rice, Louisa Ritter, Margaret Rosser, Matt Rosser, Dan Rummel, Johnny Russ, Scott Sheffer, Lindsey Semple, Lauren Sherman, Dimitar Simeonov, Mason Simon, Ryan Smith, Mollie Solon, Donna Staton, Michael Stoppelman, Jason Strober, Joanna Strober, Shea Tate-Di, Jason Tan, Joseph Ternasky, Sophia Tsai, Casey Tunguz, Tomasz Tunguz, Dash Victor, Jackie Xu. Sou profundamente grata a todos eles.

Dizem que os melhores artistas roubam. Não tenho a pretensão de ser uma grande artista, mas sem dúvida roubei muitas das ideias que apresento neste livro, algumas das quais são lições que aprendi com meus colegas.

Mais especificamente, posso dizer que três pessoas influenciaram este livro: Shona Brown, Russ Laraway e Sheryl Sandberg.

Shona Brown, vice-presidente sênior de operações comerciais do Google, gosta de se manter no anonimato, de modo que não contei muitas histórias dela no livro. Uma dose generosa de empatia assertiva que recebi de Shona me lançou na carreira atual. Grande parte da abordagem do Google à gestão foi concebida, arquitetada e operacionalizada por Shona. Ela apresenta uma excelente descrição da abordagem à liderança no livro *Estratégia Competitiva no Limiar do Caos*, e provou a eficácia da abordagem quando implementou suas ideias no Google. Shona teve um papel importantíssimo na criação dos processos de contratação, avaliação, remuneração, desenvolvimento e promoção de pessoas no Google; na maneira como o Google definia e atingia suas metas; no modo como o Google tomava decisões; e na constante reinvenção do Google para manter-se ágil enquanto crescia. As ideias de Shona afetaram enormemente a trajetória da companhia.

Observar Russ Laraway liderar suas equipes sempre me ensina a ser uma chefe de sucesso. Ele não apenas me ensinou grande parte do que sei sobre gestão como me mostra todos os dias o que significa ser uma boa pessoa.

Sheryl Sandberg foi a melhor chefe que já tive e mudou por completo a trajetória da minha vida. Sempre me impeliu a fazer coisas que jamais imaginei serem possíveis e me ajudou a me aproximar de meus sonhos.

Neste livro, você lerá dezenas de histórias relatando lições que aprendi com as pessoas com quem trabalhei. Quero agradecer a todas elas por serem excelentes chefes e pelo exemplo que me deram. Espero ter-lhes feito justiça nas descrições que apresento aqui. Outras inúmeras pessoas também me ensinaram a ser uma boa chefe, mas preferiram ficar no anonimato. Aprendi muito dos conceitos deste livro com Tom Pickett e Scott Sheffer, que trabalharam em minha equipe do Google, e com Alan Warren, que fundou a Juice comigo.

E por último, mas com certeza não menos importante, serei eternamente grata a Dan Pink por me ajudar a ver que minha ideia era boa e por dar o título a este livro em uma conversa de poucos minutos.

Todos que me ajudaram a escrever este livro me ensinaram que, quando você se abre à empatia assertiva, pode encontrar a capacidade de compartilhar e um senso de propósito em momentos que de outro modo não seriam notados — no elevador, levando seu cachorro para passear, respondendo em 140 caracteres ao tuíte intrigante de um desconhecido ou retomando o contato com um velho amigo para discutir uma ideia nova.

PREFÁCIO À EDIÇÃO REVISTA
Sinceridade Radical com Empatia Assertiva

N O ANO PASSADO, vindo de um voo noturno, meu celular tocou assim que liguei o aparelho. E não parou mais. Família, amigos e conhecidos queriam saber se eu assistira ao episódio da noite anterior da série *Silicon Valley*, uma paródia hilária (e em algumas vezes fidedigna) do local em que contruí minha carreira profissional. A má notícia era que meu livro *Empatia Assertiva* fora satirizado no programa, sendo equiparado a uma espécie de folha de figueira edênica que mal tapava as vergonhas de executivos inescrupulosos e seu comportamento tortuoso. Para a maioria de meus amigos, eu não deveria me preocupar com isso, porque ser parodiado em *Silicon Valley* era algo até positivo, e que eu não deveria levar a sério.

Eu não estava convencida disso. Havia escrito um livro que recomendava às pessoas serem receptivas a críticas, levá-las a sério e aprender com elas. Estava convicta de que deveria persistir nesse caminho.

Muito do que faz de *Silicon Valley* uma comédia de costumes bem engraçada está no modo como mostra a tendência da tecnologia em travestir o tradicional comportamento predatório dos negócios com uma linguagem idealista. Contrariando minhas intenções, o sentido da expressão "Sinceridade Radical" que exponho no livro talvez tenha sido confundido com o de Insinceridade Manipuladora e Agressão Detestável no ambiente de trabalho.

No episódio, Ben Burkhardt ambiciona ocupar o cargo de diretor de Operações do herói do programa, Richard Hendricks. Ben recomenda a Richard tratar um empregado com toda a grosseria, e justifica esse procedimento com uma nova filosofia de gestão, a "Rad Can" [jogo de palavras com o título original do livro — Radical Candor —, cujo sentido é algo como "Troço Superlegal"]. Burkhardt personifica tudo aquilo que *Silicon Valley* quer cutucar: suavidade de modos, eloquência vazia e hipocrisia absoluta. Ele é também um covarde; quando seu chefe entra no restaurante em que foi se encontrar com Richard, Ben corre para se esconder, *novamente* atribuindo o gesto àquela filosofia de gestão.

O programa até veiculou uma falsa versão de meu livro como se o autor fosse Ben. (Ela serve de ilustração do caminho pernicioso que o programa havia detectado tão bem: "A Jornada do Idiota: Da Agressão Detestável à Insinceridade Manipuladora.")

O episódio de *Silicon Valley* me fez compreender algo muito importante. Havia pessoas utilizando *Empatia Assertiva* como pretexto para se comportar como imbecis, confundindo Agressão Detestável e Insinceridade Manipuladora com Sinceridade Radical. No livro, havia um contexto para evitar essa confusão de sentido, porém não fui clara o suficiente nessa prevenção.

Minha expectativa, quando escrevi o livro, era a de que isso servisse como lembrete do verdadeiro e fundamental significado da compaixão. A adulteração de sentido apresentada no episódio *Silicon Valley* deixou nítida para mim a necessidade de que havia muito trabalho a ser feito para alcançar aquele objetivo.

Poucos meses após esse episódio de *Silicon Valley*, foi a vez de Dilbert mostrar a forma como chefes desprezíveis fazem mau uso dos conceitos do livro (veja a seguir). Verdade que é difícil levar a sério as palavras de um cartunista que certa vez postou em seu blog que "mulheres são tratadas de maneira diferente pela sociedade exatamente pela mesma razão que crianças e deficientes são tratados de maneira diferente". No entanto, a tirinha dá ênfase à potencial confusão entre Sinceridade Radical e Agressão Detestável.

O título [em inglês] do meu livro, *Radical Candor* ["Sinceridade Radical", em tradução livre], tem o condão de chamar a atenção das pessoas graças à justaposição abençoada de uma palavra virtuosa, como "sinceridade", a uma forte e provocativa, como "radical".

Muitos interpretam essa união como um primo não muito distante da expressão "vai firme e arrebenta", algo cujo sentido pode ser descrito como "ouse ser um revolucionário agora e deixe para responsabilizar depois o ethos do Vale do Silício, o suspeito de sempre". Outra razão para que o termo Sinceridade Radical seja com frequência tão mal compreendido é que ele é confundido com Transparência Radical, um conceito criado por Ray Dalio. Ainda que Dalio e eu estejamos preocupados com a importância de desafiar diretamente, não há na filosofia dele muito foco nos cuidados pessoais a se tomar para, em suas palavras, "gerenciar tal como alguém que opera uma máquina para atingir determinada meta".* Além do mais, relacionamentos requerem alguma privacidade, então, embora eu seja favorável à transparência quando se trata de resultados comerciais, não creio que a Transparência Radical contribua para promover boas relações no trabalho e segurança psicológica, ou uma cultura feliz e produtiva.

A palavra "radical", para mim, aponta para uma filosofia de gestão nova e completamente distinta da vigente até então. A noção de que detentores do poder de mando devem se comportar de modo agressivo é antiga e banal, não nova e radical. O que há de especial no livro é o entendimento de que comando e controle podem sufocar a inovação e prejudicar uma equipe no aprimoramento da eficiência de seu trabalho rotineiro. Os resultados obtidos são melhores quando chefes e empresas reduzem voluntariamente o poder unilateral e motivam seus colaboradores e pares a se manterem responsáveis, ou seja, quando param de tentar manter sob controle os funcionários e se concentram em incentivar a organização. A ideia é que colaboração e atitudes inovadoras florescem quando relações humanas sadias tomam o lugar de agressões e burocracia. Vejo "radical" como significando "essencial", o que vem ao encontro do espírito do escritor francês Antoine de Saint-Exupéry em seu livro *O Pequeno Príncipe*: "Só se vê bem com o coração, o essencial é invisível aos olhos."

Com a expressão "Sinceridade Radical" incorporada ao léxico, me vi na obrigação de refinar o sentido do termo "radical". Não é o seu caso. Isso seria uma complicação, e estou tentando facilitar sua vida, não o contrário. Caso você esteja colocando no mercado esta nova edição, e pensa que pode haver alguma confusão sobre o que aquela expressão significa, eis aqui uma forma de ajudar a garantir que todos compreendam que a ideia é *não* agir feito um tolo: utilize a nova versão do modelo proposto por este livro (veja acima). Você pode recortá-la deste exemplar (vá até a página 297 para uma versão ampliada), fotocopiar e colocar na geladeira,

---

* No livro de Dalio há somente dez páginas a respeito de como "cultivar trabalho e relacionamentos significativos".

A ESTRUTURA DE EMPATIA ASSERTIVA
uma bússola, não um teste de personalidade!

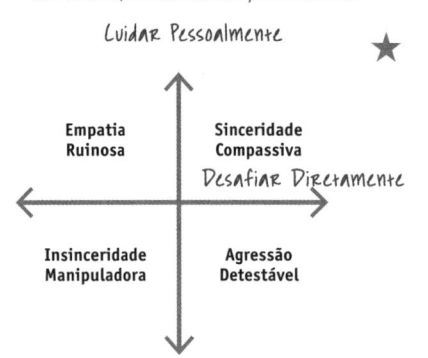

em cima da mesa de trabalho ou em qualquer local que possa servir de lembrete. Ou ainda compartilhar cópias com seus colegas. Use-a como uma bússola para orientar as conversas de modo mais positivo. Por favor, NÃO a use como teste de personalidade para avaliar a si mesmo ou a outrem. Não escreva nomes nos quadrantes, todos caímos em cada um deles diversas vezes ao dia.

SINCERIDADE COMPASSIVA

O CONTRASTE ENTRE Empatia Ruinosa e Sinceridade Compassiva pode não ser tão evidente assim, portanto, vale a pena explorar essa questão um pouco mais a fundo. Em seu livro *Against Empathy: The Case for Rational Compassion*, o psicólogo Paul Bloom discorre sobre como a empatia pode dinamizar nossas emoções a tal ponto que nos impede de raciocinar tão claramente quanto deveríamos. A empatia vincula-se ao momento presente, e com isso prejudica nossa perspectiva de longo prazo quanto ao impacto de nosso procedimento. Esse é o fenômeno que ocorre na Empatia Ruinosa — você está de tal forma determinado a não ferir os sentimentos da outra pessoa naquele momento, que se cala sobre algo que, em longo prazo, seria melhor que ela soubesse.

Paul Bloom nada tem contra a empatia — nem eu, claro. (O que tenho é empatia e compaixão pelo modo como ambas as palavras podem ser perigosas.) Joan Halifax, autora e professora zen budista, explica a relação entre empatia e compaixão: "A empatia emocional saudável contribui para fazer do mundo um lugar mais afetuoso. Ela pode ampliar a solidariedade, a preocupação com o outro e o nível de compreensão mútua. Mas a empatia emocional à qual falta equilíbrio pode ser fonte de aflição, esgotamento mental, apatia moral e isolamento. Empatia não é compaixão. Ser capaz de estabelecer um vínculo com o outro, de ser receptivo e preocupar-se com ele, pode não levar à ação. A empatia, porém, é um componente da compaixão, e um mundo desprovido de empatia saudável, acredito, é um mundo totalmente carente de vínculos afetivos que nos coloca a todos em perigo."[*]

---

* Joan Halifax. *Standing at the Edge*. (Nova York: Flatiron Books, 2018).

Jeff Weiner, CEO do LinkedIn, é um executivo que coloca a compaixão como elemento central da liderança. "Eis o conselho que eu daria a mim mesmo lá atrás, quando tinha 22 anos de idade: seja compassivo. Naquela altura da vida, eu não era muito compassivo. Para ser sincero, não me tornei particularmente compassivo até o último estágio de minha carreira. […] Quando tinha 30 anos, caiu nas minhas mãos um livro chamado *A Arte da Felicidade*. Dizia respeito aos ensinamentos do Dalai Lama [que] trazem o seguinte: imagine-se caminhando por uma trilha montanhosa. Você se depara com uma pessoa sendo esmagada por uma enorme pedra em seu peito. A resposta empática seria sentir a mesma sensação asfixiante, deixando você incapaz de prestar ajuda, e ele, desamparado. A resposta compassiva seria verificar que a pessoa estava sofrendo e fazer todo o possível para remover a pedra. Em outras palavras, compaixão é empatia e ação."* No início de sua carreira, Jeff tinha a reputação de ser muito severo, assim, ele pode ser considerado um exemplo das possibilidades transformadoras da autoconsciência e do crescimento pessoal.

A Sinceridade Compassiva une coração (importar-se pessoalmente) *e* mente (desafiar diretamente). Infelizmente, a expressão "Sinceridade Radical" falha em comunicar isso a todo mundo.

DEIXE O TELEFONE DE LADO E OLHE AS PESSOAS NOS OLHOS

PENSO QUE A CONSTRUÇÃO de um bom relacionamento entre as pessoas deve estar no centro das preocupações de um chefe. De fato, minhas frases favoritas em todo o livro são estas: "Relacionamentos são o núcleo de seu trabalho. Se você acha que é capaz [de cumprir suas responsabilidades como gestor] sem desenvolver relacionamentos fortes, está enganando a si mesmo. Não estou dizendo que poder, controle ou autoridade irrestritos não sejam eficazes. Eles são, sim, especialmente com um bando de babuínos ou em um regime totalitário. Mas se você está lendo este livro, suponho que não seja bem isso o que quer."

É constrangedor, mas perdi de vista esse tema após finalizar o livro. Na ocasião em que o texto estava praticamente concluído, mas ainda não impresso, me vi com algum tempo livre à minha disposição. Comecei a pensar se um software poderia ser útil às pessoas no sentido de colocar as ideias do livro em prática, e com isso em mente, almocei com um capitalista de risco para ver o que ele achava disso. Ele me ofereceu dez vezes mais dinheiro do que o adiantamento do livro, que levou quatro anos para ser escrito. O almoço durou pouco menos de uma hora. Minha cabeça girava, algo que não contribuía para clarear meus pensamentos: *Há um aplicativo para isso!* E foi assim que nasceu a Candor, Inc.

---

*Adaptado do discurso de Jeff Weiner aos graduandos da turma de 2018 da Wharton.

Claro, não era uma ideia tão ridícula assim. Russ Laraway, um dos melhores líderes com quem já trabalhei, cofundou a Candor, Inc. comigo. Em meu Conselho de Administração participava Shona Brown, a pessoa que, mais do que qualquer outra, operacionalizou a cultura do Google. Meus investidores estavam entre alguns dos mais bem-sucedidos no Vale do Silício. Por todos esses motivos, *parecia* uma boa ideia para um bocado de gente inteligente. Só que não.

Depois de testar três diferentes versões de nosso software, percebemos que se o objetivo se limitasse a fazer com que as pessoas deixassem os telefones em paz e passassem a olhar uns nos olhos dos outros e nada mais fizessem do que conversar, um aplicativo seria inócuo em termos de acréscimo de valor. Matt Dailey, um engenheiro que trabalhou conosco, colocou na mesa um problema adicional que o software era incapaz de resolver. "Kim, você continua recomendando às pessoas que usem no ambiente de trabalho o que sabem sobre relacionamentos humanos. Entretanto, o problema é que são muitas as pessoas que não sabem se relacionar em casa, no trabalho ou em qualquer situação." Nosso aplicativo não ensinaria isso a eles. O livro ajudava. As conversas ajudavam. Os workshops ajudavam. O software não.

Fechamos a empresa de software. Russ decidiu aplicar as ideias de gerenciamento com as quais nos identificamos e se tornou vice-presidente na Qualtrics. Eu decidi começar outra empresa, a Radical Candor LLC, ao lado de Jason Rosoff e Amy Sandler. Nosso foco é a pedagogia (como ensinar o que é a Sinceridade Radical) e as técnicas cognitivas comportamentais para ajudar as pessoas a transformar a Sinceridade Radical em um hábito. Está em nossos planos a possibilidade de usar a tecnologia para auxiliar as pessoas a colocar essas ideias em prática. Mas, por ora, nossa maior prioridade é trabalhar pessoalmente com líderes individuais e suas equipes. Realizamos palestras e workshops para centenas de empresas e milhares de participantes ao redor do mundo, e aprendemos um bocado sobre como tornar essas ideias uma realidade. No posfácio, Jason, Amy e eu resumimos o que aprendemos sobre como colocar em prática as ideias deste livro.

DIVERSIDADE E INCLUSÃO

DIVERSIDADE E INCLUSÃO podem de fato ser as questões que necessitam de nossa maior atenção, mas provavelmente são menos propensas a oferecer ou solicitar Sinceridade Radical. É comum, em nossas palestras ou workshops, meus colegas e eu respondermos a perguntas do tipo: "Como a diversidade afeta a capacidade de alguém ser Radicalmente Sincero?" ou "A Sinceridade Radical é mais perigosa para mulheres do que para homens, e ainda mais perigosa para mulheres negras do que mulheres brancas, para mulheres gays em relação às heterossexuais?" Ou

"Você pode afirmar que a Sinceridade Radical é uma atitude segura para pessoas que não têm o tipo de privilégios que você tem?" Há os que dizem: "Sou um homem branco. Se eu for Radicalmente Sincero, todos acharão que sou um idiota." Muitos me perguntam: "Como você, que é mulher, escreveu tão pouco sobre gênero em seu livro?" Houve uma ocasião em que um homem alto e preto apontou para mim, uma mulher branca e baixa, e disse: "A maneira como as pessoas vivenciam a Sinceridade Radical com você é muito diferente da maneira como vivenciam a Sinceridade Radical comigo. O que para você é seguro, para mim é perigoso; e imagino que aquilo que funciona para mim não funcionaria para você."

Ele estava absolutamente certo. Parte do motivo pelo qual não dei a este livro o título de "Sinceridade Compassiva" é justamente por ser mulher e não desejar parecer muito "suave". Não me orgulho disso, mas é verdade. E na ocasião, eu sabia por experiência em primeira mão que minha resposta a ele — "A Sinceridade Radical é mensurada não pela boca de quem fala, mas pelo ouvido de quem escuta"— mal arranha a superfície da complexidade envolvida na forma como oferecemos orientação um ao outro. Já é difícil avisar alguém de que há um fiapo de alface entre seus dentes da frente ou apontar erros gramaticais. E se você estiver mostrando para uma pessoa que ela talvez tenha sido tendenciosa? Ao mesmo tempo que você quer mostrar quão inaceitável foi o que ela disse, também quer lhe demonstrar alguma compaixão — e sabe que corre o risco de uma resposta fortemente defensiva e, provavelmente, injusta. Você também precisa se proteger.

Tais perguntas e respostas tiveram o condão de levar a mim e meus colegas a colaborar com o Second City Works, o braço de educação executiva do clube de comédia no qual Tina Fey, Stephen Colbert e inúmeros outros obtiveram treinamento nessa arte. Junto com o Second City Works, estamos explorando o modo como as pessoas podem se valer do improviso para usar — na prática, e com graça e leveza — a Sinceridade Radical no confronto de preconceitos no ambiente de trabalho, ou seja, o tipo certo de humor. Tratarei disso mais detalhadamente no posfácio.

A questão de como se pode usar a Sinceridade Radical para lidar, de forma pertinente e vigorosa, com as conversas reais sobre diversidade e inclusão é o tema de meu próximo livro. Nele, procurarei responder a perguntas assim: Como você pode usar a Sinceridade Radical para enfrentar preconceitos inconscientes, crenças e hostilidade nas questões de gênero no local de trabalho? Como você pode responder adequadamente quando recebe um feedback de que está do lado errado nessa matéria? Como você pode reagir para compensar um desequilíbrio interno quando a Sinceridade Radical pode não ser uma resposta segura ou suficiente? E de que maneira, na posição de líder, você tem condições de impedir que injustiças de gênero se manifestem em seu ambiente de trabalho, arruinando a cultura existente?

IMPEÇA SUA CULTURA DE SE TORNAR TÓXICA

STARTUPS BEM-SUCEDIDAS caracterizam-se, desde o início, por viver uma cultura na qual as pessoas desafiam-se mutuamente, de forma direta e até vigorosa, mas também demonstrando que se importam, pessoalmente, umas com as outras. Isso ocorre porque essas startups começam pequenas, envolvem pessoas que se conhecem muito bem e estão lutando para sobreviver. No entanto, à medida que a empresa cresce, agregando novas pessoas, torna-se praticamente impossível conhecer cada um pelo nome e muito menos ter um relacionamento estreito com todos. O tipo de desafio direto, tão fácil quando as pessoas se conhecem bem, começa a ficar difícil de acontecer. Com receio de comprometer o ambiente amigável dos primeiros dias, muitos hesitam em expor os problemas que surgem, evitando Desafiar Diretamente e recuando para a Empatia Ruinosa. Considerando que a Agressão Detestável tem maior eficácia que a Empatia Ruinosa, as pessoas com esse tipo de mau comportamento levam vantagem e passam a ganhar espaço na empresa. Muitas pessoas, quando em confronto com um idiota poderoso, adotam a Insinceridade Manipuladora, mais como forma instintiva de autoproteção do que por malícia intencional. Um ambiente assim incentiva as pessoas a se valerem da Insinceridade Manipuladora diante de seus superiores hierárquicos e recorrer à Agressão Detestável com aqueles que lhe são subordinados. Instala-se, então, todo um caldo de cultura tóxica, com muitos bajulando e tratando a pontapés, e poucos dispostos a falar as verdades aos poderosos. Trata-se de um comportamento que não acabará com a empresa de um dia para o outro. Em vez disso, leva a um cotidiano de desespero silencioso e a uma lenta e dolorosa aniquilação da inovação.

Nem tudo são sombras. Neste momento há muitas empresas, pequenas e de grande porte, atuando ativamente para instaurar uma cultura na qual levar em conta os aspectos pessoais e desafiar diretamente andam de mãos dadas. Ao fazer as duas coisas simultaneamente, as pessoas percebem que o mau comportamento não mais dá vantagem para ninguém. Comportar-se mal é agora punido, em vez de recompensado, a verdade tem curso livre e o ambiente é mais favorável ao sucesso e à felicidade.

ESPERO QUE você esteja a meu lado para garantirmos que as ideias deste livro não sejam utilizadas como desculpa para o mau comportamento de um chefe. Minha esperança é a de que a leitura de *Empatia Assertiva* possa lhe ser útil para encontrar uma maneira de ser sua melhor e mais plena versão no trabalho. Está em suas mãos criar equipes nas quais as pessoas possam fazer o melhor trabalho da vida e tecer os melhores relacionamentos de suas carreiras. Você pode amar aquilo que faz e as pessoas com quem trabalha.

INTRODUÇÃO

IMAGINO QUE TODO MUNDO já deve ter passado por algo parecido: tive um chefe terrível que achava que o melhor jeito de motivar as pessoas era pela humilhação. Um dia, um colega me copiou sem querer em um e-mail no qual meu chefe me ridicularizava repetidamente. Quando confrontei o chefe, ele me disse para "não esquentar" minha "cabecinha" com isso. Sem brincadeira.

Essa experiência foi uma das razões que me levaram a abrir minha própria empresa, a Juice Software. Minha ideia era criar um ambiente no qual as pessoas pudessem curtir não só o que faziam, mas também umas às outras. Alguns amigos acharam graça da proposta, dizendo que eu mais parecia estar falando de uma comuna do que de uma empresa. Mas era sério. Afinal, eu passava muito mais do que oito horas por dia no escritório. Se não curtisse meu trabalho e meus colegas, a maior parte de meu breve tempo neste planeta seria marcada pela infelicidade.

Infelizmente, apesar de eu ter conseguido evitar os erros daquele meu chefe terrível (o que foi fácil), cometi vários erros bem diferentes. Na tentativa de criar um ambiente positivo e tranquilo, evitei a parte difícil, porém necessária, de ser chefe: dizer às pessoas, de maneira clara e direta, quando o trabalho delas estava aquém das expectativas. Acabei não criando um ambiente no qual as pessoas que não estavam dando conta do trabalho eram informadas a tempo de corrigir o problema.

Pensando naquela época, logo me vem à mente alguém que chamarei de "Bob". Bob era uma daquelas pessoas simpáticas com quem todo mundo tem prazer de trabalhar, um colega gentil, divertido, atencioso e solícito. Além disso, tinha vindo para a entrevista de emprego com um currículo espetacular e ótimas referências. Ele me pareceu um excelente candidato, e o contratei sem hesitação. Só havia um "pequeno" problema: o trabalho dele era péssimo. Perdi a confiança no que ele fazia pouco depois de contratá-lo. Bob tinha passado *semanas* elaborando um documento para explicar que o software da Juice permitia aos usuários criar planilhas de Excel que eram automaticamente atualizadas. Quando li o texto no qual ele tinha trabalhado com tamanha diligência, fiquei chocada ao descobrir que não fazia sentido algum... estava mais para uma salada de palavras aleatórias. E, no instante em que Bob me entregou o documento, percebi que ele também sabia que seu trabalho não era lá grande coisa. A vergonha em seus olhos e o pedido de desculpas em seu sorriso deixaram isso mais do que claro.

VAMOS ABRIR um parêntese nessa história. Se você é chefe, já deve ter percebido que aquele momento marcou uma importante encruzilhada em meu relacionamento com Bob, um momento que tinha o potencial de decidir o sucesso ou fracasso de toda a minha equipe. O trabalho dele não chegava nem mesmo a ser insuficiente. Nossa empresa ainda era pequena, avançávamos com dificuldade e não tínhamos recursos para refazer o documento ou para compensar as deficiências de Bob. Eu sabia disso na época. No entanto, não tive coragem de abordar o problema diretamente. Disse-lhe que o trabalho era um bom começo e que eu mesma o ajudaria a terminar. Ele me lançou um sorriso amarelo e saiu da sala.

Que diabos aconteceu? Para começar, eu gostava de Bob e não queria repreendê-lo. Ele parecia tão nervoso quando me entregou o documento, que achei que fosse cair no choro. Todos gostavam tanto dele, que pensei que, se ele de fato chorasse, me considerariam uma chefe abusiva. Em segundo lugar, a menos que seu currículo e suas referências tivessem sido forjados, Bob já tinha feito um excelente trabalho no passado. Talvez estivesse distraído com algum problema familiar ou não houvesse se acostumado com nosso estilo de fazer as coisas. Independentemente do motivo, me convenci de que era só uma questão de tempo para ele retomar o desempenho que me levara a decidir contratá-lo. Em terceiro lugar, eu mesma poderia corrigir o documento, o que seria mais rápido do que ensiná-lo a fazer o trabalho do zero.

Vamos começar vendo como minha postura de evitar falar diretamente sobre o problema afetou Bob. Lembre-se de que ele sabia que seu trabalho não estava bom, e meu falso elogio só acabou confundindo a cabeça dele. Minha atitude lhe deu espaço para ele se enganar achando que estava satisfazendo minhas expectativas. E foi exatamente o que fez. Com minha decisão de não confrontar o problema, não o incentivei a se empenhar e o deixei acreditar que estava se saindo bem.

É extremamente difícil dizer às pessoas que elas estão pisando na bola. Você não *quer* magoar ninguém; afinal, você não é sádico. Não quer que sua equipe pense que você é um ogro. Além disso, aprendeu, desde que se conhece por gente, que "se não tiver nada gentil para dizer, é melhor não dizer nada". E, de repente, é seu *trabalho* dizer o que precisa ser dito. Você se vê diante da tarefa de esquecer tudo o que aprendeu até agora. Não é fácil gerenciar pessoas

Para piorar ainda mais as coisas, passei nada menos que dez meses repetindo o mesmo erro uma vez após a outra. Como já deve saber por experiência própria, você vai ficando cada vez mais ressentido com cada trabalho medíocre que aceita sem dizer nada e com cada prazo estourado ao qual faz vista grossa, e esse ressentimento acaba se transformando em raiva. Você deixa de achar que é o trabalho que está ruim e começa a acreditar que a *pessoa* como um todo é ruim. Então, vai ficando cada vez mais difícil ter uma conversa imparcial, a ponto de você evitar falar com ela.

E, como seria de esperar, minha atitude em relação ao Bob afetou a equipe inteira, que não entendia por que diabos eu aceitava um trabalho tão terrível sem dizer nada. Seguindo meu exemplo, todos se puseram a tentar encobrir as falhas de Bob. Consertavam os erros dele e faziam ou refaziam seu trabalho, muitas vezes quando deveriam estar em casa descansando. Em certas situações, pode até ser necessário fazer isso por um tempo — por exemplo, se a pessoa estiver enfrentando uma crise pessoal. Essa atitude, porém, sempre cobra seu preço mais adiante. No caso da Juice, pessoas que antes apresentavam um trabalho excepcional ficaram desleixadas. Perdemos prazos importantes. Mesmo conhecendo as razões do atraso dos colegas de Bob, evitei confrontar o problema. E *eles* começaram a se perguntar se eu sabia a diferença entre um trabalho excelente e um trabalho medíocre. Parecia que eu não estava nem aí com os prazos estourados. Como costuma acontecer quando as pessoas não sabem ao certo se a qualidade de seu trabalho é valorizada ou não, os resultados começaram a ir por água abaixo... e o moral da equipe também.

Diante da possibilidade concreta de perder meu pessoal, percebi que não daria mais para adiar a tão temida conversa. Convidei Bob para tomar um café comigo. Ele esperava um bate-papo sem grandes consequências, mas, depois de algumas idas e vindas, eu o demiti. E nós dois nos vimos infelizes, debruçados sobre nossos muffins e xícaras de café. Após um penoso silêncio, Bob empurrou a cadeira para trás, arrastando ruidosamente os pés de metal no piso de mármore, me encarou e disse: "Por que você não me *falou* antes?"

Enquanto eu digeria a pergunta sem encontrar uma boa resposta, ele disparou: "Por que *ninguém* me falou antes? Achei que vocês gostassem de mim!"

Foi o ponto mais baixo de toda a minha vida profissional. Eu tinha cometido uma série de erros, e quem estava pagando por eles era Bob. Meus elogios só serviram para confundi-lo e desencaminhá-lo. Aliás, nunca critiquei seu trabalho, tampouco lhe pedi feedback sobre minha liderança, o que poderia ter lhe dado a chance de conversar sobre a situação e talvez encontrar uma solução. Pior ainda, deixei de criar uma cultura na qual os colegas de Bob pudessem tê-lo alertado assim que viram que ele estava saindo dos trilhos. Faltava coesão à equipe, e isso se refletia em nossos resultados. Minha negligência em fazer elogios e críticas teve efeitos absolutamente desastrosos sobre as pessoas e sobre a empresa.

É possível traçar uma correlação direta entre um feedback insuficiente da liderança e uma equipe disfuncional, que apresenta resultados insatisfatórios. Não era tarde demais só para Bob. Era tarde demais para a companhia toda: a Juice foi forçada a fechar as portas pouco depois de eu demitir Bob.

GOOGLE: LIBERDADE PARA TRABALHAR

ESTÁVAMOS EM 2004, e eu precisava de um emprego. Liguei para uma ex-colega de turma do curso de administração, Sheryl Sandberg. Ela entrara no Google três anos antes, e tínhamos conversado havia pouco tempo, no casamento de um amigo em comum. Apesar de Sheryl se importar claramente com os membros de sua equipe, tive a nítida sensação de que ela não cometia o mesmo erro que eu cometera com Bob. O tempo mostraria que eu estava certa.

Depois de uma maratona de 27 entrevistas, recebi uma oferta para trabalhar para Sheryl liderando uma equipe de 100 pessoas responsável pelas vendas e pelo suporte a clientes de pequeno e médio porte do AdSense.* Eu não tinha ideia do que era o AdSense, mas sabia que a cultura do Google representava uma ressurreição de meu sonho de criar um ambiente no qual as pessoas pudessem curtir seu trabalho e umas às outras, e Sheryl me pareceu uma excelente chefe. Como um amigo comentou um dia: "No Vale do Silício, as pessoas não 'caem para baixo'; elas 'caem para cima'." (E fiquei sabendo que Bob também se deu muito bem após a demissão.)

---

* **AdSense** O AdSense é um serviço de anúncios que você pode agregar a seu site ou blog e receber um pagamento do Google pelos anúncios visualizados. Se você tiver um site sobre, por exemplo, acampamento, pode incluir nele um box "Anúncios do Google", e o Google preencherá esse box com anúncios de, digamos, barracas ou sacos de dormir de determinado fabricante. Você é pago sempre que um usuário visualizar os anúncios ou clicar neles. O box é inserido no seu site por meio de um código de programação fornecido pelo Google.

POUCO DEPOIS de eu entrar no Google, testemunhei uma impressionante troca de opiniões produtivas e extremamente diretas. Certo dia eu estava participando de uma reunião com Larry Page, cofundador da empresa, e Matt Cutts, que liderava a equipe encarregada de combater ações de Webspam.* Larry tinha um plano diferente, mais sutil, que eu não conseguia entender. No entanto, ficou claro que Matt entendeu e que não gostou nem um pouco dele. Matt, em geral um sujeito bastante afável e tranquilo, discordou vigorosamente. Quando percebeu que Larry não recuava, simplesmente se pôs a *gritar* com ele. Disse-lhe que sua ideia provocaria uma "enxurrada de lama" da qual ele jamais conseguiria se recuperar.

Fiquei angustiada com a reação de Matt. Eu gostava dele e temia que pudesse ser demitido por criticar a proposta de Larry com tanta veemência. Então vi um grande sorriso se formar no rosto de Larry. Ele não só permitia a oposição de Matt, como parecia estar adorando. Deu para ver, pela atitude aberta e satisfeita com que reagiu à oposição, que ele queria que Matt e todas as pessoas do Google se sentissem à vontade questionando a autoridade... especialmente a dele. Não fazia sentido algum rotular aquela conversa com adjetivos como "agradável" ou "bruta", "rude" ou "educada". Ela foi produtiva e colaborativa. Foi livre. Foi conduzida de um jeito que nos levou à melhor resposta. Como Larry conseguia?

Decidi tentar seguir o exemplo de Larry. Em vez de me concentrar em "dar feedback" a minha equipe, eu a encorajei a me dizer quando *eu* estivesse errada. Fiz de tudo para incentivar as pessoas a me criticar ou ao menos simplesmente *falar* comigo. Depois de alguns tropeços (que explicarei mais adiante), o pessoal começou a se abrir. Passamos a ter conversas mais francas e a nos divertir juntos. Tive a sorte de contratar gente incrível, como Russ Laraway, com quem abri uma nova empresa, a Candor, e Jared Smith, cofundador da Qualtrics (hoje atuo em seu Conselho de Administração). Aprendi tanto com meus subordinados como com meus superiores a ser uma boa chefe. Passamos a *não* tomar decisões nas reuniões da equipe e deixá-las nas mãos das pessoas que trabalhavam em maior proximidade com os fatos. Com isso, passamos a ser mais eficientes. Para criar um ambiente seguro e aberto a "questionar a autoridade" em todos os níveis da organização, propusemos "semanas para consertar os chefes" e elaboramos meticulosamente "sessões de feedback aos chefes".

---

* **Webspam**: Webspams são sites que adulteram o sistema PageRank, do Google, que classifica os resultados das buscas no navegador. É uma espécie de lixo eletrônico ou algo como ligações de telemarketing que você recebe em casa, durante o jantar.

Explicarei essas e outras técnicas na segunda parte deste livro. Por ora, cabe notar que no Google, para garantir que o trabalho fosse feito, os gestores não contavam apenas com o "poder" ou "autoridade". Eles tiveram de bolar uma forma diferente e melhor de liderar.

Depois de seis anos no Google, por fim me senti confiante de ter conseguido exatamente isso: aprender um jeito melhor de ser chefe. Não repeti o erro que cometera com Bob, mas também não me transformei em um monstro. Aumentamos a receita de meu departamento mais de dez vezes, para vários bilhões de dólares. Grande parte desse crescimento resultou de melhorias no produto, não de nosso processo de vendas, mas nós sem dúvida ajudamos. A eficiência era uma obsessão nossa, e *reduzimos* o número de funcionários de nosso departamento na América do Norte mesmo enquanto a receita crescia alucinadamente (na melhor definição do termo "escalar"). Com o tempo, além do AdSense, meu departamento passou a incluir o pessoal de vendas e operações globais do YouTube e do DoubleClick. Começamos com uma equipe na América do Norte, e nossa cultura excêntrica e divertida se mostrou robusta o suficiente para atuar como uma força unificadora para as equipes de Dublin, São Paulo, Buenos Aires, Nova York, Mountain View, Sydney, Seul, Tóquio, Pequim e Singapura.

No entanto, passei a focar cada vez menos os indicadores do negócio (custo por clique, receita etc.). O que mais me interessava era descobrir como definir esse "jeito melhor" de ser chefe que desenvolvi com o tempo e ensinar essas técnicas às pessoas. Àquela altura, porém, a ideia ainda era mais instintiva do que uma filosofia. Eu precisava de tempo para pensar, para poder articular um modelo.

APPLE: "CONTRATAMOS PESSOAS QUE *NOS* DIZEM O QUE FAZER, E NÃO O CONTRÁRIO"

NENHUM CARGO no Google me permitiria simplesmente parar para *pensar,* e trabalhar em atividades operacionais não costuma deixar muito tempo para a contemplação silenciosa. Por sorte, a apenas uns 15 quilômetros dali, Steve Jobs fundou a Apple University. Richard Tedlow, meu professor da faculdade de administração, acabara de sair da Harvard University para atuar na nova "fábrica" de talentos liderada por Jobs. Ele descreveu assim a missão da Apple U: "Queremos combater a atração gravitacional da mediocridade organizacional." Um fator importante para atingir essa meta era desenvolver o curso *Managing at Apple,* para ensinar como ser gestor da Apple. Quando me ofereceram um emprego para desenvolver e lecionar nesse curso, agarrei a oportunidade.

Managing at Apple era voltado a gestores de primeira viagem, mas os executivos acharam que também seria útil para os líderes seniores de suas equipes. Apesar de o curso não ser uma disciplina obrigatória, nossa maior dificuldade foi dar conta da demanda. Na época em que trabalhei na Apple, ensinamos milhares de pessoas e recebemos excelentes avaliações dos alunos. Muitos outros gestores fizeram o curso depois que saí de lá.

Na Apple, posso dizer que aprendi tanto quanto ensinei. Uma conversa que tive com uma líder da empresa me ajudou a ver um grande erro no desenvolvimento de equipes que cometi no início de minha carreira. O problema era que eu sempre focava as pessoas que tinham mais chances de ser promovidas. Presumia que era assim que uma empresa em crescimento deveria agir. Entretanto, aquela líder da Apple me mostrou que todas as equipes precisam não só de crescimento, mas também de *estabilidade*, para ter um bom desempenho. Nada funciona muito bem se todos estiverem à caça de uma promoção. Ela chamava os membros de sua equipe que obtinham resultados excepcionais, mas que se posicionavam em uma trajetória de crescimento mais gradual, de "estrelas", porque adoravam o trabalho e tinham um desempenho espetacular, porém não ambicionavam ocupar o cargo dela nem ser o próximo Steve Jobs; sentiam-se felizes onde estavam. Já as pessoas que se posicionavam em uma trajetória de crescimento mais acelerado, que enlouqueciam se fossem obrigadas a passar mais de um ano fazendo o mesmo trabalho, eram consideradas "superestrelas". Essas pessoas constituíam a fonte de crescimento da equipe. Aquela líder deixou claro que toda equipe precisa equilibrar esses dois elementos.

Aquele insight foi uma verdadeira revelação para mim. A Apple crescia rapidamente e já era maior que o Google. Mesmo assim, fazia questão de receber pessoas com ambições diferentes. Na Apple, para ter uma carreira gratificante, um funcionário precisava apresentar um desempenho espetacular no trabalho e adorar o que fazia, mas *não* ser obcecado por promoções. No Google, subestimei sistematicamente as "estrelas". Esse erro causou muita insatisfação em pessoas que contribuíam bastante para a empresa. Para o Google, priorizar as pessoas com uma trajetória de crescimento acelerado era, em parte, uma reação à norma adotada pelas companhias tradicionais, que tendem a cortar as asas de quem ambiciona "mudar tudo". A Apple abria espaço para todos os diferentes tipos de ambição, e essa foi uma das razões do rápido crescimento da empresa, ao mesmo tempo em que ela combatia "a atração gravitacional da mediocridade organizacional".

O GOOGLE É CONHECIDO por ser uma empresa de direcionamento de baixo para cima, que dá condições até para os funcionários mais jovens e inexperientes tomarem as próprias decisões. O papel dos gestores é, em grande parte, sair do caminho, por vezes ajudar, mas nunca interferir demais. Eu esperava o contrário na Apple, tendo em vista a narrativa do Steve Jobs controlador transmitindo sua brilhante visão de cima para baixo, sem tolerar discordância alguma e impelindo sua equipe a fazer acontecer. A realidade na empresa, entretanto, não era bem assim.

O relato de um colega sobre sua entrevista de emprego com Jobs mostra bem isso. Meu colega lhe fez várias perguntas absolutamente razoáveis, como: "Qual é sua visão para o desenvolvimento da equipe? Qual será o tamanho da equipe?" A reação abrupta de Jobs foi: "Bem, se eu soubesse isso, não precisaria de você, não é mesmo?" Uma resposta um tanto grosseira, mas que ao mesmo tempo valorizava o interlocutor. Jobs articulou sua abordagem com mais delicadeza em uma entrevista de emprego com Terry Gross: "Aqui na Apple nós contratamos pessoas que nos dizem o que fazer, e não o contrário." E essa também foi minha experiência na empresa.

Na Apple, como no Google, a capacidade de um chefe de obter resultados tinha muito mais a ver com escutar e buscar entender do que dizer aos funcionários o que fazer, mais a ver com dialogar do que controlar, mais a ver com impelir as pessoas a decidir do que ele tomar as decisões sozinho, mais a ver com convencer do que dar ordens, mais a ver com aprender do que saber.

SEUS RELACIONAMENTOS SÃO A BASE DE SEU TRABALHO

AUTONOMIA e negligência são duas coisas bem diferentes, contudo... Aprendi essa lição a duras penas com a experiência que tive com Bob. Veja o que aprendi com aquilo.

No curso *Managing at Apple*, costumávamos exibir o vídeo de uma entrevista de Steve concedida ao jornalista de tecnologia Bob Cringely. Nele, o cofundador da Apple, ao explicar o que acha de criticar o trabalho das pessoas, apresenta um ensinamento importantíssimo: "Você precisa fazer isso de um jeito que não ponha em dúvida sua confiança na capacidade da pessoa, mas que também não deixe muito espaço para interpretação, o que é muito difícil de fazer." Então diz: "Eu não ligo de estar errado. E não vejo problema algum em admitir que estou errado. Na verdade, estar certo não é muito importante para mim. O que mais me importa é saber que estamos fazendo a coisa certa."* Amém! Quem poderia argumentar em contrário?

E basta voltar um pouquinho o vídeo para encontrar o que levou Jobs a afirmar isso. Alguém perguntou o que ele queria dizer quando falava para as pessoas que o trabalho delas "está uma merda". À primeira vista, essas palavras, no mínimo, têm poucas chances de desenvolver a confiança ou fazer com que a equipe se sinta

---

* http://www.magpictures.com/stevejobsthelostinterview/ [conteúdo em inglês].

capacitada a correr riscos. A frase mais parece bullying e, em alguns casos, até pode ter sido. Eu sem dúvida não recomendaria dizer *isso* a alguém. No começo, eu contornava a questão com uma piadinha: "Não se esqueçam de que vocês não são Steve Jobs."

A observação sempre provocava risos, mas, no fundo, evitava uma questão importante. Pensei naquela discussão de Matt Cutts com Larry Page. Por alguma razão, eles podiam gritar um com o outro, e tudo bem. Por quê? Eu jamais diria "Seu trabalho está uma merda" nem gritaria com um colega.

Ou será que diria? Lembrei-me de quando estávamos lançando o AdSense internacionalmente no Google. Jared Smith, que tinha trabalhado comigo na Juice e também estava em minha equipe no Google, ficava confundindo a Eslováquia com a Eslovênia e agindo como se a distinção não fizesse a mínima diferença. Na quinta vez que ele confundiu os dois países em uma reunião, perdi o controle: "É *Eslováquia*, seu burro!"

Jared e eu já havíamos trabalhado por um bom tempo juntos, e ele (como todas as pessoas presentes na sala) sabia que eu o respeitava profundamente. Também ele tinha a liberdade de me repreender com a mesma grosseria carinhosa, como de fato fazia às vezes. Meu comentário ríspido não passou de uma forma sucinta e eficaz de forçá-lo a se concentrar, tão eficaz, que ele nunca mais cometeu aquele erro. Eu só pude falar daquele jeito com Jared, com tamanha liberdade, em virtude do *relacionamento* que passamos anos forjando.

Não estou querendo dizer que você precisa praguejar, gritar ou ser grosseiro para ser um bom chefe. Na verdade, eu não recomendaria fazer isso, porque mesmo que o relacionamento evolua até o ponto em que você acha que há respeito mútuo, por ser o chefe, você pode simplesmente estar entendendo mal os sinais. A questão é que, se você é o tipo de pessoa que gosta de se comunicar dessa maneira, tem de desenvolver relacionamentos com base na confiança para poder falar assim e contratar pessoas capazes de se adaptar a seu estilo.

O VALE DO SILÍCIO FOI o ambiente ideal para explorar os relacionamentos entre chefes e subordinados diretos. Vinte anos atrás, ninguém ensinava nem recompensava as habilidades de gestão no Vale do Silício, mas hoje as companhias dali são absolutamente *obcecadas* com isso. Você pode estar pensando que isso acontece porque essas empresas são lideradas por gurus da Nova Era em busca de uma teoria ou porque as pessoas que trabalham nelas são diferentes dos outros seres humanos, mas não é o caso. E também não é porque as organizações do Vale dispõem de enormes orçamentos para treinamento de pessoal ou têm algum descortino fundamental sobre a natureza humana baseado no acesso exclusivo que têm ao big data.

Nada disso. O Vale do Silício revelou-se um excelente cenário para estudar os relacionamentos entre chefes e subordinados em razão da guerra feroz pelos "talentos" travada por essas empresas. O número de excelentes companhias do Vale que vêm crescendo e contratando é tão grande, que quem trabalha em uma delas e está descontente, ou acha que seu potencial não é reconhecido, não tem motivo algum para continuar lá. E sem dúvida não tem motivo algum para tolerar um chefe grosseiro. Se não gosta do chefe, a pessoa simplesmente encontra outro emprego, sabendo que dez empresas estão na fila para contratá-la. O resultado é que as organizações se veem sob uma enorme pressão para acertar esses relacionamentos.

Mesmo no Vale do Silício, não é possível falar em escala nos relacionamentos. Larry Page, como qualquer ser humano, só pode ter um relacionamento profundo com um número limitado de pessoas. No entanto, seus relacionamentos com o punhado de pessoas que reportam diretamente a você afetarão enormemente os resultados de sua equipe. Se você lidera uma grande organização, não há como manter um profundo relacionamento com todos seus funcionários, mas seus relacionamentos com os subordinados diretos afetarão os relacionamentos que eles desenvolverão com os subordinados diretos deles. Esse efeito dominó tem o enorme poder de criar (ou destruir) uma cultura positiva. Os relacionamentos podem não se abalar, mas a cultura, sim.

Será que "relacionamento" é a palavra certa? Eu diria que sim. O relacionamento entre Eric Schmidt, CEO do Google de 2001 a 2011, e Larry Page foi um dos mais interessantes da história empresarial. E a disposição de Tim Cook, então COO e hoje CEO da Apple, de doar um pedaço de seu fígado a Steve Jobs, que se recusou a aceitar o sacrifício, exemplifica um relacionamento profundamente pessoal.

Qual seria a natureza de um relacionamento como esse? O capitalismo gerencial é um fenômeno relativamente novo, de modo que esse vínculo humano não foi descrito pelos antigos filósofos. Praticamente todas as pessoas, em algum ponto da vida, terão um chefe, porém, a natureza desse vínculo tem recebido pouquíssima atenção na filosofia, na literatura, no cinema e em todas as outras áreas em que exploramos as relações que governam nossa vida. Acredito ser importantíssimo esclarecer essa questão, porque a base de toda boa liderança, seja na Apple ou no Google, seja em qualquer outra empresa do planeta, é um bom relacionamento.

O termo que, em minha opinião, melhor descreve esse relacionamento é "Sinceridade Radical".

COMO USAR ESTE LIVRO

E SCREVI ESTE LIVRO COM o leitor final, você, em mente. Com base não só em minhas experiências, como também em meu trabalho orientando líderes, aprendi que, por mais que a cultura seja acolhedora, não é raro os chefes se sentirem *sozinhos*. Eles se envergonham de não estar fazendo um bom trabalho, acham que todos os outros chefes são melhores que eles e ficam com medo de procurar ajuda. No entanto, naturalmente, nenhum chefe é perfeito. Minha missão de compartilhar os conceitos e os métodos expostos neste livro é impulsionada pelo desejo de ajudar você a evitar os erros que cometi. É por isso que gosto de contar minhas histórias pessoais.

A Parte I foi escrita para tranquilizá-lo. Ser um bom chefe é difícil para *todos*, mesmo para aqueles que parecem extremamente bem-sucedidos. Tenho certeza de que você se identificará com alguns casos reais que apresentarei nessa seção. Espero que também se anime ao saber que: a) você não está sozinho e b) adotar uma abordagem melhor pode ser menos complicado do que você imagina. Sua natureza humana é uma vantagem, não uma desvantagem, para melhorar sua eficácia.

A Parte II é um guia de orientações práticas, que descreve uma abordagem passo a passo para desenvolver relacionamentos empaticamente assertivos com seus subordinados diretos e explica como a Sinceridade Radical pode ajudá-lo a cumprir sua principal responsabilidade como chefe: *orientar sua equipe* para obter *resultados*.

Ao ler este livro, talvez você se impressione com o grande número de sugestões para ser um chefe melhor. Respire fundo. O que desejo é poupar seu tempo, e não encher sua agenda de reuniões. Se quiser ser um bom chefe, você precisa passar um tempo com seus subordinados diretos, mas não TODO seu tempo. Colocando em prática todas as ideias, ferramentas e técnicas aqui propostas, o tempo dedicado à gestão de sua equipe totalizará umas dez horas por semana, e garanto que essas dez horas evitarão uma enorme perda de tempo e dor de cabeça mais adiante. Também sugiro reservar umas quinze horas por semana para seu próprio trabalho. Isso lhe deixa quinze horas, caso sua jornada seja de quarenta horas semanais, para usar como quiser, mas caso sua atividade seja um pouco parecida com a minha, terá de usar a maior parte desse tempo para lidar com o imprevisível.

Embora este livro tenha sido escrito com você, chefe, em mente, não me esqueci de seu próprio chefe nem do pessoal de recursos humanos e de treinamento e desenvolvimento de sua empresa. Quando liderei uma equipe de setecentas pessoas no Google, percebi que os chefes normalmente cometem os mesmos erros vez após vez. Apesar da previsibilidade, desanimava ver como era difícil corrigir o problema. Às vezes parecia que eu estava assistindo, em câmera lenta, ao mesmo acidente de trem que já havia visto dezenas de vezes. Era o pior tipo de déjà vu que se pode imaginar. Reconheci o mesmo sentimento na expressão de muitas pessoas de RH e treinamento e desenvolvimento que me aconselhavam enquanto eu escrevia este livro. Espero que ele o ajude a evitar a eterna repetição de erros previsíveis.

Este livro também deve ser especialmente útil para pessoas que estão enfrentando problemas de diversidade e liderança. É inquestionável como as diferenças de sexo, raça e cultura dificultam o desenvolvimento de relacionamentos Radicalmente Sinceros. Se já e difícil ser radicalmente sincero com quem se parece conosco, que dirá com aqueles são fisicamente diferentes de nós, falam uma língua que desconhecemos ou têm outra religião. Tendemos a adotar uma postura de "empatia ruinosa" ou "agressão detestável" ou ainda "insinceridade manipuladora" com pessoas diferentes de nós. Aprender a superar esse desconforto, a nos relacionar com base no que temos em comum como seres humanos, pode fazer uma enorme diferença.

PARTE I

UMA NOVA FILOSOFIA DE GESTÃO

DESENVOLVA RELACIONAMENTOS RADICALMENTE SINCEROS

Leve ao trabalho tudo o que você é

GERENCIAR: ESSE É O SEU TRABALHO

SEMPRE ADOREI a sensação de sair do elevador e pisar no cavernoso galpão reformado que alugávamos no East Village, em Manhattan, para abrigar a Juice Software, a startup que cofundei em 2000. No entanto, naquele dia, tudo o que senti foi estresse.

Os programadores tinham passado fins de semana e noites em claro trabalhando em uma versão beta inicial de nosso produto, que precisava ficar pronta em uma semana. A equipe de vendas havia conseguido trinta importantes clientes para o teste beta. Se eles usassem nosso produto, poderíamos cavar uma nova rodada de financiamento. Caso contrário, nosso dinheiro acabaria em seis meses.

O problema era que tínhamos um grande obstáculo no caminho: eu. No dia anterior, um de nossos investidores-anjo, Dave Roux, dissera-me que achava que nossa estrutura de preços estava totalmente equivocada. "Pense na última vez em que você comprou um carro usado, um carro que custou menos de US$10 mil. Agora, imagine o cara que lhe vendeu o carro. É assim que seus vendedores precisam ser. São eles que representarão sua empresa no mercado." No fundo, eu sabia que Dave tinha razão, mas não era possível falar com minha equipe de vendas e meu Conselho de Administração e mudar tudo só com base em minha intuição. Eu precisava parar para analisar o problema... e rápido. Eu havia cancelado as reuniões daquela manhã para fazer justamente isso.

Só que, no caminho do elevador até minha mesa, fui abordada por um colega, que tinha um assunto urgente para tratar. Ele acabara de saber que poderia precisar de um transplante de rim e estava apavorado. Uma hora e duas xícaras de chá depois, parecia ter se acalmado um pouco.

Então, andando em direção a minha mesa, deparei com um programador que estava com um filho na UTI. *Preciso dar uma parada para ver como ele está.* "Seu filho passou bem a noite?", perguntei. O menino não tinha melhorado, e meus olhos se encheram de lágrimas quando o programador me contou os detalhes. Eu o convenci a largar o trabalho e reservar uma hora para se cuidar antes de voltar ao hospital.

Saí da conversa exaurida e passei por nosso gerente de garantia de qualidade, que tinha uma boa notícia: seu filho tirara a nota mais alta do estado inteiro em uma prova de matemática, e ele estava doido para falar com alguém a respeito disso. Foi uma verdadeira montanha-russa de emoções.

Quando finalmente cheguei a minha mesa, já não tinha mais tempo nem reservas emocionais para pensar em nossa estrutura de preços. Eu me importava com todos os membros de nossa equipe, mas também estava esgotada e frustrada com minha incapacidade de dar conta de meu trabalho. Naquele mesmo dia, liguei para minha coach, Leslie Koch, para desabafar.

"Qual é meu trabalho?", perguntei. "É criar uma empresa espetacular, ou será que não passo de uma babá emocional?"

Leslie, uma ex-executiva da Microsoft com opiniões fortes, mal conseguiu se controlar. "Não se trata de ser babá", foi a resposta. "Isso se chama gerenciar. É esse seu *trabalho!*"

Toda vez que me pego achando que tenho algo mais "importante" para fazer do que dar ouvidos às pessoas, me lembro das palavras de Leslie: "É esse seu trabalho!" Sempre uso essa frase quando os novos gestores me procuram depois de algumas semanas no novo cargo reclamando que parece que eles não passam de "babás" ou "psicólogos".

Nós, chefes, em geral subestimamos o lado emocional do trabalho, que costuma ser mais associado a pessoas que atuam na área da saúde ou no setor de serviços, como psiquiatras, enfermeiros, médicos, garçons, comissários de bordo. Porém, como mostrarei nas próximas páginas, esse trabalho emocional é mais do que parte da rotina; é simplesmente a base para ser um bom chefe.

COMO SER UM BOM CHEFE

DEVIDO À NATUREZA de meu trabalho, praticamente todas as pessoas que me conhecem me perguntam como ser um chefe/gerente/líder melhor, entre elas meus subordinados, executivos a quem presto serviços de coaching, alunos de algum curso que ministrei e participantes de uma de minhas palestras. Há, ainda, usuários do sistema informatizado de gestão que Russ Laraway e eu desenvolvemos na empresa que fundamos juntos, a Candor, e aqueles que postam suas dificuldades de gestão em nosso site, o radicalcandor.com. Mas também ouço perguntas dos pais estressados sentados a meu lado na peça teatral da escola que não sabem como dizer à babá que não dê muito açúcar às crianças; do empreiteiro frustrado porque sua equipe de pedreiros não chega ao trabalho no horário; do enfermeiro que acabou de ser promovido a supervisor e está assoberbado com as novas responsabilidades (enquanto ele mede minha pressão, me parece que ele é que está prestes a explodir); do executivo que fala com uma paciência forçada ao celular quando embarcamos no avião, desliga o aparelho e pensa em voz alta: "Onde é que eu estava com a cabeça quando decidi contratar esse idiota?"; da amiga que continua assombrada com a expressão no rosto de um funcionário que ela demitiu anos atrás. Não importa quem faz a pergunta, a ansiedade que a provoca é palpável: muitas pessoas acreditam que são melhores na parte "de verdade" do trabalho do que na da gestão de pessoas, e não raro pensam que estão agindo *errado* com os subordinados.

Não gosto de ver alguém sofrendo com esse tipo de estresse, mas sempre considero essas conversas produtivas, porque sei que posso ajudar, tanto que, no final, as pessoas costumam ficar mais confiantes de que podem ser excelentes chefes.

As perguntas em geral são precedidas de um preâmbulo que acho engraçado, porque a maioria das pessoas não gosta das palavras normalmente usadas para descrever o cargo: "chefe" evoca uma tribo indígena, "gerente" parece burocrático demais, "líder" soa pedante. Gosto de "chefe", porque o pessoal da área da administração tende a definir os líderes como pessoas sem conteúdo algum que passam o dia inteiro de papo para o ar no escritório, e o pessoal da área da liderança tende a definir os gerentes como pessoas que ficam na cola dos subordinados controlando cada ação. Além disso, os dois termos implicam uma diferença hierárquica problemática, como se os líderes não precisassem mais gerenciar depois de atingir determinado nível de sucesso e os novos gerentes não precisassem liderar. Andy Grove, lendário CEO da Intel afirma, na biografia escrita por Richard Woodlow, que administração e liderança são como o forehand e o backhand no tênis: você precisa ser bom nos dois para ganhar um jogo. Espero que você possa sair da leitura deste livro um pouco mais aberto às três palavras: "chefe", "gerente" e "líder".

Deixando as questões semânticas de lado, a dúvida seguinte costuma ser bastante básica: o que os chefes/gerentes/líderes efetivamente fazem? Participam de reuniões? Mandam e-mails? Dizem às pessoas o que fazer? Vislumbram estratégias e esperam que os outros as executem? É uma grande tentação suspeitar que eles, na verdade, não fazem muita coisa.

No entanto, os chefes são responsáveis pelos resultados, e eles não os atingem fazendo sozinhos todo o trabalho, mas orientando sua equipe para fazê-lo. **Chefes orientam as equipes para alcançar resultados.**

O que as pessoas com frequência me perguntam a seguir gira em torno de uma das três áreas de responsabilidade normalmente atribuídas aos gestores: orientação, desenvolvimento de equipes e resultados.

Vamos começar com **orientação**.

Quando se fala de "orientação", muitas vezes se usa a expressão "dar feedback". As pessoas têm *horror* de dar feedback, tanto os elogios, que podem parecer condescendentes, como, sobretudo, as críticas. E se quem estiver recebendo o feedback ficar na defensiva? E se começar a gritar? E se ameaçar processar a empresa? E se cair no choro? E se não entender a crítica ou não souber o que fazer para resolver o problema? E se simplesmente não existir um jeito simples de resolver o problema? O que o chefe deveria dizer? Mas a dificuldade se mantém mesmo que o problema seja simples e claro. Afinal, se o problema é simples e claro, como é que a pessoa não sabe que tem um problema? Por que *eu* preciso apontar o problema? Será que estou sendo bonzinho demais? Ou estou sendo exigente demais? Todas essas questões acabam ganhando tanta importância que as pessoas não raro esquecem que precisam pedir o feedback das outras ou encorajar o feedback entre si.

Depois vem o **desenvolvimento de equipes**.

Criar uma equipe coesa implica encontrar as pessoas certas para as funções certas: saber quem contratar, quem demitir e quem promover. E, após finalmente conseguir colocar as pessoas certas nas funções certas, como mantê-las motivadas? Especialmente no Vale do Silício, as perguntas costumam ser: por que todo mundo fica de olho no próximo cargo mesmo sem ter dominado o atual? Por que os jovens da nova geração esperam que a vida profissional venha com um manual de instruções como se fosse um jogo de tabuleiro? Por que as pessoas saem da equipe assim que começam a pegar o jeito do trabalho? Por que, quando tudo parece estar indo bem, a coisa degringola de repente? Por que as pessoas simplesmente não se ocupam do próprio trabalho e me deixam fazer o meu?

Por fim, temos os **resultados**.

Muitos gestores vivem frustrados ao ver que atingir resultados parece ser uma tarefa mais difícil do que deveria. Dobramos o tamanho da equipe, mas os resultados não dobraram; na verdade, até pioraram. O que aconteceu? Às vezes simplesmente não conseguimos avançar, e minha equipe fica presa em eternas discussões se eu não fizer nada. Por que as pessoas parecem incapazes de se decidir? Outras vezes, porém, a impressão é a de que elas avançam rápido demais: estouramos o prazo porque a equipe se recusou a parar para um planejamento básico e se pôs a atirar para todos os lados. Por que as pessoas não conseguem pensar antes de agir? E há, ainda, as situações em que as pessoas parecem trabalhar no piloto automático, fazendo neste trimestre exatamente a mesma coisa que fizeram no trimestre anterior... sabendo que o trimestre anterior foi um fracasso. Como é que elas poderiam esperar um resultado diferente?

Orientação, equipe e resultados: são essas as responsabilidades de qualquer chefe – de qualquer um que gerencie pessoas, como CEOs, executivos de médio escalão e líderes de primeira viagem. Os CEOs podem ter problemas maiores para resolver, mas também precisam trabalhar com pessoas. Além disso, suas peculiaridades, forças e fraquezas são tão visíveis e relevantes para seu sucesso no mais alto nível hierárquico da empresa como quando eles ocuparam seu primeiro cargo de gestão.

É natural que os gestores se perguntem se estão sendo justos com seus subordinados e tenham dúvidas sobre essas três áreas. Falarei em detalhes sobre cada uma delas ao longo deste livro.

SEU PROGRESSO DEPENDE DE SEUS RELACIONAMENTOS, NÃO DE SEU PODER

NO ENTANTO, a pergunta mais importante, a questão que deve estar sempre na mente de um bom chefe, em geral nunca é feita. Uma exceção foi Ryan Smith, CEO da Qualtrics. Estávamos começando nosso trabalho de coaching, e a primeira pergunta que ele me fez foi: "Acabei de contratar vários novos líderes para minha equipe. O que posso fazer para desenvolver rapidamente um relacionamento com cada um deles, de modo que eu possa confiar neles, e eles, em mim?"

Pouquíssimas pessoas começam focando a dificuldade central da gestão como Ryan fez, ou seja, são poucos os que começam estabelecendo um relacionamento de confiança com cada um de seus subordinados diretos. Se você lidera uma grande organização, pode não ter condições de desenvolver um relacionamento com todas as pessoas, porém tem como conhecer seus subordinados diretos. Entretanto, são vários os obstáculos pelo caminho: acima de tudo, a dinâmica de poder, mas também

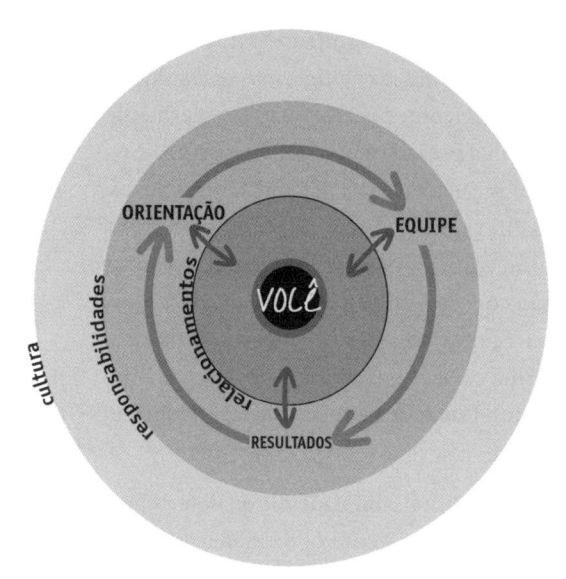

o medo de confrontos, a preocupação com os limites do que é apropriado ou "profissional", o medo de perder a autoridade, a falta de tempo.

De qualquer maneira, esses relacionamentos são fundamentais para seu trabalho. Eles decidem se você, o chefe, será ou não capaz de cumprir suas três responsabilidades: a) criar uma cultura de feedback (tanto elogios como críticas) para manter todos avançando na direção certa; b) saber o que motiva cada pessoa de sua equipe, para evitar a exaustão ou o tédio e manter o grupo coeso; e c) gerar resultados trabalhando colaborativamente. Se acha que é capaz de fazer tudo isso sem desenvolver sólidos relacionamentos, está enganando a si mesmo. Não estou dizendo que poder, controle ou autoridade irrestritos não sejam eficazes. Eles são, sim, especialmente com um bando de babuínos ou em um regime totalitário. Mas se você está lendo este livro, suponho que não seja bem isso o que quer.

Suas responsabilidades e seus relacionamentos formam um círculo virtuoso. Você fortalece seus relacionamentos aprendendo as melhores maneiras de receber, dar e encorajar feedback, colocando as pessoas certas nas funções certas e coletivamente obtendo resultados impossíveis de alcançar individualmente. Como seria de esperar, suas responsabilidades e seus relacionamentos também podem formar um círculo vicioso. Quando você não dá às pessoas o feedback do qual elas precisam para ter sucesso no trabalho, quando as aloca em funções que elas não querem ou para as quais não são qualificadas, ou quando as impele a atingir resultados que elas consideram infundados, você desgasta a confiança.

Seus relacionamentos e suas responsabilidades reforçam uns aos outros (para o bem ou para o mal), e é essa dinâmica que impulsiona seu progresso na liderança — ou o deixa morrer na praia. Seus relacionamentos com seus subordinados diretos afetam os relacionamentos deles com os subordinados diretos deles e a cultura da equipe como um todo. Sua capacidade de desenvolver conexões humanas baseadas na confiança com as pessoas que reportam diretamente a você decidirá a qualidade de todo o resto.

É vital definir esses relacionamentos. Eles são profundamente pessoais e diferentes de todos os outros relacionamentos de sua vida. A maioria de nós, porém, não faz ideia de como desenvolvê--los. A Sinceridade Radical, conceito fundamental deste livro, poderá lhe dar uma luz.

SINCERIDADE RADICAL

DESENVOLVER A CONFIANÇA não se resume a "fazer x, y e z... e pronto, eis que você criou um bom relacionamento". Como todos os laços humanos, os vínculos entre os chefes e as pessoas que se reportam a eles são imprevisíveis e não estão sujeitos a regras absolutas. Contudo, identifiquei duas dimensões que, quando combinadas, o ajudarão a aprofundar seus relacionamentos. A primeira dimensão diz respeito a ser mais do que "meramente profissional". Você precisa se importar, compartilhar mais do que apenas sua persona profissional e encorajar todos os seus subordinados diretos a fazer o mesmo. Não basta se preocupar com a capacidade das pessoas de dar conta do trabalho. Para ter um bom relacionamento, você tem de levar tudo o que você é ao trabalho e se importar com o lado humano de todo o seu pessoal. Não é só uma questão profissional; é pessoal, *profundamente* pessoal. Chamo essa dimensão de "Importar-se Pessoalmente".

A segunda dimensão envolve dizer às pessoas quando o trabalho delas não está a contento — e quando está; quando elas não conseguirão a promoção que tanto ambicionam porque você contratará um novo chefe de fora; quando os resultados não justificam investir mais no projeto delas. Dar feedbacks difíceis, tomar decisões difíceis sobre quem fará o que na equipe e manter altos padrões para os resultados esperados — será que alguém duvida que esse é o trabalho de qualquer gestor? As pessoas, porém, costumam ter dificuldade com esse lado do trabalho. A maioria geralmente se irrita quando é confrontada, e à primeira vista o confronto direto pode não parecer uma boa maneira de desenvolver um sólido relacionamento ou mostrar que você "se importa pessoalmente" com seus subordinados. No entanto, confrontar as pessoas costuma ser o melhor modo de lhes mostrar que você, o chefe, se importa com elas. Chamo essa dimensão de "Confrontar Diretamente".

"Sinceridade Radical" é o que acontece quando você combina as dimensões "Importar-se Pessoalmente" e "Confrontar Diretamente". A Sinceridade Radical desenvolve a confiança e abre as portas para o tipo de comunicação que o ajudará a atingir os resultados pretendidos. Em vez de evitar, confronta os temores que as pessoas revelam quando me fazem perguntas sobre seus dilemas de gestão. Quando as pessoas confiam em você e acreditam que você se importa com elas, tornam-se muito mais propensas a: a) aceitar seus elogios e críticas e fazer algo a respeito; b) dar a *você* um feedback franco, positivo ou negativo, sobre seu desempenho; c) adotar essa mesma postura umas com as outras, cortando o problema pela raiz, assim que ele surgir; d) aceitar sua função na equipe; e) focar *nos resultados*.

Por que "sinceridade"? Para ajudar todas as pessoas de sua equipe a se acostumar com o confronto direto umas com as outras (e com você!), é fundamental enfatizar a necessidade de se comunicar com clareza, para não deixar espaço a interpretações, e também com *humildade*. Escolhi a palavra "sinceridade" porque não vejo muita humildade em acreditar ser o dono da verdade. "Sinceridade" denota a ideia de que você está apresentando seu ponto de vista sobre o que está ocorrendo e espera que as pessoas expressem os delas. A ideia é que, caso seu ponto de vista se revele equivocado, você vai querer saber. Pelo menos eu *espero* que você queira saber!

E por que "radical"? Escolhi essa palavra porque muitos de nós fomos condicionados a nunca dizer o que pensamos de verdade. Afinal, trata-se de um comportamento social parcialmente adaptativo que nos ajuda a evitar confrontos ou constrangimentos. Mas, para um chefe, esse tipo de evasão é desastroso.

A maior surpresa da Sinceridade Radical pode ser que os resultados não raro serão o contrário do que você tanto teme: que as pessoas fiquem furiosas ou queiram se vingar. Entretanto, em geral elas ficam *gratas* pela oportunidade de falar sobre o assunto. E mesmo que comecem com raiva, ressentimento ou irritação, essas emoções se revelarão passageiras quando elas perceberem que você realmente se importa. À medida que seus subordinados se tornam Radicalmente Sinceros uns com os outros, você poderá passar menos tempo com o trabalho de mediação. Quando a Sinceridade Radical é encorajada e conta com o apoio do chefe, a comunicação flui, ressentimentos de longa data vêm à tona e são resolvidos, e as pessoas começam a curtir não só o que fazem, mas também os colegas e o ambiente de trabalho. Quando as pessoas curtem o trabalho, a equipe toda tem mais sucesso.

IMPORTAR-SE PESSOALMENTE: A PRIMEIRA DIMENSÃO DA SINCERIDADE RADICAL

A LIÇÃO INICIAL sobre a ideia de me importar pessoalmente aconteceu em Moscou, em 4 de julho de 1992, sob uma tenda de lona que me abrigava da chuva com dez dos melhores lapidadores de diamantes do mundo, que eu estava tentando contratar. Na época, eu trabalhava em uma empresa de diamantes de Nova York, e ter me formado em literatura russa dois anos antes me parecia irrelevante para aquela situação. Qualquer pessoa de bom senso seria capaz de dar conta de minha missão, que parecia longe de exigir um profundo entendimento da natureza huma-na. Eu precisava convencer aquelas pessoas a sair da fábrica estatal russa, que lhes pagava em rublos, moeda de pouco valor. Já minha empresa poderia lhes pagar em dólares americanos — muitos dólares americanos. E existe alguma forma melhor de motivar as pessoas? Basta lhes oferecer um bom salário, certo?

Errado. Os lapidadores de diamantes queriam um piquenique.

E foi isso que nos levou àquela tenda de lona para comer *shashlyk* (tipo de espetinho assado de carne) e torta de maçã, passando uma garrafa de vodca um para o outro enquanto os lapidadores me enchiam de perguntas. Sua primeira tarefa seria lapidar um diamante de 100 quilates para criar um par de brincos sem igual. "Quem compraria joias tão grandes?", eles queriam saber. Expliquei que os brincos seriam um presente de um xeque saudita a sua mulher, que estava grávida de gêmeos. O que eu sabia sobre o uso de lasers para cortar diamantes? Prometi levá-los a Israel para conhecer a mais recente tecnologia, que, no entanto, era menos eficiente que os antigos discos de cobre que eles usavam. Os lapidadores queriam aprender inglês. Prometi que eu mesma os ensinaria. "Seria possível almoçarmos juntos toda semana?" Claro, por que não? Enquanto secávamos a garrafa de vodca, um deles perguntou: "Se a situação degringolar na Rússia, você teria como tirar a gente e nossa família do país?" Percebi que aquela era a única pergunta relevante. Terminado o piquenique, finalmente me dei conta de que a principal coisa que eu podia fazer e que o Estado não podia era simplesmente *me importar pessoalmente*.

Os lapidadores de diamantes aceitaram a proposta. De repente, todas aquelas noites em claro lendo intermináveis romances russos se mostraram essenciais para meu trabalho em uma empresa. Nunca gostei muito da ideia de ser chefe, porque via os chefes como assassinos robóticos de sonhos, como os destruidores de almas das tirinhas do Dilbert. O que havia me levado a estudar literatura russa fora a vontade de encontrar a resposta à seguinte questão: por que algumas pessoas têm uma vida produtiva e gratificante enquanto outras se sentem, como disse Marx, alienadas de seu trabalho? E percebi que essa mesma questão era absolutamente fundamental para o trabalho de um chefe. Na verdade, meu trabalho envolvia descobrir como criar mais contentamento e menos insatisfação. Meu lado humano era uma vantagem, não um obstáculo, para ser eficaz.

Dois anos depois daquele piquenique, organizei a primeira viagem daqueles homens ao exterior; ajudei-os a lidar com a dissonância que eles sentiam entre o mundo que viam diante de seus olhos e o que sua educação soviética os levara a esperar; auxiliei-os a aprimorar seu inglês; e passei um tempo com a família deles. Enquanto isso, eles lapidavam diamantes para nossa empresa, gerando lucros anuais de US$100 milhões.

PODE PARECER ÓBVIO que os bons chefes precisam se importar pessoalmente com seus subordinados diretos. São raras as pessoas que iniciam sua vida profissional pensando: *não dou a mínima para os outros, por isso acho que serei um chefe espetacular.* Mesmo assim, muitos funcionários sentem que são tratados como peões em um tabuleiro de xadrez ou como inferiores, não só na hierarquia corporativa, mas em um nível humano fundamental.

As pessoas não "se importam pessoalmente" em parte porque acham que precisam "manter o profissionalismo" no trabalho. Essa ideia acaba deixando de fora uma parte essencial da vida. Somos todos seres humanos, com sentimentos, e até no trabalho temos a necessidade de ser vistos como tais. Quando isso não acontece, quando achamos que devemos reprimir quem realmente somos para ganhar a vida, ficamos alheios a nós mesmos. E aí passamos a odiar ir ao trabalho. Para a maioria dos chefes, manter o profissionalismo implica chegar ao trabalho na hora, fazer o que tem de ser feito e não expor seus sentimentos (exceto em algum workshop "motivacional" ou algo do tipo). O resultado é que *ninguém* fica à vontade no trabalho sendo quem realmente é.

Fred Kofman, meu coach no Google, tinha um mantra que contradizia a abordagem "manter o profissionalismo", tão destrutiva para tantos gestores. Ele dizia: "Leve tudo o que você é ao trabalho". A frase se tornou um meme, e se você procurar no Google ["Bring your whole self to work", em inglês], encontrará mais de 8 milhões de resultados. Sheryl Sandberg a citou em seu discurso de paraninfa em Harvard em 2012; o autor Mike Robbins dedicou a ela toda uma palestra no TEDx em 2016, e Stewart Butterfield, CEO da Slack, fez da ideia uma prioridade em sua empresa. Levar tudo o que você é ao trabalho é um daqueles conceitos difíceis de definir com precisão, mas que começamos a entender intuitivamente quando nos abrimos a ele. Essa abertura muitas vezes implica ajustar nosso comportamento mostrando-nos vulneráveis às pessoas que se reportam diretamente a nós (ou simplesmente admitindo que não estamos tendo um bom dia) e criar um ambiente seguro para que todos façam o mesmo.

Além da devoção obsessiva ao "profissionalismo", as pessoas também deixam de "se importar pessoalmente" por outra razão, menos virtuosa. Quando se tornam chefes, algumas, conscientemente ou não, começam a achar que são melhores ou mais inteligentes que seus subordinados. É impossível ser um bom chefe com essa atitude, que só afasta as pessoas. Poucas coisas desgastam mais as relações humanas do que se considerar superior. É por isso que odeio a palavra "superior" usada como sinônimo de "chefe". E também evito o termo "empregado". Tive um chefe que um dia me disse: "Em todo relacionamento há um empregador e um empregado." Desnecessário dizer que não passei muito tempo trabalhando para ele. Naturalmente, se você é chefe, não tem como evitar a hierarquia. Não faz sentido fingir que a hierarquia não existe. Todavia, lembre-se de que ser chefe é uma função, não um juízo de valor.

Importar-se pessoalmente é o antídoto para o profissionalismo robótico e a arrogância gerencial. Por que eu digo "se importar pessoalmente", e não apenas "se importar"? Porque não basta se importar com o trabalho ou com a carreira do outro. Você só consegue desenvolver um relacionamento quando *se importa com a pessoa como um todo e usa tudo o que você é.*

Não confunda se importar pessoalmente com memorizar datas de aniversário e o nome dos filhos de seus subordinados. E o conceito também não envolve compartilhar detalhes sórdidos de sua vida pessoal ou um bate-papo forçado em eventos sociais quando você preferiria mil vezes ter ficado em casa vendo TV. Importar-se pessoalmente significa fazer coisas que você já sabe como fazer. Trata-se de reconhecer que todos temos uma vida pessoal e aspirações que se estendem além de nosso trabalho juntos. Trata-se de abrir espaço na agenda para ter conversas autênticas; conhecer os outros no nível humano; saber o que é importante para as pessoas; compartilhar o que nos motiva — e o que nos desmotiva — a sair da cama de manhã e ir ao trabalho .

Não é só uma questão de demonstrar que você se importa pelo modo como lida com suas responsabilidades; você também deve se importar profundamente com as pessoas e se preparar para ser odiado em troca. O filme *Desafio no Gelo,* sobre Herb Brooks, técnico da equipe olímpica norte-americana de hóquei no gelo em 1980, retrata muito bem essa possibilidade. Brooks garante a coesão do time forçando de tal maneira os atletas, que é visto como seu inimigo comum. No filme, fica claro que ele se importa profundamente com cada um dos jogadores, e é doloroso ver quanto tempo eles levam para perceber isso. A trajetória de um chefe às vezes pode ser como uma via solitária de mão única — especialmente no começo. Mas tudo bem. Se você conseguir sobreviver ao baque, os membros de sua equipe terão mais chances de ser bons chefes quando tiverem os próprios subordinados. Quando souberem como é ter um bom chefe, tenderão a ser bons chefes também. Eles talvez nunca lhe retribuam o favor, mas provavelmente retribuirão aos próprios subordinados, criando uma "corrente do bem". E é enorme a gratificação de ver pessoas com as quais você se importa prosperando e ajudando os outros a prosperar.

CONFRONTAR DIRETAMENTE: A SEGUNDA DIMENSÃO DA SINCERIDADE RADICAL

O FILÓSOFO JOSHUA COHEN, que instruiu executivos do Twitter e da Apple e lecionou na Stanford University e no Massachusetts Institute of Technology (MIT), explica muito bem por que o confronto direto é fundamental não só para fazer um excelente trabalho, mas também para desenvolver excelentes relacionamentos. Ele gosta de usar a seguinte citação de John Stuart Mill:

> A origem de tudo o que é respeitável no ser humano, tanto no âmbito intelectual como no moral, é que seus erros são corrigíveis. O ser humano é capaz de corrigir seus erros pelo diálogo e pela experiência. Não pela experiência isoladamente. É preciso haver diálogo, para mostrar como a experiência deve ser interpretada.

Confrontar as pessoas e encorajá-las a confrontá-lo ajuda a desenvolver relacionamentos baseados na confiança por demonstrar que você: a) se importa o suficiente para indicar o que vai e o que não vai bem, b) admite que erra e está empenhado em corrigir os erros cometidos por você ou pelos outros. No entanto, como o confronto muitas vezes significa discordar ou dizer não, essa abordagem deve admitir o conflito e não evitá-lo.

O ex-secretário de Estado norte-americano Colin Powell comentou que ser responsável às vezes significa enfurecer as pessoas.* Saiba e aceite que as pessoas de sua equipe podem ficar com raiva de você. Na verdade, se isso nunca acontecer, você provavelmente não está confrontando seus subordinados o suficiente. Se uma pessoa ficou magoada com o que você disse, reconheça a mágoa. Não finja que o sentimento não existe nem diga que ela "não devia" ficar assim só para mostrar, com palavras vazias, que você se importa. Elimine a frase "não é nada pessoal" de seu vocabulário. É simplesmente um insulto. É melhor se oferecer para ajudar a resolver o problema. Contudo, não tente tapar o sol com a peneira fingindo que o problema não existe só para evitar mágoas. No fim das contas, importar-se com as pessoas mesmo quando você as confronta criará os melhores relacionamentos de sua carreira.

Talvez seja difícil colocar em prática a parte "confrontar diretamente" deste programa, principalmente no começo. Você pode ter de criticar o trabalho de uma pessoa ou mudá-la de função no meio do processo de estabelecer uma relação de confiança com ela. Mostrarei em detalhe como fazer isso ao longo do livro. Mas essa não é a parte mais difícil. A parte mais difícil de desenvolver essa confiança é também se abrir para que as pessoas o confrontem diretamente. Você precisa enco-

---

* Harari, Oren. *The Powell Principles: 24 Lessons from Colin Powell, a Legendary Leader.* Nova York: McGraw-Hill, 2002, p.4.

rajá-las a confrontá-lo tão diretamente, a ponto de você ficar magoado ou furioso. Não é fácil se acostumar com isso, sobretudo para os líderes mais "autoritários". Porém, se você persistir, terá a chance de aprender muito sobre si mesmo e sobre a maneira como os outros o veem. Esse conhecimento inevitavelmente permitirá que você e sua equipe obtenham melhores resultados.

POUCO TEMPO ATRÁS, Russ, meu sócio, contratou Elisse Lockhart para encabeçar o marketing de conteúdo da Candor. Russ leva a prática da empatia assertiva muito a sério. Elisse tinha acabado de entrar na empresa e ainda estava temerosa de expor suas opiniões. Russ, ciente dessa dinâmica e do fato de ser o chefe dela, teve o cuidado de encorajá-la a nos confrontar com a mesma incisividade com que nós a confrontávamos.

Requer tempo e atenção desenvolver confiança suficiente para possibilitar o confronto recíproco, não importa qual seja o relacionamento de subordinação dos envolvidos. Vi que o empenho de Russ estava começando a vingar quando ele e Elisse trabalhavam juntos em nosso blog. Elisse discordou da escolha de palavras de Russ e lhe disse isso. Ele refutou sua opinião, ela insistiu, e eles ficaram nessa dança até que pareceu que Elisse recuaria. Ao pressentir isso, Russ disse: "Vamos tentar encontrar dados que mostrem quais palavras funcionam melhor. Mas, se não encontrarmos dados e só tivermos nossas opiniões, vamos fazer do seu jeito", fazendo questão de seguir ao contrário o exemplo de Jim Barksdale, da Netscape. Russ concordou com as alterações propostas por Elisse, e os dados sobre a maneira como as palavras sugeridas por Elisse costumavam ser recebidas pelos leitores comprovaram que ela estava certa.

Encorajada, na próxima vez, ela defendeu sua opinião com ainda mais vigor, tanto que se preocupou com a possibilidade de ter passado dos limites com seu chefe. Não foi o caso, e, para deixar isso claro, Russ lhe mandou um link com a famosa cena "Ajude-me a ajudá-lo", de *Jerry Maguire*. No filme, Jerry e seu cliente, Rod, se envolvem em uma acalorada discussão, até que Rod diz a Jerry: "A diferença entre nós é que você acha que estamos brigando e eu acho que finalmente estamos dialogando!"

O QUE SINCERIDADE RADICAL NÃO É

JÁ FALAMOS sobre a importância da humildade. A Sinceridade Radical não é uma carta branca para ser grosseiro ou ofensivo. Não se iluda: você não estará praticando a Sinceridade Radical limitando-se a começar a conversa com as palavras "Serei Radicalmente Sincero com você..." e continuar dizendo algo como "Você é um mentiroso e não confio em você" ou "Você é um imbecil". Se fizer isso, não passará de um grande boçal. Se não mostrar que se importa pessoalmente, não estará praticando a Sinceridade Radical.

A Sinceridade Radical também não é um convite para procurar pelo em ovo. Confrontar diretamente as pessoas requer muita energia, não só da pessoa que está sendo confrontada, mas também de você. Desse modo, é melhor usar esse recurso apenas em situações em que realmente valha a pena. Uma boa regra prática para qualquer relacionamento é deixar de dizer três coisas sem importância por dia.

Sinceridade Radical não tem nada a ver com hierarquia. Para ser Radicalmente Sincero, você precisa praticar o "para cima, para baixo e para os lados". Mesmo que seu chefe e seus colegas ainda não tenham adotado o conceito, nada o impede de criar um microcosmo Radicalmente Sincero para si e sua equipe. Você pode ter um pouco mais de cautela nos relacionamentos com seu chefe e seus colegas. De qualquer maneira, se não for possível ser Radicalmente Sincero com eles, eu recomendaria encontrar um ambiente de trabalho diferente, se possível.

Sinceridade Radical não implica jogar conversa fora, nem requer uma extroversão exuberante que deixe os introvertidos de sua equipe sentindo-se desgastados ou exaustos. Não envolve bebedeiras, nem sessões de rafting, kart ou laser tag, tampouco jantares intermináveis com os colegas. Essas atividades até podem ser um bom jeito de extravasar, mas em geral consomem muito tempo e não são a melhor maneira de conhecer os colegas ou mostrar-lhes que você se importa pessoalmente.

Sinceridade Radical não é uma exclusividade da cultura do Vale do Silício, nem da norte-americana. É uma característica do ser humano. Na verdade, comecei a desenvolver esse conceito trabalhando em uma empresa israelense.

A SINCERIDADE RADICAL É UMA CARACTERÍSTICA HUMANA UNIVERSAL, MAS PODE VARIAR DE ACORDO COM AS PESSOAS E A CULTURA

AS DUAS DIMENSÕES da Sinceridade Radical estão relacionadas com o contexto. Elas dependem mais não de quem dá início ao procedimento da sinceridade radical, mas da outra parte. A Sinceridade Radical não é um tipo de personalidade, um talento ou um valor cultural. Só funciona se o outro souber que você está agindo de boa-fé quando mostra que se importa pessoalmente com ele e o confronta diretamente.

É preciso ter em mente que a mesma atitude que uma pessoa ou equipe vê como sinceramente radical pode ser considerada ofensiva e grosseira (ou sentimentalista demais) por outra pessoa ou equipe. A Sinceridade Radical requer mais ajustes quando passamos de uma empresa a outra e, principalmente, de um país a outro. Nem tudo o que funciona em uma cultura funcionará em outra.

★   ★   ★

FALEMOS um pouco sobre a sinceridade radical ao estilo israelense. Pouco depois de me formar em administração, fui trabalhar na Deltathree, startup de telefonia online sediada em Jerusalém. Eu cresci no sul dos Estados Unidos, onde as pessoas fazem todo o possível para evitar conflitos ou discussões. Em Israel, a cultura requer o contrário. As conversas me pareceram imbuídas de uma incisividade especialmente crua. Nunca me esquecerei de ouvir Noam Bardin, COO da Deltathree, gritando para um programador: "Este design poderia ser quinze vezes mais eficiente. Você sabe muito bem que poderia ter feito melhor. Agora teremos de jogar tudo o que você fez no lixo e recomeçar do zero. Perdemos um mês, e para quê? Onde é que você estava com a cabeça?"

A crítica me soou dura demais, até mesmo grosseira.

Comecei a entender melhor a cultura israelense quando Jacob Ner-David, um dos investidores da Deltathree, me convidou para um jantar de sabá em sua casa em Jerusalém. Sua mulher, Haviva Ner-David, estava estudando para ser rabina, uma raridade na comunidade ortodoxa. Ela vinha sendo atacada por várias pessoas de sua sinagoga. Jacob fazia questão de lhe dar todo o apoio, e, juntos, me explicaram como lidavam com a doutrina tradicional. O modo como Jacob e sua esposa questionavam as antigas interpretações das escrituras me lembrou um pouco o jeito como Noam confrontara seu programador. Se até a doutrina de Deus podia ser contestada e reinterpretada, não devia ser sinal de desrespeito discutir com veemência uns com os outros. Eu tinha crescido em uma cultura bem diferente. Em minha cidade natal, não era incomum acreditar que Deus criou o mundo em exatamente sete dias e considerar uma heresia qualquer menção à evolução. Eu estava longe de ser criacionista tanto quanto Noam estava longe de ser judeu ortodoxo, mas de alguma forma, a cultura religiosa de nossa infância afetava nossa disposição de nos confrontar um ao outro no trabalho. Percebi que eu deveria ver as contestações de Noam como sinal de respeito, e não de grosseria.

Tive uma experiência bastante diferente ao liderar uma equipe de Tóquio alguns anos depois. O pessoal estava frustrado com a abordagem da sede do Google nos Estados Unidos em relação aos anúncios em aplicativos móveis. O Yahoo! ganhava terreno rapidamente, e uma série de concorrentes japoneses não estava muito atrás. No entanto, a equipe do Japão era polida demais para expor os problemas aos responsáveis pela gestão de produtos, de modo que não se chegava a uma solução. Quando insisti para que contestassem a abordagem da sede do Google aos aplicativos móveis, todos me olharam como se eu tivesse enlouquecido.

Não teria sido possível convencer os japoneses a confrontar a autoridade ao estilo de Noam Bardin em Jerusalém. O tipo de discussão visto como sinal de respeito em Tel Aviv seria absolutamente ofensivo em Tóquio. Até o termo "Sinceridade Radical" soaria agressivo demais. Minha criação sulina me ajudou a entender a perspectiva japonesa: as duas culturas enfatizavam as boas maneiras e evitavam contrariar os outros em público. Desse modo, encorajei a equipe de Tóquio a ser "educadamente persistente". Acostumados a usar a educação e a polidez para demonstrar que se importavam pessoalmente, sentiram-se à vontade com a ideia de usar a persistência para confrontar o direcionamento da sede do Google.

Foi uma grande satisfação ver os resultados. A equipe de Tóquio não só se tornou persistente, como absolutamente implacável em se fazer ouvir. Graças, em parte, a sua persistência educada, um novo produto, o AdSense para aplicativos móveis, foi lançado.

Outra história sobre a Sinceridade Radical que gosto de contar é a de Roy Zhou, que trabalhou para Russ e liderou a equipe do AdSense na China. No começo, ele era extremamente reverente comigo e com Russ, mas, quando o convencemos de que, na verdade, queríamos a contestação, ele se soltou. Foi um enorme prazer trabalhar com ele, que se revelou um dos gestores mais Radicalmente Sinceros do Google. Alguns anos atrás, ele assumiu o cargo de presidente da Yoyi Digital, plataforma de publicidade online com quinhentos funcionários em Pequim. Depois de alguns meses, encontrou sérios problemas na empresa e os expôs ao Conselho de Administração e a todos os funcionários. Roy se empenhou ao máximo para mostrar a sua equipe que se importava pessoalmente e que faria tudo o que pudesse para levar a Yoyi ao sucesso. Ele não só garantiu uma boa participação acionária aos funcionários, como refinanciou a própria casa antes de uma nova rodada de financiamento para que os funcionários fossem pagos sem atraso. Hoje Roy lidera uma das empresas de maior sucesso da China.

Tive a chance de liderar equipes de diferentes países. O que mais me surpreendeu foi saber que os britânicos, apesar de toda sua cortesia, tendem a ser ainda mais francos do que os novaiorquinos. Essa postura se deve a um sistema educacional que enfatiza a argumentação oral tanto quanto a escrita. Mas vi com os próprios olhos que é possível adaptar a Sinceridade Radical a qualquer cultura, seja a israelense ou a japonesa, seja a chinesa ou a alemã.

2.

RECEBA, DÊ E
ENCORAJE O FEEDBACK

Crie uma cultura de comunicação aberta

A HISTÓRIA DO "HUM"

POUCO DEPOIS que entrei no Google, fiz uma apresentação ao CEO e aos fundadores da empresa sobre o desempenho do AdSense. O AdSense vinha tendo um desempenho espetacular, e minha chefe estava a meu lado para me apoiar, mas nada disso impediu meu nervosismo. Por sorte, tínhamos uma boa história para contar: o AdSense crescia a uma velocidade sem precedentes. Passei os olhos pela sala e vi que o CEO, Eric Schmidt, havia tirado os olhos de seu computador e me olhado quando declarei o número de novos clientes cadastrados no último mês. Vitória! Consegui distraí-lo de seus e-mails! "Você disse quantos?", perguntou. Repeti o número, e ele quase caiu da cadeira.

Eu não poderia ter esperado uma reação melhor. Concluí a apresentação com uma mistura de euforia e alívio. Minha chefe me aguardava à porta, e eu meio que esperava um gesto ou uma palavra de aprovação. Só que ela me chamou para uma conversa em sua sala. Senti um aperto no estômago. Alguma coisa não tinha ido bem. Mas o quê?

"Você tem uma carreira promissora aqui no Google", começou Sheryl. Ela sabia me tranquilizar. Afinal, eu tinha nada menos que três startups fracassadas em meu currículo e precisava desesperadamente de uma vitória. "E sua capacidade de ser intelectualmente franca e incluir os dois lados da argumentação, não só o seu, lhe valeu muita credibilidade." Ela deu como exemplo três ou quatro coisas específicas que eu havia dito na apresentação. Eu estava preocupada com a possibilidade de não ter argumentado com veemência suficiente e gostei de saber que não fora o caso. "Posso dizer que aprendi muito hoje com sua postura na apresentação." Dava para ver, pelo jeito como me encarou depois de dizer isso, que ela não estava só me bajulando ou tentando me acalmar. Ela queria deixar claro que o que eu poderia estar vendo como uma fraqueza, na verdade, era uma força.

Gostei de saber, mas guardei aquela informação para ruminar com calma mais tarde. E o aperto no estômago continuou. Parecia que eu estava com a cabeça na guilhotina. O que eu realmente queria saber era: onde eu tinha errado? "Mas alguma coisa não foi bem, não é?"

Sheryl riu. "Você sempre se prende ao que poderia ter feito melhor. Eu até entendo. Também sou assim. A gente aprende mais com os fracassos do que com os sucessos. Mas quero que você pare um pouco para se ater ao que deu certo, porque, no geral, a apresentação foi muito boa. Foi um sucesso."

Escutei-a atentamente, o melhor que podia. Finalmente, ela afirmou: "Você disse muito 'hum' em sua apresentação. Percebeu?"

"É verdade", respondi. "Sei que tenho essa mania." Não é possível que ela tivesse me chamado para uma conversa em sua sala só para falar de minha mania de dizer "hum". Que diferença fazia se eu dizia "hum" enquanto agarrava o touro pelos chifres?

"Será que foi porque você estava nervosa? Você gostaria que eu indicasse um coach de oratória? O Google paga."

"Eu não estava nervosa", respondi, fazendo um gesto com a mão como se estivesse espantando uma mosca. "É só um tique, acho."

"Não vejo por que deixar um detalhe tão pequeno quanto um tique reduzir a qualidade de suas apresentações."

"Tem razão", concordei, espantando outra mosca imaginária.

Sheryl riu. "Quando você faz isso com a mão, fico com a impressão de que está desmerecendo o que digo. Vejo que vou precisar ser muito, muito direta para passar minha mensagem. Então, aí vai: você é uma das pessoas mais inteligentes que conheço, mas falar tanto 'hum' faz com que você pareça burra."

E minha ficha finalmente caiu.

Sheryl repetiu a proposta: "Um bom coach de oratória vai ajudá-la com esse lance do 'hum'. Conheço um excelente. Você pode corrigir esse problema".

COMO "OPERACIONALIZAR" UMA BOA ORIENTAÇÃO

VAMOS NOS DAR um momento para pensar em como Sheryl lidou com aquela situação. Apesar de minha apresentação ter sido um sucesso, ela não deixou que o resultado positivo a impedisse de apontar o que eu precisava resolver, e o fez imediatamente, para não deixar que o problema prejudicasse minha reputação no Google. Ela mostrou meus acertos na apresentação, detalhadamente e com sinceridade, não tentando "camuflar" ou "diluir" a crítica com elogios vazios. A primeira tentativa dela de transmitir sua mensagem foi gentil, porém direta. Quando ficou claro que eu não estava levando a sugestão a sério, ela adotou uma postura mais incisiva, mas mesmo assim tomou o cuidado de não "personalizar" o problema, de não falar como se fosse alguma característica essencial que me definia. Disse que eu "parecia" burra, e não que eu "era" burra. E fez questão de deixar claro que eu poderia contar com o apoio dela, oferecendo-me uma ajuda concreta. O resultado foi que não me senti como uma idiota cheia de defeitos, e sim como uma integrante valorizada de sua equipe, uma integrante na qual ela estava disposta a investir. No entanto, não posso negar que doeu um pouco.

Aquela conversa foi incrivelmente eficaz por duas razões. Para começar, ela me fez querer resolver meu problema do "hum" imediatamente, e depois de apenas três sessões com o coach de oratória, eu já havia melhorado bastante. Em segundo lugar, fiquei muito grata a Sheryl, que me inspirou a dar um feedback melhor a minha equipe também. O modo como ela fez os elogios e as críticas me levou a pensar que eu poderia ensinar as pessoas a adotar aquele estilo de gestão.

E tudo isso em uma conversa de dois minutos.

UAU! AGORA me diga: quantas vezes você deu um feedback que só entrou por um ouvido e saiu pelo outro? Como você, da mesma forma que Sheryl fez, poderia orientar sua equipe, ao mesmo tempo confrontando uma situação específica e criando um efeito dominó que acabará melhorando a comunicação de todos?

Passei uma década desde aquela conversa ensinando a próxima geração de líderes do Vale do Silício a mudar o modo de dar feedback a seu pessoal, tanto positivo como negativo. É surpreendentemente simples. Qualquer um pode aprender. Um bom feedback envolve duas dimensões: importar-se pessoalmente e confrontar diretamente. Como vimos no Capítulo 1, quando faz as duas coisas ao mesmo tempo, você está praticando a Sinceridade Radical. Também é interessante deixar claro o que acontece quando você negligencia uma dimensão (levando à Empatia Ruinosa), a outra dimensão (levando à Agressão Detestável), ou as duas (levando à

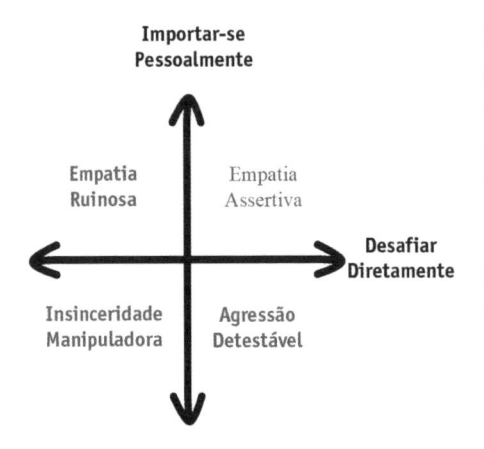

Insinceridade Manipuladora). Saber com clareza o que acontece quando você deixa de se importar pessoalmente ou de confrontar diretamente o ajudará a evitar recair nos velhos hábitos que todos nós temos.

Muitos de meus clientes de coaching disseram que o modelo os ajudou a se conscientizar mais do tipo de feedback que eles recebem, dão e encorajam. Também gosto de enfatizar para meus clientes que é fundamental ter em mente aquela importantíssima lição que aprendi com a história do "hum": não personalize o problema. A matriz a seguir é uma forma de avaliar os elogios e as críticas e de lembrar as pessoas da importância de saber fazer elogios e críticas. Os nomes de cada quadrante referem-se ao *feedback,* não a *traços de personalidade,* e não devem ser usados para rotular pessoas — os rótulos são obstáculos ao aperfeiçoamento. Na verdade, todo mundo passa algum tempo em cada um dos quadrantes. Somos todos imperfeitos. Nunca conheci alguém que fosse *sempre* Radicalmente Sincero. Vale repetir: esse modelo não é um "teste de personalidade".

Vamos dar uma olhada nos quadrantes.

SINCERIDADE RADICAL

NÃO DAMOS e recebemos feedback só no trabalho. Não raro, um desconhecido nos oferece uma dose de Sinceridade Radical que tem o poder de mudar nossa vida se lhe dermos ouvidos. Foi o que aconteceu comigo pouco depois de eu adotar uma filhote de golden retriever chamada Belvedere. Eu a adorava de paixão e a enchia de mimos. Resultado: Belvedere se tornou uma criatura absolutamente descontrolada. Uma noite, eu a levei para passear, e ela começou a puxar a guia enquanto esperávamos para atravessar a rua, com carros passando em alta velocidade a poucos centímetros de nós. "Venha cá, minha querida, fique quietinha", eu implorava. "O sinal vai ficar verde daqui a pouco." Apesar de minhas tentativas de tranquilizá-la, ela puxou a correia com ainda mais força, desesperada para sair correndo pela rua.

Um desconhecido que também esperava para atravessar olhou para mim e disse: "Dá para ver que você adora seu cachorro." Nos dois segundos que levou para dizer essas palavras, ele deixou claro que se importava e que não estava me julgando. Em seguida, me confrontou diretamente. "Mas o cachorro não vai sobreviver se você não o ensinar a obedecer!" — tão direto que quase me tirou o fôlego. E, sem pedir minha permissão, o homem inclinou-se para Belvy, apontou com o dedo para a calçada e disse em voz alta e firme: "SENTA!"

E ela sentou. Fiquei boquiaberta.

Ele sorriu e explicou: "Não é o significado. É a clareza!". O sinal ficou verde, e ele saiu andando, deixando-me uma verdadeira lição de vida.

Vamos imaginar um final diferente para essa história. O homem poderia ter me julgado, dizendo algo como "Você não devia ter um cachorro se não sabe cuidar dele!", e eu ficaria na defensiva e fechada para aceitar seu conselho simples, porém importantíssimo. No entanto, ele reconheceu que eu gostava de minha cadela e me ensinou a instruí-la (Não é o significado. É a clareza!). Eu poderia muito bem tê-lo mandado ir cuidar da própria vida, mas isso não o impediria. Era um líder natural, e suspeito que seja um excelente chefe no trabalho. Se eu trabalhasse com ele, aquela pequena interação teria sido a semente de um relacionamento.

Espero jamais ter falado com uma pessoa como falo com um cachorro, mas nunca me esquecerei das palavras daquele desconhecido. Adotei o "Não é o significado. É a clareza!" como um mantra de gestão que me ajuda a evitar repetir o erro que descrevi na introdução: não dizer a Bob quando seu trabalho não estava a contento. Minhas tentativas de ser gentil acabaram me obrigando a demiti-lo. No fim, aquilo não foi nada gentil. Aquele breve incidente na rua me ensinou que não preciso passar muito tempo tentando conhecer a pessoa a fundo ou conquistando sua confiança para lhe oferecer um feedback assertivamente empático. Na verdade, uma excelente maneira de conhecer uma pessoa e desenvolver uma relação de confiança com ela é lhe fazer elogios e críticas Radicalmente Sinceros.

Elogios Radicalmente Sinceros

"Admiro isso em você."

Um dia desses, Russ e eu estávamos filmando um vídeo com dicas para fazer elogios Radicalmente Sinceros. Ele estava explicando a importância de fazer elogios bem específicos e deu um exemplo da liga mirim de beisebol, da qual ele é técnico. "Admiro muito o fato de você ser técnico da liga mirim", falei, de repente. Já fazia um tempo que eu queria dizer isso a ele, e naquele momento o elogio me veio à cabeça. Ele agradeceu: "Obrigado." Normalmente, a coisa teria parado por aí. Contudo, logo me dei conta de que meu elogio não havia sido específico. Eu não tinha dito a Russ *por que* eu admirava o fato de ele ser técnico da liga mirim. Quando lhe apontei a ironia, ele respondeu: "Bom, o problema é que não acho que você estivesse sendo sincera. Afinal, você odeia esportes." A coisa era pior do que eu imaginava. O elogio fora não só vago, como inútil.

Lá estávamos nós, ensinando a fazer um bom elogio, e lá estava eu, pisando totalmente na bola! E deveria ser fácil, já que eu estava falando com Russ, um cara com quem fundei uma empresa e que eu conhecia havia anos. Não é fácil fazer elogios sinceros e expressivos. É por isso que é tão importante avaliar a qualidade de seu feedback e procurar saber o que as pessoas acham. Sabendo o que Russ tinha achado de meu feedback, tentei de novo.

"Outro dia lhe dei uma bronca quando você saiu cedo do trabalho para treinar as crianças da liga mirim, e depois me senti culpada", comecei. "Porque, na verdade, eu admiro muito o fato de você ser técnico da liga mirim. Não conheço ninguém mais capaz do que você de integrar a vida profissional com a vida pessoal. Eu sempre me pergunto se estou passando tempo suficiente com meus filhos, e ver sua dedicação à liga mirim me ajuda a melhorar. Além disso, tudo o que você está aprendendo na Positive Coaching Alliance com seu trabalho de técnico tem nos ajudado muito em nosso trabalho."

Dessa vez, meu elogio foi contextualizado, muito mais pessoal e específico. Então, Russ disse: "Esse, sim, foi um elogio Radicalmente Sincero!"

Críticas Radicalmente Sinceras

Para continuar vencendo, critique as vitórias

Andre Iguodala, jogador do time de basquete profissional do Golden State Warriors, explicou por que a disposição de confrontar os colegas é tão importante para o sucesso. O segredo para vencer, segundo ele, é mostrar aos grandes jogadores o que eles poderiam ter feito melhor, mesmo depois de eles ganharem um jogo — *especialmente* quando eles ganham um jogo. O problema de morar no alto da montanha é que você sempre terá de escalá-la ao voltar para casa. Naturalmente, os colegas de time de Andre nem sempre ficavam gratos com as críticas Radicalmente Sinceras dele. Em algumas situações, eles o acusavam de Agressão Detestável. Mas, como veremos a seguir, a Agressão Detestável é algo bem diferente.

AGRESSÃO DETESTÁVEL

QUANDO VOCÊ CRITICA alguém sem se dar o trabalho de mostrar que se importa, seu feedback soa como Agressão Detestável para quem recebeu a crítica. Lamento dizer que, se você não puder ser Radicalmente Sincero, a agressão detestável é a segunda melhor coisa que você pode fazer. Pelo menos as pessoas terão como saber o que você está pensando e qual é sua opinião sobre o desempenho delas, e sua equipe poderá atingir resultados. Isso explica as vantagens que os chefes ogros parecem ter no mundo.

Deixe-me esclarecer. Eu me recuso a trabalhar com gente que não consegue se dar o trabalho de mostrar uma decência humana básica. Mantenha sua natureza humana intacta. Se mais pessoas puderem ser Radicalmente Sinceras, haverá menos razões para tolerar a Agressão Detestável.

Entretanto, ser um bom chefe implica um paradoxo. A maioria das pessoas *prefere* um chefe grosseiro e desafiador a um chefe cortês, porém incapaz de ser franco. Um dia desses, li um artigo que dizia que grande parte das pessoas acha melhor trabalhar para um "ogro competente" do que para um "incompetente gentil". O artigo expressou muito bem o impasse sem solução que ser chefe envolve. É claro que não quero ser incompetente, mas também não quero ser boçal.

Por sorte, a ideia de que você é "um ogro ou um incompetente" representa uma falsa dicotomia: ninguém precisa escolher entre esses dois extremos. Com frequência, tenho constatado que é mais compassivo no longo prazo ser direta, mesmo que o primeiro efeito de minhas críticas seja magoar as pessoas ("Não é o significado. É a clareza!"). Além disso, é o medo de ser rotulado como boçal ou brutamontes que impele muitas pessoas à Insinceridade Manipuladora ou à Empatia Ruinosa — as duas opções, na verdade, são mais prejudiciais aos colegas do que a Agressão Detestável (como veremos adiante).

Cabe ressaltar, entretanto, que a Agressão Detestável é debilitante, sobretudo se for praticada ao extremo. Quando os chefes depreciam os subordinados, os humilham em público ou lhes dão um gelo, seu comportamento cai nesse quadrante. A Agressão Detestável pode até obter excelentes resultados no curto prazo, mas, com o tempo, deixa cadáveres pelo caminho. Pense na personagem inspirada em Anna Wintour e interpretada por Meryl Streep no filme *O Diabo Veste Prada*. Ou em Bobby Knight, treinador de basquete norte-americano que teve um recorde de vitórias, mas que também jogava cadeiras na quadra, quase estrangulou um jogador e acabou sendo demitido. Quando os chefes criticam as pessoas para humilhá-las, e não para ajudá-las a melhorar, quando permitem ataques personalizados entre os membros da equipe ou quando desencorajam os elogios, considerando-os meras "massagens no ego", quem está ao redor recebe esse comportamento como forma de Agressão Detestável.

O pior tipo de Agressão Detestável ocorre quando uma pessoa conhece a fundo as vulnerabilidades de outra e as explora por pura diversão ou para impor sua dominância. Tive um chefe que sabia exatamente como me irritar. Ele tinha uma espécie de "empatia cruel". Quase nada destrói a confiança com mais rapidez do que usar o que você sabe sobre as pessoas para magoá-las.

Muitos chefes consideram os funcionários como seres inferiores que eles podem humilhar sem dor na consciência. Muitos funcionários acham que o chefe é um tirano a ser derrubado. E muitos colegas se veem uns aos outros como inimigos. Em uma cultura tóxica, as críticas são usadas como arma, e não como ferramenta para o aprimoramento. Quem faz a crítica se sente poderoso, e quem a recebe se sente horrível. Até o elogio pode soar mais como sarcasmo do que como celebração de um trabalho bem-feito. "Parabéns, *desta* vez você acertou."

A agressão detestável nas críticas

Críticas em público

Vejamos o exemplo de uma crítica feita por um ex-colega a quem chamarei de "Ned". Ned organizou uma festa para sua equipe global e pediu que as pessoas comparecessem usando trajes típicos dos respectivos países. A cultura da empresa era divertida, e todos foram vestidos com roupas engraçadas. Ned, que tinha acabado de entrar na empresa, foi de traje a rigor. Ele deve ter ficado com tanta vergonha de ir tão bem-vestido à própria festa, que, para lidar com a insegurança, entrou em modo de depreciação alheia. Aproximou-se de um amigo meu, um de seus novos subordinados diretos, que estava fantasiado de duende. Diante de uma grande multidão, gritou para ele: "Eu disse para vir com a roupa típica de seu país, não vestido como um idiota!"

É tentador simplesmente rotular Ned como boçal, mas esse é exatamente o tipo de erro de atribuição que este livro nos ensina a evitar. Culpar a essência que define as pessoas, e não apenas seu comportamento, não deixa espaço para mudança. E por que Ned nunca conseguiu mudar? Porque ninguém jamais se deu o trabalho de confrontar seu comportamento, e ele nunca foi forçado a aprender. Seu comportamento ofensivo só se agravou.

Não me orgulho de admitir que me incluía entre as testemunhas silenciosas. Eu estava ao lado de meu amigo quando Ned lhe disse que ele parecia um idiota, e não me manifestei. Também não procurei Ned depois para uma conversa em particular. Por quê? Porque eu já o tinha rotulado como boçal e concluído que não valia a pena lhe dar um toque. Cometi um erro de atribuição fundamental, e minha decisão se baseou na "Insinceridade Manipuladora". Até hoje me envergonho disso. Se alguém precisava de uma dose de Sinceridade Radical, esse alguém era Ned.

Lembre-se: a Agressão Detestável é um *comportamento*, não um traço de personalidade. Ninguém é ogro o tempo todo, nem mesmo Ned. E *todos nós* somos detestavelmente agressivos às vezes. Eu também, infelizmente. Devo dizer que normalmente não sou boçal, mas vejamos um exemplo de quando me comportei como tal.

Depois de alguns meses trabalhando no Google, discordei da abordagem de Larry Page a certa política. Em uma crise de frustração, enviei um e-mail a umas trinta pessoas, inclusive Larry, dizendo: "Larry diz que quer organizar todas as informações do mundo, mas sua política está criando sites caóticos, que só desorganizam as informações do mundo." Não satisfeita, insinuei que ele estava recomendando a política por estar focado em aumentar os lucros do Google, e não em beneficiar os usuários.

Se Larry fosse meu subordinado, e não meu chefe, eu jamais teria enviado um e-mail tão arrogante e difamatório. Eu o teria chamado de canto e perguntado, em particular, por que ele estava propondo uma política que parecia violar a missão do Google. Se eu concordasse com seus argumentos, a história terminaria ali. Se discordasse, eu explicaria, ainda em particular, que a política o fazia soar contraditório e tentaria entender suas razões. Mas não fiz nada disso com Larry. Se tivesse falado com ele em particular, é claro, eu teria visto que, enquanto eu colhia o milho, ele já tinha comido a pamonha. Eu simplesmente ainda não entendia como as coisas funcionavam na empresa.

Por que me comportei daquele jeito? Em parte porque acredito que existe um lugar especial no inferno reservado para quem chuta quem está por baixo e bajula quem está por cima. Pelo menos *esse* erro eu não cometi. No entanto, meu erro estava do outro lado da mesma moeda. Eu não pensava em Larry como ser humano. Eu o via como uma espécie de semideus que eu poderia atacar e sair impune. Todo mundo deve tratar os outros com uma decência humana fundamental, independentemente da posição hierárquica. Eu sabia que Larry também não era imune a críticas, como eu tinha visto em sua discussão com Matt Cutts. E Larry nunca me deu nenhuma razão para ser tão hostil.

O incidente com Larry é um bom exemplo de como a crítica pode ser detestavelmente agressiva se você não se importar pessoalmente. Devo ter imaginado que estava sendo Radicalmente Sincera ao "contestar a autoridade", quando, na verdade, era um caso claro de criticar alguém na frente de todo mundo. É melhor do que falar pelas costas, mas não deixa de ser péssimo.

O primeiro problema de meu e-mail foi a falta de humildade. Afinal, eu tinha acabado de entrar no Google e não sabia bem como a empresa funcionava. E nem me dei o trabalho de investigar as razões para a decisão de Larry. Em vez de me informar, me saí com um monte de suposições e concluí (equivocadamente, como viria a saber mais tarde) que Larry estava mais interessado em ganhar dinheiro do que na missão do Google. Além disso, minhas sugestões não ajudaram em nada, porque eu não conhecia a fundo o problema que Larry estava tentando resolver com aquela política. Meu outro erro foi criticá-lo em um fórum público, em vez fazê-lo em particular, o que teria sido a coisa respeitosa a fazer. E, o pior de tudo, personalizei o problema. Eu deveria me ater à política do AdSense, mas parti para ataques pessoais ao caráter de Larry, acusando-o, nas entrelinhas, de ser ganancioso e hipócrita. Como eu veria repetidas vezes nos seis anos seguintes que passei no Google, Larry não tinha nada de ganancioso nem de hipócrita. Ele era justo e coerente. A questão, porém, é que eu não deveria ter mencionado o caráter de Larry, nem para criticar nem para elogiar. Eu havia personalizado.

A agressão detestável nos elogios

Elogios depreciativos

A agressividade ofensiva também pode estar nos elogios. Vejamos o e-mail a seguir, enviado pelo chefe de uma famosa empresa do Vale do Silício a sua equipe de cerca de seiscentas pessoas, setenta das quais tinham acabado de ganhar um bônus. Removi os nomes para não envergonhar ainda mais essas pessoas.

De: Fulano de Tal <fulanodetal@empresax.com>
Data: 27 de abril às 11:53
Assunto: Os ganhadores do bônus!
Para: equipe 1@empresax.com

Prezada Equipe 1,
No terceiro trimestre, vários membros da equipe se superaram e fizeram mais do que o esperado para garantir excelentes resultados para a Empresa X. Essas pessoas e suas realizações foram reconhecidas com o bônus do terceiro trimestre concedido por nossa empresa. Eu gostaria de aproveitar a oportunidade para revelar quem são essas pessoas extraordinárias e apresentar um resumo de suas realizações.

Fulano de Tal
Vice-Presidente da Equipe 1

- Pessoa 33: vendedor de nível 5, foi responsável pela maior receita do terceiro trimestre: US$7,5 milhões. Seu pacote de remuneração de US$116 mil está 50% abaixo do mercado (risco de retenção).

- Pessoa 39: encarregou-se de todo o trabalho sujo para ajudar o projeto XYZ a deslanchar, preparando incontáveis planilhas, relatórios e documentações, e fez um excelente trabalho (muito acima de sua posição de nível 3).

- Pessoa 72: demonstrou um empenho excepcional nos últimos quatro meses ou mais; assumiu responsabilidades adicionais, dando assistência a Fulano de Tal.

Imagine como a Pessoa 33 se sentiu quando viu que as informações privadas de seu salário tinham sido enviadas a 600 pessoas. Duvido que ela tenha se sentido melhor sabendo que a empresa só lhe pagava a metade da média do mercado e que seu chefe achava que ela devia estar procurando outro emprego em outro lugar!

E pense como a Pessoa 39 deve ter ficado desmotivada ao saber que se encarregou de "todo o trabalho sujo", e provavelmente não foi consolo algum saber que seu trabalho estava "muito acima de sua posição de nível 3". Pelo menos foi divertido saber que a Pessoa 72 teve de ganhar um bônus pela "assistência a Fulano de Tal", ou seja, Fulano de Tal era tão boçal que a empresa se via forçada a pagar um adicional de insalubridade a quem trabalhava diretamente com ele.

Mesmo que déssemos a Fulano de Tal o benefício da dúvida e presumíssemos que ele só foi preguiçoso e/ou ingênuo, e não intencionalmente ofensivo, seria impossível concluir que ele demonstrou que se importava pessoalmente com os membros de sua equipe. Fica claro que ele coletou as informações pedindo que os chefes dessas pessoas justificassem os bônus concedidos. Mas ele se importava tão pouco com as pessoas às quais elogiava, que nem sequer se deu o trabalho de ler as justificativas. Limitou-se a copiar e colar as informações em um novo e-mail, que enviou a todos. Não é fácil elogiar pessoas que ganharam um grande bônus e deixá-las se sentindo pior, e não melhor, mas o e-mail de Fulano de Tal conseguiu essa façanha.

INSINCERIDADE MANIPULADORA

A INSINCERIDADE MANIPULADORA ocorre quando você não se importa o suficiente com alguém a ponto de confrontá-lo diretamente. As pessoas elogiam e criticam com insinceridade manipuladora quando querem que todo mundo goste delas ou acham que podem conquistar algum tipo de vantagem política sendo falsas — ou quando estão simplesmente cansadas demais para se importar ou continuar discutindo. No feedback, a insinceridade manipuladora raramente reflete o que a pessoa realmente pensa, e não passa de uma tentativa de manipular emocionalmente o outro para obter algum ganho pessoal. "Se eu disser que gostei da apresentação ridícula dele, ele ficará feliz, e eu não terei de perder meu tempo explicando todos os erros que ele cometeu, mas já preciso começar a pensar em alguém para substituí-lo."

O diretor de design da Apple, Jony Ive, contou que evitou criticar o trabalho de sua equipe. Quando Steve Jobs lhe perguntou por que ele não tinha esclarecido os erros, Ive respondeu: "Porque me importo com a equipe." E Jobs retrucou: "Não, Jony, seu problema é que você é vaidoso. Você quer que as pessoas gostem de você." Ao relembrar a história, Jony confessou: "Fiquei furioso, porque sabia que ele tinha razão."

É por isso que Colin Powell disse que a liderança às vezes requer a disposição de enforcar as pessoas. Se você se preocupar demais com o que os outros pensarão de você, estará menos disposto a dizer o que precisa ser dito. Como Jony, você pode até achar que faz isso porque se importa com a equipe, mas, na verdade, talvez esteja mais preocupado com o que pensarão de você, ou, em outras palavras, mais preocupado consigo mesmo. Eu também já passei por isso. Todos nós passamos.

Importe-se com as pessoas que você precisa confrontar. Entretanto, se estiver preocupado com o que as pessoas pensarão de *você*, não estará "se importando pessoalmente" com elas e provavelmente tenderá a evitar "confrontá-las diretamente". Essa atitude não ajudará os membros da equipe a obter excelentes resultados nem a realizar os sonhos deles. Abra mão da vaidade e se importe pessoalmente. E, se não se importar, não desperdice seu tempo e o dos outros fingindo que se importa.

Infelizmente, o pensamento convencional e muitos gurus de gestão aconselham os chefes a confrontar menos em vez de encorajá-los a se importar mais. Em geral, as pessoas acabam recebendo esse tipo de elogio ou crítica como uma espécie de bajulação ou uma punhalada nas costas. Desnecessário dizer que essa postura está longe de promover a confiança entre o chefe e seus subordinados.

A insinceridade manipuladora nos elogios

A falsidade nos pedidos de desculpas

Voltemos a meu e-mail detestavelmente agressivo a Larry Page. Algumas pessoas que o receberam me ligaram para saber por que diabos eu tinha mandado aquela mensagem. Percebi que eu havia sido incrivelmente grosseira e fiquei morrendo de vergonha — e com um pouco de medo. Onde é que eu estava com a cabeça?

Eu *ainda* não entendia por que estava errada ao discordar da nova política de Larry, mas de repente fiquei bem preocupada com a possibilidade de ser demitida. Então, assim que vi Larry, eu o puxei de canto e disse: "Peço desculpas por aquele e-mail, Larry. Sei que você está certo." Veja bem, não havia nada de errado em pedir desculpas por meu tom na mensagem; o problema foi que, sem explicação alguma, dei uma virada de 180 graus em minha opinião. Minha insinceridade era óbvia, e foi exatamente o que eu não deveria ter feito. Larry tinha um radar afinadíssimo para o papo furado, e eu não sou a melhor mentirosa do mundo. Ele não falou nada, mas seu olhar de desdém valeu por mil palavras. Quando Larry se afastou, um colega que estava por perto sorriu em solidariedade e me sussurrou: "Ele prefere que a gente discorde dele."

Quando você se comporta mal e as pessoas lhe chamam a atenção, uma reação mais do que natural é perder a autenticidade e se voltar à politicagem, passando da Agressão Detestável a uma postura ainda pior, a Insinceridade Manipuladora. Teria sido melhor ficar quieta do que avançar na direção errada no eixo do "desafiar diretamente". Melhor ainda teria sido subir no eixo do "se importar pessoalmente", dando-me o trabalho de investigar as razões de Larry e encontrar uma solução satisfatória tanto para ele como para mim. Naquele contexto, teria sido melhor admitir meu mau comportamento.

EMPATIA RUINOSA

OS RUSSOS GOSTAM de contar a história de um sujeito que tinha de amputar a cauda de seu cachorro, mas gostava tanto dele, que cortou a cauda um centímetro por dia, em vez de fazer tudo de uma vez só. O desejo daquele homem de poupar seu cão da dor e do sofrimento só levou a mais dor e sofrimento. Não seja um chefe assim!

Esse é um exemplo extremo do que chamo de Empatia Ruinosa. A Empatia Ruinosa é responsável por grande parte dos erros de gestão que tenho testemunhado. A maioria das pessoas quer evitar criar tensão ou mal-estar no trabalho. São como o pai bem-intencionado incapaz de disciplinar os filhos, como fiz com minha cadela Belvy.

Chefes raramente *têm a intenção* de destruir as chances de sucesso de um funcionário ou prejudicar a equipe inteira deixando passar um desempenho insatisfatório. Entretanto, esse costume ser o resultado da Empatia Ruinosa. E a Empatia Ruinosa nos elogios nunca é eficaz, porque sua principal característica é fazer com que a pessoa se sinta bem, em vez de mostrar-lhe um trabalho bem-feito e encorajá-la a manter o bom desempenho. Foi exatamente o erro que cometi na história que contei na introdução sobre Bob; evitei criticá-lo e acabei tendo de demiti-lo.

A Empatia Ruinosa também pode impedir um chefe de se abrir às críticas. Normalmente, quando um chefe pede que um subordinado o critique, este se sentirá, na melhor das hipóteses, constrangido e, na pior, temeroso. Em vez de se forçar a romper a barreira do constrangimento e insistir para que os funcionários os confrontem, os chefes acostumados a uma postura de Empatia Ruinosa podem querer tanto evitar o constrangimento, que acham mais fácil evitar o problema.

Quando os chefes estão focados demais em manter a paz e a harmonia na equipe, também deixam de incentivar as pessoas a criticar umas às outras, temendo semear a discórdia. Acabam criando o tipo de ambiente em que "ser gentil" é priorizado em detrimento das críticas e, em consequência, da melhoria do desempenho.

Os chefes muitas vezes cometem o erro de achar que, se ficarem no quadrante da Empatia Ruinosa, poderão desenvolver um relacionamento com seus subordinados diretos e só *depois* passar para a Sinceridade Radical. Costuma ser agradável trabalhar com esse tipo de chefe, porém, com o passar do tempo, os funcionários começam a perceber que a única orientação que recebem é "bom trabalho" e outros comentários vagamente positivos. Eles sabem que erraram algumas vezes, mas não exatamente onde. Os subordinados diretos desses chefes nunca sabem se estão indo bem ou mal, perdendo a oportunidade de aprender ou crescer. Eles geralmente ficam empacados ou são demitidos. Vamos combinar que não é a melhor maneira de desenvolver um relacionamento. De outro lado, quando a Empatia Ruinosa impede os chefes de *pedir* que os subordinados os critiquem, eles só se dão conta de que algo está errado quando alguém pede demissão. Desnecessário dizer que essa estratégia está longe de conquistar a confiança mútua.

A Empatia Ruinosa nos elogios

"Só estou tentando dizer algo bom."

Um amigo me contou uma lição que aprendeu sobre um líder "só tentar dizer algo bom". Andando pelo escritório às duas da manhã às vésperas de um lançamento, ele deparou com um programador, que chamarei de "Anatoly", e lhe perguntou sobre determinada funcionalidade do programa. Anatoly, então, explicou a ele vários aspectos importantes da funcionalidade. Alguns dias depois, na comemoração do lançamento, meu amigo, na frente de todos os funcionários, parabenizou Anatoly pelo excelente trabalho na funcionalidade.

O problema foi que Anatoly era apenas um dos vários programadores que se dedicaram ao projeto. Todos os outros programadores acharam que Anatoly tinha assumido os créditos pela funcionalidade. Constrangido, Anatoly enviou um e-mail para a empresa toda listando as pessoas que tinham trabalhado no projeto com ele.

Meu amigo se deu conta de que tinha caído na armadilha da Empatia Ruinosa. Ele só queria agradar Anatoly com um elogio, mas acabou colocando o pobre coitado em uma situação constrangedora. Com base nesse incidente, meu amigo passou a dar a seguinte sugestão aos gestores de sua empresa: "Ao fazer elogios, procure saber quem fez o que e por que o trabalho saiu tão bom. Não se esqueça de fazer elogios específicos e detalhados, do mesmo jeito como faz com as críticas. Aprofunde-se nos detalhes."

APROXIMANDO-SE DA SINCERIDADE RADICAL

QUANDO DESCREVO como desenvolver uma cultura de Sinceridade Radical, as pessoas em geral concordam com o conceito, mas temem colocá-lo em prática. Meu conselho é começar explicando a ideia e pedindo que as pessoas sejam Radicalmente Sinceras com *você*. Comece *recebendo*, não dando feeedback. E, ao dar feedback, faça antes os elogios, não as críticas. Quando passar para as críticas, tome muito cuidado para não cruzar a perigosa fronteira entre a Sinceridade Radical e a Agressão Detestável.

Comece solicitando críticas, não criticando

Só critique depois de mostrar que consegue suportar as críticas alheias

Faz sentido começar a desenvolver uma cultura de Sinceridade Radical pedindo que as pessoas o critiquem, e há várias razões para isso. Em primeiro lugar, essa é a melhor maneira de mostrar que você sabe que nem sempre é perfeito e que gostaria que os outros lhe apontassem seus erros e que você está aberto a ser confrontado e questionado. Em segundo, você aprenderá muito, já que poucas pessoas o conhecem tão bem quanto seus subordinados diretos; essa atitude pode impedi-lo de enviar e-mails irrefletidos e imprudentes como o que mandei a Larry. Em terceiro, quanto mais experiência prática você tiver recebendo críticas, mais será capaz de se colocar na pele das pessoas que estiver criticando. Em quarto, pedir críticas é uma excelente maneira de desenvolver a confiança e fortalecer seus relacionamentos.

Os chefes conseguem opiniões Radicalmente Sinceras de sua equipe não só se abrindo às críticas, mas *solicitando-as ativamente*. Se uma pessoa tiver a ousadia de criticá-lo, *não* a critique por fazer isso. Se vir alguém criticando um colega de modo inadequado, não deixe passar em branco. No entanto, se uma pessoa o criticar de modo inadequado, ouça-a para tentar entender o que ela está dizendo e recompensar a franqueza. É tão importante solicitar críticas a seu trabalho quanto encorajar os membros de sua equipe a criticar o trabalho uns dos outros. (No Capítulo 6 você encontrará ferramentas e técnicas específicas para pedir e encorajar o feedback de seus funcionários.)

Quando trabalhei no Google, em geral era o pessoal de Dublin que fazia as críticas mais memoráveis a meu trabalho. Suas observações mordazes sempre eram de grande ajuda depois que eu conseguia me recuperar do baque. Um dia, enviei um e-mail particularmente irrefletido, e David Johnson me disse: "Kim, parece que você nunca pensa antes de clicar no botão 'Enviar'!" Até hoje ouço essa advertência antes de clicar em "Enviar". Faz anos que não vejo David, mas ele continua me salvando, quase toda semana, de enviar um e-mail do qual eu me arrependeria.

Em outra ocasião, adiei o início de uma reunião com a equipe de Dublin porque não queria reduzir minha hora matinal com meus gêmeos recém-nascidos. Achei que todos entenderiam, mas um jovem que estava participando da conferência telefônica explodiu: "Sabe, Kim, a gente também tem filhos!" Sem pensar na diferença de fuso horário, eu tinha empurrado a reunião para a hora do jantar deles. Fiquei profundamente envergonhada, porém, depois que consegui sair da defensiva, também me senti grata por ele me apontar o erro.

O segredo para pedir críticas da equipe de Dublin era não entrar na defensiva. A dificuldade de solicitar críticas do pessoal do Japão, de outro lado, era suportar o silêncio. Nunca me esquecerei de minha primeira reunião com a equipe do AdSense de Tóquio. Meu plano era conduzir reuniões periódicas com eles para me informar de sugestões, problemas, pontos de melhoria. Por minha experiência com reuniões como essas em outros países, se eu fizesse uma pergunta como "Há alguma coisa que eu poderia fazer ou parar de fazer para melhorar a vida de vocês?", quando eu contasse até seis mentalmente, alguém teria dito algo. Contei até dez. Silêncio. Reformulei a pergunta. Ainda silêncio. Por fim, narrei uma história sobre a Toyota que eu havia aprendido na faculdade de administração. Com o objetivo de combater os tabus culturais que impediam os funcionários de criticar a gestão, os líderes da Toyota mandaram pintar um grande quadrado vermelho no chão da linha de montagem. No fim de sua primeira semana de trabalho, os novos funcionários tinham de ficar no quadrado e só podiam sair dele depois de criticar pelo menos três coisas na linha de montagem. A melhoria contínua gerada por essa prática foi uma das razões do sucesso da Toyota. Perguntei à equipe o que achava da ideia. Será que a gente precisaria de um quadrado vermelho? Eles deram risada, e, temendo que eu realmente fosse pintar um quadrado vermelho no escritório, alguém se abriu um pouco. Não foi grande coisa, sinceramente, só uma queixa sobre o chá do escritório, mas fiz questão de recompensar a franqueza de maneira generosa. Agradeci à pessoa em público, mandei-lhe um bilhete escrito à mão, aprovei fundos para comprar um chá de melhor qualidade e dei um jeito para que todos soubessem que o chá passou a ser melhor porque alguém se queixou na reunião. Então, com o tempo, problemas mais concretos foram sendo levantados em nossas reuniões.

Saiba equilibrar elogios e críticas

Preocupe-se mais com os elogios e menos com as críticas. Mas, acima de tudo, seja sincero

Aprendemos mais com nossos erros do que com nossos acertos, mais com as críticas do que com os elogios. Por que, então, é importante fazer mais elogios do que críticas? Por várias razões. Para começar, os elogios mostram a direção certa às pessoas. É tão importante para elas saber o que devem continuar fazendo quanto o que devem evitar fazer. Em segundo lugar, os elogios as encorajam a continuar melhorando. Em outras palavras, um bom elogio faz muito mais do que apenas deixar as pessoas se sentindo bem; um bom elogio as confronta diretamente.

Alguns especialistas dizem que a melhor proporção de elogios e críticas é de 3:1, 5:1 ou até 7:1. Outros defendem o "sanduíche de feedback": começar e terminar com elogios e enfiar uma crítica no meio. Penso que o investidor de risco Ben Horowitz acertou na mosca quando chamou essa abordagem, literalmente, de "sanduíche de merda". Ele sugere que essa técnica até poderia funcionar com pessoas menos experientes, mas descobri que até uma criança consegue perceber o truque, quanto mais um executivo.

Em outras palavras, a ideia de uma proporção "correta" entre elogios e críticas é perigosa, porque pode levá-lo a dizer coisas forçadas, insinceras ou simplesmente ridículas. Se você acha que precisa dar, digamos, dois elogios para cada crítica que fizer a alguém, se pegará dizendo coisas como: "Uau, adorei a fonte que você escolheu para sua apresentação do PowerPoint, mas achei o conteúdo meio fraco. Mesmo assim, sempre me admiro de ver como sua mesa está sempre organizada." Elogios condescendentes ou insinceros como esses só desgastarão a confiança e prejudicarão seus relacionamentos tanto quanto críticas duras demais.

No caso das críticas, a maioria das pessoas tem medo de magoar os outros e prefere não dizer nada. No caso dos elogios, alguns querem tanto agradar, que sempre acham que precisam fazer um elogio, mesmo que seja vazio. Outros simplesmente não têm o hábito de elogiar. "Se eu ainda não o demiti, quer dizer que você está indo bem." Não basta pensar assim. Andy Grove me disse que percebeu que era hora de aprender a elogiar as pessoas quando alguém colocou uma plaqueta em sua estação de trabalho com os dizeres: "Você já disse alguma coisa gentil hoje?"

Quando estou criticando, procuro controlar meu nervosismo e me concentrar em "só dizer". Se eu começo a pensar demais em como devo dizer o que tenho a dizer, tendo a me acovardar e não digo nada. E, quando estou elogiando, tento *me conscientizar* de que o elogio pode acabar sendo um tiro pela culatra e procuro pensar em como fazê-lo. Karen Sipprell, uma colega da Apple, costumava fazer duas perguntas instrutivas: "Quanto tempo você passa investigando todos os fatos antes de criticar alguém? Quanto tempo você passa investigando todos os fatos antes de elogiar alguém?" O ideal é dedicar tanto tempo investigando os fatos para os elogios quanto para as críticas.

Saiba onde fica a perigosa fronteira entre a Agressão Detestável e a Sinceridade Radical

"Seu trabalho está uma merda."

Críticas Radicalmente Sinceras constituem uma parte importante da cultura do Google e da Apple, mas de maneiras bem diferentes. O Google enfatiza mais o se importar pessoalmente do que o desafiar diretamente, e eu descreveria as críticas como do tipo Sinceridade Radical com uma pitada de Empatia Ruinosa. Já a Apple faz o contrário, e eu descreveria as críticas como do tipo Sinceridade Radical com uma pitada de Agressão Detestável.

Na introdução, falei brevemente de um vídeo no qual o jornalista de tecnologia Bob Cringely entrevista Steve Jobs e lhe pergunta o que ele quer dizer quando fala para as pessoas que o trabalho delas está uma merda.* Vale a pena ler trechos dessa entrevista para explorar a perigosa fronteira entre a Agressão Detestável e a Sinceridade Radical.

CRINGELY: O que você quer dizer quando fala para as pessoas que o trabalho delas está uma merda?

JOBS: Normalmente significa que o trabalho delas está uma merda. Às vezes significa: "Acho que seu trabalho está uma merda. E eu... eu estou errado."

Não costuma ser legal dizer "Seu trabalho está uma merda". Uma afirmação como essa estaria encravada bem no meio do quadrante da Agressão Detestável. No entanto, mais adiante na entrevista com Cringely, Jobs esclarece o que acha da frase que disse.

JOBS: A coisa mais importante que acho que você pode fazer por um profissional excelente e confiável é mostrar a ele quando o trabalho não ficou excelente ou confiável — quando o trabalho não ficou bom o suficiente. E fazer isso com muita clareza e articular as razões... e ajudar a pessoa a voltar ao caminho certo.

Note que Jobs toma o cuidado de não personalizar a crítica e evita dizer "quando a *pessoa* não é boa o suficiente". Em vez disso, ele diz "quando o *trabalho* não ficou bom o suficiente". É uma distinção importante. Jobs tenta resolver um problema

---

* Você pode ver trechos do vídeo não incluídos na edição final do documentário *Triumph of the Nerds*, da PBS, em *The Lost Interview*. [conteúdo em inglês]

comum que costuma surgir ao criticar alguém: o erro de atribuição fundamental, que salienta os traços pessoais, e não as causas externas. É mais fácil encontrar defeitos na pessoa do que procurar o problema no contexto dos atos dela. É mais fácil dizer "Você é um desleixado" do que "Você passou noites em claro e fins de semana trabalhando, e essa situação está começando a prejudicar sua capacidade de identificar erros em seu raciocínio". E essa atitude também passa longe de ser útil.

É muito melhor dizer "Seu trabalho está uma merda" do que "Você é um imbecil", mas continua sendo absolutamente ofensivo. No entanto, a explicação de Jobs é importante: para que a crítica seja eficaz, é crucial fazê-la "com muita *clareza* e articular as *razões*... e ajudar a pessoa a *voltar ao caminho certo*". Em outras palavras, não basta dizer "Seu trabalho está uma merda", mesmo usando um palavreado menos agressivo. O chefe precisa explicar as razões, ou seja, comprometer-se a ajudar a pessoa a melhorar. Mais para o fim da entrevista, Jobs explica por que escolheu essas palavras.

> **JOBS:** Você precisa fazer isso de um jeito que não ponha em dúvida sua confiança na capacidade da pessoa, mas que também *não deixe muito espaço para interpretação*, o que é muito difícil de fazer. [Itálicos da autora]

É claro que a afirmação "Seu trabalho está uma merda" não deixa espaço algum para interpretação, mas imagino que, para a maioria das pessoas, também põe em dúvida a confiança em sua capacidade. Longe de mim justificar essa escolha de palavras, mas consigo pensar em algumas razões pelas quais talvez não seja tão ruim quanto parece dizer uma coisa dessas. Para começar, a natureza do relacionamento é fundamental. Na introdução, contei a história de quando chamei um colega de burro. Não estou sugerindo que você faça o mesmo. Só estou dizendo que, devido ao relacionamento que nós dois tínhamos, eu tinha certeza de que ele sabia que eu o admirava muito e que só o xinguei para chamar sua atenção. Em segundo lugar, sobretudo quando estiver lidando com pessoas altamente talentosas, você pode ter de recorrer a alguns extremos para quebrar a tendência delas de ignorar mensagens importantes.

Naquela entrevista, Jobs explica que, não raro, orientar sua equipe envolve andar no fio da navalha. Sempre tive enorme dificuldade de convencer as pessoas de que confio na capacidade delas e ao mesmo tempo deixar claro que acho que seu trabalho poderia ser melhor. Descrever com extrema clareza sua opinião sobre a qualidade do trabalho de alguém pode soar como o mais puro sadismo.

Como criticar sem desencorajar a pessoa? Em primeiro lugar, conforme assinalei no Capítulo 1, concentre-se em seu relacionamento. E, como indiquei nas duas seções anteriores, peça feedback antes de dar e faça mais elogios que críticas. Seja modesto, prestativo, dê o feedback imediata e pessoalmente, elogie em público, critique em particular e não personalize o problema. Deixe claro que o problema não se deve a alguma falha de personalidade incorrigível. Conte histórias de quando você foi criticado por algo parecido. (Para mais dicas, veja o Capítulo 6, em que explico como dar um feedback improvisado.)

Um líder com quem trabalhei na Apple descreveu como ele ensinava os novos funcionários a levar as críticas na esportiva. Ele tinha muitos anos de casa e era considerado quase uma divindade. Depois da primeira análise crítica de um projeto, ele mostrava ao novo funcionário duas pastas que guardava em sua sala. Uma continha dez folhas de papel; a outra, mais de mil. "Este é meu arquivo dos 'sim'", explicava ele, apontando para a pasta mais vazia. "São as ideias de design que foram aprovadas." Depois, ele pegava a pasta recheada e a jogava na mesa para criar um efeito dramático. "E este é meu arquivo dos 'não'. Não se deixe desanimar pelas críticas."

Todo mundo precisa encontrar o próprio estilo de criticar as pessoas sem desanimá-las. O estilo de Steve Jobs sem dúvida não é para todos, mas vale a pena entender as razões dele.

JOBS: Eu não ligo de estar errado. E não vejo problema algum em admitir que estou errado. Na verdade, estar certo não é muito importante para mim. O que mais me importa é saber que estamos fazendo a coisa certa.

Por experiência própria, posso afirmar que as pessoas que se interessam mais em saber a resposta certa do que em estar certas se tornam os melhores chefes. Afinal, estão sempre aprendendo e melhorando e impelem sua equipe a fazer o mesmo. Os elogios ou as críticas Radicalmente Sinceros de um chefe ajudam as pessoas a fazer o melhor trabalho de sua vida.

Pense em um exemplo simples

"Sua braguilha está aberta."

Como mostra o exemplo "Seu trabalho está uma merda", pode ser mais difícil do que você imagina saber se você está ou não sendo Radicalmente Sincero. Um jeito de resolver um problema difícil é pensar em outro mais simples, porém similar, lembrar como você o resolveu e aplicar a mesma técnica ao problema difícil. Você pode usar a mesma abordagem em situações emocionais. Quando precisa dizer algo que será extremamente difícil para a pessoa ouvir, finja que está dizendo algo casual, como "Sua braguilha está aberta" ou "Você tem uma coisinha nos dentes". Esses cenários menos carregados podem ajudá-lo a abordar os problemas maiores de maneira mais direta.

Para entender como aplicar o modelo da Sinceridade Radical ao feedback, imagine um cenário simples: um colega, Alex, saiu do banheiro com o zíper da calça aberto e parte da camisa para fora. O que você faz?

Vamos supor que você decida passar por cima do constrangimento e dizer alguma coisa. Você sabe que Alex ficará envergonhado quando você disser que a braguilha está aberta, mas, se você ficar calado, dez outras pessoas provavelmente o verão nessa situação. Então, você puxa Alex de lado e sussurra: "Ei, Alex, sua braguilha está aberta. Eu sempre gosto que alguém me diga quando isso acontece comigo. Espero que você não se importe de eu lhe dar esse toque." Seu comportamento está no quadrante da Sinceridade Radical, e você se importou pessoalmente e confrontou diretamente o problema.

Se, por outro lado, tentando fazer graça, você diz em voz alta e na frente de outras pessoas que a braguilha de Alex está aberta, o comportamento fica no quadrante da Agressão Detestável. No entanto, esse não é o pior cenário possível do ponto de vista de Alex, já que mesmo assim você lhe deu a chance de resolver o problema.

Se você sabe que Alex é tímido e ficará envergonhado, talvez ache melhor não dizer nada, na esperança de ele notar o zíper aberto sem você precisar apontar o problema. Esse comportamento o coloca no quadrante da Empatia Ruinosa. Nesse cenário, dez outras pessoas veem o zíper aberto de Alex com a ridícula camisa branca saindo pela frente da calça, e quando Alex finalmente perceber, saberá que sua braguilha passou um bom tempo aberta. Alex ficará ainda *mais* envergonhado do que se você tivesse dito algo e provavelmente se perguntará por que você não teve a cortesia de mencionar o problema.

Por fim, imagine que você decida não dizer nada, preocupado com *seus* sentimentos e sua reputação. Você não toma essa decisão porque se importa com os sentimentos de Alex, mas para se poupar. Você quer desesperadamente ser bem-visto por todos e se preocupa com a possibilidade de Alex deixar de gostar de você se lhe disser alguma coisa. Você também fica apreensivo de que alguém o ouça apontando o problema para Alex e o julgue por isso. Assim, você simplesmente passa direto por ele sem dizer nada. E, se você for um grande descarado, sussurrará para a próxima pessoa que encontrar para ir ver a braguilha aberta de Alex. Parabéns! Seu comportamento está no pior quadrante: o da Insinceridade Manipuladora!

É tentador achar que a Sinceridade Radical seria reservada apenas a pessoas que o conhecem bem, como seus amigos e parentes, e pensar que, se você passar um tempo na Empatia Ruinosa ou na Insinceridade Manipuladora até conhecer Alex melhor, um belo dia será fácil dizer: "Ei, Alex, meu chapa, sua braguilha está aberta." No entanto, a necessidade de uma comunicação franca nem sempre espera que você desenvolva um relacionamento próximo com a pessoa, e mesmo o silêncio de um quase desconhecido tem o poder de gerar mais constrangimento e desconfiança do que dizer "Ei, sua braguilha está aberta". Se você não disser nada, da próxima vez que Alex o vir, ficará constrangido só de lembrar o incidente. Por que você não disse nada? As sementes da desconfiança foram plantadas com seu silêncio. Foi por isso que Kim Vorrath, líder da equipe do iOS, da Apple, responsável pela criação do sistema operacional do iPhone, deu este simples conselho sobre as críticas: "É só dizer!"

Não é difícil esse modelo vir à mente no calor do momento, e ele pode ajudá-lo a se pegar avançando na direção errada. Da próxima vez que você detectar uma metafórica braguilha aberta e sentir a tentação de não dizer nada, pense em qual quadrante do modelo você recairia: Empatia Ruinosa ou Insinceridade Manipuladora? A sacudidela pode impeli-lo à Sinceridade Radical.

Diante de alguém irritado, furioso ou "para baixo", a maioria das pessoas recuaria para a Empatia Ruinosa. Algumas manteriam sua posição, mas se defenderiam do ataque deixando de se importar e partindo para a Agressão Detestável. Até as muito bem-intencionadas às vezes sentem a tentação de simplesmente ceder e deixar de se importar, retirando-se para a Insinceridade Manipuladora.

Se você parar para pensar no que está prestes a dizer e perceber que sua atitude recairá em um desses quadrantes nocivos, naturalmente se aproximará da Sinceridade Radical. Você já sabe como ser Radicalmente Sincero, porque sabe como se importar pessoalmente e confrontar diretamente.

No momento em que aprendeu a falar, você começou a confrontar as pessoas ao redor. Então alguém lhe ensinou alguma versão de "Se você não tiver nada gentil para dizer, é melhor ficar calado". Bem, agora é seu trabalho dizer o que tem de ser dito. E se você é chefe ou ocupa uma posição de autoridade, não é só seu trabalho, mas sua obrigação *É só dizer!*

Você também já nasceu com a capacidade inata de se conectar com as pessoas, de se importar pessoalmente. De alguma forma, reprimiu essa tendência com tudo o que aprendeu sobre "manter o profissionalismo". Pare de reprimir sua capacidade inata de se importar pessoalmente. Você não ganha nada com isso!

3.

SAIBA O QUE MOTIVA CADA MEMBRO DE SUA EQUIPE

Ajude as pessoas a realizar seus próprios sonhos

REPENSAR A AMBIÇÃO

VAMOS VOLTAR à dimensão do "se importar pessoalmente" da Sinceridade Radical. Para desenvolver uma equipe excelente, você precisa saber como o trabalho de cada pessoa se encaixa nos objetivos dela. Você tem de conhecer cada subordinado e desenvolver com ele um relacionamento autêntico e humano, um relacionamento que evolui à medida que todos mudam. Para, em sua equipe, colocar as pessoas certas nas funções certas, você deve desafiá-las ainda mais diretamente do que faz quando lhes dá feedback. Em certo sentido, isso afetará não apenas os sentimentos delas, mas também sua renda, seu crescimento profissional e sua capacidade de realizar os próprios sonhos. Não é fácil desenvolver uma equipe.

Uma líder da Apple bolou uma boa maneira de classificar os diferentes tipos de ambição das pessoas de sua equipe para alocá-las às diferentes funções. Para manter a equipe coesa, você precisa tanto de "estrelas" como de "superestrelas", explicou ela. Funcionários "estrelas" adoram o que fazem. Encontraram seu lugar no trabalho. Preferem abrir mão de uma promoção se isso as tirar de seu cargo atual. Nem todos os artistas querem ter uma galeria de arte; na verdade, a maioria não quer. Se você respeitar e recompensar suas estrelas, elas se tornarão as pessoas mais confiáveis de sua equipe. No entanto, se promovê-las a funções que elas não querem ou para as quais são inadequadas, você as perderá ou, pior ainda, será forçado a demiti-las. Já as "superestrelas" necessitam da chance de enfrentar desafios e de novas oportunidades para continuar crescendo.

Para distinguir esses dois tipos de pessoas, você deve deixar de lado os próprios valores e ambições, esquecer por um momento o que precisa que os integrantes de sua equipe façam e se concentrar em conhecer o lado humano de cada um deles. Para muitos chefes, isso requer repensar o conceito de "ambição".

Se eu disser que uma pessoa é "ambiciosa", sua reação será positiva ou negativa? Você presumirá que ela é obcecada pelo ganho pessoal e talvez até um pouco malvada, disposta a passar por cima de todos para atingir seus objetivos? Ou que é responsável e se encarrega de fazer as coisas acontecerem, impelindo a mudança positiva no grupo?

Se eu disser que uma pessoa é "estável", qual será sua reação imediata? Imaginar que deve ser uma chata de galochas que você preferiria evitar em um jantar? Ou que pode confiar nela como uma fonte de alívio e conforto e que gostaria de ter mais pessoas desse tipo em sua vida? Se eu disser que uma pessoa está "satisfeita", como você reagirá? Tenderá a admirar essa pessoa? Pensará que também gostaria de ter mais satisfação em sua vida? Ou presumirá que com essa atitude a pessoa não conseguirá chegar a lugar algum?

Agora, esqueça todas essas reações e valores. Dê uma olhada nas duas colunas de palavras a seguir e pense em exemplos *positivos* de pessoas com quem você trabalhou e que se enquadrariam em cada coluna. Pense em equipes das quais você participou que precisavam de um pouco de cada uma e em qual seria a melhor proporção para essas equipes. Depois, pense em momentos de sua vida em que você se posicionou em cada uma das colunas e por quê — de preferência, escolhas suas, e não de seu chefe.

TRAJETÓRIA DE CRESCIMENTO ACELERADO	TRAJETÓRIA DE CRESCIMENTO GRADUAL
Agente de mudança	Agente de estabilidade
Ambicioso no trabalho	Ambicioso fora do trabalho ou simplesmente satisfeito com a vida
Deseja novas oportunidades	Feliz no cargo atual
"Superestrela"	"Estrela"

Logo depois que entrei no Google, Larry Page me falou de um chefe que ele teve que tendia a ver a ambição com desconfiança. Na época, Larry era só um estagiário e tinha sido encarregado de uma tarefa que levaria apenas dois dias se ele tivesse a liberdade de fazer de seu jeito. Explicou as vantagens de sua abordagem para o chefe, que simplesmente não quis saber, insistindo para que Larry fizesse "do jeito que eles sempre fizeram". Em vez de dois dias, Larry foi forçado a passar um trimestre trabalhando no projeto. O desperdício de tempo e energia foi uma enorme tortura para ele. Larry percebeu que um chefe que impedia seu progresso teria o poder de transformar sua vida em um inferno. "Três meses de minha vida jogados no lixo e um tempo que eu jamais teria de volta. Não quero que ninguém no Google tenha um chefe como esse. *Jamais*", disse-me Larry uma vez, e sei que ele levava esse desejo a sério pelo modo como liderava a empresa. Larry fazia de tudo para evitar que os chefes destruíssem as ideias e as ambições de seus subordinados. E eu adorava isso no Google.

Agora vamos dar uma olhada em minha história de chefe em trajetória de crescimento acelerado que insistia para que todos tivessem as mesmas ambições e em como minhas experiências na Apple me abriram os olhos para meu erro.

Infelizmente, passei muito tempo acreditando que impelir todas as pessoas a crescer rápido era a "melhor prática" para desenvolver uma equipe de alto desempenho. Eu estava sempre em busca dos melhores, dos mais talentosos, impetuosos e ambiciosos. Durante os primeiros vinte anos de minha carreira, jamais me ocorreu que algumas pessoas simplesmente não queriam o próximo cargo, a próxima promoção. Uma primeira versão do curso Managing at Apple, que elaborei, encorajava os gestores a dedicar a maior parte da atenção e dos recursos às pessoas mais ambiciosas da equipe, muitas vezes em detrimento daquelas que também faziam um bom trabalho e que estavam satisfeitas com isso, em outras palavras, a espinha dorsal de uma equipe forte — e, por ironia, exatamente o tipo de pessoa que eu tinha me tornado naquele estágio de minha carreira.

Scott Forstall, que foi responsável pelo desenvolvimento da equipe do iOS e trabalhou diretamente com Steve Jobs, me ajudou a entender que aquela abordagem não tinha nada a ver com a cultura da Apple e que, além disso, não contribuía para criar a equipe ideal. Falávamos sobre a "matriz de desempenho e potencial" que muitas empresas usam no planejamento sucessório, ou sobre a "gestão de talentos". A consultoria McKinsey originalmente desenvolveu a matriz para ajudar a General Electric a decidir em quais unidades investir, e departamentos de RH de milhares de organizações a adaptaram para a gestão de talentos.* A matriz requer que os gestores avaliem o desempenho e o potencial de todos os funcionários e os enquadrem em uma de nove categorias, sendo "alto desempenho/alto potencial" a melhor, e "baixo desempenho/baixo potencial" a pior.

---

* <http://tomtunguz.com/nine-box-matrix-hr/> [conteúdo em inglês]

"'Potencial' não me parece a palavra certa...", comentei. "Não acho que seja possível falar de um ser humano de 'baixo potencial'." Minha abordagem vigorosa ao desenvolvimento de equipes tinha um quê de idealismo.

"As palavras fazem grande diferença", disse Scott. "Vale a pena discutir o assunto."

Passamos um tempo falando a respeito disso. Um dos problemas era que "potencial" não parecia permitir uma avaliação positiva de pessoas que eram excelentes no que faziam e queriam continuar na mesma função. Scott precisava mantê-las felizes e produtivas e esperava que todos os gestores de sua organização fizessem o mesmo.

Ele propôs utilizarmos "crescimento", em vez de "potencial", para ajudar os gestores a decidir quais oportunidades dar a quais pessoas. Mudar uma palavra fez toda a diferença. Encorajamos os gestores a evitar perguntas contendo um julgamento de valor nas entrelinhas, do tipo "A pessoa tem alto ou baixo potencial?", e a tentar responder a questões como "Em qual trajetória de crescimento cada pessoa de minha equipe gostaria de estar neste momento?", ou "Estou dando a todos oportunidades alinhadas com o que eles realmente querem?", ou "Em qual trajetória de crescimento meus subordinados diretos acreditam que estão? Eu concordo com isso? Se não, por quê?" Em algumas situações, as pessoas podem realmente querer crescer e são capazes de contribuir mais do que seu cargo atual lhes permite; em outras, elas só querem um aumento de salário ou mais reconhecimento, mas sem mudar de cargo e nem assumir mais responsabilidades. Cabe a você, o chefe, conhecer seus subordinados diretos a ponto de fazer essas distinções e propor conversas Radicalmente Sinceras com eles quando perceber que vocês não estão falando a mesma língua.

As questões para investigar a trajetória de crescimento lhe serão mais úteis para descobrir o que motiva cada pessoa do que perguntas voltadas ao "potencial" ou ao "talento", e os insights gerados contribuirão para evitar estafar as estrelas e entediar as superestrelas. Essas questões o farão se lembrar de que as trajetórias mudam com o tempo e que você não pode rotular permanentemente as pessoas. Elas o ajudarão a criar equipes estáveis, capazes de obter resultados surpreendentes.

Scott tinha razão. Palavras fazem grande diferença.

GESTÃO DO CRESCIMENTO

A ideia é melhorar sempre

AO PASSAR da tradicional "gestão de talentos" à abordagem da "gestão do crescimento", você ajudará todas as pessoas de sua equipe a realizar os sonhos delas, o que garantirá que a equipe como um todo se mantenha sempre melhorando com o tempo. A criatividade corre solta, a eficiência aumenta, as pessoas curtem trabalhar juntas.

Você pode usar esse modelo da "gestão do crescimento" para gerenciar melhor os dois tipos de pessoas de alto desempenho: as que se colocam em uma trajetória de crescimento acelerado e as que se colocam em uma trajetória de crescimento gradual. A ideia é levar os funcionários a direcionar a carreira do modo como *eles* querem, não do modo como *você* acha que eles deviam querer. Você pode também utilizar o modelo para que *todas* as pessoas de sua equipe melhorem o desempenho e também para decidir quem contratar, quem demitir e quando você, o chefe, é o culpado pelo desempenho insatisfatório de alguém.

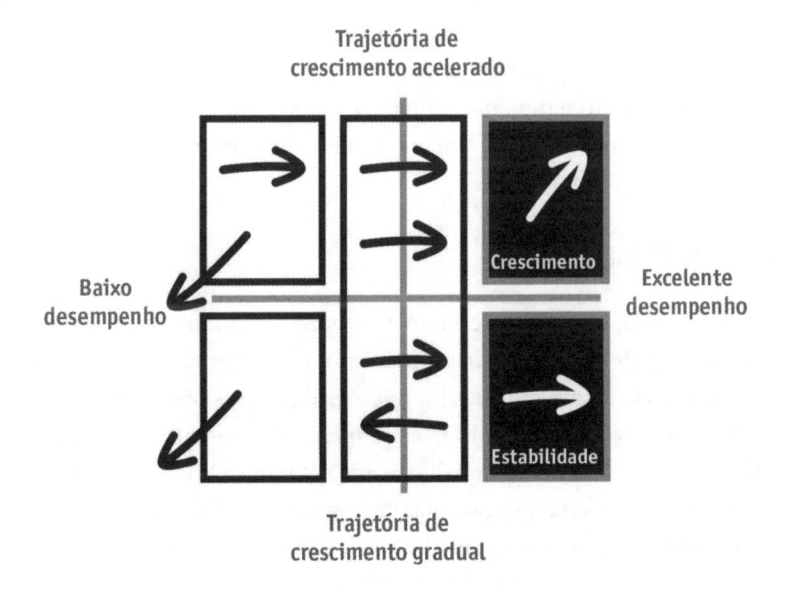

A coisa mais importante que você pode fazer por sua equipe é saber em qual trajetória de crescimento cada pessoa quer estar em determinado momento e se esse desejo corresponde às necessidades e oportunidades da equipe. Para tanto, você terá de conhecer todos os seus subordinados diretos no nível pessoal. Também precisará ter algumas das conversas mais difíceis que já teve no trabalho e até mesmo demitir pessoas.

Os eixos do modelo são "desempenho passado" e "trajetória de crescimento futuro". A avaliação do desempenho passado no eixo horizontal vai de "ruim" a "bom", mas isso não se aplica ao eixo vertical. É tão bom se posicionar no quadrante inferior direito quanto no superior direito. As estrelas são tão importantes para o desempenho de uma equipe quanto as superestrelas. A estabilidade é tão importante quanto o crescimento. A proporção certa deve mudar com o tempo, mas você sempre precisará dos dois.

Ao avaliar o desempenho passado de uma pessoa, é interessante levar em consideração não só os resultados dela, como também fatores mais intangíveis, como "trabalho em equipe". O ideal é o próprio funcionário determinar os resultados esperados para certo trimestre ou ano, que devem ser o mais objetivos e mensuráveis possível. Os fatores intangíveis geralmente são impossíveis de mensurar, mas não muito difíceis de descrever, de modo que é bom definir expectativas claras para eles também. O desempenho não deve ser um rótulo permanente. Ninguém consegue manter um "excelente desempenho" o tempo todo. Uma pessoa, por exemplo, apresentou um excelente desempenho no último trimestre... e ficou por aí.

É muito mais fácil conhecer o passado do que prever o futuro. É melhor descrever o futuro em termos da "trajetória de crescimento" atual de cada um. Antes de decidir como gerenciar cada tipo de pessoa para garantir a coesão da equipe, vale a pena reservar um tempo para entender exatamente o que se quer dizer com "trajetória de crescimento" e por que esse fator é tão importante.

O QUE IMPORTA E POR QUÊ

PARA SER UM bom gestor do crescimento, você precisa saber o que motiva cada pessoa de sua equipe, quais são suas ambições no longo prazo e como as circunstâncias atuais se encaixam em suas motivações e em seus objetivos de vida. E só quando você desenvolver um bom conhecimento de seus subordinados diretos, descobrindo por que gostam do trabalho, o que esperam dele e como se posicionam no presente momento, poderá colocar as pessoas certas nas funções certas e alocar os projetos certos às pessoas certas. (Para ver uma técnica específica, consulte a seção "Conversas sobre a carreira", no Capítulo 7).

O crescimento acelerado geralmente é caracterizado por mudanças velozes, aprendendo novas habilidades ou aprofundando as já existentes rapidamente. Nem todo mundo precisa ser um gestor. Muitos colaboradores passam a vida profissional inteira em uma trajetória de crescimento acelerado, e muitos gestores se posicionam em uma trajetória de crescimento gradual. E o crescimento acelerado não tem necessariamente de envolver uma "promoção"; a ideia é a de que, com o tempo, se possa colaborar cada vez mais.

Já o crescimento gradual é caracterizado pela estabilidade. As pessoas que se colocam em uma trajetória de crescimento gradual e apresentam bom desempenho normalmente dominam o trabalho e estão voltadas a melhorias incrementais, não repentinas e drásticas. Algumas funções podem ser mais adequadas para uma estrela, por envolver constância, conhecimento acumulado e uma atenção aos detalhes que uma superestrela pode não ter o foco nem a paciência para manter.

Superestrelas não se dão bem em funções características de estrelas, e estas detestarão trabalhar em uma função mais adequada a superestrelas. A equipe de lapidadores de diamantes que liderei na Rússia (aqueles sujeitos sobre os quais escrevi no Capítulo 1 e que me ensinaram a "me importar pessoalmente") era mestre em sua arte e se incluía entre as melhores do mundo. Eles eram estrelas e não tinham pretensão alguma de assumir meu cargo de chefia. De outro lado, meu chefe na época, Maurice Tempelsman, me contou que, em sua juventude, foi extremamente ambicioso e inquieto. Pouco tempo depois de fundar sua empresa, decidiu tentar lapidar diamantes ele mesmo. Um dia, atendeu o telefone, começou a negociar um grande acordo e, distraído com a conversa, destruiu um diamante de US$1 milhão. História verídica. É por isso que você deve evitar alocar uma pessoa que está em uma trajetória de crescimento acelerado em um trabalho mais adequado a uma pessoa em uma trajetória de crescimento gradual.

Em geral, as pessoas passam de uma trajetória de crescimento a outra em diferentes etapas da vida pessoal e profissional, de modo que é importante evitar rotulá-las permanentemente. Por exemplo, eu tinha duas aspirantes a atletas olímpicas em minha equipe do Google. Elas faziam um excelente trabalho, mas logo que se formaram, quando estavam no auge de sua forma física, dedicavam tanta energia ao treinamento quanto ao trabalho. Estavam em uma trajetória de crescimento gradual no trabalho e em uma trajetória de crescimento acelerado no esporte. Cinco anos depois, as duas reverteram essa orientação, dedicando toda aquela energia e motivação mais ao trabalho do que à carreira esportiva, e a trajetória profissional das duas decolou.

É bem verdade que nem todo mundo aspira ser um atleta olímpico. Posso dizer que estou bem longe disso. Várias razões podem levar as pessoas a passar de uma trajetória acelerada a uma trajetória gradual, e vice-versa, e circunstâncias que impelem uma pessoa a um caminho podem levar outra a seguir o caminho exatamente oposto. Por exemplo, o nascimento de um filho pode estimular a ambição da pessoa por causa das despesas extras ou do desejo de ter horários mais previsíveis para voltar logo para casa e ficar com o bebê. Uma doença na família pode impelir o funcionário a uma trajetória de crescimento gradual, mas quando a doença é curada, ele pode retomar sua ambição. Em geral, uma ambição ou um comprometimento fora do trabalho aumentam o valor da pessoa na equipe. Se, digamos, você contratar um excelente artista para ser seu designer gráfico, não deve esperar que ele queira avançar rapidamente na carreira.

O PROBLEMA DA "PAIXÃO"

DIZEM QUE AS PESSOAS têm melhor desempenho quando veem um senso de propósito no trabalho. Não concordo com essa premissa. O problema é que os chefes que acham que cabe a eles proporcionar esse senso de propósito tendem a passar dos limites. Insistir para que as pessoas tenham paixão pelo trabalho pode impor uma pressão desnecessária tanto ao chefe como aos funcionários. Tive essa dificuldade no Google quando contratamos um grupo de recém-formados para se encarregar do maçante atendimento ao cliente. Tentei convencê-los de que estávamos "financiando a criatividade um centavo por vez". Uma jovem, formada em filosofia, percebeu imediatamente que meu discurso não passava de uma grande cascata. "Olhe só, o trabalho é meio chato", disse ela. "É melhor a gente admitir isso de cara. Mas tudo bem. Plutarco assentava tijolos. Spinoza polia lentes. O tédio faz parte da vida." Adorei a abordagem dela para encontrar um sentido no trabalho, apesar de ser um tanto específica demais. Um slogan como "Spinoza polia lentes" não inspiraria os membros da equipe que não fossem fãs de filosofia.

Em uma explosão de Sinceridade Radical, Lucy Kellaway, colunista do *Financial Times*, explicou as razões que a levaram a escolher onde trabalhar: "Fui trabalhar no J. P. Morgan e depois no *Financial Times* por serem as únicas empresas que me ofereceram emprego. Na ocasião, me pareceu uma excelente razão para escolhê-las. E continua sendo uma excelente razão até hoje."[*]

Não há nada de errado em dar duro por um salário que banque o estilo de vida que você deseja. Não falta senso de propósito em um trabalho como esse. Um homem sábio um dia me disse: "Apenas cerca de 5% das pessoas têm uma verdadeira vocação na vida, e todo o resto fica muito confuso com isso." Tentar descrever um trabalho em termos imponentes e grandiosos tende a nos fazer soar ridículos, como Gavin Belson, CEO da Hooli no seriado cômico *Silicon Valley*. E isso nos traz de

---

[*] <http://www.ft.com/cms/s/0/0ccb0658-596a-11e6-9f70-badea1b336d4.html?siteedition=intl#axzz4Gx OrK1Bg>. [conteúdo em inglês]

volta ao principal ponto deste capítulo: seu trabalho não é proporcionar um senso de propósito, mas conhecer cada um de seus subordinados diretos o suficiente para saber que sentido cada um vê em seu trabalho.

Uma história sobre Christopher Wren, o arquiteto responsável pela reconstrução da Catedral de St. Paul depois do Grande Incêndio de Londres, em 1666, explica o que quero dizer. Wren percorria a catedral parcialmente reconstruída quando perguntou a três pedreiros o que eles estavam fazendo. O primeiro pedreiro respondeu: "Estou trabalhando". O segundo disse: "Estou levantando uma parede." O terceiro fez uma pausa, olhou para cima e respondeu: "Estou construindo uma catedral para o Todo-Poderoso."

Muitas pessoas usam essa história para enaltecer o pedreiro que tinha uma visão e era capaz de ver suas ações individuais como parte de uma grande empreitada coletiva. Hoje em dia, no Vale do Silício, slogans inspiradores seguem mais a linha de "deixar uma marca no universo", nas palavras de Steve Jobs. No entanto, as motivações são extremamente pessoais. Embora eu admire Jobs, parece-me que o universo, ou pelo menos nosso mundo, já está cheio de marcas. Por isso, eu particularmente não fico muito inspirada com a ideia de "deixar uma marca no universo", como outras pessoas parecem ficar. Naturalmente, é o chefe que contextualiza o trabalho da equipe, e se você explicar para as pessoas qual é o sentido do trabalho para *você*, pode ajudá-las a encontrar a própria fonte de inspiração. Contudo, é importante se lembrar de que o mundo não gira em torno de seu umbigo.

Para mim, a parte mais instrutiva da história de Wren é que não foi ele quem bolou um senso de propósito e tentou impô-lo a sua equipe. Cada pedreiro se importava com um aspecto diferente do trabalho, apesar de os três estarem trabalhando na mesma coisa. Cabia a Wren ouvir, reconhecer a importância do que ouviu e criar condições de trabalho que permitissem a todos encontrar o próprio sentido.

EXCELENTE DESEMPENHO

Mantenha sempre em mente seus funcionários de melhor desempenho

ANTES DE INVESTIGAR as diferenças entre gerenciar estrelas e superestrelas, vale a pena descobrir em que esses dois tipos de funcionários precisam de você. Seu trabalho é se concentrar neles e garantir que recebam todos os recursos de que precisam para continuar fazendo um excelente trabalho.

Seja um parceiro, não um gestor ausente ou um microgestor

Um dos erros mais comuns cometidos pelos chefes é ignorar as pessoas que estão fazendo um excelente trabalho porque "elas não precisam de mim" ou "não quero microgerenciar". Ignorar uma pessoa é uma péssima maneira de desenvolver um relacionamento.

Alguns falsos gurus da gestão aconselham simplesmente contratar as pessoas certas e sair do caminho delas. Dick Costolo, CEO do Twitter de 2010 a 2015, explicou por que achava que esse conselho não passava de um enorme contrassenso. "É como dizer que, para ter um bom casamento, deve-se casar com a pessoa certa e nunca passar tempo com ela. Seria ou não ridículo dizer isso?", exclamou ele. "Imagine se eu chegasse em casa e dissesse a minha mulher: 'Eu não quero microgerenciar vocês, por isso não passarei nenhum tempo com você nem com nossos filhos este ano'."

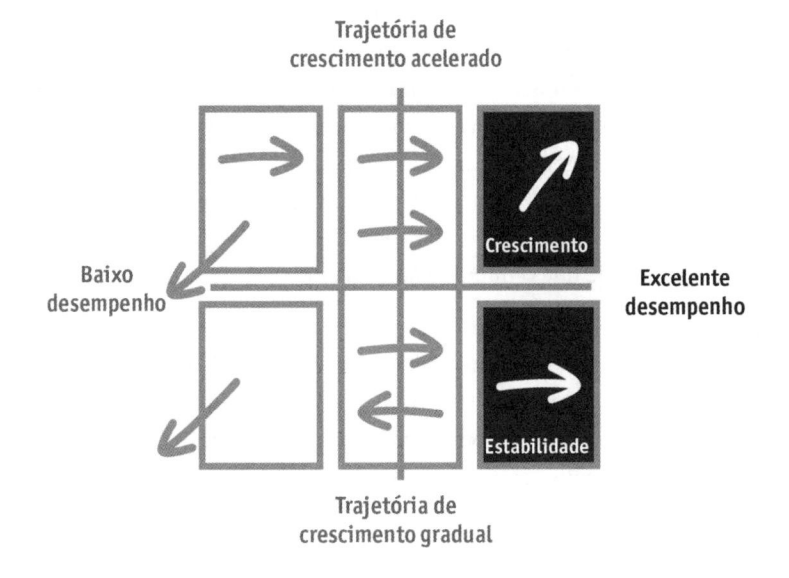

A estratégia de "escolher e ignorar" é tão maluca para o casamento quanto para a gestão. Se você não se empenhar em conhecer as pessoas que obtêm os melhores resultados, não terá como saber o que elas querem e do que precisam para continuar crescendo no trabalho em cada momento específico. Você atribuirá as tarefas erradas às pessoas erradas. Promoverá as pessoas erradas. Além disso, se ignorar seus funcionários de melhor desempenho, não lhes dará o feedback necessário. Cada minuto que você passa com um colaborador que faz um excelente trabalho se paga muito mais em termos de resultados da equipe que o tempo gasto com alguém que não está conseguindo realizar um bom trabalho. Se você ignorar suas melhores pessoas, simplesmente não estará *gerenciando*.

Você não quer ser um gestor ausente, da mesma forma que não quer ser um microgestor. Você quer ser parceiro, um chefe que dedica seu tempo para ajudar as pessoas que estão realizando um excelente trabalho a superar obstáculos e melhorar ainda mais seu desempenho. É um processo demorado, pois implica conhecer detalhes suficientes do trabalho da pessoa para entender as nuances. Não raro, você precisará ajudá-la a fazer o trabalho, em vez de se limitar a dar conselhos. Terá de fazer muitas perguntas, confrontar as pessoas e colocar a mão na massa.

Os gestores tendem a dedicar mais tempo aos funcionários que enfrentam dificuldades do que aos que estão tendo sucesso. No entanto, essa atitude não é justa para os que fazem um bom trabalho nem beneficia a equipe como um todo. Passar do excelente ao quase perfeito deve inspirar mais sua equipe do que passar do ruim ao medíocre. E ver de perto um desempenho realmente excepcional ajudará as pessoas em dificuldades a saber com mais clareza o que se espera delas.

EXCELENTE DESEMPENHO/TRAJETÓRIA DE CRESCIMENTO GRADUAL

Reconheça, recompense, mas não promova

PASSEI A MAIOR parte de minha vida profissional focada em encontrar e recompensar as pessoas que rompiam a barreira do som das realizações. Até que um dia, em 2008, percebi que era eu quem estava em uma trajetória de crescimento gradual no trabalho. Um membro do conselho do Twitter veio me perguntar se eu não tinha interesse em participar do processo de seleção para ser a nova CEO da empresa. Era o tipo de trabalho pelo qual eu teria dado meu braço esquerdo alguns anos antes. Contudo, naquele ponto de minha vida, me interessava um tipo diferente de crescimento. Eu estava com 40 anos e grávida de gêmeos, em uma gestação de alto risco. Quando consultei minha médica sobre essa nova e estressante oportunidade, ela me aconselhou: "Basta se perguntar o que é mais importante para você: esse novo emprego ou o coração e os pulmões de seus filhos?"

Ela não precisou dizer mais nada. O que mais me importava naquele momento não era o crescimento no Twitter nem minha ascensão no Google, mas as minúsculas criaturas que cresciam dentro de mim. E, com um refeitório oferecendo uma comida saudável e deliciosa, uma massagista especializada em gestantes no andar de cima e uma piscina para os exercícios que minha médica recomendou, o Google era o lugar perfeito para uma gravidez de alto risco. Eu não precisava parar de trabalhar, mas tinha de me posicionar em uma trajetória de crescimento mais gradual no trabalho. Pude continuar liderando as equipes do AdSense, do DoubleClick e do

YouTube, porém não consegui avançar ao próximo emprego. Desse modo, fiquei onde estava, levei a gravidez até o fim e dei à luz dois bebês saudáveis. Serei grata ao Google pelo resto da vida por me possibilitar essa oportunidade.

Não estou dizendo que outras mulheres grávidas não consigam ser CEOs 100% comprometidas; afinal, muitas já provaram ser possível. Só estou dizendo que eu não consegui. Apenas quando os gêmeos fizeram 7 anos me senti capaz de voltar à trajetória de crescimento acelerado e fundar uma empresa. Também não estou dizendo que mães e pais de crianças pequenas não tenham como fundar uma empresa ou se posicionar em uma trajetória de crescimento superacelerado, nem que eu não tive essa possibilidade. Só estou dizendo que eu não quis. Tampouco estou dizendo que ter filhos é a razão mais comum para passar a uma trajetória de crescimento mais gradual. Seu pessoal talvez não tenha nada a ver comigo. Eles podem ser mais como Einstein trabalhando no escritório de patentes ou T. S. Eliot trabalhando no banco.

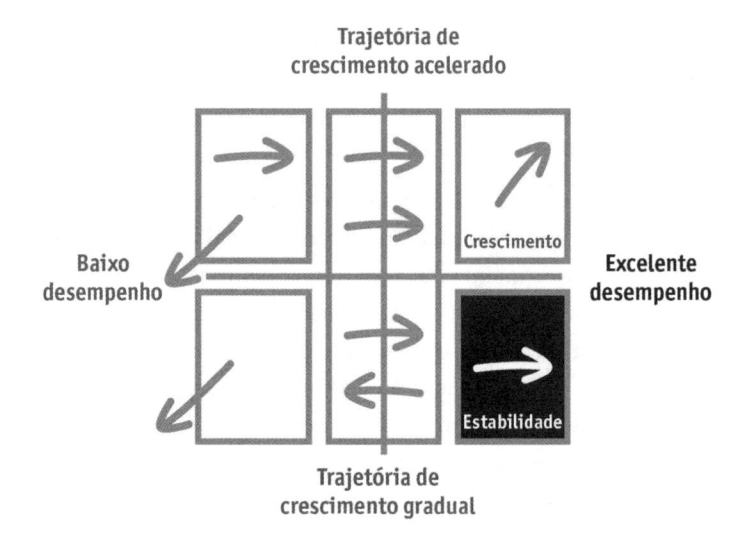

O que estou dizendo é que todos nós temos fases na vida em que nosso crescimento profissional acelera ou desacelera. A recreação é essencial para a criação. Assim como não há nada de inerentemente ignóbil na ambição, ninguém precisa se envergonhar de passar um bom tempo fazendo o mesmo trabalho. Todos nós precisamos de um pouco de crescimento e um pouco de estabilidade na vida e em nossa equipe. Infelizmente, mesmo vivendo na pele essa realidade, eu ainda não a respeitava por completo. Em vez de expandir minha visão depois de ter filhos, passei a me desprezar da mesma forma como eu via com desprezo, no início de minha carreira, outras pessoas em situação parecida. "O que não cresce apodrece", declarou Catarina, a Grande. Em vez de reconhecer a pessoa como um todo — a *minha* pessoa como um todo, que crescia e mudava todos os dias, junto com os gêmeos —, eu morria de medo de estar começando a apodrecer.

Em outras palavras, no fundo, eu ainda acreditava que impelir todas as pessoas a crescer era a melhor maneira de criar uma equipe vencedora. Como descrevi antes, quando saí do Google e fui para a Apple, tanto a empresa em geral como Scott Forstall em particular me ajudaram a mudar de opinião. E nem assim aceitei plenamente a ideia. Foi em um dia em que não fui trabalhar e fiquei em casa cuidando de meu filho que a ficha por fim caiu de vez. Ele estava com febre de quarenta graus e se mostrava apático demais para fazer qualquer outra coisa além de ver *The Lorax: em busca da trúfula perdida*, adaptação do livro do Dr. Seuss para o cinema. Finalmente entendi a lição quando ouvi o conselho do Lorax na canção do "aumentar":

Estou querendo aumentar!
Mas esse aumentar só está levando a mais aumentar!

Quando a febre de meu filho passou, me dei conta de que minha obsessão cega pelo crescimento não só não estava alinhada com meu lado pessoal e humano, como nem era a melhor maneira de criar uma excelente equipe. Quando analisei bem minhas decisões como chefe até então, pensei, envergonhada, em todas as pessoas que eu tinha subestimado ou descartado. Aquele momento mudou radicalmente minha abordagem pessoal para o resto de minha vida profissional.

Em uma virada do destino quase poética, foi Dick Costolo, o CEO que abriu o capital do Twitter, quem me deu a oportunidade que me possibilitou escrever este livro e passar mais tempo com meus filhos pequenos. Ele me pediu para ajudá-lo a criar um curso, Managing at Twitter, para ensinar como ser gestor na empresa. Aceitei a tarefa, e, depois de trabalharmos juntos na elaboração do curso, ele me perguntou se eu não gostaria de ser entrevistada para um grande cargo operacional em sua equipe. Percorrendo o processo de seleção, ficou claro para nós dois que eu não teria, naquele momento de minha vida, energia suficiente para me encarregar da função. Ele então me perguntou se eu teria interesse em atuar como coach dele, "um bico" confortável que só me tomaria uma hora cada quinze dias. A capacidade de Dick de me ajudar a identificar a função perfeita para mim naquela fase de minha vida fez uma enorme diferença em minha carreira. Tive a oportunidade de me posicionar em uma trajetória de crescimento gradual no trabalho, em um momento em que eu queria escrever e passar mais tempo com meus filhos, e também de me preparar perfeitamente para quando estivesse pronta para voltar a acelerar.

Qual é o melhor modo de gerenciar as estrelas, as pessoas capazes de proporcionar excelentes resultados ano após ano? Você precisa lhes dar algum tipo de reconhecimento, para mantê-las satisfeitas no trabalho. Para vários chefes, "reconhecimento" significa necessariamente "promoção". No entanto, na maioria dos casos, é um grande erro pensar assim. Uma promoção muitas vezes força as pessoas a aceitar funções que não lhes são adequadas ou que elas não querem. O segredo é reconhecer a contribuição delas de outras maneiras. Pode ser com um bônus ou um aumento de salário. Se elas gostarem de falar em público, ofereça-lhes a oportunidade de fazer uma apresentação nas reuniões da equipe ou em outros grandes eventos. Se gostarem de ensinar, coloque-as para ajudar os novos funcionários a aprender o trabalho com mais rapidez. Se forem tímidas, dê um jeito de você e as outras pessoas de sua equipe lhes agradecer em particular pelo trabalho bem-feito. Considere dar um bônus por tempo de casa. Se sua empresa aplica avaliações de desempenho e/ou bônus, nunca deixe de ser justo com suas estrelas.

Avaliações de desempenho justas

Em algumas empresas, as estrelas não recebem a avaliação de desempenho que merecem porque o processo tradicional se concentra em pessoas que se posicionam para uma promoção. Muitas organizações impõem um limite ao número de funcionários que ganharão bônus. É interessante evitar dar pontuações altas demais para forçar um bônus. No entanto, o que muitas vezes acaba acontecendo é que as estrelas recebem pontuações mais baixas do que deveriam. Na verdade, *todos* os seus funcionários de alto desempenho deveriam receber altas pontuações. A avaliação de desempenho é especialmente importante quando afeta o salário.

Se a pessoa estiver fazendo um trabalho muito melhor do que os colegas da equipe, parece natural que ela deva receber uma pontuação mais alta e um bônus maior. Entretanto, quando as pontuações são usadas principalmente para justificar promoções futuras, em vez de reconhecer o desempenho passado, não é isso que acontece.

Reconhecimento

Além de boas pontuações na avaliação, uma excelente maneira de reconhecer as pessoas que estão no estágio de estrela é colocá-las para atuar como "gurus" ou "consultores especializados" da equipe. Caso suas estrelas demonstrem esse tipo de aptidão, você poderá encarregá-las de ensinar os colegas menos experientes. Alguns chefes relutam em usar seus melhores talentos dessa maneira e tendem a incumbi-los de fazer o trabalho, em vez de ensinar os outros. Essa atitude, entretanto, impede a empresa de alavancar ao máximo seus especialistas.

Na Segunda Guerra Mundial, a Força Aérea dos Estados Unidos retirou os melhores pilotos da linha de frente e os mandou para casa para treinar os novos pilotos. A estratégia melhorou acentuadamente a qualidade e a eficácia da Força Aérea. Os alemães perderam a superioridade aérea por alocarem todos os seus melhores pilotos às batalhas até serem abatidos, e nenhum deles treinou novos recrutas. Em 1944, os novos pilotos alemães só tinham cerca da metade das trezentas horas que um piloto norte-americano havia voado em treinamento.

Muitas empresas contratam, para dar treinamento, pessoas que jamais contratariam para fazer o trabalho. Ou, pior, em vez de demitir pessoas que não apresentam bom desempenho em uma função, as encarregam de ensinar outras a desempenhar a função. Pode parecer absurdo, mas vi isso acontecer até em grandes organizações. Esse tipo de prática do cego conduzindo o cego só ajuda a destruir a eficácia do treinamento. Em geral, quem se destaca em um trabalho gosta de ensinar os outros, o que pode não só melhorar o desempenho da equipe como um todo, mas também dar às estrelas um tipo diferente de reconhecimento.

É bem verdade que algumas pessoas odeiam ensinar e não são boas nisso: a função deveria ser uma honra, não um requisito. E, se a pessoa não curtir passar o dia inteiro sendo interrompida para resolver dúvidas dos colegas, atuar como consultora especializada pode levá-la a se afastar da equipe. Fique de olho nessas possibilidades. Contudo, se a pessoa gostar de ensinar e resolver dúvidas, não deixe de encorajá-la e de recompensá-la por isso.

De todas as empresas que conheço, foi a Apple que criou o melhor ambiente para as estrelas. A estrutura organizacional da empresa era otimizada para promover um profundo conhecimento especializado. Ela não incluía "gerentes-gerais". Não tinha uma divisão dedicada ao iPhone, e, sim, programadores de sistema operacional, especialistas em câmeras, áudio e telas sensíveis ao toque trabalhando no iPhone. Na equipe, sempre havia pessoas que conheciam algum aspecto funcional do produto melhor que todas as outras e que eram reverenciadas por isso.

Fiquei impressionada com o respeito dedicado àqueles que passavam anos fazendo o mesmo trabalho na Apple. No Google e em muitas outras companhias do Vale do Silício, ficar muito tempo na mesma função era motivo de vergonha. Algumas chegam a adotar a política do "subir na empresa ou cair fora" e simplesmente demitem essas pessoas. Steve Jobs, por sua vez, dava muita atenção à retenção de seus talentos e falava com carinho das pessoas que tinham muito tempo de casa.

Tive dificuldade, no começo, de entender esse foco da Apple, por achar que bônus por tempo de casa era um recurso típico de organizações tradicionais ou do mundo acadêmico e não se adequava a empresas de tecnologia de rápido crescimento.

No entanto, acabei percebendo que valorizar o tempo de casa era uma alternativa importante às promoções para aqueles que passavam anos fazendo o mesmo trabalho. A Apple dava certificados emoldurados às pessoas que atingiam a marca dos cinco, dez, quinze e vinte anos. E Jony Ive, seu diretor de design, criou uma placa de vidro com um belíssimo acabamento e com o logotipo da Apple gravado. Todos os colaboradores com mais de dez anos de casa ganhavam uma. Muitos blogueiros zombaram do prêmio, mas vários fatores levaram essa iniciativa a revelar-se eficaz na Apple. A placa refletia a estética da empresa e representava muito mais que um relógio de ouro qualquer que outras companhias gostam de dar nessas ocasiões. Os líderes da Apple se envolviam pessoalmente na premiação. Os prêmios eram concedidos por líderes que conheciam bem o trabalho do funcionário, e entregues em uma reunião de equipe ou em algum evento que possibilitasse à pessoa ser reconhecida em público. Para a maioria dos que o receberam, o prêmio teve uma profunda importância pessoal.

Respeito

Antes de começar a ganhar a vida como editor, T. S. Eliot trabalhou como escriturário no Lloyd's Bank. Um dia, seu chefe lhe disse, em tom condescendente, que, se ele se empenhasse, até poderia se tornar gerente de uma agência. Eliot, naturalmente, estava mais concentrado em compor as poesias que acabariam por lhe render um Prêmio Nobel do que em ser gerente de banco. O que ele precisava era de uma renda fixa e de um emprego estável para poder passar o tempo livre escrevendo. Se seu chefe quisesse mantê-lo no banco, devia ter dado um jeito de reduzir sua jornada de trabalho, em vez de encorajá-lo a trabalhar mais para ganhar uma promoção.

É muito melhor quando as pessoas curtem o trabalho e têm um desempenho excelente. Muita gente não vê inspiração alguma na ideia de subir pela hierarquia corporativa. Mesmo assim, aqueles que se posicionam em uma trajetória de crescimento gradual não raro são considerados colaboradores "de segunda categoria" que atingiram o máximo de seu potencial

Para gerenciar bem tais funcionários, é importantíssimo rejeitar esse tipo de imagem depreciativa. Quem encontra um trabalho que consegue curtir por cinco, dez ou trinta anos, mesmo sem um avanço visível na carreira, tem muita sorte. E a equipe e o chefe dessas pessoas têm sorte de poder contar com elas. Os melhores chefes nunca acham que os colaboradores que estão realizando um trabalho excelente atingiram o teto de seu potencial. Ao contrário, eles os tratam com o respeito que lhes é devido e fazem questão de reter quem é capaz de promover a estabilidade, a coesão e a produção da equipe.

Os perigos da obsessão pela promoção

Vejamos o que acontece quando os chefes dão promoções indevidas. Um dos resultados é descrito com muito humor no livro *O Princípio de Peter*, de Laurence J. Peter. De acordo com o Princípio de Peter, também chamado de Princípio da Competência, quanto mais incompetente a pessoa for, mais ela será promovida, e todos ficarão infelizes, especialmente quem ganhou a promoção.

Outro tipo de promoção equivocada ocorre quando as pessoas são qualificadas ao próximo cargo, mas não querem ser promovidas nesse momento específico de sua vida. Tive um colega que planejou sua carreira de tal modo que, quando tivesse o primeiro filho, pudesse voltar para casa para passar mais tempo com o bebê. Seu chefe, contudo, tinha planos diferentes para ele: queria promovê-lo. Ao ser informado da promoção, meu colega a recusou. Quando o chefe lhe disse que ele não tinha outra opção a não ser aceitá-la, meu colega pediu a demissão. Que desperdício de talento!

Não faça isso com suas estrelas!

EM PARTE, CRIAR uma equipe coesa é desenvolver uma cultura que reconheça e recompense as estrelas. Temo ter passado a maior parte de minha carreira tratando as estrelas de minhas equipes como cidadãos de segunda categoria. E tive muita sorte de aprender minha lição na Apple.

EXCELENTE DESEMPENHO/TRAJETÓRIA DE CRESCIMENTO ACELERADO

Não deixe suas superestrelas entediadas

QUANDO PENSO em pessoas que estão no modo superestrela, lembro-me de Catharine Burhenne e David Sanderson. Conheci Catharine quando a entrevistei para ser babá dos gêmeos. As crianças pareceram adorá-la, e eu a contratei imediatamente. Contudo, o que ela queria mesmo não era um bico de babá, e, sim, um emprego no Google. Eu adoraria poder contar com Catharine para cuidar de meus filhos, mas sabia que tinha de incentivá-la a realizar seus sonhos, e não tentar mantê-la em seu trabalho atual. Ajudei Catharine a entrar em um processo de seleção no Google, e ela foi aceita. Depois disso, ela saiu do Google para trabalhar no Facebook, e então deixou o Facebook para trabalhar no Twitter.

Conheci David, namorado de Catharine, quando ele a estava ajudando a tomar conta dos gêmeos. Ele tinha ido passar as férias no Vale do Silício, meio que sem saber o que fazer da vida. Quando lhe perguntei o que mais gostava de fazer, ele se pôs a falar de música. Catharine tinha me dito (ele mesmo era modesto demais para me contar) que David não só adorava música, como era um dos melhores pianistas do Canadá em sua faixa etária. Perguntei se ele não gostaria de ser um músico profissional, e ele respondeu que não, devido aos enormes sacrifícios financeiros que a carreira envolvia. Eu queria lhe dizer que lutasse por sua paixão, mas acabei entendendo. Afinal, adoro escrever romances, porém jamais tentaria sustentar minha família com uma carreira de escritora.

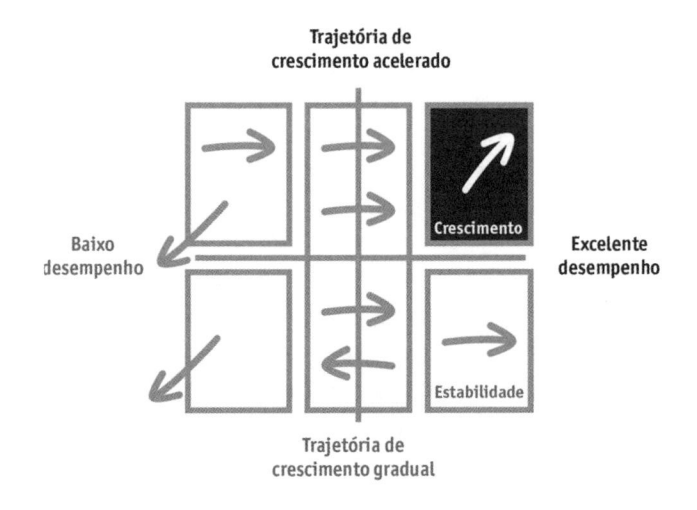

De repente, houve uma pane em nosso sistema de irrigação do quintal. Eu jamais esperaria que David fosse capaz de fazer reparos hidráulicos tão bem quanto cuidava das crianças; eu mesma muitas vezes não conseguia achar um tempo para tomar uma ducha quando cuidava delas no fim de semana. No entanto, David foi à loja de material de construção depois do trabalho e deu um jeito de consertar tudo no dia seguinte, enquanto os gêmeos dormiam. Eu estava começando a sacar qual era a dele. David tinha a capacidade de identificar os problemas e botava a mão na massa para resolvê-los, mesmo que a tarefa não estivesse incluída em sua descrição de cargo. Perguntei se ele já tivera algum trabalho do qual tivesse gostado. Ele disse que tinha adorado todos os trabalhos que tivera. Quando trabalhou em uma loja em Vancouver, não só se tornou o melhor vendedor, como também aperfeiçoou o sistema de controle de estoque da loja, reduzindo o tempo de espera, melhorou a satisfação do cliente e aumentou as vendas de todos os vendedores, não só as dele. Ficou claro que David sempre buscaria a excelência, não importando qual fosse o trabalho. Ele não só faria mais do que o esperado, como faria coisas que qualquer outra pessoa consideraria impossível. David era um exemplo vivo da recomendação do Eclesiastes: "Tudo quanto te vier à mão para fazer, faze-o conforme as tuas forças."

Também percebi que, por mais que adorasse tê-lo por perto, precisava ajudá-lo a continuar crescendo. Eu o apresentei a alguns potenciais empregadores, editei seu currículo e pratiquei entrevistas de emprego com ele. David conseguiu um cargo no Facebook, e ninguém se surpreendeu quando ele recebeu o maior número de promoções em tempo recorde.

Catharine e David acabaram realizando o "sonho do Vale do Silício". Eles abriram uma empresa, a ReelGood, cuja missão é ajudar os usuários a decidir a qual filme ou programa de TV assistir. Veja alguns conselhos para o que fazer quando você tiver a sorte de ter pessoas como Catharine e David em sua equipe:

Evite que eles se entediem (e já deixe escolhido alguém para substituí-los quando ele avançarem)

A melhor maneira de manter as superestrelas satisfeitas é lhes proporcionar uma dose constante de desafios e se certificar de que possam continuar sempre aprendendo. Não deixe de lhes dar novas oportunidades, mesmo que pareça trabalho demais para uma pessoa só. Pense na próxima função para elas. Firme uma parceria intelectual com elas. Encontre para elas mentores fora de sua equipe ou organização, pessoas que tenham ainda mais a oferecer do que você. Mas cuidado para não depender demais delas. Peça-lhes que ensinem outras pessoas da equipe a fazer o trabalho, sabendo que elas não devem ficar muito tempo naquela função. Costumo pensar nessas pessoas como "estrelas cadentes": minha equipe e eu temos a sorte de ter algumas delas nos orbitando por um tempo, porém não passa de um exercício de futilidade tentar mantê-las conosco.

Não reprima suas superestrelas nem impeça o avanço delas

É fundamental não reprimir essas pessoas. Saiba que provavelmente é você quem trabalhará para elas um dia e receba esse fato de braços abertos. Quando contratei Jared Smith para atuar como gerente de produto na Juice, não demorei para me dar conta de que eu teria sorte se um dia ele pudesse me retornar o favor. E, de fato, uma década depois, ele me contratou para atuar como coach executiva e membro do Conselho de Administração da Qualtrics, empresa que ele fundou com o irmão. Hoje, trabalho não só para Jared, como para toda a família dele.

Entre as organizações nas quais trabalhei, nenhuma se mostrou melhor que o Google em garantir que os gestores não reprimissem as ambições de seus subordinados. Essa postura era diretamente vinculada às iniciativas da empresa para restringir o poder dos gestores de refrear, em vez de acelerar a carreira das pessoas que estivessem em uma trajetória de crescimento acelerado. Vejamos, por exemplo, o processo de promoção criado por Shona Brown, vice-presidente sênior de operações comerciais do Google. No Google, os chefes não podem simplesmente sair promovendo seu pessoal a torto e a direito, sem critério algum. No departamento de programação, os gestores podem encorajar ou não as pessoas a encontrar outro cargo, mexer ou não os pauzinhos para ajudá-las a avançar, mas são os próprios funcionários que se candidatam para uma promoção, e a decisão é tomada por um comitê. O colaborador monta *ele mesmo* seu "pacote de promoção", que inclui uma lista de realizações e recomendações, e é avaliado por um comitê, que decide se ele merece ser promovido. O chefe desse funcionário não participa do comitê e pode recorrer de uma decisão, mas não cabe a ele decidir. Desse modo, os gestores não têm como reprimir as ambições de seus subordinados diretos e não podem promovê-los para recompensar algum tipo de lealdade pessoal, em vez de um excelente trabalho.

O Google também facilita para as pessoas buscar novas oportunidades passando de uma equipe a outra. Nenhum chefe tem o poder de "bloquear" uma transferência de equipe. Em uma ocasião, aceitei em minha equipe uma pessoa que me convenceu de que tinha excelente desempenho, mas alegava que seu chefe pegava no pé dela — talvez porque sua avaliação de desempenho tivesse sido péssima. Ninguém tentou impedir a transferência. E foi ótimo, pois, em nossa equipe, a pessoa teve um enorme sucesso. Permitir transferências entre equipes é importante, porque, além de evitar que os chefes impeçam o avanço de funcionários que queiram mudar de equipe, às vezes duas pessoas simplesmente não trabalham bem juntas.

No entanto, nem o Google fazia tudo certo. A empresa tinha uma regra insanamente rigorosa que exigia que a pessoa tivesse formação em Ciência da Computação para entrar na equipe de gestão de produto. Muitos queriam trabalhar nessa área por terem uma ideia que gostariam de desenvolver, mas não tinham a formação certa. Um deles foi Biz Stone, que, desencantado com a regra, saiu do Google para cofundar o Twitter. Outro foi Ben Silbermann, que ao se ver impedido, deixou o Google para fundar o Pinterest. Kevin Systrom também não conseguiu entrar na equipe de gestão de produto por não ser formado em Ciência da Computação, e pediu demissão do Google para cofundar o Instagram.

Nem toda superestrela quer virar chefe

Uma pessoa que não tem interesse em assumir um cargo de chefia não está necessariamente em uma trajetória de crescimento gradual, assim como uma pessoa que se interessa em chefiar não está necessariamente em uma trajetória de crescimento acelerado. Chefia e crescimento são coisas diferentes.

Imagine se Albert Einstein, quando estava desenvolvendo sua Teoria da Relatividade, tivesse sido informado de que não poderia mais trabalhar sozinho e precisaria assumir a chefia de uma equipe. O resultado teria sido um Einstein frustrado, uma equipe desmoralizada e mal gerenciada e uma grande perda para a humanidade, que acabaria com um menor entendimento do Universo.

Situações como essa, porém, ocorrem todos os dias. Muitos especialistas de diversas áreas afundam na carreira quando são promovidos à chefia. Isso porque a empresa desconhece qualquer outro tipo de promoção capaz de reconhecer qual a trajetória de crescimento preferencial dessas pessoas.

Esse fato revela outro problema do palavreado utilizado na matriz tradicional de desempenho e potencial. A matriz muitas vezes é usada para analisar não apenas o "potencial" como um todo, mas o "potencial de liderança". O que acaba acontecendo é que as empresas impõem um teto para a carreira de quem está em uma trajetória de crescimento acelerado, mas não quer assumir um cargo de chefia. Isso, por sua vez, impõe sistematicamente um teto às recompensas que podem ser concedidas às pessoas mais interessadas em aprofundar sua expertise e expandir o conhecimento humano, em vez de atuar como chefes. Não me entenda mal. Sei muito bem da importância de uma excelente gestão. Contudo, a chefia está longe de ser o único caminho para um colaborador aumentar seu impacto na organização.

As equipes de programadores do Google resolveram esse problema criando um plano de carreira para os "colaboradores técnicos" mais prestigiosos que o plano de carreira dos gestores e que evita totalmente os cargos de chefia. A medida foi ótima para o crescimento dos programadores e também beneficiou as pessoas que eles teriam sido forçados a gerenciar. Quando alguém é promovido à chefia só para "avançar" na carreira, e não porque quer ser chefe, na melhor das hipóteses acaba fazendo um trabalho meramente *pro forma*, e não raro transforma a vida de seus subordinados em um inferno.

Quando a chefia é o único caminho para um aumento de salário, a qualidade da gestão sai prejudicada e a vida das pessoas que trabalham para esses gestores relutantes se torna um verdadeiro mar de infelicidade.

COMO GERENCIAR O FUNCIONÁRIO MEDIANO

Eleve os padrões: não existem colaboradores de segunda categoria

COMO EU JÁ DISSE, não acredito na existência de colaboradores de segunda categoria ou de seres humanos medíocres. Todos podem se destacar em *alguma coisa*. Isso é muito diferente de dizer que qualquer indivíduo pode se destacar em qualquer coisa, o que definitivamente não é verdade. E essa ideia nos leva às pessoas que simplesmente não são boas em seu trabalho ou que, por mais que se empenhem, nunca conseguem melhorar.

Infelizmente, muitos jamais encontram um trabalho no qual possam verdadeiramente se destacar por passarem tanto tempo no emprego errado, que qualquer mudança exigiria um ou dois passos para trás. Eles podem ficar dependentes do prestígio e do salário que seu cargo atual lhes proporciona e ter suas ambições de encontrar outro trabalho refreadas por suas responsabilidades familiares. Os chefes mantêm esse tipo de colaborador por vários motivos: eles não sabem se vão conseguir encontrar alguém melhor; o treinamento de um novo funcionário demandaria tempo e esforço; e eles gostam da pessoa e acham que seria injusto encorajá-la a encontrar um emprego mais adequado.

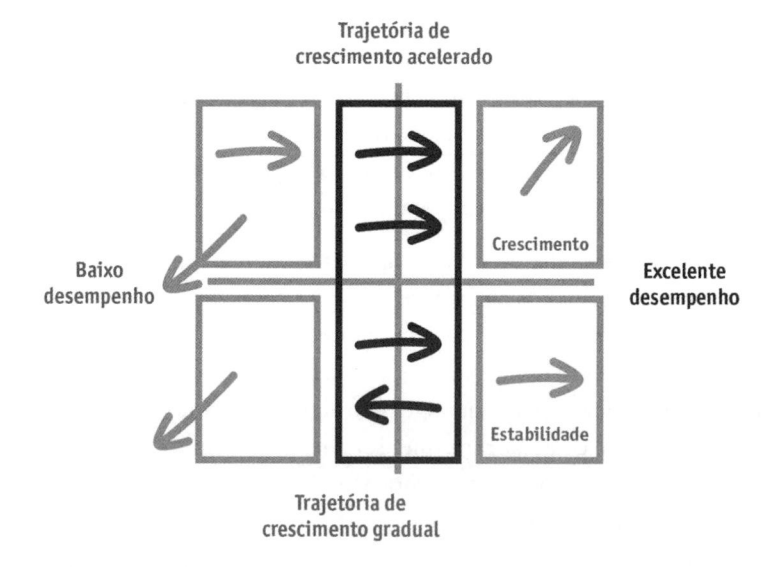

Trajetória de
crescimento acelerado

Crescimento

Baixo
desempenho

Excelente
desempenho

Estabilidade

Trajetória de
crescimento gradual

Essa falta de coragem e energia leva a uma tremenda perda de potencial humano e a uma vida de desespero silencioso. Presumir que as pessoas não estão progredindo porque são "medíocres" e incapazes de melhorar é injusto e pouco compassivo. Permitir que elas continuem por esse caminho pode ser o pior caso de Empatia

Ruinosa de um gestor e uma enorme fonte de possibilidades desperdiçadas. Naturalmente, dar um tratamento justo a essas pessoas requer conhecê-las o suficiente para saber por que não estão avançando. Se elas só estiverem passando por uma fase difícil, seria melhor lhes dar tempo e espaço para se recuperar do que forçá-las a fazer mais do que seriam capazes no momento.

Uma das decisões menos populares que tomei no Google foi insistir para que aqueles que passaram mais de dois anos sem entregar um trabalho excepcional tivessem a oportunidade de participar de um projeto que lhes permitisse brilhar. Se o trabalho continuasse aquém do esperado, começávamos a encorajar essas pessoas a procurar emprego em outro lugar.

Não foi fácil executar a política, que gerou muito estresse na equipe. Os gestores foram os mais resistentes à iniciativa, sabendo que seriam forçados a ter muitas conversas difíceis com seus subordinados e a pressioná-los bastante para que realizassem um bom trabalho. E, naturalmente, também foi difícil para as pessoas que vinham fazendo um trabalho razoável nos dois últimos anos e de repente se viram pressionadas a sair de sua zona de conforto. No entanto, ainda acho que para elas foi melhor do que ganhar o rótulo permanente de "medíocres".

Fiz isso porque acreditava que todo mundo tem o potencial de ser excepcional, e cabia a mim ajudar cada um a encontrar o trabalho mais adequado para si. Eu também acreditava que deveríamos nos empenhar para que 100% da equipe fizesse um trabalho excepcional. Se em dois anos a pessoa não conseguisse provar ser capaz de realizar um trabalho excepcional, era quase certo que ela nunca chegaria lá. Nesse caso, era mais interessante ajudá-la a encontrar um emprego no qual ela pudesse brilhar e começar a procurar alguém capaz de brilhar em nossa equipe para substituí-la. Alguns perceberam que era melhor deixar o Google para fazer um trabalho mais alinhado com seus sonhos, como dar aula, lidar com paisagismo ou abrir um café. Outros saíram para fazer um trabalho parecido, mas em uma empresa menor, na qual pudessem atuar mais como um faz-tudo. Às vezes, as pessoas só precisaram ser empurradas para fora do ninho para abrir as asas e voar. Todas, porém, acabaram muito mais felizes, apesar da dificuldade de mudar.

Em muitos aspectos, o trabalho do chefe é definir um padrão de qualidade e garantir que ele seja respeitado. No começo, pode parecer difícil, mas com o tempo ficará claro que é crueldade reduzir os padrões. Não caia na armadilha da Empatia Ruinosa ao gerenciar pessoas que têm um desempenho razoável, e não excelente! Todo mundo pode se destacar em alguma coisa. E, para criar uma equipe excelente capaz de atingir resultados excepcionais, todo mundo precisa fazer um excelente trabalho. Aceitar a mediocridade não ajuda ninguém.

BAIXO DESEMPENHO/TRAJETÓRIA DE CRESCIMENTO NEGATIVO

O melhor a fazer nesse caso é cada um seguir o próprio caminho

QUANDO UMA PESSOA tem um desempenho insatisfatório e, mesmo depois de uma conversa clara sobre a natureza do problema, não demonstra sinais de melhoria, você deve demiti-la. A maneira como você decide fazer isso tem o poder de definir seu sucesso ou fracasso na chefia, pois envia uma mensagem clara para o resto da equipe, revelando se você realmente se importa com as pessoas ou se só se interessa pelo desempenho delas.

Desnecessário dizer que ser demitido é um dos eventos mais difíceis da vida de uma pessoa. Uma demissão não só afeta a própria pessoa, como seus efeitos se propagam para a família na forma de dificuldades financeiras, perda do seguro-saúde, problemas conjugais e, pior ainda, toda a pressão de ver alguém querido sofrendo.

Não é tarefa fácil demitir um funcionário sabendo que você está prestes a infligir muito sofrimento a uma pessoa da qual pode gostar muito. Certa vez, tive uma conversa com um nova-iorquino que estava no auge da carreira. Pelo jeito meio arrogante dele, tive a impressão de que demitia as pessoas com muito mais frieza do que compaixão. No entanto, ele me contou que, quando sabia que precisaria demitir alguém, sempre acordava suando frio de manhã. Nunca imaginei que aquele sujeito pudesse saber o que era suar frio! Se até ele se sentia mal com a situação, não era de admirar que eu me sentisse mal e, imagino, você também. É por isso que evitamos a todo custo demitir alguém... com consequências negativas para todos. O que você precisa fazer é abordar as demissões de maneira ponderada e deliberada.

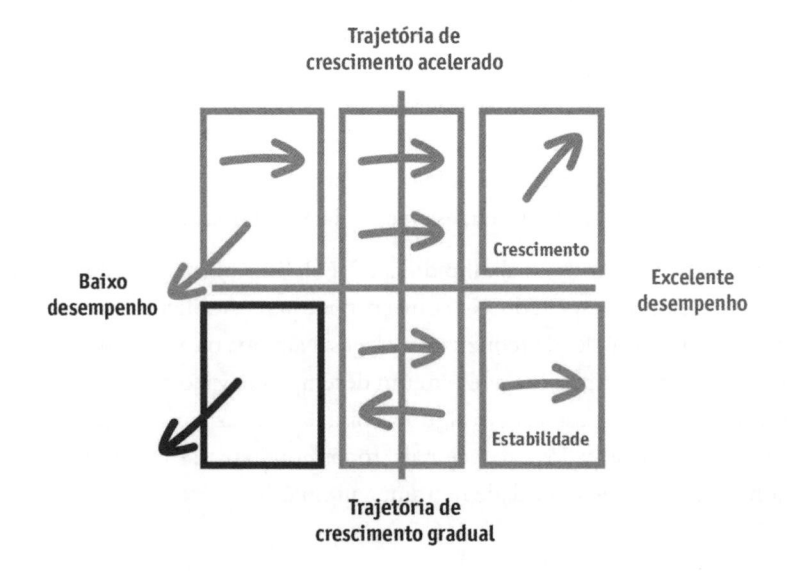

Como saber se chegou a hora de demitir alguém?

Digamos que uma pessoa de sua equipe, vamos chamá-la de "Peggy", faz um trabalho terrível, não mostra sinais de melhoria e está até piorando. É hora de demiti-la? Cada caso é um caso, mas seria interessante levar em consideração as três questões a seguir:

Você teve uma conversa Radicalmente Sincera com Peggy? Você mostrou a Peggy que se importa pessoalmente com o trabalho e com a vida dela e deixou claro que é importante para ela melhorar? Fez elogios concretos e específicos aos acertos dela, em vez de simplesmente massagear seu ego? Fez críticas úteis e diretas, oferecendo-se para ajudá-la a encontrar soluções, em vez de atacá-la pessoalmente? E fez tudo isso em várias ocasiões ao longo do tempo? Se a resposta for sim e Peggy não melhorou ou não melhorou o suficiente, então chegou a hora. Lembre-se de que uma definição de loucura é continuar fazendo a mesma coisa esperando resultados diferentes.

Como o desempenho insatisfatório de Peggy está afetando a equipe? As eficiências de Peggy não são um problema só seu. Faz parte do trabalho do chefe conhecer a perspectiva de todos os membros de sua equipe e saber como o desempenho de cada um afeta os outros. Em geral, quando você percebe o desempenho insatisfatório de um subordinado direto, os colegas dele já estão se incomodando com isso há um bom tempo.

Você buscou uma segunda opinião, conversou com alguém de confiança sobre o problema? Você pode achar que deu um feedback claro mesmo que não seja o caso. É importante ter uma visão de fora para saber se de fato você está sendo justo. Se nunca demitiu um funcionário, converse com alguém que tenha experiência com isso. Hoje em dia [nos EUA], a maioria das empresas tem normas rígidas que devem ser seguidas em um processo de demissão, e um grande número de detalhes jurídicos pode consumir muito tempo mais adiante se você não tomar cuidado.

Mentiras comuns que os chefes usam para evitar demitir uma pessoa que tem de ser demitida

Os chefes quase sempre esperam demais antes de demitir alguém. Pode ser preferível pecar pela cautela, mas eu diria que a maioria dos chefes espera tanto porque se ilude achando que a demissão não é realmente necessária. Veja a seguir quatro "mentiras" comuns que os chefes usam para se enganar e evitar demitir uma pessoa:

1. *As coisas melhorarão.* Naturalmente, a situação não melhorará por si só. Então, pare e pergunte a si mesmo: *como*, exatamente, a situação melhorará? O que você pretende mudar? O que a pessoa precisará mudar? Como as circunstâncias podem mudar? Mesmo que a situação tenha melhorado um pouco, será que foi suficiente? Se você não tiver uma resposta bem clara para essas perguntas, as coisas provavelmente não melhorarão.

2. *Ainda é melhor que nada.* Outra razão que costuma levar os chefes a relutar em demitir um funcionário de baixo desempenho é o fato de eles não quererem ter um "buraco" na equipe. Se você demitir "Jeffrey", quem fará o trabalho dele? Quanto tempo levará para encontrar um substituto? O fato é que os funcionários de baixo desempenho normalmente dão mais trabalho para os colegas do que se não fizessem parte da equipe, porque não realizam suas tarefas ou as fazem de maneira negligente, obrigando os outros a compensar suas deficiências. Steve Jobs resumiu bem a ideia quando disse: "É melhor ter um vazio na equipe do que um incompetente."

3. *A solução é transferir a pessoa.* Por ser tão difícil demitir uma pessoa, muitos chefes caem na tentação de transferi-la para outra equipe e repassar o problema a outro chefe, que não suspeita de nada, mesmo que a pessoa não tenha as habilidades necessárias ou não se encaixe na cultura da empresa. Parece "mais compassivo" do que demiti-la. Só que essa "solução" não é nada compassiva para seu pobre colega, que será deixado com a bomba nas mãos, e em geral também acaba prejudicando a pessoa com quem você está tentando ser tão "bonzinho".

4. *Não será bom para o moral da equipe.* Também é importante evitar a tentação de se iludir achando que você decidiu não demitir a pessoa porque isso desencorajaria a equipe. Manter alguém incapaz de dar conta do trabalho é muito pior para o moral de todos: o seu, o de quem está fazendo um péssimo trabalho e o de todas as outras pessoas da equipe que estão fazendo um excelente trabalho. Como já vimos, tudo depende de sua capacidade de desenvolver um bom relacionamento com a pessoa que deve ser demitida e com o resto da equipe. E, com a demissão, você terá demonstrado que se importa pessoalmente com todos.

Seja Radicalmente Sincero com a pessoa que você está demitindo

Sua atitude ao demitir alguém faz uma enorme diferença e, para realizar bem essa difícil tarefa, é importante não se afastar da pessoa que você está prestes a demitir. Se tentar evitar a dor inerente a uma situação como essa, especialmente para a pessoa que será demitida, você só causará uma enorme confusão. Para entrar no espírito da coisa, reflita sobre os seguintes fatos:

1. *Tente se lembrar de um emprego no qual você fez um péssimo trabalho e pense em sua alegria quando não precisou mais voltar a ele.* Na adolescência, fiz um bico como caixa nas férias. Nunca fui boa em cálculos mentais, e não raro errava no troco. Como os clientes em geral apontavam meus erros quando eu dava o troco a menos, mas nem sempre eram honestos quando eu dava o troco a mais, eu desperdiçava um bom dinheiro da empresa. Minha chefe não me demitiu, mas tentou me animar: "Estou certa de que você consegue! Basta tentar. Se ao menos você se concentrar, sei que será capaz de fechar o caixa todos os dias sem dinheiro sobrando nem faltando!" Com essa abordagem, o que não passava de uma dificuldade de fazer contas de cabeça virou uma falha fundamental de minha pessoa. E, quanto mais eu tentava, pior ficava. Mesmo assim, minha chefe continuava tentando me animar. Foi uma experiência terrível. Teria sido melhor eu ter largado aquele bico e ido cortar a grama dos vizinhos. Se minha chefe tivesse simplesmente me demitido dizendo "Está claro que você não tem interesse por este trabalho. Por que não tenta um diferente?", ela teria me feito um enorme favor... e poupado um bom dinheiro. Só que eu acabei sofrendo e penando até o fim das férias. E se fosse um emprego fixo e eu tivesse ficado lá indefinidamente?

   Quando demite uma pessoa, você lhe dá a possibilidade de se destacar e encontrar a felicidade fazendo um bom trabalho em outro lugar. Para conseguir um bom emprego, você precisa largar um ruim ou, pelo menos, um no qual não se encaixa. Como minha avó costumava dizer, "Toda panela tem sua tampa". Só porque a pessoa não é boa no trabalho atual não significa que ela não possa se dar bem em outro. Sei que tudo isso pode soar meio Poliana, então, antes de conversar com a pessoa, tento imaginar especificamente como seria esse outro trabalho. Também tento reformular o problema, tanto para mim como para quem estou demitindo: o problema não é a pessoa, mas o emprego... pelo menos para ela. Qual trabalho seria um encaixe perfeito para ela? Será que conheço alguém que esteja oferecendo um emprego como esse?

2. *Manter pessoas que não estão fazendo um bom trabalho penaliza as que fazem um excelente trabalho.* Negligenciar um problema de desempenho não é justo para a equipe. As pessoas de melhor desempenho em geral são forçadas a consertar ou refazer o trabalho malfeito do colega e ficam sobrecarregadas. Por experiência, o moral da equipe sempre melhora quando demito alguém de baixo desempenho, e já perdi alguns excelentes talentos porque protelei a demissão de uma pessoa de baixo desempenho por muito tempo. Manter um chefe ruim é especialmente nocivo, porque os chefes ruins têm um impacto muito danoso sobre seus subordinados. É o contrário da alavancagem gerencial.

Neste exato momento, enquanto escrevo estas palavras, um líder sênior que conheço está postergando a demissão de um chefe ruim que, em vez de se inteirar dos fatos, prefere sair gritando com sua equipe. Um subordinado dele está com urticária; outro não consegue dormir direito faz meses. E o processo de demissão se arrasta. O chefe suspeita que é só uma questão de tempo para ele ser demitido, e a situação toda se transformou em um jogo bizarro de gato e rato. Não há nada de "compassivo" nisso, para nenhum dos envolvidos!

BAIXO DESEMPENHO/TRAJETÓRIA DE CRESCIMENTO ACELERADO

Gestor, dê uma boa olhada no espelho!

UM DOS DILEMAS de gestão mais desconcertantes é quando uma pessoa que deveria estar assumindo cada vez mais responsabilidades e melhorando dia após dia só pisa na bola ou faz tudo com negligência. Já vi isso acontecer por quatro razões, e acho que vale a pena analisar todas elas.

Função errada

Pode acontecer de você alocar um excelente colaborador em uma função errada. É por essa razão que chamo esse quadrante de "dê uma olhada no espelho". Afinal, se você colocou uma pessoa na função errada, você é o culpado pelo mau desempenho dela. Nesse caso, é interessante mudá-la de função.

Por exemplo, uma vez incumbi "Mareva", uma das melhores líderes com quem trabalhei, de solucionar o problema mais complicado que nossa equipe já havia enfrentado. A decisão parecia clara: pegar o melhor funcionário para resolver os maiores pepinos. Certo? Não naquele caso. Mareva era uma excelente líder e se destacava na gestão de grandes equipes. No entanto, sua nova função era gerenciar uma equipe minúscula. O potencial parecia enorme, mas a realidade era pequena demais. O tempo passou, e a equipe não conseguia solucionar o problema. As pessoas pareciam desmoralizadas, e Mareva, entediada e distante. Perguntei-lhe se estava com algum problema pessoal. Ela disse que não. Insisti para que se empenhasse mais. Nada mudou. Então, na avaliação de desempenho seguinte, eu lhe dei a pior nota de sua carreira, e no trimestre seguinte, uma nota ainda pior. Tive uma longa conversa com Mareva para tentar entender o que estava acontecendo. Ela não discordou de mim, mas também não soube me dar uma boa explicação. Fui ficando cada vez mais frustrada e comecei a me preocupar com as perspectivas profissionais dela.

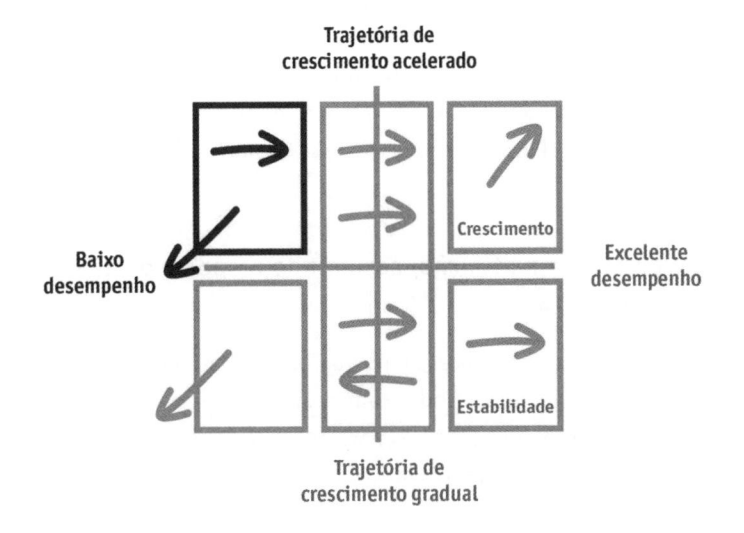

Foi então que a ficha caiu: o problema que eu queria que Mareva resolvesse era um problema analítico. A pessoa ideal para resolver o problema passaria 75% de seu tempo trancada em uma sala sozinha, debruçada sobre a mesa analisando os números. Contudo, o grande talento de Mareva era o fato de ela ser uma chefe espetacular, e eu a havia obrigado a se trancar sozinha em uma sala cercada de planilhas, em vez de cercada de pessoas. Quando lhe contei sobre a percepção que tivera, o alívio dela foi quase palpável. Mareva no fundo sempre soube qual era o problema, mas não queria dar desculpas nem me culpar por seu mau desempenho. Por sorte, tínhamos, em outra equipe, um enorme abacaxi de gestão, envolvendo centenas de pessoas, que precisava ser descascado. Aloquei Mareva à função, e, como era de esperar, ela voltou a ser uma das líderes de melhor desempenho não só de minha equipe, mas da empresa como um todo.

Vejamos outro exemplo. Em outro país, que chamarei de "Atlântida", "Clay" liderava uma equipe com extrema eficácia e tinha conseguido aumentar a receita com mais rapidez do que qualquer outra pessoa. Ele queria uma oportunidade de crescer, e eu o encarreguei de outra equipe, maior, em Atlântida. Mas o que Clay queria, na verdade, era assumir a região toda, e me procurou quando soube que uma vaga tinha sido aberta em minha equipe. Tive sérias dúvidas sobre sua capacidade de assumir a função, que exigia um grande talento político, habilidade que ele não parecia demonstrar — pelo menos de meu ponto de vista. Falei abertamente sobre minhas dúvidas com Clay, mas ele insistiu até eu ceder. Tão logo assumiu a nova função, contudo, uma bomba política caiu em seu colo e explodiu.

Nem sempre é possível saber ao certo se você está dando às pessoas uma oportunidade de crescer ou se as está empurrando para a cova do leão, porém, nesse caso, sei que tomei uma péssima decisão: aloquei Clay à função errada. Infelizmente, saí da empresa, e Clay foi demitido. Por não ter tido a oportunidade de me olhar no espelho, Clay acabou pagando por meu erro, e sempre me sinto mal quando me lembro desse incidente. (Para meu alívio, Clay se tornou um empresário de enorme sucesso em Atlântida.)

Pouca experiência na função, assumindo responsabilidades demais, rápido demais

Quando você contrata uma pessoa que não tem experiência alguma na função e precisa aprender do zero, ela pode levar mais tempo do que o esperado para progredir. Se a pessoa lhe der motivos para acreditar que poderia se destacar na função, se mostrar sinais de rápido avanço, vale a pena investir mais. Isso, porém, nem sempre é evidente.

Nesses casos, pode ser interessante perguntar-se: as expectativas ficaram bem claras? A qualidade do treinamento foi boa? Se você não explicou claramente a função ou as expectativas, deve dedicar mais tempo a isso se acreditar que a pessoa pode se tornar um grande talento.

Outro erro que os chefes às vezes cometem é jogar responsabilidades demais nos ombros de um funcionário, levando-o ao fracasso. Os chefes podem simplesmente ter expectativas absurdas sobre o que um ser humano é capaz de fazer ou achar que todos os seus subordinados são tão capazes quanto eles, esquecendo que uma pessoa com dez anos a menos de experiência não tem como saber certas coisas.

Problemas pessoais

Uma pessoa pode estar com um problema pessoal e parar de progredir de repente. Se o problema for temporário, basta dar um tempo para que ela se recupere.

Quando Sheryl Sandberg era minha chefe, tive uma crise na família. E serei eternamente grata pela reação dela: "Pegue um avião e fique lá o tempo que for necessário. Não se preocupe com nada no Google e não use seus dias de férias. Leve o tempo que precisar. Pode deixar que a gente cuida de tudo aqui." Senti que era um enorme privilégio fazer parte da equipe dela, e posso dizer que, sem dúvida, voltei muito mais motivada.

A pessoa não se encaixa na função

Uma pessoa que *parece* perfeita para a função, considerando sua experiência e seu conhecimento, pode simplesmente ser incapaz de progredir em determinada empresa ou equipe em razão de um problema de alinhamento entre a cultura do grupo e a personalidade dela. Quando um grande talento entra em uma empresa e não há um bom encaixe, todos podem sair perdendo. Se for impossível mudar a cultura e a pessoa, é melhor cada um seguir o próprio caminho. Em geral, você não terá como resolver um problema de ajuste cultural.

Por exemplo, um conhecido meu tinha uma abordagem de "lançamento e iteração" que o catapultou a um sucesso estrondoso no Google. Afinal, a essência da cultura do Google é a experimentação. Quando foi trabalhar na Apple, que tinha uma cultura de aperfeiçoar e lapidar as ideias antes de lançá-las, ele tentou repetir sua fórmula de sucesso no Google, o que destruiu sua credibilidade na nova empresa. Não havia nada de errado com meu conhecido nem com a Apple, só que os dois não se encaixavam.

USE LÁPIS, NÃO CANETA

As pessoas mudam, e você precisa mudar com elas

É DIFÍCIL nos desapegarmos da imagem que formamos das pessoas. "Jane é uma superestrela. Uma vez superestrela, sempre superestrela." "Sean é minha estrela. Não sei o que eu faria sem ele." Minha maior preocupação com os termos "estrela" e "superestrela" é nossa tendência de usá-los para rotular permanentemente os outros. Tome muito cuidado para não fazer isso! É sempre uma tentação achar que determinadas pessoas só se encaixarão em determinadas funções ou que possuem pontos fortes e fracos que nunca mudarão. A verdade é: as pessoas mudam. Quem passou anos em uma trajetória de crescimento gradual pode ficar inquieto de repente e desejar novos desafios no trabalho. Quem passou um bom tempo em uma trajetória de crescimento acelerado talvez precise de um período de estabilidade. Também é por isso que você *tem de gerenciar*. Ser um excelente chefe requer ajustar-se constantemente à nova realidade do dia, da semana ou do ano, à medida que a situação evolui. Mas você não conseguirá se ajustar se não prestar atenção ou se não conhecer bem as pessoas a ponto de notar as mudanças.

É importante lembrar que ninguém passa a vida toda em uma trajetória de crescimento acelerado e que o desempenho também muda com o tempo. Tome cuidado para não usar rótulos como "pessoas de alto desempenho". Todo mundo tem um período de baixa produtividade de vez em quando. Para combater os rótulos permanentes, Jared Smith, cofundador da Qualtrics (e meu colega na Juice e no Google), criou as categorias de desempenho "trimestre não muito bom", "bom trimestre" e "trimestre excepcional".

É especialmente difícil fazer esse tipo de ajuste quando você precisa transferir pessoas que facilitam sua vida para novas funções que dificultarão sua vida — pelo menos por um tempo. "Jean" tem feito muito bem determinado trabalho ao longo dos anos e agora quer uma nova função. "Andrea" passou anos enfrentando novos desafios e agora quer dar uma estabilizada, e você se vê forçado a entregar a antiga função dela a uma pessoa sem tanta experiência. Não é fácil!

Passamos por altos e baixos no decorrer de nossa vida profissional. Algumas vezes, estamos em modo de aprendizagem; outras, em modo de transição. Nossas prioridades podem mudar: o cônjuge é promovido no trabalho e precisamos passar mais tempo em casa, ou queremos dedicar mais tempo a um novo hobby. É importante que o chefe e o subordinado saibam com clareza em que trajetória este se encontra a cada momento, para que tanto o funcionário como a empresa possam se beneficiar.

Por isso, é interessante utilizar o modelo que proponho neste livro, mas não abuse dele. Não deixe de ver cada membro de sua equipe com novos olhos a cada dia. As pessoas mudam, e seus relacionamentos devem mudar com elas. Importe-se pessoalmente. Não se limite a rotular as pessoas sem jamais rever os rótulos.

4

TRABALHE EM COLABORAÇÃO PARA ATINGIR RESULTADOS

Não diga às pessoas o que fazer

NO GOOGLE, NÃO DEU CERTO DIZER ÀS PESSOAS O QUE FAZER

À PRIMEIRA VISTA, pode parecer que, para atingir resultados, é melhor desafiar diretamente do que se importar pessoalmente. Porém, o principal objetivo da Sinceridade Radical é atingir, em colaboração, resultados que você jamais conseguiria atingir sozinho, e para tanto, é preciso se importar com as pessoas que trabalham com você.

Steve Squyres, que liderou a missão Mars Exploration Rovers, cuja finalidade é explorar o terreno de Marte utilizando veículos robóticos (os rovers), descreveu perfeitamente o "barato" da colaboração: "Mais de 4 mil pessoas já trabalharam na missão. Ninguém sozinho podia dizer que sabia tudo sobre esses veículos, mas todas as mentes, juntas, formavam uma mente coletiva muito mais poderosa." Eu estava vendo o documentário com Larry Page, que se virou para mim e disse: "Uau! Dá a impressão de que nada é impossível, não é mesmo?" De um lado, concordei, sem sombra de dúvida. De outro, me pareceu uma loucura que o sujeito que cofundou o Google precisasse assistir a um documentário para sentir que nada é impossível.

Se quiser que sua equipe atinja resultados que você jamais conseguiria sozinho, se quiser criar uma mente coletiva muito maior que a soma dos cérebros individuais, você terá de se importar com as pessoas. Você conseguirá fazer muito mais se reservar um tempo para incorporar seu modo de pensar ao de sua equipe.

Não deixe que seu foco nos resultados o impeça de se importar com as pessoas com quem você trabalha. Confesso que cometi esse erro quando entrei no Google. Meu único interesse era fazer acontecer, e rápido. No final, esse foco mais atrapalhou do que ajudou.

Minha equipe do AdSense era responsável pelas vendas e pelo suporte técnico a clientes de pequeno e médio porte. Nossas cinco principais tarefas eram: aprovar novos clientes, oferecer treinamento, vender o produto (gestão de contas), fornecer suporte técnico e garantir a execução das políticas da empresa. A equipe tinha crescido a uma velocidade alucinante; quando ingressei na empresa, havia umas cem pessoas trabalhando em esquema de "vale tudo", com todo mundo fazendo um pouco de cada coisa. Se alguém notava que o gargalo estava nas aprovações, enviava um e-mail para todas as cem pessoas da equipe dizendo: "Parem o que estão fazendo e cuidem das aprovações." Se ninguém notasse, o processo inteiro atrasava. O Google era obcecado por dados, e tudo era monitorado. Entretanto, quando os números ficavam aquém do esperado, todos se sentiam meio culpados, mas ninguém elaborava um plano claro para resolver o problema, já que ninguém era responsável por nada. Nossa execução era falha, e a equipe toda estava estressada.

Um de meus mentores me disse em uma ocasião: "É muito tênue a linha entre o sucesso e o fracasso." E, naquela situação, entendi bem o que ele quis dizer. Estávamos crescendo em um ritmo excelente, porém logo ficou claro que nossos resultados seriam muito melhores se nossa execução fosse menos parecida com a de um time de futebol infantil: todos correndo atrás da bola sem ninguém em posição. Por exemplo, depois de fazer um monte de perguntas, percebi que não tínhamos uma gestão de contas de verdade, ou seja, não estávamos trabalhando com nossos maiores clientes para ajudá-los a ganhar mais dinheiro e, em consequência, fazer o Google ganhar mais dinheiro. Quando questionei por que, a resposta foi: "Não seria o estilo do Google! Tratamos igualmente todos nossos clientes, não importa o tamanho." Minha sugestão de priorizar os clientes de acordo com o porte foi recebida com olhares de suspeita sobre minha moralidade.

Como ninguém se reportava a ninguém em particular, não havia responsabilização pessoal. Quando um novo funcionário entrava na equipe, era alocado automaticamente ao gestor que tivesse o menor número de subordinados diretos. Só que não havia relação alguma entre o trabalho que a pessoa fazia e a quem ela respondia. E, de acordo com a cultura do Google, a única razão para ter chefes era dar àqueles que ocupassem o cargo a oportunidade de acumular uma "experiência de liderança" para que pudessem fazer um MBA. Ter um chefe, mesmo que simbólico, era um mal necessário que as pessoas precisavam suportar para que também um dia pudessem se tornar chefes e fazer um MBA.

Era um verdadeiro caos! Como um ambiente tão absurdo pôde levar a todo o sucesso da empresa? Uma amiga não acreditou em minha história. Na revista *The New Yorker,* contou ela, o pessoal de checagem de fatos nunca reporta ao chefe do departamento de edição, porque só o chefe do departamento de checagem de fatos é capaz de entender o que eles fazem. O que estava acontecendo no Google? Na verdade, vi maluquices ainda maiores em outros "unicórnios" do Vale do Silício.* Quando uma empresa liderada por pessoas extremamente talentosas, porém inexperientes, decola, tudo pode acontecer. Mas adorei ver aquele caos, já que foi justamente para botar ordem na casa que eu tinha sido contratada. Aos 37 anos, eu era mais velha que minha chefe e tinha pelo menos uma década a mais que a idade média dos funcionários do Google. Eu era "a supervisora adulta do pedaço".

E sabia exatamente o que fazer. Em vez de ter uma grande equipe de cem pessoas na qual todo mundo fazia um pouco de cada coisa com uma estrutura de gestão aleatória, resolvi criar cinco equipes menores. Fiz com que cada um de meus gestores prestasse contas por apenas uma tarefa: aprovação de novos clientes, treinamento, gestão de contas, suporte técnico ou políticas. Reorganizei as pessoas de modo que as mais voltadas às vendas trabalhassem em uma única equipe e se reportassem ao gestor responsável pela gestão de contas; e as mais técnicas trabalhassem em outra equipe e se reportassem ao gestor responsável pelas políticas; e assim por diante. Com isso, os gestores saberiam com clareza o que era e o que não era de sua alçada e poderiam ajudar seus subordinados diretos a atingir resultados melhores e prestar contas pelos resultados de sua equipe.

As mudanças propostas eram bastante razoáveis, você não acha? Só que três de meus cinco subordinados diretos foram reclamar para minha chefe, Sheryl Sandberg, que eles não suportavam trabalhar para mim, porque eu era autocrática demais e não incluía as pessoas em decisões importantes. Um deles chegou a dizer que estava se sentindo "triste, mal e excluído". Os três se transferiram para outras equipes do Google sem minha permissão (a política da empresa permite isso). Onde eu tinha errado? Parecia muito claro o que precisava mudar. Fui ver Sheryl para saber sua opinião.

Ela concordou com a ideia da reestruturação da equipe, mas não com a maneira como eu havia feito as mudanças. "Kim, você está indo rápido demais. É como se você fosse um vaqueiro girando um laço no ar", disse ela, girando uma corda imaginária em um grande círculo sobre a cabeça. "Para você, não parece que a corda está indo tão rápido, porque você está no centro só girando o pulso para criar o movimento. Mas, para a pessoa que está na outra ponta da corda, é aterrorizante. Você não pode fazer isso com as pessoas e achar que elas não se afastarão."

---

* O termo "unicórnio" foi cunhado pelo investidor de risco Aileen Lee para descrever a startup que atinge rapidamente a avaliação de US$1 bilhão.

Enfim, dizer às pessoas o que fazer não funcionou. Naquela situação, que claramente demandava grandes mudanças, meu plano parecia ser o jeito mais rápido de avançar, porém não foi. Para começar, tomei as decisões sozinha e não envolvi minha equipe no processo decisório. Em segundo lugar, não me dei o trabalho de explicar minhas decisões nem de convencer as pessoas de que aquele seria o melhor caminho a tomar. E, em vez de executar as decisões das quais discordava ou que nem havia entendido, minha equipe se dissolveu, e fiquei em uma situação em que só poderia melhorar os resultados recomeçando da estaca zero.

A grande vantagem de trabalhar no Google foi que a empresa me deu a chance de corrigir meu erro. Minha chefe me explicou exatamente o que eu tinha feito de errado e me autorizou a contratar pessoas para substituir as que eu havia perdido. Pude levar ao Google muita gente que tinha trabalhado para mim na Juice. Foi uma lição dolorosa, porém instrutiva: para gerar resultados no Google, fui forçada a aprender a ser mais colaborativa.

No Google, as decisões não eram tomadas autoritariamente; nem mesmo os fundadores faziam isso. Um dia, os programadores decidiram refazer a interface do AdWords* a fim de facilitar para os anunciantes a escolha entre diferentes formatos de anúncios. Como a maior parte da receita do Google provinha do AdWords, era importante realizar bem a tarefa. Em uma reunião, vi ninguém menos que Sergey Brin, cofundador do Google, tentando convencer uma equipe de programadores a experimentar a solução que ele estava propondo para o problema: apresentar aos anunciantes todas as opções disponíveis (diferentes formatos de anúncios, diferentes formas de fazer com que os anúncios fossem exibidos quando e onde eles quisessem etc.) da maneira mais simples possível. A equipe apresentou uma solução diferente. Sergey sugeriu, então, que uma ou duas pessoas fossem alocadas para trabalhar na abordagem dele e o resto da equipe se dedicasse à outra solução. Os programadores rejeitaram a ideia.

Sergey, em uma rara explosão de frustração, esmurrou a mesa e disse: "Se esta fosse uma empresa qualquer, vocês todos fariam do meu jeito. Tudo o que peço é que uma ou duas pessoas tentem minha ideia!". Ele estava claramente exasperado, mas seu sorriso mostrava que também se orgulhava de ter um pessoal capaz de questionar sua autoridade. No fim, a equipe o convenceu de que a solução dela era melhor.

---

* **AdWords** é o pacote de anúncios do Google. Se você, por exemplo, produz chapéus e quer anunciá-los, dá lances para palavras-chave como "chapéu", e, se vencer o leilão, seus anúncios serão exibidos nas páginas de pesquisa do Google quando as pessoas procurarem a palavra "chapéu" e mesmo em outros sites relacionados a chapéus. Quando os usuários clicam em seu anúncio, você paga ao Google.

É claro que nem todas as empresas *insistem* na colaboração ou permitem que uma pessoa descontente com o chefe simplesmente mude de equipe. Mas, vez após vez, tenho constatado que, mesmo que a empresa permita uma postura mais autoritária do chefe, ele só obterá resultados melhores se abrir mão de seu poder e trabalhar de maneira mais colaborativa.

DIZER ÀS PESSOAS O QUE FAZER TAMBÉM NÃO DEU CERTO PARA STEVE JOBS

"O MALDITO DO STEVE *SEMPRE* acerta", explodiu Andy Grove, lendário CEO da Intel, tomando um sorvete de café com chocolate e nozes na sorveteria Baskin--Robbins em Los Altos, Califórnia. Eu queria saber se ele achava que eu deveria entrar na Apple.

Dei risada, pensando que fosse brincadeira, mas Andy me olhou sério e disse: "Não. Você não está entendendo. O Steve *sempre* acerta. Ele sempre acerta no meio do alvo, com precisão, como um engenheiro. Não estou brincando nem exagerando."

Eu sabia que o que Andy estava me contando era importante, e um lado meu esperava que fosse verdade. Um dos apelos de ir para a Apple depois do caos criativo do Google era ver como seria trabalhar em uma empresa que permitia uma gestão mais assertiva, dizendo às pessoas o que fazer. Eu acreditava que as coisas eram feitas desse jeito na Apple e que Steve Jobs, o visionário, dizia às pessoas o que fazer. Mesmo assim, achei que Andy estivesse exagerando. *Sempre* acertava?

"Ninguém acerta *sempre*", retruquei.

"O que quero dizer é que, *no fim*, ele sempre acerta, não que sempre acerta de cara. Como qualquer ser humano, às vezes ele se equivoca, mas insiste para que as pessoas lhe digam quando está errado, e elas nem precisam ser delicadas ao fazer isso. Então, no fim, ele sempre acerta."

As palavras de Andy ressoaram com as crenças e ideias um tanto paradoxais que eu tinha sobre o modo como os melhores chefes levam uma equipe a um excelente desempenho. De um lado, eu adorava a abordagem do Google e endossava a postura de gestão de Antoine de Saint-Exupéry: "Se você quer construir um navio, não recrute pessoas para juntar madeira e não lhes atribua tarefas e trabalhos, mas ensine-as a ansiar pela infinita imensidão do oceano." De outro lado, como revela minha história sobre as gafes que cometi quando entrei no Google, eu também às vezes ansiava por *ter* ou por *ser* uma líder não contestada.

Quando ingressei na Apple, percebi que Andy estava certo em sua descrição de Steve Jobs. Steve muitas vezes mudava de ideia quando alguém lhe mostrava que estava errado, e o fazia com certo entusiasmo, mas raramente com um elegante "Você tinha razão: eu estava errado". O jeito como Steve mudava de opinião em geral deixava as pessoas furiosas.

Um colega me contou de uma ocasião em que ele argumentou com Steve, porém acabou recuando mesmo sem estar convencido de que Steve tinha razão. Passado algum tempo, ficou claro que era meu colega que estava certo. Steve entrou feito um furacão na sala dele e se pôs a gritar. "Mas a ideia foi sua!", defendeu-se meu colega. "É, mas era seu trabalho me convencer de que eu estava errado", replicou Steve, "e você não fez seu trabalho!" A partir daí, meu colega passou a argumentar por mais tempo e com mais veemência até convencer Steve de que estava certo ou que Steve o convencesse do contrário. Com essa abordagem, Steve conseguia acertar sempre, mostrando-se aberto a ser convencido de que estava errado e insistindo para que as pessoas o contestassem. Todo mundo sabe que o estilo de Steve não é para qualquer um. Ele contratava pessoas que não tinham medo de confrontá-lo e fazia questão de cultivar esse tipo de audácia.

Outra colega me contou de uma discussão que teve com Steve. Ela acabou por convencê-lo de que estava errado, e ele simplesmente se apossou da ideia dela. Minha colega especulou que Steve era tão focado em chegar à resposta certa, que não fazia diferença para ele quem tinha dito o quê. Essa atitude pode ser frustrante. Afinal, as pessoas querem receber os créditos por suas ideias. Entretanto, o foco implacável em contestar a si mesmo e aos outros, em "acertar", em vez de "estar certo", era um dos ingredientes da capacidade de execução sem igual da Apple.

A ARTE DE FAZER ACONTECER SEM DIZER ÀS PESSOAS O QUE FAZER

É BEM VERDADE que uma das razões que levavam Steve a "acertar sempre" era o fato de ele ter sido um gênio. Não é possível operacionalizar nem imitar a genialidade, e o mundo está cheio de gênios incapazes de transformar suas ideias brilhantes em qualquer coisa concreta. Mais importante que a genialidade era o estilo de Steve de liderar as pessoas para que fizessem as coisas à perfeição, mas *sem* lhes dizer o quê. Isso é algo que você pode operacionalizar e imitar. No entanto, terá de forçar a si mesmo e a sua equipe a sair da zona de conforto e avançar pelo eixo do "desafiar diretamente".

Na verdade, tanto o Google como a Apple conseguiram atingir resultados espetaculares sem ter um estilo puramente autocrático. Isso nos leva a algumas questões importantes. Por exemplo, como as pessoas decidiam o que fazer? Como a estratégia e os objetivos eram definidos? Como se desenvolveram as culturas dessas duas organizações, tão robustas e tão diferentes? Como dezenas de milhares de pessoas internalizaram a missão? O processo era muito diferente nas duas empresas — mais ordenado na Apple e mais caótico no Google — mas, em geral, era o mesmo.

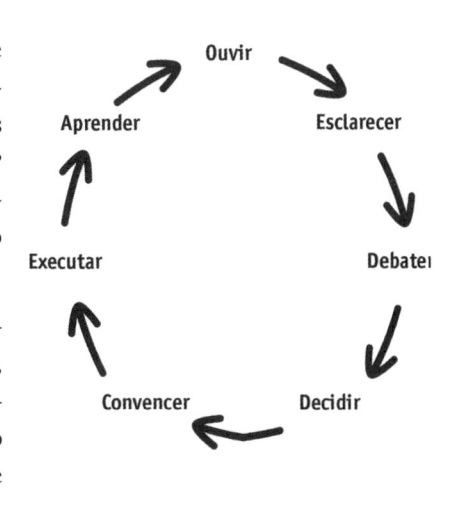

O processo, que chamo de "Roda do Fazer Acontecer", é relativamente simples. Porém, o segredo, muitas vezes ignorado até por pessoas que se consideram capazes de fazer acontecer, é conter o impulso de mergulhar de cabeça, como fiz na história que abre este capítulo. Em vez disso, o melhor é começar criando as bases para a colaboração.

A Roda do Fazer Acontecer possibilita às pessoas realizar mais coisas juntas do que qualquer uma sonharia realizar sozinha e tem o potencial de levá-las a transcender as fronteiras do cérebro. Para começar, *ouça* as ideias de sua equipe e construa uma cultura na qual as pessoas ouçam umas às outras. Em seguida, crie um ambiente no qual as ideias possam ser lapidadas e *esclarecidas*, para evitar que morram na praia antes de todos conseguirem "sacar" seu potencial. Entretanto, o simples fato de uma ideia ser fácil de entender não significa que seja boa. Por isso, vocês precisam *debater* as ideias e testá-las com mais rigor, para então *decidir* rapidamente, mas nunca de maneira impulsiva. Como nem todos participarão da parte do "ouvir, esclarecer, debater, decidir", o próximo passo é incluir a equipe toda. Você deve *convencer* as pessoas que não participaram do processo decisório de que a decisão é boa, para que todos possam executá-la com eficácia. E, uma vez *executada*, é preciso *aprender* com os resultados, fazer um levantamento dos erros e acertos e recomeçar o processo do zero.

As etapas são numerosas, mas o processo foi feito para ser percorrido com rapidez. É igualmente importante não pular etapas nem ficar preso em alguma delas. Se você pular uma etapa, perderá tempo no fim do ciclo. Se deixar que as pessoas fiquem presas em alguma etapa, trabalhar com sua equipe será mais como pagar um imposto pela colaboração do que fazer um investimento nela .

Você provavelmente já se viu em uma situação na qual seu chefe queimou etapas e se limitou a lhe dizer o que fazer. Mas será que isso justifica fazer a mesma coisa com sua equipe? Claro que não! Você pode usar a Roda do Fazer Acontecer com seus subordinados diretos mesmo que seu chefe não adote essa abordagem. Talvez, quando vir os resultados, ele até mude de ideia. E, se não mudar, você pode querer encontrar outro emprego. Se mais pessoas insistirem em ter um bom ambiente de trabalho, os resultados de sua empresa melhorarão, e todo mundo será mais feliz.

OUVIR

"Ajude os introvertidos a se expressar."

—*JONY IVE*

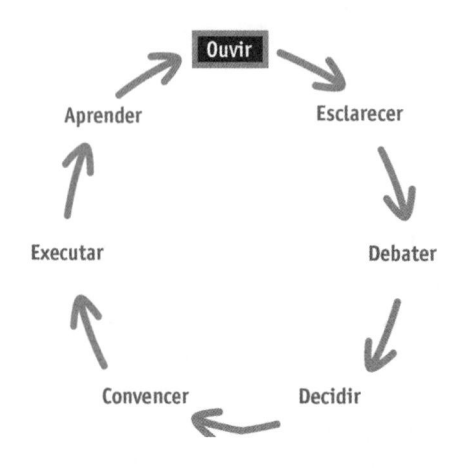

VOCÊ JÁ SABE que precisa saber ouvir e provavelmente como ouvir (e como não ouvir). O problema é que, quando você é promovido à chefia, as pessoas tendem a dizer que você deve mudar completamente seu estilo de ouvir, o que seria um erro.

O lado bom é que você pode manter seu estilo e garantir que todas as pessoas de sua equipe sejam ouvidas e, em consequência, possam contribuir.

Jony Ive, diretor de design da Apple, disse em um curso da Apple University que o papel mais importante de um chefe é "ajudar os introvertidos a se expressar". Adorei essa abordagem. Já Eric Schmidt, CEO do Google, exorta as pessoas a "falar alto". Também adoro esse modo de pensar. Os dois líderes adotaram abordagens diferentes para garantir que todos pudessem ser ouvidos. Esse também deve ser seu objetivo, e há várias maneiras de atingi-lo. Você precisa achar um jeito de ouvir que se encaixe em seu estilo pessoal e criar uma cultura na qual todos se ouçam, para que você não tenha de se encarregar sozinho de ouvir todo mundo.

Escuta silenciosa

Tim Cook, CEO da Apple, é um verdadeiro mestre do silêncio. Quando ficou sabendo que eu faria uma entrevista de emprego na Apple, um amigo me avisou que Tim tendia a passar muito tempo calado e que eu não devia ficar nervosa nem me sentir na obrigação de dizer alguma coisa só para romper o silêncio. Apesar da advertência, em minha primeira entrevista com Tim, reagi a um longo período de silêncio falando nervosamente feito uma matraca e, no processo, acabei contando muito mais do que eu planejava sobre um erro que tinha cometido. Bem no instante em que percebi, em pânico, que estava prestes a revelar algo que poderia me custar o emprego, a sala começou a tremer.

"É um terremoto?", perguntei, sem conseguir conter o alívio.

Tim assentiu, olhando para as paredes em movimento. "E um terremoto dos grandes, eu diria."

Vendo a oportunidade de ouvir mais do que falar, perguntei sobre o projeto do prédio, e o engenheiro que havia em Tim não conseguiu resistir a uma elaborada descrição. Como o edifício tinha sido construído com alicerces dinâmicos, a estrutura toda parecia se movimentar mais com o terremoto, mas, embora desse certo medo, o prédio era bem seguro. Tim sorriu com a contradição.

Seguindo o exemplo de Tim, um de meus alunos do curso Managing at Apple disse que tentava passar dez minutos nas reuniões individuais com seus subordinados ouvindo em silêncio, sem esboçar reação alguma. Ele fazia de tudo para manter a mais completa neutralidade em sua expressão facial e linguagem corporal.

"O que você costuma aprender nesses dez minutos que não aprende nos outros cinquenta?", perguntei.

"Ouço coisas que preferiria não ouvir", respondeu ele, confirmando a eficácia da técnica de Tim. "Se eu não esboço qualquer tipo de reação, as pessoas tendem a me dizer o que acham que eu quero ouvir. Se tomo o cuidado de não revelar minha opinião, é muito maior a chance de elas dizerem o que realmente pensam, mesmo que não seja o que eu esperava ouvir."

A escuta silenciosa tem muitas vantagens concretas, mas também vem acompanhada de uma desvantagem. Se as pessoas não sabem o que você, o chefe, está pensando, elas perdem muito tempo tentando adivinhar. Algumas chegam a usar seu nome em vão. Elas proclamam aos quatro ventos algo como "O chefe quer fazer isto ou aquilo", descrevendo o que elas próprias querem fazer. E, como ninguém tem como saber ao certo o que você realmente pensa ou quer, os outros muitas vezes seguem esses falsos profetas. Além disso, muita gente se incomoda bastante com o silêncio, como demonstram os exemplos anteriores. A experiência da escuta silenciosa pode acabar sendo mais como um jogo de pôquer do que uma conversa Radicalmente Sincera: para algumas pessoas, o ouvinte silencioso na verdade não está ouvindo, mas montando algum tipo de armadilha, só esperando que elas digam algo errado para dar o bote.

Se você for um ouvinte silencioso, tem de dar um jeito de tranquilizar aqueles que tendem a ficar nervosos com seu estilo. Não seja inescrutável sem motivo. Às vezes, para as pessoas se abrirem e dizerem o que pensam, você também precisa se abrir e dizer o que pensa. Se você quiser ser confrontado, deve estar disposto a confrontar também. Aquele meu aluno do curso Managing at Apple que adotou a técnica da escuta silenciosa tomava o cuidado de ser um ouvinte silencioso por apenas dez minutos em suas reuniões individuais de sessenta. Se ele passasse o tempo todo sem esboçar reação alguma, seria difícil as pessoas confiarem nele ou se identificarem com ele. Nem Tim Cook ficava sempre em silêncio, é claro. Mas, como ele costumava ser bem quieto, as pessoas tendiam a prestar muita atenção ao que dizia. E, quando ele falava, mesmo em voz baixa, sua lógica era sempre clara como o dia.

Muitos gestores conseguem usar a escuta silenciosa com eficácia, mas essa técnica simplesmente não se encaixa em meu estilo. Por sorte, existe outra maneira de atingir o mesmo objetivo.

Falar para ouvir

Se a escuta silenciosa implica ficar em silêncio para dar às pessoas espaço para falar, a técnica do falar para ouvir implica dizer coisas para provocar uma reação nas pessoas. Era assim que Steve Jobs ouvia. Ele apresentava uma opinião polêmica ao grupo e insistia para que as pessoas opinassem. Eu classifico essa técnica na categoria do "ouvir", em vez de falar ou mesmo gritar, porque Steve não se limitava a desafiar as pessoas; ele insistia para que elas o desafiassem também.

Naturalmente, essa abordagem só funciona com quem é confiante a ponto de encarar o desafio. Da mesma forma como algumas pessoas ficam nervosas com a escuta silenciosa, outras ficam ofendidas com a técnica do falar para ouvir. Caso seu estilo seja falar para ouvir, como lidar com gente que, por natureza, é incapaz de confrontar um chefe agressivo ou que está muito abaixo na hierarquia para se sentir confiante, mesmo que a cultura da organização incentive esse comportamento? Como ouvir um recém-contratado que teme confrontar ou questionar sua opinião? Essa pessoa pode saber exatamente por que você está errado e mesmo assim preferir não se manifestar.

O estilo falar para ouvir requer que você se empenhe em conquistar a confiança daqueles que podem ficar nervosos ou incomodados com seu comportamento. E, quando as pessoas virem, pelas atitudes dos colegas, que é seguro confrontar o chefe, elas também se sentirão seguras para fazer isso. Jony Ive contou que Steve costumava abordá-lo dizendo: "Jony, o que você acha desta ideia idiota que acabei de ter?" Ele não só expunha sua ideia, como convidava Jony a confrontá-lo, tachando a ideia de "idiota".

Randy Nelson, reitor da Pixar University e membro do corpo docente da Apple University, fez uma descrição bastante precisa de Steve Jobs quando disse: "Ele é um leão. Se ele rugir para você, é melhor você rugir de volta ainda mais alto — mas só se você também for um leão. Caso contrário, você simplesmente será devorado por ele."

Steve fazia questão de que as pessoas a seu redor se sentissem à vontade para dizer quando ele estava errado. As que trabalhavam em estreito contato com ele sabiam que precisavam se manifestar quando identificavam um problema ou uma falha em sua lógica, ou teriam de enfrentar sua ira depois. Isso não significava que elas também precisavam falar alto ou se expressar ruidosamente. Steve trabalhava muito bem tanto com Tim Cook como com Jony Ive, e os dois eram ouvintes silenciosos. No entanto, as pessoas tinham de ser fortes e superconfiantes.

Você não precisa adotar o estilo de Steve Jobs para usar a técnica do falar para ouvir. Paul Saffo, professor de engenharia da Stanford University, descreve uma técnica que ele chama de "opiniões fortes expostas com delicadeza". A ideia é que expressar opiniões fortes, que alguns poderiam considerar até ultrajantes, é uma boa maneira de chegar a uma solução melhor ou pelo menos ter um diálogo mais interessante. Eu adoro essa abordagem. Sempre achei que dizer o que penso com muita clareza e fazer o que posso para incentivar opiniões opostas é um jeito excelente de ouvir. Tendo a expressar minhas opiniões com muita veemência, de modo que tive de aprender a dizer: "Fiquem à vontade para apontar os problemas dessa ideia — sei que pode ser uma ideia terrível. Quero que vocês me digam por que acham que seria melhor não colocá-la em prática." Em uma ocasião, cheguei a pôr um troféu com a inscrição "Você estava certa e eu estava errada" na mesa de uma colaboradora depois que a opinião dela se provou correta, e a minha, absolutamente equivocada.

A técnica do falar para ouvir, expressando com veemência um ponto de vista, é uma forma rápida de expor opiniões opostas ou falhas no raciocínio. E também evita que as pessoas percam muito tempo tentando descobrir o que o chefe está pensando. Presumindo que você tenha se cercado de pessoas que não hesitam em contestar suas ideias, dizer com clareza o que você está pensando pode ser a maneira mais rápida de encontrar a melhor solução.

Talvez o mais importante seja ater-se a seu estilo natural. Muitos livros de liderança enaltecem a escuta silenciosa, mas, se você preferir falar para ouvir, terá muita dificuldade de ouvir em silêncio. Tentar ir contra sua natureza pode deixar os outros ainda mais nervosos. É preciso ficar de olho em como seu estilo afeta as pessoas e trabalhar para melhorar essa dinâmica. Descubra como ajudar os introvertidos a se expressar sem reprimir os extrovertidos. Afinal, o objetivo é que todos encontrem juntos a melhor solução.

Crie uma cultura aberta a ouvir

É difícil forçar-se a ouvir os membros de sua equipe e mostrar que você está ouvindo, porém, mais difícil ainda é fazer com que eles ouçam uns aos outros. O que você precisa fazer é: 1) ter um sistema simples para que as pessoas gerem ideias e expressem queixas; 2) dar um jeito para que pelo menos alguns dos problemas levantados sejam resolvidos com rapidez; e 3) sempre explicar por que os outros problemas não estão sendo resolvidos. Esse sistema não deve apenas dar às pessoas a liberdade de apontar os problemas, mas também capacitá-las a corrigir esses problemas ou a fazer mudanças. Você precisa ajudá-las um pouco (mas só um pouco) e promover o sistema com entusiasmo. Deixe bem claro quanto tempo você tem disponível para a tarefa e então procure maximizar o impacto desse tempo.

No Google, as pessoas viviam me procurando com boas ideias, porém, mais do que eu podia dar conta, e isso era demais para mim. Então decidi montar uma "equipe de ideias" para avaliar as propostas e sugestões. Para contextualizar a proposta, mandei à equipe toda um artigo da *Harvard Business Review (HBR)* explicando como uma cultura capaz de mobilizar milhares de "pequenas" inovações pode gerar para os clientes benefícios impossíveis de serem imitados pelos concorrentes. É relativamente fácil copiar uma grande ideia, mas quem está de fora não tem como identificar milhares de ajustes, quanto mais imitá-los.*

Feito isso, expliquei alguns princípios importantes para orientar a equipe de ideias, começando pelo empoderamento. O trabalho dos integrantes daquela equipe especial envolvia ouvir qualquer ideia proposta por qualquer pessoa, explicar claramente as razões que os levaram a rejeitar ideias e ajudar as pessoas a implementar as ideias aprovadas. Se uma ideia lhes parecesse especialmente promissora, eles poderiam até negociar com o chefe de quem propôs a ideia que ela dedicasse um tempo a sua implementação. A equipe foi encorajada a me atribuir até três tarefas por semana.

Depois dessa inovação, em vez de ficar estressada sempre que ouvia uma boa ideia em uma reunião ou lia um e-mail inspirado, passei a receber as ideias com entusiasmo, sabendo que poderia delegá-las à equipe de ideias. Não demorou para as pessoas começarem a submeter uma montanha de sugestões para melhorar produtos, conquistar novos clientes e aumentar a eficácia de nossos processos. Criamos uma ferramenta de ideias (basicamente, apenas um wiki), por meio da qual as pessoas apresentavam ideias, e os integrantes da equipe, depois de analisá-las, votavam por sua aprovação ou não. O processo era uma forma de escuta. As pessoas com ideias aprovadas definitivamente sentiam que tinham voz ativa na empresa, e as com ideias reprovadas nunca deixavam de ser informadas da rejeição, um sinal muito

---

* <https://hbr.org/2008/02/getting-the-best-employee-idea> [conteúdo em inglês]

mais claro do que o silêncio de uma chefia sobrecarregada. No entanto, a votação nem sempre é a melhor maneira de identificar as melhores ideias ou garantir que as pessoas estão ouvindo umas às outras. Em vista disso, pedi à equipe de ideias que lesse *todas* as ideias e conversasse com todas as pessoas que as apresentassem com foco em *ouvir*. Assim, a equipe passou a usar uma combinação de votação e análise crítica para selecionar as melhores ideias.

Ainda mais importante, a equipe de ideias também ajudava as pessoas a implementar as ideias aprovadas. Essa ajuda podia envolver negociar um tempo para que as pessoas pudessem trabalhar na ideia ou pedir minha opinião, mas em geral bastavam a validação e o encorajamento resultantes de ouvir e dar uma resposta clara. "Nossa, que ideia genial! Vá em frente com ela!"

Sarah Teng, uma recém-formada que trabalhava na equipe do AdSense, propôs criar atalhos em teclados programáveis para digitar frases e parágrafos que a equipe usava com frequência ao se comunicar com os clientes. Pareceu uma boa ideia, e a equipe de ideias me pediu que aprovasse a verba para comprar os teclados programáveis. Dei a aprovação, e aquela ideia aumentou a eficiência da equipe global em nada menos que 133%. Isso porque todas as pessoas da equipe puderam passar muito menos tempo digitando as mesmas malditas palavras vez após vez e dedicar mais tempo para ter outras boas ideias, formando um círculo virtuoso. Simples assim!

Quando Sarah apresentou seu projeto a toda a equipe, não me limitei a lhe agradecer; exibi um gráfico mostrando como a ideia melhoraria nossa eficiência. Só que nem todo mundo se motiva com um aumento da eficiência, de modo que também deixei claro para as pessoas como a inovação tornaria o trabalho delas mais divertido e as ajudaria a crescer profissionalmente, já que poderiam passar menos tempo fazendo um trabalho mecânico e mais tempo fazendo um trabalho interessante. Expliquei que Sarah teria a oportunidade de apresentar sua ideia aos líderes de outra equipe, muito maior que a nossa, para fazer uma contribuição ainda maior na empresa. E voltei a enviar a todo o pessoal o artigo da HBR mostrando como a vantagem competitiva tende a resultar não de uma única grande ideia, mas da combinação de centenas de ideias menores.

Para que tanta contextualização? Em primeiro lugar, para demonstrar o tamanho do impacto da ideia de Sarah. A utilização de teclados programáveis estava longe de ser uma ideia revolucionária, mas quando as pessoas viram o efeito cumulativo dessa e de outras ideias com o tempo, a inovação de Sarah pareceu muito mais importante. Em segundo lugar, o sucesso da ideia inspirou outros colaboradores a também apresentar suas ideias. Em terceiro lugar, e o mais importante, encorajou as pessoas a *ouvir* as ideias umas das outras, levá-las a sério e ajudar-se a implementá-las sem esperar pela bênção da chefia. É muito fácil deixar passar as "pequenas" ideias em grandes organizações, e se você permitir que isso aconteça, estará acabando com a inovação incremental.

Centenas de pessoas brilhantes passaram anos trabalhando no setor de vendas e operações online. Era difícil acreditar que ninguém havia tido a ideia do teclado programável antes, mas se alguém de fato a teve, a chefia não lhe deu ouvidos. Se você conseguir criar uma cultura na qual as pessoas ouvem umas às outras, elas começarão a consertar coisas que você, o chefe, jamais teria como saber que precisavam de conserto.

Para mim, o mais importante é que o moral da equipe foi às alturas. A pesquisa "Googlegeist", voltada a investigar o moral dos funcionários, demonstrou que o pessoal de suporte aos clientes do AdSense estava muito mais satisfeita com o papel da inovação em seu trabalho do que os programadores do setor de buscas, apesar de esses programadores provavelmente serem os mais criativos do mundo.

Às vezes, para criar uma cultura de ouvir, basta conduzir as reuniões do jeito certo. Quando via que só uma ou duas pessoas estavam falando, eu interrompia a reunião e fazia questão de pedir a opinião dos outros participantes, um a um, para garantir que todos fossem ouvidos. Em outras ocasiões, eu apenas me levantava e bloqueava fisicamente quem estava falando demais. Também era comum eu ter uma conversa rápida com as pessoas antes de uma reunião, pedindo que algumas falassem menos, e outras, mais. Em outras palavras, parte de meu trabalho era me manter sempre encontrando novas maneiras de "ajudar os introvertidos a se expressar".

Adapte-se à cultura de ouvir

Minha amiga Astrid Tuminez me contou uma história interessantíssima sobre a importância de se adaptar à cultura de ouvir em uma nova situação. Ela passara a infância em uma minúscula aldeia de pescadores em uma área paupérrima das Filipinas, mas sua carreira a levou para Moscou (onde trabalhei com ela), Nova York e Singapura. No U. S. Institute of Peace, Astrid foi convidada para trabalhar no processo de paz com a Frente Moro de Libertação Islâmica, no sul das Filipinas. Ela chegou agindo como uma nova-iorquina, focada no profissionalismo e na eficiência, agendando uma reunião atrás da outra.

Então um integrante da equipe de negociação filipina lhe disse que alguém do grupo muçulmano tinha enviado uma mensagem a Manila, capital das Filipinas, perguntando: "Quem é essa mulher e de que planeta ela veio?" A pessoa que contou isso a Astrid só queria o sucesso dela, porque as duas vinham da mesma província filipina.

Para os muçulmanos, Astrid parecia fria, hostil e estrangeira (apesar de ela ser filipina e saber falar filipino). Depois de pensar sobre o assunto, ela se deu conta de que tinha cometido alguns graves erros, como conduzir reuniões sem oferecer comida, um gesto importantíssimo na cultura do país. Astrid passou os meses seguintes participando apenas de encontros informais e ouvindo. Compareceu a eventos públicos para ter a chance de ouvir as pessoas sem ter de agendar uma reunião após outra e deu um jeito de disponibilizar muita comida sempre que conduzia reuniões.

Ao se dar o trabalho de conhecer as pessoas e se concentrar em ouvir, Astrid conseguiu conquistar a confiança delas e mostrar que se importava profundamente com o processo de paz. Com o tempo, os muçulmanos se abriram e se dispuseram a levá-la a locais inacessíveis a pessoas de fora. Essa confiança fez toda a diferença nas negociações complexas e sutis que seu trabalho exigia.

ESCLARECER

"É só pela seleção, pela eliminação e pela ênfase que podemos acessar o verdadeiro sentido das coisas."

—GEORGIA O'KEEFFE

UMA VEZ CRIADA a cultura de ouvir, o passo seguinte é garantir que você e seus subordinados diretos entendam e comuniquem pensamentos e ideias com mais clareza. Em geral, tentar resolver um problema que não foi claramente definido não resulta em uma boa solução, e discutir uma ideia incompleta tem grandes chances de matar essa ideia. Você, o chefe, é um editor, não um autor.

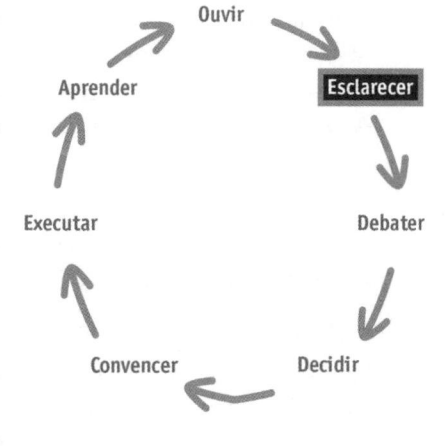

Em uma cerimônia póstuma na Apple em homenagem a Steve Jobs, Jony Ive observou que Jobs sempre soube da importância de cultivar e esclarecer novas ideias. "Ele tratava o processo de criatividade com uma rara e maravilhosa reverência", disse Jony. "Sabia que, apesar de as ideias terem o potencial de acabar imbuídas de um enorme poder, elas nascem como pensamentos frágeis e malformados, que podem ser perdidos, contaminados e simplesmente esmagados com grande facilidade." As novas ideias não precisam ser planos grandiosos para criar o próximo iPad. As pessoas de sua equipe podem estar pensando algo como: "Estou frustrado com esse processo", "Parece que meu trabalho não tem me deixado tão entusiasmado quanto no passado", "Acho que nosso argumento de vendas poderia ser mais convincente", "Seria melhor se tivéssemos mais luz natural no escritório", "O que aconteceria se a gente simplesmente deixasse de fazer tal coisa?" ou "Seria legal trabalhar no projeto X".

É sempre uma tentação se fechar a esse tipo de coisa dizendo: "Não tenho tempo para resolver isso agora!" No entanto, abrir espaço na agenda para ajudar a esclarecer as ideias lhe poupará um tempo precioso no futuro. Reserve um tempo para que seus subordinados diretos esclareçam as ideias e, com isso, possam fazer alguma coisa para resolver um problema ou se beneficiar de uma oportunidade, em vez de apenas reclamar.

Incentivar sua equipe a esclarecer seu raciocínio e suas sugestões evitará que você mate boas ideias ou ignore problemas. É importante entender com clareza as novas *ideias*, mas é igualmente importante, e muitas vezes mais difícil, conhecer as *pessoas* a quem sua equipe terá de explicar as ideias.

Esclareça seus pensamentos

Crie um ambiente seguro para cultivar novas ideias

Parte de seu trabalho como chefe é ajudar as pessoas a refletir sobre as ideias delas antes de submetê-las à selvageria de um debate. Russ Laraway falou que eu estava fazendo tudo errado quando eu disse a minha equipe do Google que não me trouxesse problemas, mas três soluções e uma recomendação. "Fazendo isso, você não está ajudando as pessoas a inovar", explicou Russ. "Você está exigindo que elas tomem decisões sem lhes dar tempo de refletir. Que oportunidade elas têm de só conversar sobre o assunto ou fazer um brainstorming com você?" Vi que Russ tinha razão e que eu estava deixando de fazer uma parte importante de meu trabalho ao insistir na abordagem das "três soluções e uma recomendação".

Susan Wojcicki, hoje CEO do YouTube, fez um excelente trabalho ajudando sua equipe a cultivar novas ideias antes de elas serem submetidas à carnificina de um debate. No início da história do Google, as pessoas levavam as novas ideias diretamente ao grupo de gestão executiva da empresa, que incluía os fundadores, o CEO e vários executivos seniores. As discussões às vezes eram brutais, e os funcionários começaram a achar que as reuniões da gestão executiva eram o lugar ao qual as novas ideias iam para morrer. Vendo que o processo estava estressando a equipe e ameaçando a inovação no Google, Susan criou a "reunião pré-gestão executiva", em que as pessoas podiam ajudar umas às outras a aprimorar novas ideias ou definir os problemas com mais clareza.

Numerosas pesquisas demonstram que a inovação sai reforçada quando as empresas ajudam os colaboradores a desenvolver novas ideias abrindo um espaço e um momento para que tenham a chance de esclarecer seu raciocínio.* Organizações por todo o Vale do Silício estão testando maneiras diferentes de dar esse tipo de liberdade às pessoas. O Google, por exemplo, instituiu o famoso programa dos 20% do tempo, que teoricamente possibilita a qualquer um dedicar 20% de seu tempo para trabalhar em uma ideia. Na verdade, pouquíssimas pessoas usam os 20% do tempo, de modo que o programa é mais teórico do que prático. Entretanto, a teoria fundamenta a realidade, e vários produtos importantes, entre eles o Gmail, nasceram como projetos dos 20% do tempo.

Scott Forstall, responsável pela equipe que criou o iOS, da Apple, fez um teste com uma abordagem diferente, que batizou de Blue Sky. As pessoas que tinham uma ideia de projeto a submetiam ao programa Blue Sky e, se fossem aprovadas, podiam tirar duas semanas de folga de seu trabalho normal para se dedicar a desenvolver a ideia. Twitter, Dropbox e muitas startups promovem periodicamente as chamadas "Semanas do Hack", durante as quais as pessoas podem passar um tempo explorando novas ideias.

Sessões de brainstorming costumam ser conduzidas para trazer novas ideias à tona e esclarecê-las. Essas sessões são mais do que meras conversas nas quais ninguém pode dizer nada negativo. Nem todas as ideias são boas, e elas precisam ser apontadas. Encontrar defeitos nas novas ideias não vai necessariamente matá-las e pode levar as pessoas a esclarecer seu raciocínio. Também é possível encontrar excelentes ideias que, à primeira vista, podem soar absurdas. Uma boa sessão de brainstorming faz a distinção entre umas e outras sem matar muitas boas ideias nem desperdiçar tempo demais com as ruins. A Pixar usa uma técnica que seus funcionários chamam de "plussing".* Em vez de apenas dizer "Essa ideia é horrível", espera-se que as pessoas proponham uma solução para o problema que elas identificaram.

Seja claro

Exponha seu raciocínio e suas ideias de um jeito que até uma criança entenderia

Na faculdade de administração, um professor contou uma história sobre uma reunião entre o presidente Franklin Delano Roosevelt e o economista John Maynard Keynes. Roosevelt estava ocupadíssimo, mas mesmo assim, passou quase duas horas com o acadêmico. Se Roosevelt tivesse entendido os princípios keynesianos da economia, acredita-se que a Grande Depressão não teria durado tanto e muito sofrimento poderia ter sido evitado. Contudo, o presidente saiu da conversa sem entender.

---

* <http://www.wsj.com/articles/SB115015518018078348> [conteúdo em inglês]

Meu professor perguntou: "De quem vocês acham que foi a culpa? De Roosevelt, por não ter entendido, ou de Keynes, por não saber explicar bem suas ideias?" Foi um daqueles momentos que mudaram minha vida. Sempre achei que a culpa de um mal-entendido era de quem ouvia, nunca de quem falava. Mas percebi que, se a genialidade de Keynes ficasse trancada em sua cabeça, seria como se ela não existisse. Cabia a ele fazer com que ideias tão óbvias para ele fossem igualmente óbvias para Roosevelt. E ele não conseguiu fazer isso. Costumamos presumir que, se a pessoa não entende o que estamos dizendo, o problema é que ela é "burra" ou "tacanha", porém, raramente é o caso. Podemos até dominar o assunto, mas, se não conhecermos nosso interlocutor, não temos como explicar com clareza nossa ideia.

Sua ideia será comunicada com mais precisão se você se der o trabalho de conhecer as pessoas com quem está falando. O que elas sabem e o que não sabem? Quais detalhes você tem de incluir para facilitar a compreensão e, ainda mais importante, quais detalhes você pode, ou deve, deixar de fora?

Quando você ouve as pessoas de sua equipe, cabe a você entender (realmente ouvir), e não a elas se explicar com clareza. No entanto, quando estiver ajudando seus subordinados a se preparar para explicar as ideias aos outros (como colegas da equipe, membros de outros departamentos ou executivos), você deve encorajá-los, assim como a si mesmo, a fazer um trabalho melhor do que Keynes, ou seja, a se comunicar com tamanha precisão e clareza, que será impossível não entender a ideia.

Como disse Georgia O'Keeffe, "é só pela seleção, pela eliminação e pela ênfase que podemos acessar o verdadeiro sentido das coisas". Escolher o que selecionar, o que eliminar e o que enfatizar depende não apenas da ideia, mas também do público. Se você estiver escrevendo um e-mail para sua avó sobre um problema no trabalho, talvez seja melhor contar como esse problema está afetando seu casamento do que falar de todas as implicações sobre a receita de sua empresa; se você estiver escrevendo para seu chefe sobre o mesmo assunto, provavelmente será mais interessante fazer o contrário. Para esclarecer uma ideia, é preciso conhecer profundamente não só a ideia, mas também a pessoa a quem você quer explicar a ideia.

Da próxima vez que passar duas horas ajudando alguém a editar um e-mail até a mensagem ser reduzida a apenas duas frases, não pense que será desperdício de tempo. Você estará extraindo a essência da ideia, o que possibilitará ao destinatário compreendê-la com rapidez e facilidade. E estará ensinando uma habilidade de valor inestimável.

DEBATER

O polidor de pedras

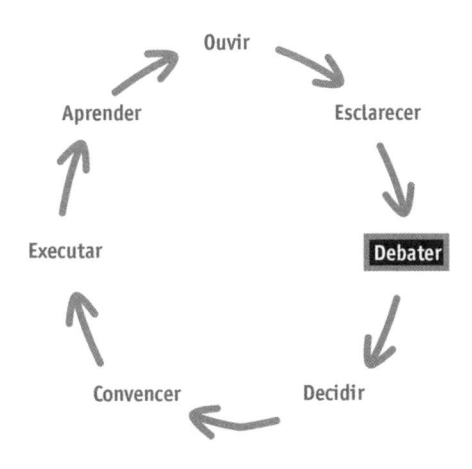

DEPOIS DE PASSAR todo esse tempo esclarecendo uma ideia (elucidando-a em sua cabeça e ajudando as pessoas a entendê-la), é sempre uma tentação achar que seu trabalho chegou ao fim. Longe disso! O objetivo de passar todo esse tempo na fase de esclarecimento foi só preparar a ideia para o debate. Se ignorar essa fase, você tomará decisões ruins, será incapaz de convencer as pessoas que terão de executar a ideia e, no fim das contas, acabará desacelerando ou paralisando o processo como um todo. Como já vimos, você não precisa participar de todos os debates — na verdade, é até melhor nem tentar fazer isso — mas deve garantir que sua equipe esteja engajada nas discussões, promovendo uma cultura aberta ao debate.

Quando Steve Jobs era menino, um vizinho lhe mostrou um polidor de pedras, basicamente uma lata que girava movida por um motor. O vizinho pediu que Steve recolhesse algumas pedras no jardim. Ele então pegou as pedras, levou-as para a garagem, jogou-as dentro da lata, colocou um pouco de areia, ligou o motor e disse a Steve que voltasse em dois dias. Quando Steve voltou, o vizinho desligou a ruidosa engenhoca, e Steve ficou maravilhado ao ver como as pedras comuns tinham se transformado em belas pedras polidas. Alguns anos depois, Steve afirmou que, quando uma equipe discutia, tanto as ideias como as pessoas saíam mais belas com todo o atrito e o ruído.*

Seu trabalho, como chefe, é ligar esse "polidor de pedras". Muitos chefes pensam que seu papel é desligar o polidor, tomando as decisões eles mesmos para evitar o atrito e poupar a equipe do transtorno de um debate. Mas não é. O debate leva tempo e requer energia emocional, porém sua ausência só acaba consumindo ainda mais tempo e energia emocional no futuro.

Claro, também é possível deixar o polidor de pedras ligado por tempo demais, transformando as pedras em pó. Veja algumas ideias para ajudá-lo a cultivar o debate sem desgastar demais as pessoas.

---

* Do documentário *The Lost Interview*.

Mantenha a conversa focada nas ideias, não nos egos

Faça o que puder para que os egos e o interesse pessoal não impeçam o caminho para a melhor solução.* Nenhum obstáculo é maior que o ego. Isso significa que você precisa intervir quando começar a ver que as pessoas estão pensando algo como "Vou vencer esta discussão", "É minha ideia contra a sua", "É minha recomendação contra a sua" ou "Minha equipe está certa". Redirecione a conversa para se concentrar nos fatos, não permita que os outros se apoderem das ideias e não pense no que os ausentes poderão (ou não) achar. Lembre as pessoas do objetivo da discussão: chegar à melhor solução, em equipe. A intenção é promover a colaboração e não monitorar um concurso de debate ou uma eleição presidencial. Se for necessário, estabeleça regras básicas no início da reunião ou coloque uma caixa com os dizeres "Deixe aqui seu ego" do lado de fora da sala (só faça isso se você sentir que sua equipe achará a ideia divertida e proveitosa, e não ridícula).

Outra maneira de ajudar as pessoas a procurar a melhor solução, em vez de buscar uma validação para o próprio ego, é forçá-las a se colocar na pele de outras. Se alguém estiver argumentando a favor de A, peça que argumente a favor de B. Se achar que a reunião demorará, avise aos participantes que você solicitará que se coloquem na pele uns dos outros. Quando as pessoas sabem que precisarão defender o ponto de vista alheio, tendem a ouvir com mais atenção.

Force as pessoas a discordar

Quando eu estava na faculdade, fiz um estágio de férias na McKinsey, e o que mais me impressionou na empresa foi sua capacidade de estimular o debate produtivo. Como eles faziam isso? A McKinsey criou meticulosamente uma cultura de "obrigação de discordar". Se todo mundo concordava com uma ideia, era sinal de que alguma coisa estava errada. Alguém necessariamente precisava discordar. Quem trabalhava na McKinsey e depois mudava de emprego normalmente levava esse ensinamento consigo para a empresa seguinte. Um gestor que tinha sido executivo na McKinsey teve grande dificuldade em promover uma cultura de debate na equipe japonesa que herdou quando entrou na Apple. Ele arranjou vários martelinhos do tipo usado por juízes e mandou gravar os dizeres "obrigação de discordar" em japonês. Se a argumentação não se mostrasse robusta o suficiente em uma reunião, ele passava o martelinho para alguém, que deveria defender o ponto de vista oposto. Essa técnica simples se provou surpreendentemente eficaz.

---

* Originalmente escrevi "a verdade", em vez de "a melhor solução". O problema é que dizer "a verdade" implica permanência, noção que pode ameaçar a etapa do "aprender" e, como vimos na seção anterior, promover a arrogância, elemento simplesmente desastroso para a Sinceridade Radical.

Faça uma pausa para a emoção/exaustão

Pode acontecer de as pessoas estarem cansadas, estafadas ou emocionalmente carregadas demais para se engajar em um debate produtivo. É fundamental ficar atento a esse tipo de situação, que raras vezes leva a bons resultados. Assim que perceber isso, seu trabalho é intervir e propor uma pausa. Caso contrário, as pessoas tomarão uma decisão qualquer só para poderem voltar para casa, ou, pior, as emoções descontroladas levarão a uma discussão acalorada. Se você se deu o trabalho de conhecer profundamente todos os membros de sua equipe, estará ciente das emoções e da energia deles e saberá o momento de interromper a reunião até os ânimos se acalmarem.

Use o humor e divirta-se

O tom do início de uma discussão em geral decidirá todo o resto. Descobri que as pessoas de minha equipe tendem a emular meu estado de espírito em um grau quase alarmante. Quando consigo encontrar um jeito de me divertir em um debate, os outros costumam seguir o exemplo. Em alguns casos, basta começar a reunião com uma piadinha ou com uma boa história engraçada, caçoando de mim mesma. O que dizer exatamente é menos importante que o tom transmitido e o clima que você acabará definindo para o que vier em seguida

Por fim, é fundamental ter em mente que nem todo mundo gosta de discutir. Algumas pessoas veem um debate como algo agressivo e/ou ameaçador. Isso me faz lembrar de uma vez em que estávamos criando um curso de comunicação na Apple e descrevi minhas ideias para criar um ambiente positivo para o debate. De repente, um colega a meu lado sorriu e exclamou: "Ah! Quer dizer que você passou esse tempo todo discutindo comigo só para melhorar o curso. E eu aqui achando que você só estava querendo se impor." O que para mim era uma oportunidade empolgante de nos forçar a lapidar e desenvolver a ideia, para ele não passava de uma penosa sessão de demonstração de superioridade. Aquele incidente abriu meus olhos para a importância de explicar com clareza o objetivo da discussão e criar um ambiente positivo para ela — sem falar da importância de conhecer os participantes para saber quando eles podem estar se sentindo ameaçados por minha atitude!

Deixe claro quando será o fim do debate

Uma das razões que levam as pessoas a se estressar ou se irritar tanto com o debate é o fato de metade dos participantes esperar que uma decisão seja tomada até o fim da reunião e a outra metade querer continuar discutindo em uma nova reunião. Uma forma de evitar essa tensão é separar as reuniões de discussão das reuniões de decisão. Também é possível reduzir a ansiedade das pessoas que não veem a hora de saber quando a decisão será tomada incluindo a informação "a ser decidido até tal data" ao lado de cada item a debater. Desse modo, elas pelo menos terão como saber quando a discussão terminará e a decisão será tomada.

Recomendo agendar uma reunião de discussão semanal. Nas reuniões com minha equipe, identificávamos o debate mais importante da semana e quem deveria participar dele (veja a seção "Reuniões de discussão", no Capítulo 8).

Não tome uma decisão só porque o debate ficou penoso

É sempre uma tentação pôr um fim a um debate e tomar uma decisão cedo demais quando ele começa a ficar penoso. Vocês podem estar se aproximando de um tema polêmico. Em momentos como esse, as pessoas costumam esperar que o chefe acabe com o sofrimento e tome uma decisão. Minha tendência natural é querer manter a paz ou decidir rapidamente. Porém, o trabalho de um chefe muitas vezes envolve manter o debate em andamento, em vez de concluí-lo com uma decisão. Os debates ajudam as pessoas a crescer e a equipe a trabalhar melhor em colaboração para encontrar a melhor solução.

Uma vez tomei uma decisão que imaginei não teria grandes consequências, mas que acabou se revelando uma atitude precipitada: quem se sentaria onde no novo layout do escritório. Nós nem sequer tínhamos baias, somente mesas. Quando a equipe cresceu de 10 para 65 pessoas, tivemos de reorganizar o espaço e mudar as mesas de lugar. Todo mundo tinha uma opinião formada sobre como deveria ser o novo layout, e um jovem gerente de projeto se ofereceu para descascar o abacaxi. Não foi fácil apaziguar a multidão. A angústia de quem sentaria ao lado de quem e de quem ganharia um lugar perto de uma janela já durava quase uma semana. Frustrada, fui ao escritório no domingo e eu mesma mudei de lugar todas as mesas. O resultado foi quase um motim na segunda-feira de manhã. "Mas estávamos quase chegando a uma decisão!", exclamou, exasperado, o gerente de projeto. "E você destruiu o trabalho de uma semana inteira!" Ele costumava ser um sujeito supertranquilo, porém ficou tão frustrado, que seus olhos se encheram de lágrimas.

Eu deveria ter marcado um prazo para tomar a decisão, para que as pessoas soubessem que não poderiam passar a vida inteira fazendo lobby com o gerente de projeto. Se eu achava que o debate estava causando confusão demais, nada me impediria de perguntar como eu poderia ajudá-lo. Por exemplo, eu poderia ter sugerido que as pessoas tentassem resolver suas diferenças em um almoço ou saindo para dar uma caminhada juntas ou que se colocassem na pele umas das outras e argumentassem o ponto de vista contrário. Mas tirar a decisão das mãos do gerente e tomá-la eu mesma não só foi arrogante demais de minha parte, como simplesmente não deu certo.

DECIDIR

Delegue as decisões para as pessoas que trabalham em maior proximidade com os fatos, inclua os fatos nas decisões e sempre deixe o ego de fora

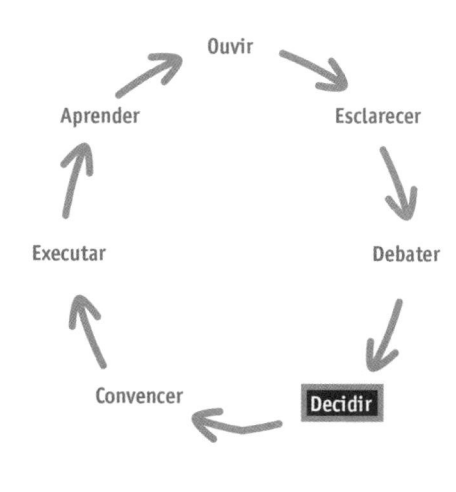

VOCÊ JÁ ALINHOU todas as decisões e os fatos e tirou todos os egos (especialmente o seu) do caminho. Agora chegou a hora, como diz o CEO do Twitter e do Square, Jack Dorsey, de "empurrar as decisões para os fatos". Veja o que aprendi sobre como fazer isso ajudando a equipe a tomar as melhores decisões possíveis ou, em outras palavras, "acertar sempre".

A palavra final não é sua (normalmente)

Uma vez, na hora do almoço, puxei uma conversa informal com uma mulher que trabalhava em uma de minhas equipes. Perguntei-lhe se estava bem. Ela colocou as mãos na cabeça, nervosa.

"Qual é o problema?", indaguei, alarmada.

"Achei que eu tivesse sido contratada por minha capacidade intelectual, mas não tive uma única chance de usar meu cérebro desde que entrei na equipe! O Mark", e ela estremeceu visivelmente ao pronunciar o nome de seu chefe, "toma todas as decisões, mesmo sem conhecer direito a situação".

Fiz questão de comparecer à próxima reunião marcada por Mark, na qual ele apresentaria as metas e os resultados trimestrais da equipe. Quando ele mostrou o primeiro slide, confesso que fiquei otimista. Eu só tinha três semanas no cargo e não entendia muito do assunto, mas seu plano parecia ótimo. A apresentação de PowerPoint que Mark tinha preparado para explicar as metas para o trimestre continha tudo o que eu esperava: objetivos claros e ambiciosos e resultados mensuráveis.

Foi então que notei que a pessoa a minha direita tinha afundado um pouco na cadeira. Ao passar os olhos pela sala, vi braços cruzados, rostos inexpressivos e um silêncio tão profundo, que conseguiu penetrar até o discurso bem ensaiado de Mark. Ele reagiu falando com ainda mais animação e entusiasmo sobre as metas e os resultados. Concluiu me dizendo que estava muito orgulhoso do pessoal "dele".

Não havia dúvida de que sua intenção foi prestar uma homenagem à equipe, mas acabou soando arrogante e condescendente. Até eu fiquei incomodada, então pude imaginar como os subordinados dele estariam se sentindo.

"Alguma pergunta?", concluiu Mark.

Os olhos de todos estavam cravados na mesa, e ninguém se manifestou, de modo que perguntei: "Se Mark não tivesse decidido essas metas e resultados, o que vocês teriam planejado para o próximo trimestre?"

Um suspiro de alívio percorreu a sala. Com relutância, a jovem com quem eu tinha conversado no almoço disse que, apesar de a visão de Mark ser uma grande fonte de inspiração, as metas que ele havia determinado não lhe pareciam muito realistas. Ela calculou quanto tempo levaria para atingir as metas propostas por ele e concluiu que todos teriam de trabalhar 85 horas por semana. Outras pessoas se manifestaram. Mark tinha subestimado enormemente o tempo de espera de um sistema que reduzia a eficiência do trabalho. Eles vinham tentando corrigir o problema, mas sem sucesso.

Um diálogo começou a se formar. Tudo indicava que, apesar de as metas propostas por Mark teoricamente fazerem sentido, a equipe sabia de alguns grandes obstáculos que tornavam o plano impraticável. Ele tinha descartado esses obstáculos como meros "detalhes de implementação", porém, depois que a equipe *foi ouvida*, ficou claro que ele havia pulado as importantes etapas do processo de ouvir, esclarecer, debater e decidir, passando direto para a de convencer. Percebi claramente que: 1) as decisões de Mark não tinham sido fundamentadas em fatos; 2) mesmo que as decisões dele fossem acertadas, ninguém as executaria; e 3) ele corria o risco de perder sua equipe, se é que já não havia perdido. Propus percorrermos a mesa para ouvir a opinião de todos e retomar a discussão no dia seguinte.

Esse é um erro comum que, infelizmente, está longe de ser exclusividade dos novos gerentes. George W. Bush ficou famoso por dizer: "Quem decide sou eu." Todo mundo achava graça da afirmação, porque, na verdade, ele não tomava decisão alguma, mas parecia ser o único que não sabia disso. Da mesma forma que ser eleito presidente dos Estados Unidos não concede automaticamente o poder de tomar decisões, tornar-se chefe ou até mesmo CEO de sua empresa não lhe garante o status de "pessoa que decide".

Em seu livro *Como as Decisões Realmente Acontecem*, James March explica a desvantagem de uma organização que só coloca o pessoal mais "sênior" da hierarquia para tomar as decisões. O que ele chama de "tomada de decisão da lata de lixo" ocorre quando as decisões são tomadas por um grupo fechado em uma sala de reunião, e não pelas pessoas que têm acesso às *melhores informações*. É lastimável, mas a maioria das culturas tende a favorecer o pessoal mais sênior ou pessoas que insistem em ficar sentadas atrás da mesa no escritório. As péssimas decisões resultantes estão entre as maiores causas da mediocridade organizacional e da insatisfação dos funcionários.

É por isso que os melhores chefes geralmente não tomam as decisões sozinhos; eles criam um processo decisório claro que empodera as pessoas que atuam em maior proximidade dos fatos a tomar o maior número possível de decisões. Essa abordagem não só resulta em decisões melhores, como também eleva o moral da equipe.

O tomador de decisão deve buscar os fatos, não recomendações

Quando estamos coletando informações para tomar uma decisão, muitas vezes caímos na tentação de pedir recomendações, como "O que você acha que deveríamos fazer?" No entanto, como uma executiva com quem trabalhei na Apple me explicou, as pessoas tendem a incluir o ego nas recomendações, o que pode levar a politicagem e a decisões equivocadas. Por esse motivo, ela defendia "buscar os fatos, não recomendações". É claro que os "fatos" também podem ser contaminados pelo ponto de vista ou pelos interesses das pessoas, mas têm menos chances de ser tão restritivos quanto uma recomendação.

Explore as profundezas

Você, o chefe, tem o direito de investigar todos os detalhes que lhe parecerem interessantes ou essenciais. Não precisa se ater a uma visão macro e distante. Em algumas ocasiões, você terá de tomar a decisão por conta própria. E mesmo que delegue decisões muito importantes, nada o impede de mergulhar nos detalhes de uma decisão de menor importância de tempos em tempos. Não dá para fazer isso para todas as decisões, mas é totalmente viável mergulhar nos detalhes de algumas delas. Essa abordagem, que chamo de "explorar as profundezas" em sua organização, é um bom jeito de descobrir o que realmente está acontecendo. Também é uma boa maneira de colocar chefes e subordinados diretos no mesmo patamar, demonstrando que nada está "acima" ou "abaixo" da alçada de qualquer pessoa.

E quando é você o responsável pela decisão, é importantíssimo ir direto à fonte dos fatos, especialmente se for "chefe de chefes". A ideia é evitar receber os "fatos" por camadas e mais camadas de gestão. Se você já brincou de "telefone sem fio" quando era criança, sabe muito bem o que acontece com os "fatos" quando transmitidos de uma pessoa a outra.

Para garantir sua capacidade de entender e questionar os fatos apresentados, a Apple esperava que os líderes mergulhassem profundamente nas várias camadas hierárquicas para averiguar os fatos. Quando Steve Jobs precisava tomar uma decisão importante e queria entender melhor algum aspecto, fazia questão de falar diretamente com a pessoa envolvida. Não faltavam histórias de programadores relativamente jovens e novos na empresa que voltavam do almoço e se espantavam ao encontrar Steve esperando na baia deles, ansioso para perguntar sobre algum detalhe específico do trabalho que faziam. Ele não aceitava a informação "filtrada" pelo chefe do programador ou, pior ainda, pela recomendação do chefe do programador. Steve ia direto à fonte. Ao usar essa abordagem com frequência, você poderá empoderar toda a sua equipe.

CONVENCER

"Emoção. Credibilidade. Lógica."

—ARISTÓTELES, *RETÓRICA*

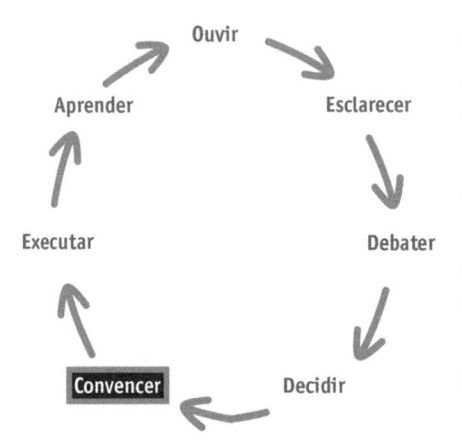

VOCÊ CONSEGUIU conduzir sua equipe a uma decisão, mas algumas pessoas continuam contrárias a ela — as mesmas que serão responsáveis por ajudar a implementá-la. Se você está conduzindo um processo de maneira eficiente, só os membros de sua equipe mais relevantes, não todos, terão se envolvido nas etapas de ouvir, esclarecer, debater e decidir para todas as decisões. Agora que uma decisão foi tomada, é hora de incluir mais pessoas no processo. Não é tarefa fácil, e é fundamental executá-la direito.

Pode parecer desnecessário se dar o trabalho de convencer as pessoas nessa etapa, e o tomador da decisão talvez fique ressentido com aqueles que se opõem a sua decisão. Afinal, ele percorreu meticulosamente as etapas de ouvir, esclarecer e debater até tomar a decisão. Como é que esses colegas não veem que a decisão é óbvia ou pelo menos se dispõem a concordar com ela?

Entretanto, esperar que as pessoas executem uma decisão sem se convencer de que é a melhor coisa a fazer é uma garantia de resultados terríveis. E não pense que você poderá intervir e simplesmente mandar que abaixem a cabeça e concordem com a decisão, não importa se ela foi tomada por você ou outra pessoa. Também não basta explicar a decisão, porque uma explicação não passa de um apelo intelectual; é preciso incluir também as emoções dos ouvintes. E você deve garantir que o tomador da decisão (você ou outra pessoa) tenha conquistado uma boa credibilidade na equipe se quiser que as pessoas executem a decisão.

Os chefes autoritários tendem a ser particularmente ineficazes na persuasão. Eles acham que não precisam explicar a decisão nem a lógica que os levou a ela: "É só executar; não questionem minha decisão!" E como geralmente eles não sabem como a equipe pode se sentir e não dão a mínima para isso, não consideram as emoções das pessoas. São incapazes de conquistar credibilidade, porque esperam que os subordinados façam o que eles mandam pelo simples motivo de eles serem os chefes.

De outro lado, os chefes democráticos podem ficar tão perdidos explicando o raciocínio que os levou a uma decisão, que esquecem como as pessoas podem se sentir a respeito ou vice-versa. Se você fez o trabalho básico da Sinceridade Radical (conhecer pessoalmente todos os subordinados diretos e criar regras para um diálogo aberto), tudo ficará mais fácil. No entanto, nem todas as pessoas têm um talento natural para a persuasão.

Muitos líderes com quem trabalhei são incapazes de convencer as pessoas porque não querem ser vistos como manipuladores, e o limite entre a persuasão e a manipulação pode ser bastante tênue. Aristóteles se incomodava ao ver que a retórica e a persuasão não raro se tornavam ferramentas para manipular as emoções dos outros. Ele imaginava que deveria existir uma forma melhor de comunicar uma ideia a um grande número de pessoas que não tivessem tempo nem conhecimento para entendê-la em profundidade. Aristóteles resolveu essa questão explicando que, para ser legitimamente persuasivo, um orador tem de levar em conta as emoções dos ouvintes, mas também conquistar a credibilidade deles e explicar a lógica de seu argumento. Esses são os elementos da persuasão que resistiram ao tempo e mantêm a validade até hoje.

Para ajudá-lo a convencer as pessoas e ensinar os tomadores de decisão de sua equipe a ser mais persuasivos, abordarei a seguir, resumidamente, os elementos da retórica de Aristóteles: o pathos, o logos e o ethos, que tomei a liberdade de traduzir como emoção, lógica e credibilidade.*

---

* Devo confessar que hesito um pouco em dedicar espaço neste livro para falar de um tema tão "batido", que alguns leitores já devem conhecer muito bem. No entanto, mesmo tendo dois diplomas de duas respeitadas universidades, só fiquei sabendo desse modelo depois de passar um tempo na Apple University. O modelo me ajudou muito, e acho que você também pode se beneficiar dele. Dezenas de milhares de livros já foram escritos sobre a *Retórica de Aristóteles*. Para outra referência rápida, porém mais acadêmica, veja The Stanford Encyclopedia of Philosophy (http://plato.stanford.edu/entries/aristotle-rhetoric/) [conteúdo em inglês]. Uma visão contemporânea bastante citada da persuasão é a do livro *O Poder da Persuasão*, de Robert Cialdini. Uma busca rápida na internet revelará muitas outras excelentes fontes..

Emoção

O que importa são as emoções de quem ouve, não de quem fala

Você pode ter desenvolvido um forte vínculo emocional com uma decisão e acreditar que ela ajudará muita gente. Contudo, se não levar em conta as emoções de seus *ouvintes*, você não terá como convencê-los.

Um colega meu, que vou chamar de "Jason", era o responsável por garantir que pessoas com deficiência auditiva tivessem acesso a certo produto. Jason era absolutamente apaixonado pelo trabalho (a mãe dele era deficiente auditiva), mas não conseguia convencer a equipe de programadores a priorizar algumas funcionalidades importantes a tempo para o lançamento. Quando lhe mostrei o modelo de Aristóteles, ele explodiu em frustração.

"Não sei como é que eu poderia ter colocado mais emoção em meus argumentos", disse Jason. Ele explicara seu vínculo pessoal com o projeto aos programadores, que até pareceram tocados, mas mesmo assim não compraram a ideia.

"Como você acha que os programadores estavam se sentindo? Quais eram as emoções deles?", perguntei. "Ah… Eles estavam simplesmente exaustos. Tinham passado semanas a fio trabalhando dia e noite e mais pareciam um bando de zumbis."

"E o que você fez para levar em conta as emoções *deles*?"

Jason bateu com a palma da mão na testa ao ver onde havia errado.

Quando Steve Jobs anunciou, em 2003, que a Apple lançaria o iTunes para Windows, sabia que estava fazendo muito mais do que simplesmente anunciar um novo produto. Para os fiéis do Mac, qualquer concessão à Microsoft era recebida como uma enorme traição. A lógica que levou à decisão de lançar o iTunes para Windows era mais do que robusta: para conquistar a indústria fonográfica, a Apple precisaria marcar presença na plataforma que tinha mais de 90% de participação de mercado, e não se limitar ao Mac, com menos de 5%. No entanto, liderar com base nessa lógica só deixaria os fiéis do Mac ainda mais furiosos. Foi por isso que Steve fez questão de reconhecer a incredulidade e a descrença dos fiéis usando o slogan "O dia em que o inferno congelou" e levou as emoções deles a sério ao lhes garantir que a Apple permaneceria leal a sua essência.

Dick Costolo, no cargo de CEO do Twitter, foi um verdadeiro mestre em se conectar com as emoções dos "tweeps", as pessoas que trabalham no Twitter. Analisei muitas pesquisas de engajamento dos funcionários e sempre achei impossível ser melhor que Steve Jobs nesse critério. Afinal, quando trabalhei na Apple, mais de

90% dos colaboradores da empresa se disseram satisfeitos com seu CEO. Contudo, uma porcentagem ainda maior de tweeps afirmou estar satisfeitos com Dick no cargo de CEO.

O afetuoso senso de humor de Dick o ajudou a se conectar com as emoções das pessoas e conquistar sua confiança, o que fez dele um líder extremamente persuasivo. Nos encontros com os funcionários do Twitter, Dick não raro fazia as pessoas rolarem de rir, sobretudo com suas respostas inesperadamente francas a perguntas não raro hostis. Perguntei-lhe como lhe vinham aquelas respostas, e ele disse, com um sorriso típico: "Infelizmente, elas apenas surgem em minha cabeça."

Você não precisa ser um comediante stand-up para seguir o exemplo de Dick. Ele recomendava aulas de improvisação a outros líderes do Vale do Silício, para ajudá-los a encontrar um jeito de se divertir ao responder às perguntas inoportunas muitas vezes levantadas nos encontros com os funcionários em vez de tentar evitá-las.

Credibilidade

Demonstre conhecimento e humildade

Credibilidade é uma daquelas palavras difíceis de explicar, mas que todo mundo sabe o que significa. Conquistar credibilidade requer, naturalmente, conhecimento do assunto e um histórico de boas decisões, mas também um terceiro componente, a humildade, que nem sempre é um artigo fácil de encontrar nas empresas.

Steve Jobs, raramente visto como um modelo de humildade, gostava de incluir alguns elementos de modéstia nos anúncios dos produtos. Por exemplo, no lançamento do iPad em 2010, ele começou dizendo: "Fundamos a Apple em 1976. Trinta e quatro anos depois, acabamos de concluir o trimestre... com uma receita de US$15,6 bilhões. Nem eu consigo acreditar. Isso significa que hoje a Apple é uma empresa de mais de US$50 bilhões. Prefiro esquecer isso, porque não é assim que nós vemos a Apple, porém não deixa de ser surpreendente."*Atrás dele se via a imagem de dois geeks ao lado de uma CPU deselegante, uma lembrança do modesto início da Apple e do fato de a empresa ser motivada pelo desejo de criar produtos capazes de mudar o mundo, e não pela ganância. Tal contextualização possibilitou a Jobs salientar que a Apple tinha a expertise e os recursos necessários para desenvolver toda uma nova categoria de computadores sem perder seu público cativo. Note as palavras cuidadosamente escolhidas da frase que ele usou: "Prefiro esquecer isso, porque não é assim que nós vemos a Apple." Ele fez questão de usar a primeira pessoa do plural ("nós") para demonstrar sua humildade e a humildade da empresa como um todo.

---

* <https://www.youtube.com/watch?v=jj6q_z2Ni9M> [conteúdo em inglês]

Mas como você pode conquistar credibilidade se não for um Steve Jobs, embasado em um histórico de mudanças revolucionárias, ou se ainda não teve a chance de construir um histórico? Concentre-se em sua expertise e em suas realizações até o momento. Seja modesto e use "nós", em vez de "eu", sempre que possível. Não adianta se vangloriar nem usar de falsa humildade. Lembre-se de demonstrar sua credibilidade ou ajudar os tomadores de decisão de sua equipe a demonstrar a credibilidade deles quando for a hora de convencer os outros a executar uma decisão.

Lógica

Mostre seu raciocínio

A maioria das pessoas espera que a parte "lógica" da persuasão seja a mais fácil, por ser menos embaraçosa que demonstrar credibilidade ou por não demandar o requinte psicológico de levar em conta as emoções coletivas de um grupo de pessoas. Mesmo assim, a lógica vem acompanhada das próprias armadilhas. A lógica pode lhe parecer tão óbvia, que você deixa de explicá-la às pessoas.

Quando você tem um conhecimento profundo de alguma coisa, não é fácil lembrar que os outros podem não saber tanto.

O lado bom é que você já aprendeu como demonstrar seu raciocínio nas aulas de matemática da escola. Quando Steve Jobs tinha uma ideia, não se limitava a descrevê-la, mas fazia questão de explicar como chegou a ela. Ele mostrava seu raciocínio. Se o raciocínio tivesse alguma falha, queria saber qual era. E, se o raciocínio fosse impecável, as pessoas tendiam a aceitar a ideia. Com isso, Jobs acabou tendo não só o enorme poder de convencer as pessoas, como também o de "acertar sempre".

EXECUTAR

Minimize o custo da colaboração

VOCÊ, COMO CHEFE, tem de arcar com grande parte do "custo da colaboração" para que sua equipe possa passar mais tempo na execução. As responsabilidades de um chefe consomem bastante tempo, e uma de suas maiores dificuldades é equilibrar essas responsabilidades com o próprio trabalho.

Veja três coisas que aprendi para alcançar esse equilíbrio: 1) não desperdice o tempo de sua equipe; 2) não tenha receio de botar as mãos na massa; e 3) reserve um tempo para a execução.

Não desperdice o tempo de sua equipe

Nos quatro anos que passei trabalhando sob a liderança de Sheryl, posso dizer que ela nunca desperdiçou um segundo sequer de meu tempo; em vez disso, poupava um tempo enorme para todos os subordinados. Em nossas conversas individuais, Sheryl esperava que eu lhe apresentasse uma lista de problemas que poderia me ajudar a resolver. Ela ouvia, se certificava de ter entendido e atuava com a precisão de um esquadrão antibombas. Neutralizava toda situação política que pudesse explodir diante de mim e eliminava obstáculos aparentemente intransponíveis. Nada

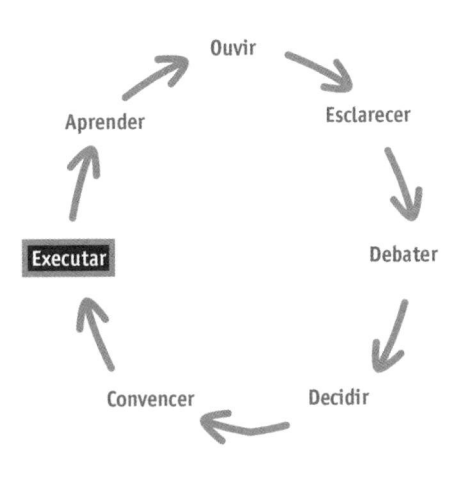

de reuniões desnecessárias, nada de análises inúteis. Nunca chegou atrasada a uma reunião comigo, tampouco tolerava atrasos. Ela nos encorajava a discutir em equipe e, quando percebia que a discussão começaria a se arrastar, identificava um "tomador de decisão" e lhe pedia que nos informasse sua decisão até determinado prazo. Foi uma das pessoas mais persuasivas que conheci, e nos ensinou a também ser mais persuasivos. Quando a empresa nos impunha uma nova política que seria desperdício de tempo, Sheryl sempre dava um jeito de nos blindar dela. E toda essa proteção nos dava muito mais tempo para dedicar à execução. Os resultados também não escapavam da aguçada mente analítica de Sheryl, que esperava que aprendêssemos com nossos erros e acertos.

A enorme produtividade de Sheryl se explicava pelo fato de ela se manter sempre nos ajudando a percorrer a Roda do Fazer Acontecer e nos protegendo para que pudéssemos passar o maior tempo possível fazendo o que tinha de ser feito.

Não tenha receio de botar as mãos na massa

Apesar de você, o chefe, ter de arcar com o preço da colaboração, esse fardo pode ser minimizado. Para ajudar sua equipe a manter a Roda do Fazer Acontecer girando com eficiência, você deve se manter a par do trabalho que está sendo realizado, não só observando os outros, mas também botando as mãos na massa. Quem se torna maestro precisa continuar tocando seu instrumento. Quem é promovido a gerente de vendas precisa continuar fazendo alguns contatos de vendas. Quem gerencia uma equipe de encanadores precisa emendar alguns canos. É claro que você terá de passar um tempo ouvindo as pessoas em conversas individuais, conduzindo debates, e assim por diante. No entanto, terá de aprender a alternar entre a liderança e a execução. A ideia não é substituir a execução pela liderança, mas integrá-las. Se você se distanciar demais do trabalho de seus subordinados, não conseguirá entender as ideias deles e, em consequência, não poderá ajudá-los a esclarecer as ideias, a participar de discussões, a saber quais decisões tomar, nem ensiná-los a ser mais persuasivos. A Roda do Fazer Acontecer parará se você não conhecer a fundo o trabalho de sua equipe.

Reserve um tempo para a execução

A execução, não raro, é uma tarefa solitária. Usamos o calendário principalmente para tarefas colaborativas, como agendar reuniões. Seu trabalho, como chefe, inclui garantir que as tarefas colaborativas não consumam muito de seu tempo ou o de sua equipe a ponto de não sobrar tempo para executar os planos que vocês finalmente conseguiram decidir e adotar.

APRENDER

"A coerência é o bicho-papão das mentes pequenas."

—RALPH WALDO EMERSON, *AUTOSSUFICIÊNCIA*

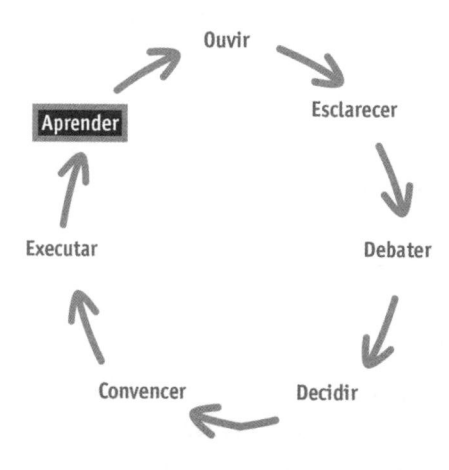

SE VOCÊS CONSEGUIRAM chegar a essa etapa da Roda do Fazer Acontecer, já se empenharam muito, conseguiram algumas realizações e querem que elas tenham grande impacto. Faz parte de nossa natureza nos apegar (muitas vezes sem qualquer razão) a projetos nos quais investimos muito tempo e energia. Às vezes é necessário um poder quase sobre-humano para nos distanciar, reconhecer que nossos resultados poderiam ter sido muito melhores ou foram simplesmente insatisfatórios e aprender com a experiência.

Nunca, em toda a minha carreira, vi uma pessoa mais modesta e comprometida em aprender que Drew Houston, cofundador e CEO do Dropbox. Essa empresa tem centenas de milhões de usuários porque, liderada por Drew, é implacável na tarefa de fazer com que o produto seja intuitivo e fácil de usar. Drew sempre foi muito aberto a tentar coisas novas, a admitir quando as tentativas foram um fracasso e a reformular totalmente a estratégia de negócios. É difícil, para qualquer um, lançar produtos e realizar ajustes, porém, muito mais difícil é fazer a mesma coisa consigo mesmo.

Entretanto, o que mais me impressionou em Drew foi o fato de ele ser ainda mais implacável em se ajustar no papel de CEO do que em melhorar o produto de sua empresa. Ele deve ter lido e relido todos os livros sobre gestão que já foram escritos. Refletiu profundamente sobre o tipo de empresa que queria construir e o tipo de líder que queria ser.

Em seu livro *Miopia Corporativa*, Richard Tedlow descreve dezenas de terríveis fracassos de pessoas brilhantes e bem-sucedidas que se recusaram a enxergar, quanto mais admitir, seus erros. Um colega meu liderava uma equipe que estava obtendo resultados terríveis, mas era simplesmente incapaz de admitir o fracasso. Quem via de fora ficava pasmo ao ver a reação dele quando tentavam apontar-lhe o problema. Quando finalmente caiu a ficha, ele exclamou: "É uma dor insuportável admitir que seu bebê é feio!"

Os melhores chefes aprendem tanto com seus erros como com seus acertos e continuam sempre melhorando. Mesmo assim, a negação é uma reação mais comum a falhas de execução do que o aprendizado. Por que é tão raro aprender? Quando liderei uma grande equipe, percebi que duas enormes pressões me levavam a querer pular essa etapa.

A pressão pode ser coerente

Muitos acreditam que mudar de ideia leva uma pessoa a ser vista como "vira-casaca", "errática" ou "sem princípios". Prefiro a abordagem de John Maynard Keynes, que disse: "Quando os fatos mudam, eu mudo de ideia."

O segredo, claro, é a comunicação. Alguém até pode se queixar, e com razão: "Apenas dois meses atrás, você me convenceu de que era melhor fazer X, e agora me diz que talvez seja melhor fazer outra coisa?" Obviamente, você não pode sair mudando de opinião a torto e a direito, mas, quando reconsiderar uma ideia, terá de explicar, de modo claro e convincente, a razão. Eu me habituei a repassar as etapas de ouvir, esclarecer, debater e decidir com as pessoas que trabalhavam mais próximas de mim. Quando mudávamos de opinião e precisávamos convencer o restante da equipe da nova ideia, era importante respirar fundo e explicar, paciente e repetidamente, como havíamos chegado a essa decisão e exigir de maneira explícita a mudança de direção.

Estafa

Às vezes ficamos tão sobrecarregados com o trabalho e a vida pessoal, que se torna mais difícil aprender com nossos erros e acertos e recomeçar o ciclo do zero. É por isso que você deve se posicionar no centro da roda que o impele a evoluir na

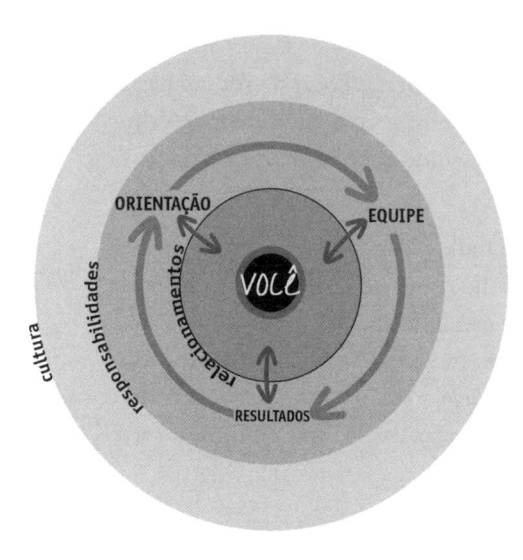

chefia. Você precisa, antes de qualquer outra coisa, se cuidar. Sei que é mais fácil dizer do que fazer. Dick Costolo tinha uma notável capacidade de permanecer centrado. Quando eu era sua coach, a imprensa pegou no pé dele, criticando-o com uma virulência que eu nunca tinha visto. Fiquei mais estressada vendo de fora, a uma distância segura, do que ele, que estava no olho do furacão. Depois de um dia especialmente terrível de golpes da imprensa, acordei no meio da noite sonhando que o prédio do Twitter estava em uma plataforma de lançamento e tínhamos sido projetados para o espaço sem trajes espaciais. Acordei meu marido com um grito e não consegui voltar a dormir. No dia seguinte, Dick me contou que tinha dormido feito um anjinho.

E quando todos cantavam louvores a Dick como se ele fosse o próprio Jesus Cristo, ele reagiu com seu típico humor autodepreciativo. Grandes celebridades o estavam convidando para eventos para os quais a maioria das pessoas teria dado um braço para participar, e ele recusava quase todos os convites porque queria se concentrar nas operações do Twitter e jantar com a família. Quando todos o estavam atacando, Dick citou sua filha: "Pai! Tenho uma notícia boa e uma notícia ruim para você. A notícia ruim é que você entrou na lista do *Yahoo! Finance* dos cinco piores CEOs do ano. A boa é que você só está no quinto lugar."

No entanto, Dick não se limitou a fingir que nada estava acontecendo. Foi um momento difícil não só para ele, mas também para o Twitter. Ele falou para a empresa sobre a "resistência mental" necessária para manter a confiança diante de todas as críticas da imprensa. Meus olhos se encheram de lágrimas ao ouvi-lo e até fiquei um pouco constrangida, mas olhei ao redor e vi que eu estava longe de ser a única. Penso que grande parte da resistência mental de Dick resultava das medidas que tomava para se manter centrado e fazer coisas como reservar duas horas de reflexão em sua agenda todos os dias.

Começo o próximo capítulo apresentando algumas medidas específicas que você pode tomar para se manter centrado, tanto na vida profissional como na pessoal.

PARTE II

FERRAMENTAS & TÉCNICAS

Espero que a Parte I deste livro tenha ajudado você a reduzir um pouco do medo, da ansiedade e da insegurança que podem acompanhar um cargo de chefia. Do primeiro ao quarto capítulo, expliquei as principais ideias que aprendi em meus 25 anos de experiência liderando equipes, desde lapidadores de diamantes em Moscou até equipes no Google e na Apple. Escrevi esses capítulos porque muitas pessoas boas se tornam chefes ruins, e chefes ruins costumam causar uma enorme infelicidade e uma montanha de problemas no trabalho. Espero que as ideias apresentadas aqui o ajudem a encontrar o próprio caminho para ser um chefe melhor, ter mais sucesso em suas atividades e tornar o mundo um lugar um pouco melhor.

Agora você já sabe como desenvolver relacionamentos Radicalmente Sinceros com cada um de seus subordinados diretos e que isso o ajudará a orientar sua equipe para obter resultados. E, mesmo que os relacionamentos não evoluam, a cultura cresce. Seus relacionamentos e suas responsabilidades reforçam uns aos outros, seu sucesso flui e a cultura cresce com base nessa interação. Mas como colocar esses princípios em prática?

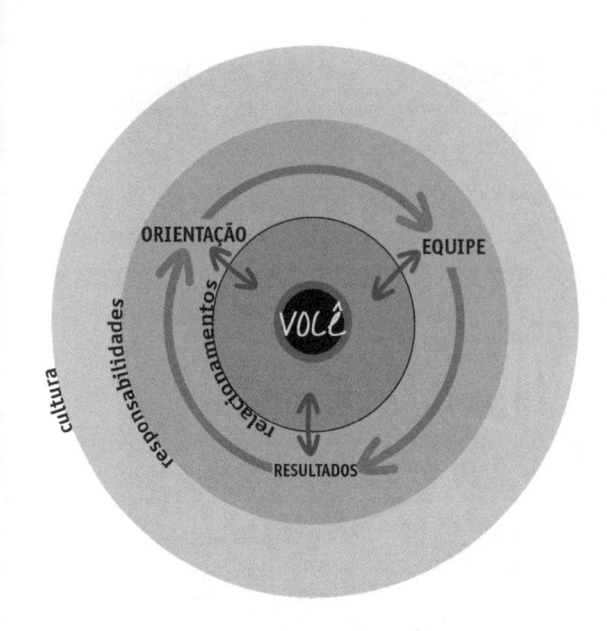

O que, exatamente, você mudará em seu comportamento quando for ao trabalho amanhã?

A Parte II descreverá algumas ferramentas e técnicas que você poderá usar para colocar imediatamente em prática as ideias da Parte I. Organizei os capítulos em torno das principais ideias do livro, e não na ordem do que deve ser feito em primeiro, segundo ou terceiro lugar. Durante a leitura, você entenderá o que quero dizer. No entanto, fique tranquilo, porque no último capítulo apresentarei um guia passo a passo com medidas que você pode tomar para colocar a Sinceridade Radical em prática. Poucas coisas na vida são mais gratificantes do que fazer um trabalho que você adora com pessoas de quem gosta para atingir excelentes resultados. Não é um sonho impossível. Você tem o poder de criar esse tipo de ambiente, e eu lhe mostrarei como.

5.

RELACIONAMENTOS

Uma abordagem para conquistar a confiança de seu pessoal

OMO CRIAR UM ambiente propício a relacionamentos Radicalmente Sinceros? Neste capítulo, você começará a ver que seu papel na chefia é muito mais importante do que o estereótipo popularizado pelos quadrinhos de Dilbert. Na faculdade de administração, me ensinaram que o trabalho do chefe era "maximizar o valor para o acionista". Na prática, descobri que muita ênfase no valor para o acionista acaba destruindo o valor e derrubando o moral da equipe. Por isso, aprendi a, antes de mais nada, me manter centrada, para poder desenvolver relacionamentos autênticos com cada uma das pessoas da minha equipe. Era só quando eu estava centrada e meus relacionamentos eram fortes que eu conseguia cumprir minhas obrigações na chefia e orientar meus subordinados a atingir os melhores resultados. E o valor para o acionista é só um resultado natural disso, não o centro de tudo.

Como já vimos, a interação entre seus relacionamentos e suas responsabilidades é do tipo "ovo e galinha". Você não tem como cumprir suas responsabilidades sem ter bons relacionamentos, mas os relacionamentos dependem da maneira como você cumpre suas responsabilidades. Os relacionamentos se desenvolvem tanto de fora para dentro como de dentro para fora. Este capítulo se concentrará no aspecto "de dentro para fora" desse processo, e os Capítulos 6 a 8, no "de fora para dentro". A seguir, mostrarei como se manter centrado, como ficar em pé de igualdade com seus subordinados, e falarei sobre a arte (e os perigos) de socializar no trabalho.

MANTENHA-SE CENTRADO

Você não tem como se importar com os outros se não se importar consigo mesmo

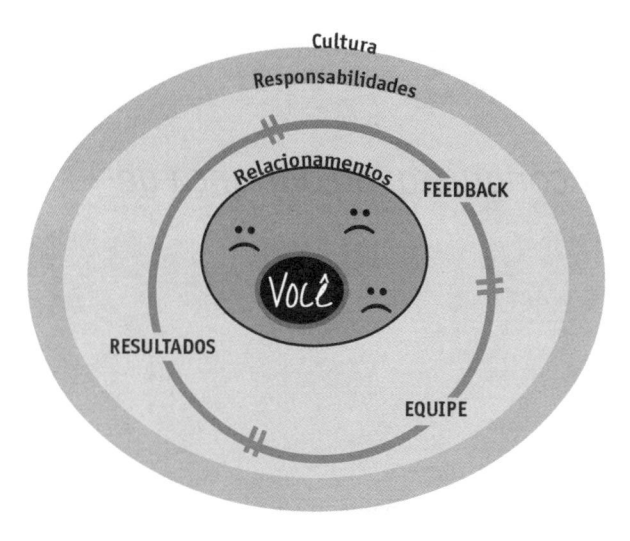

PODE PARECER estranho à primeira vista, mas sempre começo meu trabalho de coach orientando os CEOs a criar um ambiente de trabalho Radicalmente Sincero analisando como eles estruturaram sua vida e estão lidando com as pressões do trabalho. O que levamos ao trabalho depende de nossa saúde e de nosso bem-estar. O fato de essa frase não ser mais considerada piegas ou sentimental demais atesta a evolução da sociedade e representa uma grande vantagem para as empresas, porque os chefes que criam uma base estável para si são invariavelmente mais eficazes na criação de equipes nas quais as pessoas têm condições de fazer o melhor trabalho de sua vida.

Faça uma pausa para pensar nas dificuldades que você está enfrentando no trabalho. *Você* está estressado. *Você* perde o sono. Seus problemas no trabalho e em casa estão agravando uns aos outros. É muito mais difícil superar os obstáculos quando você não está no seu melhor. E pode ser especialmente difícil "importar-se pessoalmente" com as pessoas com quem você trabalha, sem mencionar as que convivem com você em casa. Afinal, você está ocupado demais com o próprio sofrimento. Entretanto, "importar-se pessoalmente" é fundamental para desenvolver os relacionamentos que impulsionam todo o resto. A essência da liderança é não se deixar dominar pelas circunstâncias.

Você não tem como se importar com os outros se não se importar consigo mesmo. E quando não se importa consigo mesmo ou com as pessoas ao redor, tudo o mais, inclusive seus resultados, vai por água abaixo. Mas você já sabe disso. Veja a seguir minhas sugestões do que você pode fazer a esse respeito.

Integração da vida profissional com a pessoal

Insista incansavelmente em levar tudo de si e o que você tem de melhor ao trabalho — e levar tudo isso de volta para casa depois. Não pense no equilíbrio entre a vida profissional e a pessoal como algum tipo de jogo de soma zero, no qual tudo o que você coloca no trabalho é retirado de sua vida pessoal, e vice-versa. É melhor pensar em termos de integração da vida profissional com a pessoal. Se você precisa de oito horas de sono para se manter centrado, não estará tirando essas horas para si em detrimento de seu trabalho ou de sua equipe. A vida profissional e a pessoal afetam uma à outra. O tempo que você passa no trabalho pode ser uma expressão do ser humano que você é, enriquecer enormemente sua vida pessoal e ser uma verdadeira dádiva para seus amigos e família.

Descubra sua "receita" para se manter centrado e a siga à risca

Todo mundo tem algum conselho para dar sobre esse assunto, e o que tem um enorme valor para uma pessoa pode não passar de uma grande bobagem para outra. Um dia vi um filme no qual um policial de Nova York mostrava a um policial de Moscou os tanques de privação sensorial, as luzes especiais e os elaborados rituais de meditação que ele usava para administrar o estresse. "E você? O que faz?", perguntou o nova-iorquino. O moscovita respondeu com uma única palavra: "Vodca."

Use a solução mais adequada para você. Descobri que a melhor maneira é priorizar essa solução (mas sem exageros) nos momentos de dificuldade. É mais importante abrir um espaço em sua agenda para a atividade que o ajuda a se manter centrado quando está estressado e agitado do que quando as coisas estão indo relativamente bem. Um empreendedor de enorme sucesso que conheço costumava ir à academia antes e depois do trabalho em tempos de crise.

Veja o que preciso fazer para me manter centrada: dormir oito horas por dia, me exercitar por 45 minutos, tomar o café da manhã e jantar com minha família. Tudo bem não realizar uma ou duas dessas coisas por um ou dois dias, mas essa é minha rotina. Além disso, de vez em quando eu preciso ler um romance (de preferência um por semana), dar uma escapadinha em um fim de semana romântico com meu marido (de preferência quatro vezes por ano) e tirar duas semanas de férias com meus irmãos e meus pais (uma vez por ano). Se eu consigo fazer essas coisas, em geral me mantenho centrada mesmo que a casa caia em minha cabeça. Se eu não consigo fazer essas coisas, normalmente dou uma surtada, ainda que tudo esteja indo às mil maravilhas.

Agende

Inclua em sua agenda as coisas que você precisa fazer para se manter centrado, como se fosse uma reunião importante. Se não está conseguindo sair do trabalho a tempo de chegar em casa para o jantar, inclua o tempo de locomoção em sua agenda. Imagine que precisa pegar um trem.

Cuide de si mesmo

Não deixe de comparecer aos encontros consigo mesmo e evite que as pessoas agendem outro compromisso no horário que você reservou para cuidar de si, do mesmo jeito que não se permitiria perder uma reunião com seu chefe.

LIBERDADE NO TRABALHO

CERTO, ENTÃO VOCÊ está centrado e levando seu melhor ao trabalho. O próximo passo é pensar em maneiras de empoderar os membros de sua equipe para que também possam se manter centrados e levar o melhor de si ao trabalho. Você só conseguirá orientar sua equipe a obter resultados se já desenvolveu um relacionamento de confiança com todos os seus subordinados diretos, e só haverá confiança quando as pessoas se sentirem *livres no trabalho*. A primeira regra para desenvolver o tipo de relacionamento com as pessoas que lhe permitirá sentir-se livre no trabalho é renunciar à autoridade unilateral. É fácil fazer isso se você é gestor no Google, já que a empresa tem políticas para garantir esse tipo de postura. No entanto, se você é gestor em praticamente qualquer outra empresa, tem de renunciar voluntariamente a essa autoridade, o que requer uma enorme disciplina. É natural querer manter pelo menos um pouco de controle, mas poder e controle são ilusórios e não o ajudarão a chegar a seu destino. Abrindo mão do controle, seus relacionamentos serão mais eficazes e mais gratificantes.

A premissa básica é que, quando todas as pessoas de sua equipe conseguirem levar o melhor de si ao trabalho, mental, emocional e fisicamente, elas ficarão mais satisfeitas em suas funções, trabalharão melhor juntas e obterão resultados melhores. Você não tem como forçá-las a isso impondo seu poder, sua autoridade ou seu controle. Como Jack Dorsey, CEO do Twitter e da Square, explicou em um e-mail sucinto que enviou para a empresa toda: "Se você precisar usar o nome ou a autoridade de outra pessoa para convencer sua equipe de um argumento, é sinal de que seu argumento não tem muito mérito (e talvez você mesmo não acredite muito nele). Se acredita em seu argumento, concentre-se em demonstrar isso por meio de seu trabalho. A autoridade é um resultado natural do mérito, e não o contrário."

Se você for capaz de desenvolver um relacionamento de confiança com as pessoas para que elas se sintam livres no trabalho, elas terão muito mais chances de fazer o melhor trabalho de sua vida. A diferença é que você não as estará forçando a agir assim, mas criando as condições necessárias para que o façam naturalmente.

Como vimos no Capítulo 1, poucas coisas prejudicam mais um relacionamento de confiança do que a autoridade unilateral ou o sentimento de superioridade. O modo como você trata as pessoas decide se elas se esforçarão para fazer um bom trabalho, se vão fazê-lo só por obrigação ou se vão se empenhar para sabotar você. Se tratá-las como meras engrenagens de uma máquina, o máximo que conseguirá será o que você exigir, e, ainda por cima, estará criando um incentivo para que elas quebrem a máquina. Nunca me esquecerei de um projeto de consultoria que fiz em uma usina siderúrgica quando estava na faculdade. Desenvolvi o que considerei um inteligente sistema de remuneração que tratava os operários como se fossem máquinas do tipo "coloque uma moeda para funcionar". O supervisor dos operários me disse: "Com esse sistema, os sujeitos que não sabem nem escrever o próprio nome vão querer aprender cálculo avançado para achar um jeito de me prejudicar!" Percebi que ele tinha toda a razão.

Naturalmente, a única coisa pior que a tirania é a anarquia, que é, na descrição do filósofo Thomas Hobbes em *Leviatã*, "sórdida, brutal e breve". Na anarquia, os valentões conseguem passar impunes agindo de acordo com os próprios interesses, e os resultados em geral são péssimos. Uma anedota russa sobre um ditador e um líder militar corrupto explica muito bem essa ideia. O líder militar faz uma visita à casa do ditador, que lhe mostra a vista espetacular de sua janela. "Está vendo aquela estrada?", pergunta o ditador, batendo no peito. "Dez por cento para mim! Ah! Ah! Ah!" Quando o ditador visita a casa do líder militar, este lhe mostra uma vista ainda mais espetacular. "Está vendo aquela estrada?", pergunta o líder militar. "Qual estrada?", quer saber o ditador. O líder militar bate no peito e responde: *Cem por cento para mim! Ah! Ah! Ah!*". Em uma anarquia, a autoridade do líder militar é ainda mais irrestrita que a do ditador de um regime totalitário.

Shona Brown, que escreveu o livro *Estratégia Competitiva no Limiar do Caos* antes de entrar para a equipe de gestão executiva do Google para liderar as operações da empresa, queria evitar a criação tanto de ditadores como de líderes militares. Tendo isso em mente, ela elaborou meticulosamente um processo de contratação, um de promoção e um de avaliação de desempenho. O objetivo desses processos não era controlar os funcionários, e, sim, substituir a autoridade unilateral, que pode surgir naturalmente quando as pessoas agem de acordo com a própria conveniência ou interesses pessoais, por um sistema que usava informações vindas da equipe toda. Ao obrigar os gestores a abdicar do controle unilateral, o Google os incentivou a desenvolver bons relacionamentos com seus subordinados diretos e garantiu que todos pudessem ser livres no trabalho. O sistema também melhorou muito a tomada de decisão na empresa.

A desconfiança do Google em relação à autoridade irrestrita dos gestores se refletia em praticamente todos os procedimentos da companhia. Os gestores não podiam simplesmente contratar pessoal; eles precisavam submeter os candidatos a um rigoroso processo de entrevistas que envolvia a aprovação dos superiores, inclusive do próprio Larry Page. As promoções não eram decididas pelos gestores, mas por um comitê de colegas. As avaliações de desempenho dependiam do feedback de 360 graus de cada funcionário, e não apenas da opinião subjetiva do chefe e eram calibradas entre equipes para que os mesmos padrões valessem para todo mundo. O processo dificultava muito para os chefes promover injustificadamente seus favoritos ou impedir o avanço de quem merecia.

A abordagem radical do Google pode ou não se adequar a sua empresa, mas já dá para ter uma ideia de como o processo proporciona às pessoas um senso de justiça e autonomia simplesmente reduzindo as chances de um funcionário ficar à mercê dos caprichos de um chefe. Com essa abordagem, os chefes não têm como se transformar em burocratas mesquinhos. Se tiver muita autoridade unilateral nas mãos, você inevitavelmente tomará decisões que destruirão a confiança, arruinarão seus relacionamentos e levarão seus subordinados diretos a querer fugir do emprego como se estivessem tentando escapar da prisão. Em algumas circunstâncias, até uma dose minúscula de autoridade unilateral pode bastar para levar as pessoas a se comportar mal. Pense na última vez em que você teve de ir a uma repartição pública para resolver um problema. É por isso que renunciar à autoridade unilateral é a primeira regra para desenvolver o tipo de relacionamento que permitirá às pessoas se sentir livres no trabalho.

Vale repetir que não estou recomendando a passividade total nem a anarquia. Não estou sugerindo que você simplesmente ignore seus subordinados ou deixe que eles façam o que quiserem. Você tem um trabalho a fazer. Deve orientar sua equipe para atingir resultados e, no processo, será obrigado a romper vínculos com algumas pessoas e tomar decisões difíceis, muitas vezes impopulares. Isso explica, em parte, por que é tão importante desenvolver relacionamentos baseados na confiança e que possibilitem às pessoas sentir-se livres no trabalho.

Recomendo procurar situações nas quais você tenha como abrir mão de algumas fontes de controle tradicionais, mostrando a seus subordinados que deseja que eles tenham mais autonomia. A ideia de muitos dos conselhos que você lerá nos próximos três capítulos é incentivá-lo a abrir mão de sua autoridade unilateral e se concentrar em desenvolver relacionamentos baseados na confiança.

DOMINE A ARTE DE SOCIALIZAR NO TRABALHO

ALGUMAS EMPRESAS gostam de promover encontros de funcionários fora do escritório. Pode ser um happy hour, uma festa de fim de ano ou um evento em algum hotel ou resort. Os retiros e as festas até podem ser produtivos (se as pessoas gostarem), mas vale lembrar que temos mais oportunidades de conhecer nossos chefes, colegas e subordinados no dia a dia do trabalho do que em um evento anual de fim de ano.

Passar um tempo com o pessoal do escritório em um ambiente mais descontraído, sem a pressão dos prazos, é um bom jeito de desenvolver relacionamentos. E não precisa ser nada caro; vocês podem sair para uma caminhada juntos ou fazer um piquenique. Também é interessante conhecer a família das pessoas. Ainda mais memorável que a extravagante festa organizada pelo Google para o dia do "traga seu filho ao trabalho" foi o fato de Alan Eustace, vice-presidente sênior de engenharia, ter usado uma fantasia de coelho cor-de-rosa. Convidar sua equipe e a família deles para almoçar ou jantar em sua casa pode ser uma forma incrível de se abrir e mostrar que se importa.

No entanto, quando esses eventos são organizados pela chefia, as pessoas às vezes se sentem obrigadas a comparecer, o que sem querer acaba prejudicando a cultura de liberdade e empoderamento. Você já passa muitas horas por dia com seus colegas e subordinados diretos. Use esse tempo para reforçar os relacionamentos. Em geral, é melhor usar o tempo fora do trabalho para se manter centrado do que para socializar com o pessoal do escritório.

Se você decidir organizar um evento social no trabalho, lembre-se de duas importantes advertências: 1) até os eventos não obrigatórios podem ser vistos como obrigatórios; 2) cuidado para não beber demais...

Até os eventos não obrigatórios podem ser vistos como obrigatórios

Eventos divertidos até podem ser um bom jeito de conhecer as pessoas de sua equipe e ajudá-las a se conhecer, mas tenha em mente que, se você organizar um evento, a pressão social forçará algumas pessoas a situações que elas prefeririam evitar. Nunca me esquecerei de uma conversa que tive com Marissa Mayer, quando ela trabalhava no Google, sobre uma excursão para observação de baleias que o chefe dela organizou para ajudar a equipe a se unir. Marissa sofre de enjoo e náuseas em barcos e sabia que acabaria deixando o café da manhã no mar se fosse à excursão.

Seu chefe, porém, a pressionou, dizendo que ela precisava ir de qualquer maneira para mostrar que tinha espírito de equipe. Ninguém deveria ser forçado a vomitar em um barco para demonstrar sua fidelidade à equipe.

É importante evitar situações nas quais tentativas de promover a união de todos e elevar o moral acabam piorando as coisas. Em uma ocasião, trabalhei com um líder cuja equipe passava oitenta horas por semana no escritório. O líder organizou um retiro e incluiu na programação o equilíbrio entre a vida profissional e a pessoal — às nove da noite, depois de uma sessão de kart. Na verdade, todo mundo teria preferido não andar de kart, mas as pessoas achavam que *tinham* de fazer coisas "divertidas" para "reforçar os vínculos". Às vezes, o maior presente que você pode dar a sua equipe é deixá-la voltar para casa.

O perigo das bebidas alcoólicas

Algumas vezes, um drinque ou dois podem ser um lubrificante social; outras, um tiro pela culatra. Veja a seguir alguns pesadelos que testemunhei pessoalmente ou dos quais ouvi falar, resultantes de misturar bebida com trabalho.

Uma mulher vomitou em sua salada durante o jantar com um cliente; um homem socou um policial e passou a noite na delegacia; um sofá teve de ser retirado do escritório porque estava com claros sinais de que haviam transado nele; outro sofá ficou arruinado quando um bêbado vomitou em cima dele; uma mulher bebeu tanto, que desmaiou no escritório, e o chefe de seu chefe recebeu um telefonema do segurança do prédio às três da manhã; muita agonia emocional e casamentos destruídos por causa de investidas sexuais embriagadas; acusações de estupro; uma tentativa de suicídio. Desnecessário dizer, essas não são as melhores maneiras de reforçar relacionamentos.

RESPEITE OS LIMITES DAS PESSOAS

PARA DESENVOLVER relacionamentos Radicalmente Sinceros, você terá de andar na corda bamba entre respeitar os limites das pessoas e encorajá-las a levar tudo de si ao trabalho. Os limites das pessoas e o melhor modo de fazê-las se abrir um pouco mais variam bastante. Você precisará negociar esses limites e respeitá-los, ao mesmo tempo em que se esforça para conhecer mais profundamente as pessoas e, assim, desenvolver bons relacionamentos. Veja algumas lições que aprendi sobre andar nessa corda bamba. Espero que as dicas o ajudem na tarefa de negociar os limites com as pessoas.

Conquiste a confiança das pessoas

Em qualquer relacionamento, conquistar a confiança leva tempo, porque a confiança se baseia em um padrão de ações bem-intencionadas. Quando mal se conhece uma pessoa, é um grande erro presumir ter-lhe conquistado a confiança por ter feito a ela perguntas pessoais, por exemplo. De outro lado, você precisa começar por algum lugar. Se nunca demonstrar interesse pela vida pessoal de um subordinado, ficará difícil avançar no eixo do "se importar pessoalmente". Provavelmente a coisa mais importante que você pode fazer para desenvolver a confiança é passar um tempo sozinho com cada um de seus subordinados diretos, e um bom modo de começar a fazer isso é abrir sua agenda para conversas individuais periódicas, deixando que o subordinado decida a pauta. (Veja a seção "Conversas individuais", no Capítulo 8). A maneira como você pede um feedback negativo e reage às críticas tem o poder de conquistar ou destruir a confiança. (Veja a seção "Peça um feedback improvisado", no Capítulo 6). Conduzir anualmente "conversas sobre a carreira" com seu pessoal também é um excelente modo de reforçar o relacionamento com seus subordinados diretos (veja o Capítulo 7).

Compartilhe seus valores

Quando estávamos montando o curso Managing at Apple, várias pessoas insistiram em começar com um exercício no qual os gestores deveriam anotar e compartilhar seus "valores pessoais". Fazia sentido. Afinal, são nossos valores que nos mantêm centrados. No entanto, eu tendo a desconfiar muito desse tipo de exercício. Para começar, levamos uma vida inteira para consolidar nossos valores pessoais, e um exercício de 45 minutos não tem como dar o devido peso a todo esse trabalho. Em segundo lugar, alguns consideram interessante articular explicitamente seus valores; outros não. E, em terceiro lugar e o mais importante, muitos acham que seus valores são pessoais e preferem não discuti-los com os colegas de trabalho. Há, ainda, quem usa o exercício para tentar "converter" os colegas e falar sobre seus valores de maneira a ressaltar diferenças irrelevantes para o trabalho em colaboração. Um exercício que requer que as pessoas falem abertamente sobre seus valores pode acabar dividindo, em vez de unir a equipe.

Por que, afinal, eu me oporia a que os participantes do curso anotassem seus valores, considerando que uma das recomendações que costumo enfatizar é "levar tudo o que você é ao trabalho" (ou seja, ter a liberdade de usar tudo o que você tem, intelectual, emocional e fisicamente, no trabalho)? A história que um aluno nos contou exemplifica bem o problema. Ele era homossexual na conservadora região do Meio-Oeste dos Estados Unidos, e disse ter certeza de que, se tivesse "saído do armário" em seu emprego anterior, teria sido condenado ao ostracismo por muitos colegas. Desse modo, um exercício voltado a explicitar os valores em uma empresa como aquela o teria forçado a mentir sobre seus valores.

O importante é não perder de vista seus valores pessoais e demonstrá-los no modo como você gerencia sua equipe, e não apenas escrevendo palavras pomposas como "empenho", "honestidade" e "inovação" em uma folha de papel. Demonstre seus valores na prática. Não tente fazer uma lista de valores como se fosse um exercício de RH do seriado cômico *The Office*.

Seja aberto

Isso me leva a um importante preceito que está no cerne do conceito da Sinceridade Radical: abertura. Você não precisa compartilhar com os subordinados e os colegas os mesmos valores profundamente pessoais para desenvolver bons relacionamentos com eles, e é péssima ideia tentar convencê-los de que seus valores estão "certos", e os deles, "errados". Você tem de respeitar os valores que as pessoas revelarem.

Talvez você ache que nas cidades liberais em que trabalho, como São Francisco e Nova York, as pessoas são mais abertas às diferenças. Muitos colegas meus, porém, reclamaram que seriam vítimas de ostracismo se revelassem suas opiniões políticas em São Francisco. Eles tinham de morder a língua sempre que alguém comentava que todos os conservadores eram burros ou corruptos. Faça uma pausa para pensar nisso. Um homem gay forçado a suportar piadas homofóbicas ou um conservador obrigado a engolir piadas anticonservadoras terão toda uma importante faceta de sua vida rejeitada pelas pessoas e se sentirão deslocados e sem muita liberdade no trabalho.

Por isso, lembre-se de que uma parte importante dos relacionamentos Radical-mente Sinceros é abrir-se para a possibilidade de se conectar com pessoas de visões de mundo diferentes, que se comportam de maneira que você não consegue entender ou cujo comportamento pode até entrar em conflito com seus valores pessoais. É possível se importar pessoalmente com uma pessoa que discorda de seu ponto de vista sobre o aborto, sobre o porte de armas ou sobre Deus. O caminho mais rápido para formar relacionamentos artificiais no trabalho e para a atração gravitacional da mediocridade organizacional é insistir para que todos tenham a mesma visão de mundo antes de desenvolver relacionamentos com eles. Um relacionamento Radicalmente Sincero começa com o respeito e a decência que os seres humanos devem um ao outro, não importa qual seja sua visão de mundo. Vale repetir que *o trabalho* é o vínculo em comum entre todas as pessoas da equipe, e o modo mais produtivo de fortalecer esse vínculo é aprender a trabalhar em colaboração, de forma a beneficiar todos os envolvidos.

Dick Costolo dedicou muito tempo e energia pensando em como fazer do Twitter um ambiente mais aberto e inclusivo. Quando fez o Teste de Associação Implícita [IAT, na sigla em inglês], os resultados revelaram que ele basicamente não tem viés inconsciente algum — por exemplo, para o IAT, ele tem um viés de gênero menor que o meu... e olhe que me considero uma grande defensora das mulheres.

Uma de minhas histórias preferidas sobre Dick e a diversidade foi sua tentativa de eliminar a expressão "you guys" de seu vocabulário. Contei a ele que, quando meus gêmeos (um menino e uma menina) estavam na pré-escola, nenhum dos dois professores deles sabia dizer por que os meninos levantavam a mão com mais frequência do que as meninas. Um dia, fui assistir a uma aula e ouvi um dos professores perguntar: "Certo, 'you guys', quem sabe quanto é 4 + 1?" Não é de admirar que as meninas não levantassem as mãos! As crianças costumam entender tudo literalmente e sabem que a palavra "guys" (caras) não inclui as meninas. Quando contei essa história a Dick, confessei que também eu tendo a levar as coisas literalmente e fico irritada sempre que alguém se refere a um grupo misto, de homens e mulheres, usando a expressão "you guys". A maioria das pessoas me olha de modo esquisito quando me ponho a discursar contra "you guys", mas Dick simplesmente bateu com a palma da mão na testa. "É claro! A pior coisa do mundo é se sentir invisível. Não acredito que eu nunca tenha pensado nisso! Um jeito garantido de fazer um grupo de pessoas se sentir excluído é usar uma linguagem que finge que essas pessoas simplesmente não estão na sala."

"Sim, como o *Homem Invisível*," afirmei. Dick e eu tínhamos discutido o romance de Ralph Ellison sobre um homem afro-americano que se sente invisível devido à cor de sua pele.

"Isso mesmo! Você me convenceu. Passarei a dizer *"you all!"* ["vocês todos", em tradução livre], prometeu Dick.

Não é fácil deixar de usar frases feitas e expressões comuns, mas sou testemunha de que Dick se empenhou muito para passar a dizer "you all", em vez de "you guys".

Contato físico

Será que existe alguma situação em que tocar um colega de trabalho pode ser uma boa ideia? Muita gente diria que qualquer tipo de contato físico no trabalho, fora um aperto de mão frio e profissional, é inadequado ou perigoso. Acho que há um pouco de exagero nisso. Quando se fica sabendo que o marido de uma colega morreu em um acidente de trânsito ou quando um funcionário anuncia seu noivado, um aperto de mão frio e profissional simplesmente não transmite a mensagem, e um abraço de verdade pode ser a melhor maneira de mostrar que você se importa pessoalmente.

Stacy Brown-Philpot, CEO da TaskRabbit, aprendeu muito sobre abraços (e como navegar pelo espaço pessoal dos colegas de trabalho) com Bill Campbell, respeitadíssimo e querido coach do Vale do Silício. Stacy conheceu Bill quando este a procurou depois de uma palestra dela e lhe disse que ela agitava muito as mãos diante do rosto quando falava e teria mais credibilidade se parasse de fazer isso. Ela me contou que aquele foi o melhor conselho de oratória que já recebeu na vida.

"Você não ficou nem um pouco irritada quando aquele homem que você nunca tinha visto na vida a abordou para criticá-la?", perguntei.

Stacy parou para pensar por um momento. "Bem, acho que não me irritei porque, antes de me dizer qualquer coisa, ele me deu um grande abraço de urso e um beijo na bochecha. Por isso eu soube que a crítica dele não tinha intenção alguma de me magoar. Ficou claro que ele se importava e só estava me criticando para me ajudar."

"Você não achou estranho um desconhecido chegar abraçando e beijando você?"

"Não, porque foi algo natural vindo dele. Que bom seria se mais pessoas dessem abraços como aquele!"

Meu marido, que foi treinador do time de beisebol infantil do filho de Bill, disse: "Ele abraçava todos os treinadores, todos os pais e todas as crianças. Ele abraçava todo mundo! Acho que mais pessoas deveriam fazer isso."

Concordo com Stacy e com meu marido: mais pessoas poderiam dar abraços assim. Não aquele abraço de lado, usando um braço só, mas o de seis segundos sobre o qual Gretchen Rubin escreveu em seu livro *Projeto Felicidade*. Gretchen, que pesquisou praticamente tudo, explica por que um abraço mais longo é mais eficaz do que um abraço curto.

"Um fato interessante: para aumentar o fluxo de oxitocina e serotonina — substâncias químicas que melhoram o humor e promovem a criação de vínculos —, dê abraços de pelo menos seis segundos."

Naturalmente, nem todo abraço ou toque será bem recebido. Em um de meus primeiros empregos, tive um chefe que me dava um grande abraço sempre que me via chateada, e começava a se esfregar em mim de um jeito bastante desagradável. O resultado é que eu ficava ainda mais chateada. Eu o via como um mentor, e ele estava se revelando um sujeito absolutamente nojento. Se o abraço for de nature-za sexual, depreciativo ou claramente indesejado, trata-se de um ato de agressão detestável. Se você se limitar a abraçar as pessoas sem jamais confrontá-las, seus abraços podem ser uma demonstração de empatia ruinosa. De outro lado, não fique chateado se a pessoa não quiser ser abraçada. E tudo bem se você não for de abraçar. Quando Russ Laraway leu esta seção, imediatamente me pediu para não o abraçar.

Para mostrar que você "se importa pessoalmente", precisa seguir a "regra de diamante" antes de sair por aí distribuindo abraços a torto e a direito. A "regra de ouro" diz para não fazer aos outros o que você não gostaria que fizessem com você. A "regra de diamante" diz para descobrir o que deixa as pessoas à vontade e fazer isso. Se a maioria dos membros de sua equipe se sentir à vontade com abraços, você tem de dar um jeito para que os que não curtem muito não se sintam excluídos com sua distribuição de abraços. (Use suas próprias palavras!)

Mas, se você puder fazer o que Bill Campbell fez com Stacy e dar o tipo de abraço Radicalmente Sincero capaz de abrir a mente e o coração das pessoas para que aprendam algo novo ou cresçam de alguma forma, saiba que estará fazendo deste mundo um lugar um pouco mais feliz.

Vá em frente. Veja no que dá. Tudo bem você se forçar a sair de sua zona de conforto, mas nunca é legal deixar as pessoas constrangidas, então só tente fazer isso com aquelas que você sabe que gostam de ser abraçadas!

Reconheça as próprias emoções

"Sei como será meu dia dependendo de sua cara quando você entra pela porta", disse-me Russ certa manhã, quando trabalhávamos juntos no Google. Poucas vezes na vida senti tanta vergonha. Eu me achava uma pessoa equilibrada, capaz de manter o controle em momentos difíceis. Ele viu que fiquei chateada e me deu um crédito, mas sem retirar sua crítica: "Bom, pelo menos você tenta não descontar na gente. Mesmo assim, todo mundo nota quando você está de bom ou de mau humor. Todo mundo nota se o chefe está de bom ou mau humor. A gente precisa notar. É uma forma de proteção."

O que eu precisava fazer para não estragar o dia de minha equipe inteira só porque não estava bem? É assim que a abordagem de levar tudo o que você é ao trabalho pode entrar em conflito com as consequências negativas de fazer exatamente isso. No entanto, também não costuma dar certo tentar reprimir esses sentimentos. Não há como esconder seus sentimentos das pessoas que trabalham em estreito contato com você. Você não deve descontar seu mau humor na equipe, mas não pode ocultar o fato de não estar em um bom dia. O melhor a fazer é revelar seus sentimentos e compartilhar o que está acontecendo em sua vida para que as pessoas não pensem que seu mau humor é culpa delas.

Aprendi simplesmente a dizer algo como: "Ei, estou tendo um péssimo dia. Estou tentando me controlar, mas desculpe se parecer um pouco irritada. Não tem nada a ver com você ou com seu trabalho. É só que tive uma briga com uma amiga (ou seja lá o que for)."

Se estiver passando por um grande baque emocional, procure nem ir ao trabalho. As emoções são tão contagiantes quanto os vírus, então é melhor não contaminar as pessoas com seu estado de espírito. As crises de saúde mental deveriam ser levadas mais a sério.

Domine suas reações às emoções alheias

Muitas pessoas tendem a cruzar um perigoso limite emocional quando assumem um cargo de chefia e tentam administrar as emoções alheias. Todas as pessoas, inclusive seus subordinados, são responsáveis pela própria vida emocional. Há poucos caminhos mais rápidos para a Insinceridade Manipuladora do que achar que você pode controlar ou contornar as reações emocionais dos outros. Para desenvolver relacionamentos Radicalmente Sinceros, não tente impedir, controlar ou administrar as emoções alheias. Reconheça-as e reaja com compaixão quando as emoções correrem soltas. E domine suas reações às emoções alheias.

Você já sabe como reagir às emoções com compaixão, pois faz isso o tempo todo em sua vida pessoal. Só que, de alguma forma, no trabalho, aprendemos a esquecer esses conceitos básicos. Veja algumas dicas para reagir com compaixão, coisas que você já deve fazer instintivamente em outros relacionamentos, mas que pode não estar fazendo no trabalho:

Reconheça as emoções. As reações emocionais podem lhe dar pistas importantes para entender melhor o que está se passando na vida de seus subordinados e revelar um atalho para chegar ao cerne da questão. Assim, quando alguém se descontrolar ou lhe der um gelo, não finja que nada está acontecendo. Não tente acalmar a pessoa dizendo coisas como "Não é nada pessoal" ou "Vamos tentar manter o profissionalismo". Em vez disso, diga: "Estou vendo que você está bravo/frustrado/ exaltado/ _____."

Faça perguntas. Se alguém reagir emocionalmente por estar frustrado, furioso ou irritado com uma situação no trabalho, é sinal de que você deve continuar fazendo perguntas até descobrir o verdadeiro problema. Não tente direcionar a conversa; apenas ouça para esclarecer a questão.

Culpar-se não ajuda em nada a melhorar o já difícil estado emocional das pessoas. As pessoas que gerenciei ou orientei não raro me procuravam consternadas depois que alguém começava a chorar no meio de uma conversa com elas. "O que fiz de errado?", perguntavam. Elas poderiam lidar perfeitamente com a situação. Só porque alguém caiu no choro ou se pôs a berrar não significa que você tenha feito algo de errado, mas apenas que a pessoa está nervosa. Se você se sentir culpado pelo nervosismo de alguém, tenderá mais a ficar na defensiva do que a reagir com compaixão. E sua postura defensiva poderá levá-lo a ser condescendente ou frio. As pessoas passam grande parte da vida no trabalho. Elas geralmente se importam com o que fazem, e é natural que fiquem nervosas quando as coisas dão errado. Quando alguém está nervoso, não é necessariamente culpa sua. O nervosismo da pessoa pode não ter nada a ver com você. Concentre-se na pessoa, não em si mesmo.

Pode ser um tiro pela culatra dizer às pessoas como elas deveriam se sentir. Veja algumas das palavras mais contraproducentes ditas em uma situação como essa: "Não fique triste", "Não fique bravo", "Não me leve a mal, mas...". Se você sentir a tentação de dizer esse tipo de coisa, pense naquela canção do Meat Loaf: "I want you, I need you, there ain't no way I'm ever gonna love you, now don't be sad." [Eu quero você, preciso de você, mas não tem como, nunca vou amar você. Agora, não fique triste.] A pessoa que ouvir isso só pode ficar mais triste! Se você for do tipo que não consegue suportar as emoções alheias, não tente pressionar alguém a não chorar, não esbravejar ou não ficar na defensiva. Se você lhe disser que ela não pode ter determinada reação emocional, será quase inevitável que ela tenha exatamente essa reação. Esse tipo de proibição provavelmente provocará as mesmas emoções que você mais teme. É como o irmão de Tolstói lhe dizendo que ele só poderia sair do canto do quarto quando parasse de pensar em um urso branco. O resultado foi que o urso branco passou horas ocupando a mente de Tolstói. Tive um chefe que me disse que eu não podia chorar na frente dele. E o que acabou acontecendo foi que eu chorava o tempo todo na frente daquele homem! Foi terrível para nós dois.

Se você não conseguir lidar com explosões emocionais, perdoe-se. Você não precisa ficar inerte vendo alguém chorar ou gritar se isso for insuportável para você. Se alguém começar a ter uma reação emocional e você não souber o que fazer, tudo bem dizer "Sinto muito que você esteja nervoso. Vou sair um pouco da sala para pegar um copo d'água para você. Já volto". E, quando voltar, pode sugerir: "Que tal se a gente mudar de assunto por ora e deixar para conversar sobre isso em outra ocasião? Prometo que vamos voltar a falar nisso, porque estou vendo que é importante para você, mas seria difícil para mim fazer isso agora."

Deixe lenços de papel a uma curta caminhada de sua mesa. Eu costumava manter uma caixa de lenços de papel sempre à mão em minha sala. Então, uma pessoa do escritório criou o hábito de toda sexta-feira à tarde entrar em minha sala e chorar. Era um jeito exaustivo de concluir a semana. Pedi o conselho de um colega que tem pavor de choro. Ele me disse que oferecer um lenço de papel era um verdadeiro convite para os olhos marejados se transformarem em uma enxurrada de lágrimas. Quando via que alguém estava prestes a chorar, ele pedia licença e saía da sala para ir buscar um lenço de papel. Aquela pequena pausa normalmente bastava para a pessoa se acalmar. Tentei aplicar a técnica na sexta-feira seguinte, e deu certo!

Deixe algumas garrafas d'água fechadas em sua mesa. Outro bom conselho que ouvi de um profissional de RH é manter algumas garrafas d'água fechadas à mão. Quando vir que a pessoa está ficando nervosa, ofereça-lhe uma garrafa. Em geral, o simples fato de fazer uma pausa para abrir a tampa e tomar um gole de água basta para tranquilizar a pessoa. E, se for você que estiver prestes a cair no choro, pegue uma garrafa d'água!

Fale caminhando, não sentado. Se você precisar ter uma conversa difícil com alguém, experimente não falar sentado, mas caminhando com a pessoa. Ao caminhar, as emoções não ficam tão à flor da pele e têm menos chances de ser destrutivas. Além disso, caminhar juntos olhando para a mesma direção geralmente é um exercício mais colaborativo do que sentar cada um de um lado da mesa olhando um para o outro.

DESENVOLVER RELACIONAMENTOS com seus subordinados diretos requer muito tempo e energia. Às vezes, especialmente quando as coisas não vão muito bem, essa é a parte mais cansativa de seu trabalho, mas também uma das mais importantes. Se você conseguir superar a dificuldade inicial, constatará, como eu, que esses relacionamentos serão uma fonte muito maior de gratificação no trabalho do que os resultados que vocês atingirem juntos.

6.

FEEDBACK

Ideias para receber, dar e incentivar elogios e críticas

NO CAPÍTULO 2, DESCREVI como relacionamentos Radicalmente Sinceros promovem a confiança que lhe possibilitará dar um feedback melhor e como dar um feedback melhor, por sua vez, o ajudará a desenvolver relacionamentos Radicalmente Sinceros com seu pessoal. Dar feedback é o fator mais básico da gestão, mas a maioria das pessoas fica extremamente incomodada com essa parte do trabalho. Apresentarei aqui ferramentas e técnicas específicas para facilitar seu trabalho de criar uma cultura de feedback na equipe.

FEEDBACK	Elogios	Críticas
Receber de		
Dar para		
Incentivar entre		

Para desenvolver uma cultura de feedback Radicalmente Sincera, *você precisa receber, dar e incentivar tanto elogios como críticas*. Veja a seguir uma tabela simples que bolei para ajudá-lo a atingir o equilíbrio.

PEÇA UM FEEDBACK IMPROVISADO

Aceite o desconforto

UMA DAS MAIORES lições que aprendi sobre criar uma cultura de feedback foi observando a discussão entre Larry Page e Matt Cutts que descrevi na introdução. Antes de Larry criticar a proposta de Matt, ele o incentivou a desafiá-lo, sorrindo

FEEDBACK	Elogios	Críticas
Receber de	✔	✔
Dar para		
Incentivar entre		

de um jeito encorajador quando Matt começou a se exaltar. Larry em momento algum disse "Não se deixe levar pelas emoções". Quanto mais intensa ficava a crítica de Matt, mais o sorriso de Larry se alargava. Como promover um ambiente onde esse tipo de coisa acontece no dia a dia? O que você pode fazer para receber críticas de sua equipe?

Não costuma ser muito fácil fazer isso, porque, quando você é o chefe, as pessoas preferem evitar criticá-lo ou dizer o que realmente pensam (pelo menos não na sua frente). Ao assumir o cargo, você herda um monte de pressupostos que não têm nada a ver com quem você realmente é. O cargo geralmente muda a impressão das pessoas sobre você de uma forma que pode ser desconcertante. Por exemplo, eu tenho 1,52 metro de altura, sou loira e falo com um sotaque meio caipira, do sul dos Estados Unidos. Passei a vida inteira combatendo o estereótipo da "loira burra". Então, quando fui promovida à chefia e uma mulher me disse que eu era intimidadora, achei que ela estivesse brincando. Depois ouvi por acaso outra pessoa dizendo que sou alta... isso apesar de um colega da equipe ter nada menos que 43 centímetros a mais do que eu.

Não pense que só porque você é legal ou porque costumava almoçar todos os dias com as pessoas que passou a gerenciar, elas não irão vê-lo com outros olhos depois de você assumir a chefia ou confiarão automaticamente em você. Dê uma olhada nas seguintes definições pitorescas de "chefe": "Chefes são como nuvens: quando desaparecem, o dia fica lindo" ou "Chefe: forma de tratamento irônica usada por subordinados insolentes e que, apesar de ostensivamente respeitosa, na verdade implica que as pessoas não têm um pingo de respeito por você". De certa maneira, você estará combatendo preconceitos a partir do instante em que se tornar chefe. E a autoridade que acompanha o cargo tem o potencial de trazer à tona alguns de seus piores impulsos, de modo que as pessoas podem nem estar sendo injustas com você!

É por isso que, quando você assumir a chefia, é importante fazer de tudo para conquistar a confiança dos membros de sua equipe. É natural querer ter o respeito deles. Só que se preocupar demais com o respeito pode ser um tiro no próprio pé, porque você tenderá a ficar mais na defensiva quando criticado. Se, de outro lado, você souber ouvir críticas e reagir bem a elas, tanto a confiança como o respeito virão.

Aqui vão algumas dicas e técnicas que costumam ajudar a manter o diálogo fluindo.

Você é a exceção à regra de "só criticar em particular". Michelle Peluso, CEO da Gilt Groupe, explicou os benefícios de criticar a si mesma em público. Em uma entrevista para o *New York Times*, ela disse: "Sempre adotei uma abordagem um pouco diferente das avaliações de 360 graus. Revelo os resultados da avaliação a todas as pessoas da equipe executiva e faço questão de começar com a minha: 'Sou boa nisso e não estou indo bem naquilo'. Chego a dizer à empresa inteira: 'É neste e naquele ponto que precisarei da ajuda de vocês'. Com isso, as pessoas se sentem um pouco mais seguras para fazer o mesmo, e aumento minhas chances de conquistar a confiança delas."

Assim que eu descobria quem de minha equipe ficava mais à vontade me criticando, pedia que a pessoa me criticasse na frente dos outros em uma reunião da equipe ou em um encontro com a toda a empresa. Em geral a pessoa relutava no início e dizia: "Mas e toda aquela história de só criticar em particular?" Essa regra, porém, não se aplica ao chefe. Quando você encoraja as pessoas a criticá-lo em público, tem a chance de mostrar que você, de fato, recebe críticas de braços abertos. Você também dá o exemplo para a equipe como um todo: *"Cada um de nós* deve receber de braços abertos críticas que nos ajudem a fazer um trabalho melhor." Quanto maior for a equipe, maiores serão os benefícios de reagir bem às críticas recebidas em público.

Além disso, quanto maior for sua equipe, mais difícil será para as pessoas serem incluídas em sua agenda. Se você for responsável por uma equipe de mais de sessenta pessoas e obrigá-las a esperar a chance de ter um momento em particular com você para poder lhe dar um feedback negativo, você provavelmente nunca ouvirá crítica alguma. As críticas em público também têm um benefício adicional: poupam você do inconveniente de ter de ouvir a mesma coisa repetidas vezes.

Muitos gestores temem que uma crítica em público possa prejudicar sua autoridade. É natural querer reprimir a dissidência, mas saber reagir bem a críticas em público pode formar as bases de sua credibilidade como líder forte e ajudá-lo a criar uma cultura de feedback em sua equipe.

Tenha uma pergunta padrão para convidar às críticas. Quando você é o chefe, é constrangedor pedir que seus subordinados diretos lhe digam abertamente o que estão achando de seu desempenho... e pode ser ainda mais para eles do que para você. Para ajudar, passei a usar uma pergunta padrão sugerida por Fred Kofman, autor de *Consciência nos Negócios* e meu coach no Google: "Tem alguma coisa que eu poderia fazer ou deixar de fazer para facilitar seu trabalho comigo?" Você não precisa usar exatamente essas palavras. Elabore a pergunta do jeito que lhe parecer mais natural. A ideia é usá-la para dar início ao diálogo.

Aceite o desconforto. A maioria das pessoas começará respondendo a sua pergunta com algo como: "Ah, está tudo certo, obrigado por perguntar", esperando que a resposta possa pôr um fim à conversa. Elas provavelmente foram pegas de surpresa e receberam a pergunta com desconfiança. É natural se deixar contaminar pelo constrangimento das pessoas e cair na tentação de simplesmente tranquilizá-las e concluir a questão dizendo, por exemplo: "Ótimo! Bom saber." *Não faça isso.* É vital se preparar para esse cenário e insistir no diálogo até receber uma resposta autêntica.

Uma boa técnica é contar até dez antes de dizer qualquer coisa, forçando a pessoa a enfrentar o silêncio. A ideia não é submetê-la a um tipo de bullying, mas insistir em um diálogo sincero, fazendo com que seja mais difícil para ela ficar em silêncio do que dizer o que realmente está pensando. Se não adiantar contar até seis, repita a pergunta. E repita mais uma vez, se necessário. Se a pessoa não conseguir pensar em nada para dizer na hora, marque outro horário para retomar a conversa. Um dos banqueiros que liderou a oferta pública inicial de ações (IPO) do Facebook me contou de uma ocasião na qual Sheryl pediu sua opinião depois de uma reunião com investidores potenciais, perguntando-lhe: "O que eu poderia ter feito melhor?" Ele não conseguiu pensar em nada; a apresentação tinha sido um sucesso. No entanto, Sheryl se recusou a deixar por menos. "Sei que tem alguma coisa que eu poderia ter feito melhor." E, mesmo com a insistência dela, ele não conseguiu pensar em nada e começou a ficar nervoso. "Você é famoso por dar excelentes feedbacks", encorajou-o Sheryl. "Aposto que, se você pensar bem, se lembrará de alguma coisa." Nesse ponto, ele estava suando aos borbotões. Ela continuou a insistir, sorrindo, à espera de uma resposta, e então ficou em silêncio. Foi quando ele finalmente pensou em uma coisa e disse a ela. "Muito obrigada!", agradeceu Sheryl. "Vou melhorar da próxima vez!"

Outra maneira de aceitar o desconforto é indicar à pessoa quando a linguagem corporal dela não está de acordo com o que diz. Imagine que você esteja em uma reunião com um colega e tenha acabado de apresentar uma ideia grandiosa, muito possivelmente impraticável. Um colega responde: "Ah! Adorei a ideia", mas você nota que ele se encolhe um pouco e cruza os braços em uma postura defensiva. Você estará perdendo uma grande oportunidade se ignorar esse tipo de comunicação não verbal. Sem ser desagradável, tente dizer algo como: "Então por que você cruzou os braços e se encolheu na cadeira? Não tem problema; pode me dizer o que realmente acha da ideia!"

Ouça para entender, não para responder. Você finalmente convenceu a pessoa a lhe dar um feedback negativo. É importante saber administrar sua reação. Não importa o que aconteça, jamais critique a crítica. Não acuse a pessoa de não estar sendo Radicalmente Sincera! É melhor repetir o que ela disse para ver se você entendeu direito, em vez de se defender da crítica que acabou de ouvir. Ouça e esclareça a crítica, mas não a conteste. Fale, por exemplo: "Certo... o que entendi do que você disse é..."

Se você não for uma daquelas pessoas que instintivamente recebem as críticas como uma oportunidade de melhorar, sua primeira reação será ficar na defensiva — ou, pelo menos, tentar se explicar. É uma reação natural, mas praticamente elimina qualquer chance de a pessoa lhe dar um feedback sincero no futuro. Tudo bem querer ficar na defensiva. Afinal, você não é feito de pedra. Porém, dê um jeito de controlar seus sentimentos, em vez de se deixar controlar por eles. Lembre-se de que, mesmo que a crítica seja injusta, sua primeira tarefa é ouvir para entender, não para se defender.

Recompense as críticas para receber mais. Depois de fazer sua pergunta, aceitar o desconforto e entender a crítica, você tem de mostrar que a crítica, de fato, foi bem-vinda. Precisa recompensar a franqueza se quiser que as pessoas continuem sendo francas no futuro. Se concordar com a crítica, faça uma mudança assim que puder. Se a mudança for levar muito tempo, deixe claro que você está tentando. Por exemplo, Russ, meu sócio, um dia reclamou que eu o interrompia demais. Era verdade. Eu tenho mesmo essa mania de interromper as pessoas. Tentei mudar meu comportamento, mas sabia que não conseguiria acabar com o mau hábito só porque ele havia reclamado. Dizer a Russ que eu não tinha como evitar interromper as pessoas estava longe de ser uma boa maneira de recompensar sua franqueza. Por isso eu disse: "Eu sei... tenho mesmo esse problema. Será que você poderia me ajudar a resolvê-lo?" Tirei um elástico de minha gaveta e o coloquei em meu pulso. Pedi a Ross que o puxasse e soltasse sempre que eu o interrompesse. Ele achou graça da ideia e concordou. Passei a usar o elástico, meu novo "aliado radical", nas reuniões da equipe. Pedi a todos os participantes que me ajudassem puxando o elástico. E foi o que fizeram. Depois, mencionei o elástico em um encontro com a empresa toda. Todas as puxadas do elástico que levei, de fato, me ajudaram a interromper menos. No entanto, também foi importante mostrar que dei ouvidos à crítica, fiz alguma coisa a respeito e estava aberta a receber mais críticas.

É claro que em alguns casos você discordará da crítica. É nessas situações que seu conhecimento da Sinceridade Radical pode ser vital. Não basta reconhecer os sentimentos das pessoas, o que invariavelmente será visto como uma atitude passivo-agressiva e hipócrita. É melhor começar a encontrar algum elemento do feedback negativo com o qual você possa concordar, para mostrar que está aberta a críticas. Depois, veja se entendeu direito, repetindo para a pessoa o que você ouviu para confirmar se foi de fato o que ela quis dizer. Em seguida, diga que quer pensar sobre o que ouviu e marque uma reunião para retomar a conversa. *É fundamental retomar a conversa*. Quando isso acontecer, explique exatamente por que concorda ou não com a crítica recebida. Se não puder mudar nada, esclareça a razão. Uma explicação ponderada e respeitosa é a melhor recompensa que você pode dar pela Sinceridade Radical da pessoa. Talvez ela mude de opinião... ou não. Ela pode até identificar algumas falhas em seu raciocínio e levá-lo a repensar sua posição ou, então, ficar tão encorajada com sua abertura a críticas que você pode ter de deixar claro quando for a hora de parar de discutir e se comprometer com uma decisão.

Avalie o feedback recebido. Faça um balanço atualizado. Quantas vezes por semana seus subordinados o criticam? Quantas vezes por semana eles o elogiam? Fique atento se você só ouvir elogios e nenhuma crítica! As pessoas podem estar só puxando seu saco e massageando seu ego. Nesse caso, você precisa se empenhar mais para convencê-las a criticá-lo. Tente ensinar o conceito da Sinceridade Radical a sua equipe. Explique por que você não quer que as pessoas o tratem com empatia ruinosa ou insinceridade manipuladora. Diga-lhes que está aberto à Sinceridade Radical, mas que prefere a Agressão Detestável ao silêncio. Imprima o modelo da Sinceridade Radical da página 285 e, quando parecer que uma pessoa se controla para não dizer alguma coisa em uma conversa, aponte para a Sinceridade Radical e peça-lhe que adote essa atitude. Na primeira edição, mencionei um software, um aplicativo que replicasse meu livro. Ele não satisfez as expectativas. Olhar nos olhos da pessoa com quem você está conversando é muito mais produtivo que um app! Quando der um feedback, observe as reações da pessoa com quem está dialogando e adapte sua fala com base nelas. Para mais detalhes de como fazer isso, consulte a seção "Avalie a Crítica" no Posfácio.

A CAIXA DE LARANJAS

Faça com que criticar você seja seguro e natural para as pessoas

FEEDBACK	Elogios	Críticas
Receber de		✔
Dar para		
Incentivar entre		

A DECLARAÇÃO DE VALORES original da Johnson & Johnson incluía uma frase interessante: "Os funcionários devem ter um sistema organizado para expor sugestões e reclamações." Quando ela foi reescrita, a ideia acabou sendo diluída e transformada em um vago enunciado: "Os funcionários devem se sentir livres para expor suas sugestões e reclamações." Você, como chefe, tem de fazer muito mais do que dizer como seus funcionários "devem" se sentir.

Eles nunca se sentirão livres se você não tomar medidas específicas para garantir que expor sugestões e reclamações não seja apenas seguro, mas também esperado. Procure montar um sistema que não requeira muita elaboração.

Michael Dearing, responsável pela criação do marketing de produtos do eBay em 2002 e atual CEO da bem-sucedida empresa de capital de risco para startups Harrison Metal, bolou uma técnica simples e eficaz para convencer as pessoas a criticá-lo. Em um corredor de grande circulação, ele colocou uma caixa de laranjas vazia com uma abertura no topo, para que as pessoas depositassem ali dúvidas ou comentários por escrito. Nas reuniões com a empresa toda, ele enfiava a mão na caixa, pegava um dos papéis e respondia à dúvida ou comentário na hora, de improviso. Minha boa amiga Ann Poletti, que trabalhou na equipe de Michael, disse que, por mais banal que fosse a pergunta, ele sempre era "incrivelmente respeitoso e respondia com ponderação".

Veja como ela descreveu a situação: "Fazer uma sessão de perguntas e respostas com uma equipe de mais de duzentas pessoas em um momento de extrema turbulência e quando o eBay estava em meio à mudança de CEO… deve ter sido exaustivo para Michael, que é introvertido. Sei que ele odiava fazer aquilo, mas nunca demonstrou irritação ou impaciência. Na verdade, até parecia gostar das perguntas." Ao provar para a equipe que ele resolveria os problemas expostos, em vez de matar o mensageiro, Michael criou uma cultura na qual as pessoas se sentiam à vontade para confrontá-lo diretamente. Com o tempo, ele conseguiu esvaziar a caixa de laranjas. Quando as pessoas viam um problema, elas se levantavam nas reuniões e faziam as perguntas ou simplesmente davam uma parada na sala dele.

SEMANAS DE FEEDBACK AOS CHEFES

OS DEPARTAMENTOS de programação costumam fazer uma faxina geral periódica. Todo mundo para de trabalhar em novas funcionalidades por uma semana para corrigir falhas no produto atual. Os programadores estão sempre identificando e avaliando problemas, mantendo uma lista de prioridades atualizada para usar nas semanas de faxina geral. Uma semana de faxina geral é mais ou menos o contrário de uma Hack Week (Semana de Inovação). Em vez de uma chance de trabalhar em novas e empolgantes ideias, é uma oportunidade de consertar velhos e irritantes problemas que passaram meses incomodando as pessoas.

FEEDBACK	Elogios	Críticas
Receber de		✓
Dar para		
Incentivar entre		

É como limpar a caixa de ferramentas na qual você deixou cair um pouco de óleo três meses atrás, porém nunca conseguiu arranjar um tempo para tirar todas as chaves de fenda e brocas para limpar direito a caixa. As semanas de faxina geral podem ser profundamente gratificantes, mas de um jeito bem diferente das Hack Weeks.

Certo dia, uma equipe do Google decidiu que seria interessante fazer semanas de faxina geral periódicas para os chefes. (Mais tarde, outra equipe fez algo parecido, que eles chamaram de "sessões de matança da burocracia".) Veja como a coisa funcionava: foi criado um sistema para as pessoas registrarem problemas irritantes de gestão. Se, por exemplo, a chefia levava tempo demais para aprovar os relatórios de despesas, um funcionário podia registrar a "falha" de gestão. Isso valia se as avaliações de desempenho pareciam ser conduzidas no pior momento do ano, se a última pesquisa de satisfação dos colaboradores tinha sido extensa demais, se o sistema de promoção parecia injusto etc.

O sistema de rastreamento de falhas de gestão era aberto ao público interno, e as pessoas podiam votar para priorizar os problemas. Alguém era encarregado de ler todas as falhas registradas e eliminar duplicidades. E nas sessões de feedback à gestão, os chefes eram encarregados de resolver um lote de falhas. Eles cancelavam todas as atividades regulares (ou a maioria delas) e se concentravam em corrigir os problemas de gestão que a equipe considerava mais irritantes.

DÊ UM FEEDBACK IMPROVISADO

FEEDBACK	Elogios	Críticas
Receber de		
Dar para	✔	✔
Incentivar entre		

VIMOS ATÉ AGORA como encorajar sua equipe a lhe dar feedback. Tratei disso primeiro porque queria enfatizar a necessidade de fazer do feedback uma via de mão dupla. Só que, na verdade, o feedback começa com você. Se você não tiver coragem de *dar* um feedback Radicalmente Sincero, seus subordinados não terão como acreditar que você realmente está aberto ao feedback deles, e você não ficará sabendo quando sua equipe achar que você está perdendo o rumo. E, se você não liderar pelo exemplo, as pessoas de sua equipe provavelmente não vão querer dar feedback umas às outras.

Seja humilde

A humildade é absolutamente essencial para dar feedback, tanto positivo como negativo. É natural ficarmos na defensiva quando somos criticados, mas se você souber fazer críticas com humildade, conseguirá romper a resistência natural a seu feedback. Ser humilde também é importantíssimo ao fazer elogios. Se você não for humilde, parecerá condescendente e hipócrita. Além disso, muitas pessoas se preocupam com a possibilidade de estarem dando um feedback equivocado. Costumo dizer que você pode muito bem estar errado e que expor sua opinião a uma pessoa dá a ela a chance de lhe dizer se você de fato está. O lado bom do feedback é que as percepções equivocadas dos dois lados podem ser corrigidas.

Veja algumas técnicas que gosto de usar para me manter humilde ao fazer elogios e críticas:

Situação, comportamento, impacto. A Center for Creative Leadership, empresa de educação executiva, desenvolveu uma técnica batizada de "situação, comportamento, impacto" para que os líderes possam dar um feedback mais preciso e menos arrogante. Trata-se de levar em conta três elementos ao dar feedback: 1) a situação que você viu, 2) o comportamento (ou seja, o que a pessoa fez, para o bem ou para o mal) e 3) o impacto que você observou. Essa técnica simples o ajudará a evitar julgar a inteligência, o bom senso, a bondade ou quaisquer outros atributos pessoais de seu interlocutor. Se você estiver julgando a pessoa, seu feedback soará arrogante.

Vejamos um exemplo simples do dia a dia. Quando alguém rouba sua vaga no estacionamento, em vez de gritar "Seu idiota!", tente explicar: "Ei, passei cinco minutos aqui esperando e você entrou na minha frente e pegou a vaga. Vou chegar atrasado por causa disso." Com essa atitude, você dá à pessoa a chance de dizer: "Ah, desculpe. Não percebi, vou sair da vaga." É claro que a pessoa pode simplesmente dar de ombros e soltar um "Azar seu". E, se isso acontecer, você terá uma justificativa para gritar "Seu idiota!"

Situação, comportamento e impacto se aplicam tanto aos elogios como às críticas. Os elogios podem soar tão arrogantes quanto as críticas. Quando alguém diz "Você é um gênio", a pessoa pode se perguntar "Quem você pensa que é para julgar minha inteligência?" Quando alguém afirma "Estou muito orgulhoso de você!", é natural pensar "Quem você pensa que é para se orgulhar de mim?" É melhor dizer: "Em sua apresentação de hoje (situação), o jeito como você explicou nossa decisão de diversificar (comportamento) foi convincente porque você mostrou a todos que levou em consideração o ponto de vista contrário (impacto)".

É meu medo de parecer arrogante ou condescendente que às vezes me faz hesitar em elogiar as pessoas. Ajuda usar as três abordagens a seguir.

Coluna da esquerda. Chris Argyris, um professor da Harvard Business School, e Donald Schön, professor de filosofia e planejamento urbano, desenvolveram o "método da coluna da esquerda", que também ajuda os líderes a evitar que julgamentos impensados e arrogantes se infiltrem em seu feedback. Veja como a coisa funciona: pense em uma conversa frustrante que você teve com alguém. Pegue uma folha de papel em branco e trace uma linha vertical dividindo a página no meio. Escreva o que você disse na coluna da direita. Anote o que você pensou na coluna da esquerda. Agora pense no momento em que a conversa saiu dos trilhos. Será que o que você estava pensando acabou contaminando o que você disse? A ideia não é dizer tudo o que você escreveu na coluna da esquerda, mas ter a humildade de questionar o que você pensou. "Será que Maria está mesmo engavetando informações ou ela só se esqueceu de me dizer?", "Será que Sam não é mesmo confiável ou ele simplesmente não definiu os requisitos com clareza?"

"Humildade ontológica." Fred Kofman explica a importância de demonstrar seus valores no modo como você trabalha. Seu livro *Consciência nos Negócios* tem um capítulo intitulado "Humildade ontológica", que nos lembra da necessidade de não confundir a realidade objetiva com nossa experiência subjetiva. Ele explica a ideia citando sua filha: "Brócolis é nojento. É por isso que não gosto de brócolis." Quando uma menina de 3 anos nos diz algo assim, nós achamos graça, mas quando os adultos confundem preferências subjetivas com a realidade objetiva, eles não têm como deixar de soar arrogantes. "Ele é um idiota. É por isso que está errado." A ideia é a de que a conscientização de que sua experiência subjetiva não é necessariamente uma verdade objetiva pode ajudá-lo a confrontar as pessoas e ao mesmo tempo se abrir para ser confrontado por elas.

Seja prestativo

É óbvio que ser prestativo é uma excelente maneira de mostrar que você se importa pessoalmente, e o objetivo de confrontar diretamente é ajudar.

Mesmo assim, é mais fácil dizer do que fazer. Afinal, você é um sujeito ocupadíssimo e não sabe todas as respostas — você é humilde, não é mesmo? O lado bom é que ser prestativo não significa que você precisa ser onisciente ou fazer o trabalho das pessoas por elas, e, sim, que tem de achar um jeito de ajudá-las a esclarecer o obstáculo que estão enfrentando. Esse tipo de clareza é uma dádiva que lhes permitirá avançar. Veja algumas dicas e lembretes:

Dizer claramente que você só quer ajudar pode levar as pessoas a sair da defensiva. Quando você diz a uma pessoa que não está tentando dificultar a vida dela e que, na verdade, só quer ajudar, são grandes as chances de ela se abrir para o que você tem a dizer. Experimente fazer um pequeno preâmbulo. Por exemplo, diga algo como: "Vou começar descrevendo um problema que estou vendo. Posso estar errado e, se for o caso, gostaria que você me dissesse. Caso contrário, espero que saber do problema ajude você a corrigi-lo."

Diga com ações, não com palavras. Esse é o melhor conselho que já recebi para contar histórias, mas também se aplica ao feedback. Quanto mais você puder mostrar com clareza *exatamente* o que considera um bom ou mau comportamento, mais eficaz será seu feedback. Em muitas situações, você tenderá a não descrever os detalhes para não deixar as pessoas nervosas, frustradas ou irritadas. Você desejará se poupar do constrangimento de dizer as palavras em voz alta e poupar as pessoas da chateação de ter de ouvir essas palavras. No entanto, esconder-se atrás de abstrações é um exemplo perfeito de Empatia Ruinosa. Além disso, essa abordagem pode acabar transmitindo inadvertidamente a mensagem de que o comportamento em questão foi tão ruim ou vergonhoso, que você nem consegue falar dele, tornando difícil para a pessoa seguir em frente. Em uma ocasião, tive de dizer: "Quando estávamos naquela reunião e você passou um bilhetinho para Catherine dizendo 'Olhe só o Elliot cutucando o nariz — acho que ele já alcançou o cérebro', Elliot acabou percebendo. Ele ficou chateado desnecessariamente, vocês acabaram com dificuldade de trabalhar juntos, e essa foi a maior causa do atraso do projeto." A situação toda foi tão ridícula, que quase caí na tentação de dizer apenas: "O que você fez na reunião foi muito infantil", mas a mensagem não teria sido tão clara nem tão útil.

Vale repetir que o mesmo princípio vale para os elogios. Não se limite a dizer: "Ela é superinteligente." Diga: "Ela acabou de explicar, da maneira mais clara que já ouvi, por que os usuários não gostam dessa funcionalidade." Ao *descrever explicitamente* um comportamento desejável ou indesejável, você estará ajudando a pessoa a repetir o bom comportamento ou a evitar o mau — e a perceber a diferença.

É melhor encontrar ajuda do que se oferecer para ajudar. Quando Sheryl Sandberg se ofereceu para me arranjar um coach de oratória, ela sabia que precisaria me ajudar a conseguir verba para pagar as sessões de coaching, mas não teria de passar horas me vendo fazer apresentações. Ela dedicou um tempo à tarefa, porém não muito.

Você nem sempre terá a sorte de conseguir verba para pagar coaches para seus subordinados como Sheryl conseguiu no Google. No entanto, na maioria das vezes, poderá contar a colaboração de um colega ou conhecido. Então, bastará fazer a ponte e ajudar seu subordinado a saber o que dizer.

O feedback é uma dádiva, não um chicote ou uma cenoura. Levei bastante tempo para aprender que, às vezes, a única ajuda que eu podia dar era uma boa conversa. Considerar o feedback uma dádiva contribuirá para que você dê um bom feedback, ainda que não consiga oferecer ajuda concreta, soluções ou a indicação de alguém que possa auxiliar. Quando não tiver como apresentar uma solução, não relute em dar feedback. Pense nas vezes em que alguém o ajudou lhe dando feedback e tente fazer o mesmo a quem o procurar pedindo ajuda.

Dê o feedback imediatamente

É importantíssimo dar o feedback rápida e informalmente para agir com Sinceridade Radical. Isso, porém, requer muita disciplina —, por causa de nossa inclinação natural de postergar ou evitar o confronto e porque nos sentimos sobrecarregados em nosso dia a dia. Lembre-se de que, em casos como esses, o impacto potencial é enorme. Dê o feedback já!

Se você esperar tempo demais, tudo ficará mais difícil. Você tem consciência do que acontece quando decide adiar a solução na esperança de o problema se resolver por conta própria. Você identifica o problema e sabe que deve resolvê-lo, mas não reserva um tempo para anotá-lo. De repente, se dá conta de que tem de fazer uma pausa e recordar qual era exatamente o problema. Aí, lembra-se de que precisa agendar uma reunião com um colega para falar sobre o problema. Tem, então, de preparar uma lista das coisas que pretende dizer na reunião, só que, antes da reunião, precisa arranjar um tempo para se lembrar dos itens que deveria ter incluído na lista que você ainda não preparou. E, mesmo que tenha feito uma pausa para preparar essa lista de coisas a dizer na reunião, você não conseguirá mais se lembrar de exemplos claros do problema. Não conseguirá, portanto, aplicar o modelo da "situação, comportamento, impacto", e seu colega ficará confuso e frustrado. O que, exatamente, você está querendo criticar? Protelar as críticas sempre resulta em uma situação difícil e exaustiva. É muito mais eficaz e menos penoso apenas expressar imediatamente a crítica!

É claro que em certas situações é melhor esperar antes de elogiar ou criticar alguém. Em geral, se você ou a outra pessoa estiver com fome, irritado ou cansado ou, por alguma outra razão, não estiver com a cabeça fria, é melhor esperar. Essa, porém, é a exceção, e não a regra, e tendemos a usar a exceção como uma desculpa para não fazer o que sabemos que deve ser feito. Por fim, existe uma diferença entre falar logo e ater-se a detalhes pequenos e sem importância. Se não for importante, não fale logo (e talvez seja melhor nem dizer nada)

Diga o que precisa ser dito em dois a três minutos entre as reuniões. Falar logo, em um ou dois minutos, no máximo três, levará menos tempo do que agendar uma reunião para depois e muito menos do que efetivamente conduzir essa reunião. Sem contar que a preocupação não ficará rodando em sua cabeça, vindo à tona nos momentos mais inoportunos. Quando dou aulas sobre a Sinceridade Radical, a pergunta mais comum que me fazem é: "Como arranjarei tempo para fazer isso?" No começo, eu sempre achava que esse tipo de pergunta era um sinal de que as pessoas não haviam se convencido da importância do feedback. Contudo, depois de algumas conversas, percebi que as pessoas, na verdade, não acreditam que a conversa possa ser rápida. Elas acham que precisam agendar uma conversa de uma hora. Acham que dar um bom feedback requer longas reuniões toda semana. Acham que é como um tratamento de canal. Faz muito mais sentido pensar em termos de escovar os dentes. É uma tarefa que você nem precisa marcar na agenda. Escove os dentes regularmente e talvez você nunca precise de um tratamento de canal.

Então, vale repetir: pode acreditar em mim quando digo que é possível incluir um feedback improvisado entre as reuniões em três minutos ou menos. Se você der o feedback imediatamente entre duas reuniões, estará não só se poupando de uma reunião a mais, como dando o feedback em menos tempo do que levaria para agendar essa reunião a mais. E a qualidade de seu feedback será muito melhor. Os melhores feedbacks que já recebi na vida geralmente me foram dados em conversas super-rápidas entre uma coisa e outra, como a conversa que Sheryl teve comigo depois de minha apresentação. Se você tiver cinco subordinados diretos e quiser fazer a cada um deles três elogios e uma crítica por semana, estará oferecendo mais feedback improvisado do que a maioria dos chefes. E tudo isso levará, no máximo, sessenta minutos por semana, um tempo que você passaria apenas indo de uma reunião a outra. No entanto, saiba que essa atitude requer energia e conscientização.

Deixe alguns períodos de tempo livre em sua agenda ou esteja disposto a chegar atrasado. Priorizar uma tarefa normalmente implica abrir um espaço na agenda para uma tarefa "improvisada"? Não é possível. É melhor ter uma conversa com a pessoa imediatamente. Para que isso aconteça, você tem duas opções. A primeira é deixar um tempo livre na agenda, evitando marcar uma reunião em seguida da outra, ou marcando reuniões de 25 e 50 minutos, em vez de 30 e 60 minutos, e insistindo para que cada uma delas não passe do tempo. A outra opção é simplesmente se dispor a chegar atrasado à próxima reunião.

Não "guarde" o feedback para uma conversa individual ou uma avaliação de desempenho. Uma coisa curiosa que costuma acontecer quando alguém assume um cargo de chefia é esquecer tudo o que sabe sobre o relacionamento com os outros. Se você tiver um problema com alguém em sua vida pessoal, jamais lhe ocorrerá esperar por uma reunião formal para falar com a pessoa. No entanto, a gestão tornou-se tão burocrática, que acabamos jogando no lixo algumas boas estratégias para nos comunicar no dia a dia. Não deixe que os processos formais (as reuniões individuais, as avaliações de desempenho anuais ou semestrais ou as pesquisas de satisfação dos funcionários) dominem seu diálogo com sua equipe. Esses processos devem reforçar, não substituir, o trabalho do dia a dia. Você jamais deixaria de escovar os dentes todos os dias só porque vai ao dentista duas vezes ao ano para uma limpeza. Não use as avaliações de desempenho como desculpa para não dar um feedback pessoal improvisado.

O feedback tem uma meia-vida curta. Se você esperar uma semana ou três meses para conversar com uma pessoa, o evento ficará tão enterrado no passado, que ela não terá como resolver o problema nem aprender com ele.

As críticas guardadas explodem como bombas radioativas. Assim como na vida pessoal, passar muito tempo no trabalho sem dizer nada sobre algo que o enfurece, irrita ou frustra aumenta suas chances de explodir, fazendo com que você pareça um louco, prejudicando seu relacionamento ou as duas coisas. Não permita que isso aconteça. Se não estiver tão furioso a ponto de perder o controle, é melhor dizer o que pensa sem demora!

Evite buracos negros. Diga imediatamente às pessoas o que está achando do trabalho delas. Se pedir a um funcionário que o ajude a se preparar para uma reunião ou uma apresentação na qual ele não estará presente, conte-lhe depois como o trabalho foi recebido. Se não disser nada, ele achará que seu trabalho caiu em um buraco negro. É importante sempre dar um feedback, positivo ou negativo, sobre as contribuições das pessoas. Naturalmente, melhor ainda seria deixá-las apresentar o próprio trabalho sempre que possível para poder orientá-las na prática. Até no Google, uma organização não hierárquica, um elogio de minha chefe sempre tinha mais peso para meus subordinados do que um feedback meu.

Converse pessoalmente sempre que possível

Lembre-se de que a clareza de seu feedback é medida no ouvido de quem o recebe, não em sua boca. É por isso que é sempre melhor dar o feedback pessoalmente. Você não tem como saber se a pessoa entendeu o que você disse se não puder ver a reação dela. Se não souber se ela entendeu bem o que você disse, é como se não tivesse dito nada. E a maior parte da comunicação é não verbal. Quando você vê a linguagem corporal e a expressão facial da pessoa, pode ajustar o modo como está transmitindo a mensagem. É muito mais fácil saber se ela o entendeu claramente se puder olhá-la nos olhos, observar se ela está se mexendo nervosamente, se está de braços cruzados, e por aí vai.

Parte da tentação de não dar o feedback pessoalmente é procurar evitar a reação emocional da pessoa. Isso é natural. Entretanto, a qualidade de seu feedback melhorará se você estiver presente e aberto a esses sentimentos. Se a pessoa se mostrar nervosa, você terá a oportunidade de demonstrar compaixão, subindo no eixo do "se importar pessoalmente" do modelo da Sinceridade Radical. A resposta emocional dela o ajudará a saber se sua mensagem foi compreendida e a se ajustar de acordo. Se perceber que a pessoa não leva a sério o que você está tentando dizer (como fiz com Sheryl quando ela me disse que eu falava "hum" demais), você já sabe que precisa subir no eixo do "desafiar diretamente". Porém, se a pessoa ficar nervosa ou com raiva, concentre-se em demonstrar que você se importa pessoalmente e não deixe que as emoções o impeçam de confrontar diretamente.

Só que nem sempre é possível dar o feedback pessoalmente. Se for esse o caso, veja algumas coisas que você deve levar em conta:

Imediatamente x pessoalmente. Se a pessoa estiver em outra cidade e dar o feedback pessoalmente implicar esperar alguns dias, é melhor dar o feedback imediatamente, a menos que o assunto seja complexo. (Não demita ninguém por mensagem de texto.) Se a pessoa estiver no mesmo prédio e dar o feedback pessoalmente só requer uma curta caminhada, não seja preguiçoso e levante-se da cadeira!

A hierarquia dos meios de comunicação. Se você tiver acesso a internet de alta velocidade, uma videochamada é a segunda melhor opção. Se a conexão não for boa, fale pelo telefone e use o vídeo como um bônus, deixando o computador no mudo. O telefone é a terceira melhor opção. E-mail e mensagens de texto devem ser evitados ao máximo. Sempre parecerá mais rápido enviar apenas um e-mail ou uma mensagem de texto, mas, quando penso em todas as horas que tive de passar esclarecendo um mal-entendido resultante de um e-mail incompreendido, vejo que, na verdade, é bem mais rápido ir até a mesa da pessoa ou, se ela não estiver no escritório, pegar o telefone.

Mais de um meio de comunicação. Eu achava que elogiar as pessoas em público em um encontro da empresa inteira era uma excelente maneira de expor grandes realizações. No entanto, em muitas ocasiões, percebi que conversar pessoalmente, cara a cara, tem muito mais peso emocional e mandar um e-mail para toda a equipe surte um efeito mais duradouro.

"Com cópia": quando usar e quando evitar. Se você realmente precisa criticar ou corrigir alguém por e-mail, não use o recurso "Com cópia" (Cc). Jamais. Mesmo no caso de um pequeno erro envolvendo muitas pessoas, mande o e-mail apenas a quem cometeu o erro e peça-lhe que informe as outras. Para pequenos elogios, descobri que um rápido e-mail com cópia a todos da equipe costuma ser bastante eficaz. Esse tipo de elogio leva apenas um momento e mostra que você está atento ao que acontece ao redor. Se você se lembrar de repetir o elogio pessoalmente quando cruzar com a pessoa no corredor ou passar pela mesa dela, melhor ainda. Contudo, não deixe que o perfeito seja inimigo do bom.

Não é fácil trabalhar em um escritório remoto. Se você está em um escritório remoto ou gerencia uma equipe que trabalha em escritórios remotos, é importantíssimo ter interações rápidas e frequentes com as pessoas, para que você tenha acesso a suas emoções mais sutis. Quem me ensinou isso foi Maurice Tempelsman, meu chefe da época em que trabalhei na Rússia. Ele fazia questão de me ligar de Nova York todos os dias, mesmo que fosse só para ver se estava tudo bem, em uma rápida ligação de três minutos. Ele gerenciou operações na África na década de 1970 e aprendeu a importância da comunicação frequente para monitorar as emoções de quem trabalhava em locais distantes. Dizia que conseguia saber o estado de espírito de uma pessoa mesmo quando os telefonemas eram impossíveis e ele precisava usar o telex... mas só quando tinha o hábito de enviar mensagens por telex todos os dias. (O telex era uma tecnologia entre o telégrafo e a máquina de fax.)

Elogie em público, critique em particular

Uma boa regra básica para dar feedback é elogiar em público e criticar em particular. Uma crítica em público costuma gerar uma reação defensiva, tornando mais difícil para a pessoa admitir que errou e aprender com o erro. Um elogio em público tende a dar mais peso ao elogio e a encorajar os outros a imitar o comportamento elogiado. Essa, porém, é só uma regra geral, não uma verdade absoluta. Veja alguns fatores para levar em consideração:

Correções, observações de erros, discordâncias e debates são diferentes de críticas. É fundamental ser capaz de corrigir o trabalho das pessoas, apontar erros ou debater em público. No entanto, as críticas à pessoa devem ser feitas em particular. "Há um erro de digitação no slide seis", "A apresentação está com muitos erros de digitação, e, considerando a natureza do trabalho, temos de ser 100% precisos", "Encontrei um monte de erros de digitação aqui, mas não tem muito problema nessa fase", "Você ficou 5% abaixo da meta" ou "Não concordo com o que você acabou de dizer". Esses tipos de observação podem ser enviados por e-mail ou expostos em uma reunião na presença de outras pessoas. Veja um exemplo de uma crítica à *pessoa*: "Quando você faz várias apresentações importantes cheias de erros de digitação, que bastaria passar o corretor ortográfico para consertar, começo a me perguntar o que está acontecendo. Você pode me explicar?" Esse tipo de coisa precisa ser dito em uma conversa privada.

Adapte-se às preferências da pessoa. Embora a maioria das pessoas goste de ser elogiada diante dos outros, algumas podem receber qualquer tipo de menção em público como uma punição. Um elogio deve ser transmitido com a maior clareza possível e de maneira que eleve *a pessoa* — e não necessariamente do jeito como você gostaria de ouvir um elogio. Se você realmente se importa pessoalmente com os membros de sua equipe, já se deu o trabalho de conhecer cada um deles e deve saber quais são suas preferências.

Aprendizado em grupo. É raro encontrar alguém que admita gostar de ser elogiado em público. Assim, sempre que eu elogiava uma pessoa em público, fazia questão de explicar que não era porque ela quisesse isso, mas para que todos pudessem aprender com o sucesso dela. Eu dizia algo como: "Vou contar a vocês a última conquista de Jane e como ela conseguiu essa façanha, mas não porque eu queira que ela fique com vergonha, mas para que vocês possam aprender com o que ela fez." Quando queria encorajar as críticas em público para que todos aprendessem com os erros uns dos outros, eu conduzia um exercício para as pessoas criticarem a si mesmas (e não aos outros). (Veja "O Macaco da Semana", mais à frente neste capítulo.)

Não personalize o feedback

Há uma grande diferença entre se importar pessoalmente e personalizar os elogios e as críticas. Importar-se pessoalmente é bom. Personalizar é ruim. Veja algumas dicas úteis para ajudá-lo a evitar a personalização, tendo em mente que as pessoas podem levar o que você diz para o lado pessoal:

O "erro fundamental de atribuição" reduzirá a eficácia de seu feedback. A expressão "erro de atribuição fundamental" foi cunhada por Lee Ross, psicólogo social da Stanford University. Já falamos disso neste livro, mas vale repetir, por se tratar de um elemento muito importante para os relacionamentos saudáveis, seja com seu parceiro, filhos ou amigos, seja com seus subordinados. Um erro de atribuição fundamental implica usar atributos de personalidade percebidos, como "Você é burro, preguiçoso, ganancioso, hipócrita, grosso — para explicar o comportamento da pessoa, em vez de levar em conta o próprio comportamento e/ou a situação, que provavelmente foram a verdadeira causa do comportamento da pessoa. O problema é que esse tipo de percepção: 1) em geral é impreciso e 2) praticamente impossibilita resolver um problema, por ser muito difícil e demorado mudar atributos de personalidade essenciais. Na história que contei no Capítulo 2, o problema da política do AdSense não era o fato de Larry ser ganancioso; eu é que não tinha entendido a proposta dele. Mesmo assim, foi muito mais fácil e gratificante no momento acusar Larry de ser ganancioso. Tente se pegar no pulo quando começar a pensar ou a dizer "Você é..." Use a técnica da situação, comportamento, impacto ou o método da coluna da esquerda para manter a humildade e evitar a personalização.

Diga "Isso está errado", e não "Você está errado". Uma vez, trabalhei com um sujeito Radicalmente Sincero que tinha a reputação (injusta) de ser boçal. Quando as pessoas tiveram a chance de conhecê-lo melhor, perceberam que ele não era um grosso, e, sim, um cara muito intenso. Na verdade, ele se importava com os colegas e com a qualidade do trabalho da equipe. Seu trabalho era tão bom, que aquela primeira impressão das pessoas não o impediu de ser bem-sucedido na empresa. Contudo, o fato de ele ter causado uma má impressão inicial criou, em certas situações, muito estresse desnecessário, tanto para ele como para sua equipe. Mudei-me de Nova York para a Califórnia e perdi o contato com esse amigo por alguns anos. Então, conheci por acaso uma pessoa que tinha acabado de entrar em sua equipe. Imaginei que ela fosse me pedir conselhos para trabalhar com ele, mas tudo o que ouvi foi: "Ah, ele é um ótimo sujeito! Adoro trabalhar com ele. É famoso por ser uma das pessoas mais prestativas da empresa." Liguei para meu amigo para lhe transmitir o elogio e perguntar como tinha conseguido essa façanha. Ele me disse que uma simples sugestão o ajudou a mudar. Ele parou de dizer "Você está errado" e aprendeu a dizer "Acho que isso está errado". Começar com "acho" era uma forma mais humilde de transmitir a mensagem, e dizer "isso" em vez de "você" evitava personalizar o problema. As pessoas começaram a ser mais receptivas às críticas dele.

Não é raro uma discussão sobre uma decisão simples como "Devemos ir para a esquerda ou para a direita?" ou "Devemos colocar o botão em cima ou embaixo?" se transformar em um concurso de egos: "Você é um idiota! Você é um ogro arrogante!"

Quando a discussão for sobre um problema, mantenha o foco no problema. Personalizar o problema desnecessariamente só dificultará a solução.

A frase "Não leve para o lado pessoal" consegue ser pior que inútil. Como vimos, é importantíssimo evitar a personalização do feedback, e, mesmo quando você toma as medidas descritas anteriormente (ou, em outras palavras, mesmo quando evita personalizar o problema), o feedback não deixa de ser pessoal para quem o recebe. A maioria de nós dedica mais tempo e energia ao trabalho do que a qualquer outro aspecto da vida. O trabalho faz parte de quem somos, e não há como não ser pessoal.

Assim, quando tenta minimizar o golpe dizendo "Não leve para o lado pessoal", na prática, você está ignorando esses sentimentos. É como dizer "Não fique triste" ou "Não fique bravo". Parte de seu trabalho como chefe (e como ser humano) é reconhecer e lidar com as reações emocionais, não descartá-las ou evitá-las.

Como não personalizar mesmo que a questão seja pessoal. É mais fácil ver como evitar a personalização do feedback quando estamos falando do trabalho de uma pessoa. No entanto, quando estamos falando de algo mais pessoal, a coisa complica um pouco. Uma mulher com quem trabalhei tinha um cheiro de suor tão forte, que chegava a prejudicar sua eficácia. Mas como mencionar o problema? Fiz de tudo para focar a conversa no nariz dos colegas, e não nas axilas dela. Ela não era norte-americana, mas trabalhávamos nos Estados Unidos, de modo que fiz um pouco de graça da cultura norte-americana. Tentei não impor uma solução (ela podia ter alguma reação alérgica a desodorantes ou algum problema de saúde), e, sim, deixar claro que a situação estava prejudicando seu desempenho. Ela pareceu envergonhada, porém corrigiu o problema. Cinco anos depois, mandou-me uma nota de agradecimento. Ela havia sido promovida à chefia e, diante de uma situação parecida, finalmente entendeu como devia ter sido difícil para mim falar sobre o problema com ela. Ela também disse que notou que as pessoas passaram a se mostrar mais dispostas a trabalhar com ela depois que resolveu o problema do odor corporal. Com essa experiência, aprendeu que era importante superar sua relutância e encontrar um jeito de explicar o problema a seu subordinado.

AVALIE SEU FEEDBACK IMPROVISADO, ESTABELEÇA UMA LINHA DE BASE, MONITORE SUAS MELHORIAS

JÁ DEIXEI CLARO que a Sinceridade Radical é medida no ouvido de quem recebe feedback, não na boca de quem o oferece. Contudo, a pessoa que dá o feedback não tem como saber o que se passa no ouvido de quem o recebe. Será que é necessário pedir um feedback sobre seu feedback?

FEEDBACK	Elogios	Críticas
Receber de	✔	✔
Dar para	✔	✔
Incentivar entre		

Infelizmente, sim. O lado bom é que isso pode ser feito em apenas quinze segundos. É importante monitorar se você está se aproximando ou se distanciando da Sinceridade Radical. Uma das melhores maneiras de se tornar mais radicalmente sincero é explicar o modelo a sua equipe e pedir que ela avalie seu feedback toda semana. Acompanhe seu progresso ao longo do tempo. Você está se aproximando ou se distanciando da Sinceridade Radical?

Um jeito simples de fazer isso é deixar uma cópia impressa do modelo perto de sua mesa e, ao lado dele, alguns adesivos, definindo uma cor para os elogios e outra para as críticas. Peça às pessoas que colem adesivos no quadrante que descreve melhor suas últimas interações com elas. Se alguém acha que você foi duro sem necessidade colará um adesivo de crítica no quadrante da Agressão Detestável. Quem acha que você deixou de dizer o que devia ser dito colará um adesivo de crítica no quadrante da Empatia Ruinosa. Se a pessoa acha que você distribuiu elogios vazios, do tipo "muito bem", "bom trabalho" ou "estou orgulhoso de você" só para fazê-la se sentir melhor, colará um adesivo de elogio no quadrante da Empatia Ruinosa. E, se a pessoa acha que você lhe disse que ela fez um bom trabalho, mas depois disse aos outros que o trabalho foi ruim, colará um adesivo de elogio no quadrante da Insinceridade Manipuladora.

Pedir a ajuda de sua equipe para avaliar a qualidade do feedback para ver se você está conseguindo dar um feedback Radicalmente Sincero parece mais natural. (Vi isso acontecer na Apple, onde imprimimos uma bela e elegante versão do modelo da empatia assertiva, e muitos chefes o deixaram perto de sua mesa.)

Para começar, a abordagem expõe as pessoas todos os dias à estrutura da Sinceridade Radical. Com isso, elas saberão que você as desafia porque se importa com elas, e não porque é um ogro que só quer transformar a vida delas em um inferno. Em segundo lugar, com um vocabulário em comum, as pessoas terão mais chances de pedir que você seja Radicalmente Sincero, facilitando o combate à síndrome do "Se você não tiver nada gentil para dizer, é melhor ficar calado". Em terceiro lugar, a dica visual dada pelo modelo impresso lhe servirá como um lembrete para se manter Radicalmente Sincero mesmo no calor do momento. Por minha experiência, os chefes costumam ter medo de ser vistos como boçais, mas o que os subordinados mais temem é que os chefes não estejam sendo francos com eles. Quando um chefe percebe que alguém quer ouvir sua opinião sincera, fica muito mais fácil dizer diretamente o que precisa ser dito. Em quarto lugar, se você pedir que seus subordinados participem do exercício, mas eles se recusarem, você terá bons motivos para achar que não acreditam que você será capaz de reagir bem às críticas. Nesse caso, você terá de provar a sua equipe que não tem intenção de se vingar das críticas, voltando algumas etapas do processo e trabalhando para receber um feedback Radicalmente Sincero.

Por exemplo, se muitas pessoas categorizaram seus elogios e críticas no quadrante da Empatia Ruinosa, você saberá que não está confrontando as pessoas diretamente com seu feedback. Precisará, então, se concentrar em fazer elogios mais específicos e sinceros e "apenas dizer o que tem de ser dito" ao criticá-las. É sempre assustador na primeira vez. Entretanto, em meu trabalho como coach, a grande maioria das pessoas que tenho orientado se mostra agradavelmente surpresa. Elas dizem o que tem de ser dito, esperando o pior tipo de reação emocional, e a pessoa simplesmente lhes agradece por isso. Quando isso acontece, fica muito mais fácil ser Radicalmente Sincero.

A transição da Empatia Ruinosa à Sinceridade Radical pode ser um caminho direto, relativamente tranquilo e gratificante de imediato. Às vezes, porém, as pessoas precisam fazer ajustes e correções para atingir o equilíbrio. Elas têm de passar da Empatia Ruinosa ao quadrante que mais temem, o da Agressão Detestável, antes de poder chegar à Sinceridade Radical. Considerando que a principal razão pela qual as pessoas adotam a Empatia Ruinosa é seu medo de serem vistas como rudes ou grosseiras, isso pode resultar em uma transição assustadora. Se for seu caso, não se desespere. Saiba que você está avançando na direção certa. No entanto, tome o cuidado de não parar por aí; siga em frente até atingir a Sinceridade Radical!

Ir da Empatia Ruinosa à Sinceridade Radical requer uma mudança de comportamento, o que nunca é fácil. Porém, é como escovar os dentes. Se você não aprendeu a escovar os dentes na infância, precisará se empenhar um pouco até adotar o hábito, mesmo sabendo que a tarefa levará apenas alguns minutos poucas vezes por dia. Quando se acostumar a escovar os dentes, contudo, sentirá falta se não o fizer. Não suportará ir dormir ou sair de casa de manhã sem escovar os dentes antes.

E mesmo depois de criar o hábito de dar feedback, você terá algumas semanas boas e outras nem tanto. Quando estiver sobrecarregado ou distraído por problemas familiares, talvez você se deixe controlar pela Empatia Ruinosa e/ou pela Agressão Detestável e não seja 100% sincero. Não é fácil orientar os subordinados, e você sempre será pressionado a não ser Radicalmente Sincero. Você não tem como "se consertar" definitivamente e precisará ficar de olho em seu comportamento dia após dia. Será muito útil saber, pelas pessoas, se você está se aproximando ou se distanciando da Sinceridade Radical.

Pode não ser fácil saber que você parou no quadrante da Insinceridade Manipuladora ou da Agressão Detestável, mas também pode ser uma grande motivação, já que poucas pessoas querem ser manipuladoras ou detestáveis.

E ninguém gosta de saber que está no quadrante da Empatia Ruinosa. No entanto, sempre é bom lembrar que confrontar diretamente as pessoas, na verdade, é um ato de gentileza, e você pode ser motivado a mudar bem depressa seu comportamento. Não é tão difícil "apenas dizer" as críticas e fazer elogios específicos. Considerando que a maioria dos erros dos chefes ocorre no quadrante da Empatia Ruinosa, monitorar a qualidade de seu feedback tem o potencial de melhorar rapidamente a quantidade e a qualidade do feedback que as pessoas recebem e impelir você e toda a sua cultura à Sinceridade Radical. Se pudermos passar da Empatia Ruinosa à Sinceridade Radical com mais frequência, o mundo será não só mais produtivo, como também mais feliz. A Agressão Detestável leva a mais sucesso que a Empatia Ruinosa, mas é extremamente desagradável.

O mais importante é saber como seu feedback está sendo recebido pelo pessoal. Ouça o que eles acham de seus elogios e críticas. Leve-os a entender que você só os confronta porque se importa tanto com o crescimento profissional deles quanto com o lado pessoal. Ter acesso a um lembrete visual de como seu feedback está sendo recebido pelas pessoas pode realmente ajudar. Para mais detalhes de como fazer isso, consulte a seção "Avalie a Crítica", no Posfácio (página 250).

SEJA RADICALMENTE SINCERO COM *SEU* CHEFE

POUCO TEMPO ATRÁS, em uma palestra, eu disse que, se você é chefe, não é só seu trabalho, mas também sua obrigação moral, ser Radicalmente Sincero. Alguns dias depois, um participante da palestra me mandou uma mensagem pelo Twitter dizendo: "Usei a Sinceridade Radical com meu chefe. Fui demitido." Fiquei horrorizada por ter causado a situação e me ofereci para ajudá-lo a encontrar outro emprego. Ele me garantiu que foi melhor assim e que já tinha algumas vagas em vista.

Mesmo assim, acho importante esclarecer. Se você *não* ocupa um cargo de autoridade, recomendo tentar ser Radicalmente Sincero, mas com cautela. Você não tem obrigação moral alguma de criticar seu chefe se isso for lhe custar o emprego. Se perceber que não tem como ser Radicalmente Sincero com seu chefe, sugiro que encontre um novo emprego com um novo chefe. Faça isso, porém, em seus próprios termos. Não seja demitido. Proteja-se.

Como você pode praticar a Sinceridade Radical com seu chefe de maneira segura? Precisará pedir a permissão dele para tentar aplicar o modelo? Como você já deve imaginar, considerando que não acredito na eficácia da autoridade unilateral, eu diria que não, você não precisa pedir a permissão do chefe para começar a aplicar o modelo da Sinceridade Radical. Tome a iniciativa por conta própria. Quando aplicar os conceitos da Sinceridade Radical com sua equipe e começar a ver os resultados, explique a seu chefe o que está fazendo. Dê a ele a chance de confrontá-lo e presuma que as intenções dele são boas. Se perceber que ele está aberto a aprender, tente pedir e dar feedback.

Por sorte, você tem como aplicar a Sinceridade Radical com seu chefe da mesma forma que fez com sua equipe. Antes de dar feedback, peça um. A ideia é certificar-se de conhecer o ponto de vista da pessoa antes de sair por aí distribuindo elogios e críticas, não importa quem ela seja (seu chefe, um subordinado, um colega ou qualquer outra pessoa de sua vida). Ao receber um feedback, resista à tentação de criticar a crítica e não aceite elogios vazios. Concentre-se em recompensar a franqueza se a pessoa for franca com você e em aceitar o desconforto se ela não o for. Caso seu chefe já esteja usando o modelo da Sinceridade Radical e lhe pedir explicitamente que avalie o feedback dele, isso abrirá uma exceção à regra de não criticar a crítica. Mas se ele costuma agir com Empatia Ruinosa e lhe pedir um feedback, avalie-o com franqueza.

Em seguida, peça *permissão* a seu chefe para dar um feedback. Diga algo como: "Você acha que seria interessante se eu lhe dissesse o que penso de X?" Se ele responder que não ou que esse não é seu trabalho, deixe o problema de lado e vá tirar a poeira de seu currículo! Caso ele responda que sim, comece com um problema pequeno e sem grandes consequências e veja a reação dele. Se ele reagir bem e recompensar sua franqueza, siga em frente. Caso contrário, desista imediatamente ou presuma que ele não tem boas intenções. Tente mais uma vez, com muita cautela, mas, se a reação dele for a mesma, pode ser um sinal de que é melhor procurar outro emprego. Você merece um chefe melhor.

Ao dar feedback a seu chefe, use as mesmas dicas anteriores: seja prestativo e humilde, dê o feedback imediata e pessoalmente, elogie em público (se não for soar como um mero bajulador), critique em particular e não personalize o problema.

A capacidade de ser Radicalmente Sincero com seu chefe é vital para seu sucesso. Uma das maiores dificuldades de ser gestor de médio escalão (e, considerando que a maioria dos CEOs reporta a um Conselho de Administração, praticamente *todos* os gestores podem ser assim considerados) é o fato de você acabar encarregado de executar decisões das quais discorda. Uma situação como essa pode parecer um impasse sem solução. Se você disser a sua equipe que concorda com as decisões, se sentirá um mentiroso ou, no mínimo, nem um pouco autêntico. Se disser que não concorda com as decisões, dará a impressão de ser fraco, insubordinado ou ambos.

A Sinceridade Radical é a solução para esse dilema. Se você for capaz de dizer a seu chefe que discorda de uma decisão, pelo menos abrirá um canal de comunicação para entender melhor as razões por trás da decisão. E, munido desse entendimento, você poderá explicar a decisão a sua equipe, mesmo que discorde da decisão. Quando perguntarem "Por que estamos fazendo isso? Não faz sentido algum para nós. Você não contestou essa decisão?", responda: "Entendo o ponto de vista de vocês. Sim, tive a chance de contestar. Ele disse isso e aquilo. E as razões para a decisão são as seguintes..." Se insistirem em saber se você concorda com a decisão, diga com toda a franqueza que seu chefe ouviu seu ponto de vista, que você teve a oportunidade de contestar a decisão e que é melhor fazer o que ele está mandando. Andy Grove tinha um mantra na Intel que pegamos emprestado para descrever a liderança na Apple: "Ouvir. Contestar. Comprometer-se." Um bom líder tem humildade para ouvir, confiança para contestar e sabedoria para saber quando é melhor parar de argumentar e comprometer-se com a decisão.

FEEDBACK PARA HOMENS E MULHERES

AS DIFERENÇAS ENTRE os sexos fazem com que seja mais difícil dar feedback tanto para homens como para mulheres, mas de maneiras bem distintas. Os preconceitos e o que eu chamo de "política de gênero" podem frustrar as tentativas de ser Radicalmente Sincero com alguém do sexo oposto. Decidi incluir uma seção específica para as diferenças entre os sexos porque este livro se baseia em minhas experiências pessoais, e sou uma mulher branca. Podemos traçar alguns paralelos importantes para as diferenças raciais e para qualquer outra situação parecida.

Por que a Sinceridade Radical pode ser mais difícil para os homens que gerenciam mulheres

A maioria dos homens aprende, desde o nascimento, a ser "mais gentil" com as mulheres do que com os homens. Em algumas situações, essa lição pode ser péssima para as mulheres que trabalham para eles. Até o homem mais machista para quem trabalhei invariavelmente relutava mais em me criticar do que em criticar os homens subordinados a ele. Morria de medo de me fazer chorar, porém levava muitos homens que reportavam a ele às lágrimas e parecia não se incomodar com isso. Eu estaria disposta a apostar que, na verdade, as mulheres não choram mais do que os homens no trabalho. Nunca vi nenhuma pesquisa a esse respeito, mas, por minha experiência, os homens também choram, e mais ou menos com a mesma frequência. E, ainda assim, aquele chefe tinha medo de criticar as mulheres de sua equipe porque achava que cairíamos no choro, e a impressão que eu tinha era a de que ele nos via com uma mistura de arrogância e pena.

Não quero ser muito dura. Muitos homens relutam mais em criticar as mulheres do que os homens mesmo sem ser machistas. Se a carapuça servir, não se culpe por isso. Basta se lembrar de que, se você é chefe, é seu trabalho administrar sua fobia de lágrimas e não pegar leve quando precisar criticar as mulheres. Você não estará ajudando suas subordinadas se evitar criticá-las.

O que chamo de "política de gênero" é o segundo fator que dificulta para alguns homens serem Radicalmente Sinceros com as mulheres. Outro dia, eu conversava com um professor de uma faculdade de física que tinha uma aluna que não sabia resolver equações de segundo grau. (Aprendi isso na escola e confesso que não me lembro de nada, mas não tenho pretensões de me formar em Física.) Chocado e perguntando-se como a aluna conseguira chegar até ali com tamanha deficiência em sua formação, o professor lhe disse que precisaria aprender imediatamente a resolver equações de segundo grau. Furiosa com a crítica, ela o acusou de ser um péssimo professor.

O problema começou não porque envolvia diferenças entre os sexos, mas porque aquela jovem, como tantas outras, não estava acostumada a ser criticada (fenômeno bem explicado em um artigo da *Atlantic* intitulado "The coddling of the American mind" ["Norte-americanos mimados", em tradução livre]). Só que os colegas do professor, inclusive alguns homens bem-intencionados dispostos a se mostrar sensíveis às questões de gênero, deixaram que o desacordo se transformasse em um problema de diferença entre os sexos. De repente, passou a ser arriscado para os professores daquela instituição dizer a uma aluna do curso de Física que ela precisava aprender a resolver equações de segundo grau.

A situação prejudicou não só a estudante que resistiu à crítica construtiva, como também todas as outras que vieram depois. Aquele professor passou a hesitar em criticar o trabalho de suas alunas, e com razão. No entanto, para ter sucesso na área, aquelas jovens mulheres, como seus colegas do sexo masculino, precisavam ter a chance de ser criticadas. E a situação também não foi nada agradável para o professor.

Esse exemplo ilustra uma tendência contrária ao feedback que vem assolando a educação superior como um furacão e afetando todas as organizações nas quais os jovens da geração Y trabalharão. Mas, se professores e chefes hesitam em expor alunos e funcionários a críticas que podem ser vistas como "ameaçadoras" ou "constrangedoras" por medo de represálias, tanto as faculdades como as empresas saem perdendo. Combine isso com a política de gênero, e o aprendizado cai por terra. Será que o tom politicamente correto do atual "diálogo universitário" (ou melhor, a falta de diálogo) não corre o risco de ser um tiro no pé e acabar reduzindo a orientação pelos professores e o aprendizado para as mulheres?

O caso bizarro da equação de segundo grau é extremo, mas exemplos menos drásticos ocorrem todos os dias. E isso não só com estudantes universitários; já vi acontecer com funcionários de meia-idade em empresas que se orgulham de ser orientadas por dados.

Recentemente, eu estava conversando com um bom amigo, que lidera uma equipe de programadores, sobre a questão das mulheres que atuam na área da tecnologia. Sugeri que pedisse a opinião de uma subordinada que ele passara anos ajudando a crescer profissionalmente. Ele me lançou um olhar indignado. "Não tenho como falar com ela sobre isso!", exclamou, chocado com a sugestão.

Isso veio de um homem que não só é imparcial, como ciente dos preconceitos e decidido a combatê-los. Ele percebe coisas que até eu deixo de ver. Se lhe for mesmo impossível ter uma conversa Radicalmente Sincera sobre as diferenças entre os sexos com uma mulher que ele conhece bem, eu diria que chegamos ao fundo do poço. Mas o problema não é dele nem de sua subordinada. Conheço os dois e tenho certeza de que a conversa teria corrido bem. O problema é a ansiedade que costuma cercar as questões de gênero e que leva todo mundo a pisar em ovos e evitar falar sobre importantes verdades.

Há pouco tempo, outro amigo se viu em uma enrascada quando decidiu abrir um importante diálogo sobre a diferença entre os sexos no trabalho. As expressões que usou em sua argumentação foram tiradas do contexto e divulgadas na imprensa e nas mídias sociais. Ele também é um homem dedicado a tratar todas as pessoas com justiça e volta e meia se empenha em ajudar suas colegas mulheres a avançar na carreira. No entanto, depois daquela comoção toda, decidiu que nunca mais falaria em público sobre as diferenças entre os sexos. Não tenho como culpá-lo, mas o incidente representou outro golpe na Sinceridade Radical e no diálogo aberto sobre um tema importante, em que meu amigo tinha se posicionado do lado certo.

É vital combatermos a política de gênero.

Por que o viés de gênero dificulta a Sinceridade Radical para as mulheres

O viés de gênero torna mais difícil para as mulheres serem Radicalmente Sinceras tanto com homens como com outras mulheres.

Um tipo comum de machismo é o que chamo de "Armadilha da Hostilidade".

Deixe-me contar uma história pessoal com a armadilha da hostilidade. Um dia, meu chefe me chamou em sua sala e me perguntou se eu conhecia um estudo recente sobre competência/imagem positiva. Respondi que não. Ele, então, me explicou sem meandros que, quanto mais competente uma mulher é, menos seus colegas tendem a gostar dela, e disse que um colega com quem eu trabalhava, talvez devido ao viés de gênero, simplesmente não gostava de mim. Em vez de sugerir a essa pessoa que repensasse sua atitude, ele me recomendou melhorar minha imagem positiva.

Naturalmente, pensei que meu chefe devia tentar resolver o problema do viés de gênero, e não me mandar contornar o problema fazendo bolos para apaziguar a pessoa que se ressentia de minha competência. Só que eu adorava meu trabalho. Tinha feito amizade com os homens que trabalhavam nas salas à direita e à esquerda da minha. E sabia muito bem que podia cair na agressão detestável às vezes. Desconheço qualquer pessoa em posição de liderança que não caia nesse quadrante um pouco mais frequentemente do que gostaria. Além disso, eu achava que sabia qual de meus colegas não gostava de mim e por que a situação estava incomodando tanto meu chefe. E fiz de tudo para apaziguar esse colega (exceto fazer bolos para ele).

Eu estava certa de que tinha resolvido o problema quando meu chefe me chamou em sua sala de novo. Disse que as coisas haviam melhorado, mas que ele tinha uma ideia para cortar o mal pela raiz. Eu não via a hora de saber qual era a ideia. Você nunca adivinhará o que ele sugeriu. Um rebaixamento para mim. Dessa maneira, explicou, meu colega não invejaria tanto meu cargo, e eu poderia ter uma imagem mais positiva. Menos de três semanas depois, encontrei um emprego melhor e pedi demissão.

Tive sorte. Naquele ponto de minha carreira, eu já tinha muitas opções. Se tivesse acontecido antes, poderia ter sido forçada a aceitar o rebaixamento e engolir o amargor resultante ou ter pedido demissão sem outro emprego em vista, prejudicando meu avanço profissional.

Kieran Snyder, cofundadora da Textio, aplicou análises linguísticas a avaliações de desempenho e descobriu que, quando as mulheres confrontam diretamente (o que precisam fazer para ter sucesso), são penalizadas por serem "hostis". Elas são rotuladas como "hostis" tanto por homens como por outras mulheres.

Snyder publicou um artigo explicando suas constatações na revista *Fortune*, o que gerou as conversas por e-mail mais longas e acaloradas que já vi em várias empresas que eu orientava em meu trabalho de coaching. O que aquele artigo tinha para causar tamanha comoção? Todas as mulheres que trabalham têm incontáveis histórias sobre serem rotuladas de hostis ou malvistas por serem competentes demais... e terem de pagar o preço, emocional e profissionalmente.

Para entender por que o rótulo de "hostil" impede o avanço das mulheres e reduz o número delas na chefia, até mesmo em organizações que começam com um equilíbrio perfeito entre os dois sexos, vamos dar uma olhada no exemplo que Snyder me deu, de dois colegas atuando na mesma posição de chefia. Veja o feedback que eles receberam dos subordinados:

■ **"Jessica é muito talentosa, mas eu gostaria que ela fosse menos hostil. Ela pega muito pesado com a gente."**

■ **"Steve é inteligente, e adoro trabalhar com ele. Ele precisa aprender a ser um pouco mais paciente, mas quem não precisa às vezes?"**

Esses tipos de comentário influenciam as avaliações de desempenho, que, por sua vez, afetam as promoções. Suponhamos que Jessica receba uma avaliação um pouco inferior que a de Steve em consequência de sua "hostilidade". Isso não faria muita diferença se acontecesse só em um trimestre. Entretanto, uma série de avaliações inferiores acabará custando uma promoção a Jessica. E, mesmo que as avaliações não sejam inferiores, a seleção para promoções e cargos de liderança depende muito da tal "imagem positiva".

Quando vieses assim permeiam toda a empresa, as chefes mulheres serão muito prejudicadas. Pesquisadores fizeram uma simulação para verificar o que acontece com as promoções no decorrer de vários anos mesmo se as avaliações forem pouco impactadas por esse fenômeno. Quando o viés de gênero resulta em apenas 5% da diferença nas avaliações de desempenho, uma empresa que comece com 58% dos cargos de início de carreira (juniores) ocupados por mulheres termina com apenas 29% dos cargos de liderança ocupados por elas.[*]

Naturalmente, essa análise só conta uma parte da história. Vejamos o que acontecerá com Jessica ao longo de sua carreira. Se ela estivesse no início de sua carreira, provavelmente seria promovida, mais cedo ou mais tarde, apesar de sua suposta "hostilidade", mas ela está um ano ou mais "atrás" de Steve. Vamos avançar cinco ou sete anos no tempo. Agora, Steve está dois cargos à frente de Jessica. Como o salário aumenta muito a cada promoção, ele está ganhando muito mais que Jessica. Se Steve e Jessica se casarem e tiverem um filho, qual emprego será mais importante para a renda familiar e quem terá mais possibilidades de faltar ao trabalho quando o bebê adoecer?

---

[*] Martell, R. F., Lane, D. M. e Emrich, C. "Male-female differences: A computer simulation." *American Psychologist*, 51, 2, fev. 1996.

Isso, porém, nem é o pior que pode acontecer com Jessica. Vamos imaginar que ela leve a sério o feedback de ser "hostil" e deixe de confrontar diretamente seus subordinados. Ela ajusta seu comportamento para ter uma imagem mais positiva, mas acaba sendo menos eficaz no trabalho. Em vez de ser Radicalmente Sincera, o que a levaria a ser acusada, de modo injusto, de agir com Agressão Detestável, o feedback que ela passa a dar tende a se ater aos quadrantes da Empatia Ruinosa ou da Insinceridade Manipuladora. Essa atitude destrói a eficácia dela na liderança. E agora, além do viés de gênero, ela terá problemas reais de desempenho. Nesse caso, Jessica nunca conseguirá avançar muito na carreira. Frustrada e achando que precisa escolher entre ser aceita pelos subordinados e ter sucesso, ela decide que não vale a pena entrar nesse jogo... e desiste.

Todas as mulheres que conheço enfrentaram alguma versão dessa dinâmica. Algumas conseguiram superar o obstáculo, mas todas nós já passamos por isso. Também é vital darmos um fim a essa loucura.

O que você pode fazer?

Essas questões acabaram se tornando polêmicas demais. Muitos homens, até os realmente interessados em combater o viés de gênero, concluíram, e com razão, que não vale a pena arriscar tocar no tema da diferença entre os sexos. O risco não provém necessariamente das mulheres com quem eles trabalham. Pode vir de outros homens que decidem jogar lenha na fogueira e usar as diferença entre os sexos para avançar na carreira. Pode vir de um departamento de RH politicamente correto demais. Pode vir da legislação, que é absurdamente inapropriada em certos casos. Em algumas situações, pode vir das pressões das mídias sociais ou de uma história mal contada publicada na imprensa, artigos manipulados por repórteres sensacionalistas. A questão da diferença entre os sexos está se tornando intocável... e todos sairão perdendo com isso.

Não precisaria ser assim. Tenho algumas ideias para ajudar as pessoas a minimizar esse problema no dia a dia do trabalho.

Para os homens: evitem "pegar leve" com as mulheres

Se você é homem e tende a pegar leve com as mulheres por ser cauteloso com respeito à política de gênero ou por achar que elas podem cair no choro, talvez seja interessante saber o que as mulheres acham de seu feedback. Basta perguntar a elas. Tente explicar o modelo da Sinceridade Radical e, quando der algum feedback, simplesmente diga algo como: "Estou tentando ser Radicalmente Sincero e queria saber o que você acha de meu feedback". Peça que as mulheres avaliem seus elogios e críticas. (Mesmo que você não esteja preocupado especificamente com o problema da diferença entre os sexos, é sempre útil ter essa informação!) Você pode nem perceber que pega leve com algumas pessoas e não com outras.

Para as mulheres: exijam ser criticadas

Se você é mulher e acha que seu chefe hesita em criticar seu trabalho, pode ser boa ideia dizer a ele que você gostaria de receber mais feedback.

Procure dizer algo como: "O que posso fazer ou parar de fazer para facilitar que você seja Radicalmente Sincero comigo?" "Parece que você se preocupa tanto com meus sentimentos, que hesita em me dar feedback, mas não tenho como melhorar sem suas críticas", ou "Preciso muito que você me dê sua opinião sincera sobre meu trabalho". Dito isso, faça uma pausa. Conte até seis mentalmente. Aceite o desconforto. Faça o que for preciso para obter a opinião sincera de seus colegas homens ou de seu chefe. Releia a seção sobre feedback e aplique tudo com o dobro de empenho!

Para homens e mulheres: alguns pontos de reflexão para quando você se pegar achando que uma mulher está sendo "agressiva demais"

Antes de dizer isso a ela, tente as táticas a seguir, para ver se não está caindo na armadilha da competência/imagem positiva. E não pense que não há como cair nessa armadilha só porque é mulher! Constatei que, infelizmente, os dois sexos têm a mesma parcela de culpa.

Inverta os sexos. Se a mulher que você considera hostil fosse um homem que tivesse exatamente a mesma atitude, será que a crítica "Você está sendo agressiva demais" não se transformaria no elogio "Você sabe mesmo como fazer as coisas"? Imagine um homem de sua equipe fazendo exatamente a mesma coisa que a mulher fez. Como você reagiria? Se sua reação for diferente, você está prestes a cair na armadilha.

Em algumas grandes empresas do Vale do Silício, dois atores de teatro de improviso que conheço conduzem sessões de interpretação de papéis para ajudar as pessoas a dar bom feedback. Em uma dessas sessões, eles realizaram o seguinte experimento: usaram a expressão "nem a pau" ao conversar com o(a) "chefe". Os participantes, tanto homens como mulheres, ficaram muito ofendidos quando a atriz lhes disse isso, mas nem piscaram quando o ator fez a mesma coisa. Uma mulher não se importou quando a ator usou a expressão, porém exclamou "Vou demitir essa vaca!" quando a frase foi dita pela atriz.

Seja mais específico. Um feedback como "Você é muito agressivo" é abstrato demais e sujeito à armadilha da hostilidade. Se você descrever exemplos específicos para mostrar como essa hostilidade se manifesta, ficará mais claro se o problema é real ou se não passa de fruto de seu preconceito.

Evite palavras normalmente utilizadas para descrever determinado sexo. Observe os termos que usa. Você utiliza palavras como "histérica(o)", "descontrolada(o)" ou "desvairada(o)", raramente empregadas para descrever um homem? Se usar, corre o risco de cair na armadilha. Uma das lições que aprendi com Dick Costolo foi perceber que ele evitava usar palavras desse tipo, em especial nas avaliações de desempenho. Não raro, ele percebia sutilezas que eu não tinha notado e sempre se manifestava quando ouvia algum comentário que podia ser interpretado como inapropriado em termos de gênero.

Nunca diga "Tente ser mais agradável com as pessoas". Lide com a situação dando às mulheres sugestões específicas para elas poderem mudar seu comportamento e aumentar sua eficácia. E lembre-se de que, embora o viés de gênero possa estar por toda parte, seu trabalho como chefe não é aconselhar as mulheres a contornar o problema, mas, sim, ajudar toda a equipe a *identificá-lo e eliminá-lo*, para criar um ambiente de trabalho mais justo, onde o viés de gênero não tenha a chance de prejudicar a carreira de ninguém.

Para mulheres: pontos de reflexão se alguém lhe disser "Você é hostil demais"

Antes de reagir ao feedback de que você é agressiva ou hostil demais, pense nas cinco regras a seguir:

Nunca pare de desafiar diretamente. É comum as mulheres vistas como hostis (ou até algo pior) serem aconselhadas a parar de confrontar diretamente. Esqueça isso. Você precisa fazer isso se quiser ter sucesso.

Importe-se pessoalmente — mas mate o "anjo do escritório". Acontece muito, para subir na dimensão do "se importar pessoalmente", de as mulheres gastarem muita energia encarregando-se da organização do escritório ou assumindo o papel de "anjo do escritório", parafraseando Virginia Woolf. O sacrifício pessoal nunca é uma boa maneira de demonstrar que você se importa. Se não quiser, não precisa assar bolos, fazer café, tirar fotos da equipe ou investir tempo e dinheiro arrumando-se enquanto os homens usam jeans e camiseta na empresa!

A conclusão do estudo sobre a competência/imagem positiva não foi a de que as mulheres nunca foram hostis no trabalho. Lembre-se de que você pode muito bem ter sido antipática, desagradável ou até hostil no trabalho. Não seja o anjo do escritório, mas fique aberta à possibilidade de ter magoado alguém sem necessidade.

O simples fato de ser errado chutar quem está por baixo e bajular quem está por cima não significa que seja certo fazer o contrário. Orientei muitas mulheres que cometem o mesmo erro que cometi com meu e-mail para Larry, na história que contei no Capítulo 2. Elas são Radicalmente Sinceras com seus subordinados, mas caem no quadrante da Agressão Detestável com os chefes. Desconheço qualquer pesquisa que demonstre que isso é mais comum para as mulheres do que para os homens, mas vi acontecer com muitas mulheres, a ponto de acreditar que vale a pena mencionar o problema aqui.

Não desista dos homens. Quando contei a meu pai sobre o chefe que me ofereceu um rebaixamento para me ajudar a evitar a armadilha da competência/imagem positiva, ele disse que não conhecia essa armadilha. Descrevi o conhecido caso de Heidi/Howard Roizen: um professor de administração apresentou a duas turmas de estudantes o mesmo estudo de caso sobre um(a) empreendedor (a) de sobrenome Roizen; a única diferença era a informação sobre o sexo de Roizen. No levantamento, os alunos disseram que Heidi (mulher) e Howard (homem) foram igualmente competentes, mas que Heidi era uma ogra e Howard era um sujeito espetacular. (É sério!)

Meu pai respondeu: "Ah, entendi o que você quer dizer. Trabalho com muitas mulheres que são mais agressivas do que precisariam ser". Veja bem, meu pai é uma das pessoas mais inteligentes que já conheci e sempre apoiou minhas ambições profissionais a cada passo, tanto que me levava para ver as estrelas pelo telescópio todas as noites quando eu tinha 10 anos e queria ser astronauta. Entretanto, nem toda sua inteligência, nem seu amor por mim, nem seu desejo de que eu tivesse sucesso bastavam para enterrar seu preconceito inconsciente. Ele continuava caindo na armadilha da competência/imagem positiva. Então, expliquei de novo o conceito, e nós dois demos boas risadas. Por sorte, ele é meu pai, e eu sabia que se importava muito comigo. Porém, se ele fosse outro homem, eu poderia ter caído na tentação de cometer o erro de atribuição fundamental e desistir dele, rotulando-o de incorrigível, machista, porco chauvinista ou alguma outra coisa. Não faça isso. Essa atitude não ajudará a resolver o problema. Continue desafiando diretamente e mostrando que você se importa pessoalmente até a pessoa entender.

AVALIAÇÕES DE DESEMPENHO FORMAIS

DÁ PARA DIZER que avaliações de desempenho lembram tratamentos de canal, só que, nessa analogia, eles provavelmente são tão penosos para o dentista quanto para o paciente. Em certa extensão, isso é inevitável. Se, como eu, você suspeita de modo automático que esse tipo de processo

FEEDBACK	Elogios	Críticas
Receber de	✔	✔
Dar para	✔	✔
Incentivar entre		

de avaliação formal é corporativo, artificial e desumanizador demais, não deve gostar muito dele.

É por isso que a GE — que praticamente inventou as avaliações de desempenho — e muitas outras companhias decidiram abolir o processo. Desde que a organização tome medidas específicas para promover uma cultura de feedback e encontre algum outro jeito de fazer com que os processos de definição de aumentos salariais, bônus e promoções sejam transparentes, pode até dar certo abolir as avaliações de desempenho.

Caso sua empresa não faça avaliações de desempenho formais, é importantíssimo reforçar o feedback improvisado. No entanto, se o faz, tente não desmerecer o processo. Constatei, em diversas ocasiões, que uma avaliação de desempenho formal muitas vezes esclarece questões que o feedback improvisado não consegue resolver. Imagine que você tenha dito a um de seus subordinados diretos que a postura negativa dele está prejudicando sua capacidade de trabalhar com a equipe. Ele pode até ouvir sua mensagem, mas talvez só a entenda quando passar pelo processo de avaliação formal e vir que seu desempenho é considerado insatisfatório. Não raro, me surpreendo com os problemas de comunicação revelados pelas avaliações de desempenho. Se bem conduzido, o processo pode ser uma grande oportunidade de melhorar a qualidade de seu feedback.

Está no "bem conduzido" boa parcela do êxito quanto à qualidade do feedback. Caso sua empresa já disponha de um processo formal de avaliação de desempenho, eis minhas sugestões para que ela seja bem feita:

Evite surpresas. Ninguém deveria se surpreender com os resultados da avaliação de desempenho formal, e, se você tiver o hábito de dar feedback improvisado a sua equipe, reduzirá bastante as chances de isso acontecer.

Não confie apenas em sua opinião unilateral. Mesmo que sua empresa não adote um processo de avaliação 360 graus formal para que você possa saber o que as pessoas pensam do desempenho de seus subordinados diretos, nada o impede de conduzir um processo de avaliação informal. Um gestor que conheço faz isso pedindo a cada pessoa de sua equipe que avalie os colegas com um simples sistema de "−", "±" e "+". A maioria das pessoas recebe "±", e, nesse caso, meu amigo não faz nada. Quando alguém recebe "−" ou "+", ele investiga a questão durante uns cinco minutos da conversa individual que ele conduz com todos os subordinados duas vezes por ano, e isso o ajuda a checar se está sendo justo e capaz de ver o quadro geral. Em um mundo ideal, essas avaliações seriam transparentes e específicas. Entretanto, criar um sistema como esse tomaria um tempo que ele não tem. E todo mundo sabe que o gestor faz isso porque se importa pessoalmente com a equipe, de modo que dar "−" a alguém não é visto como um golpe baixo ou uma traição.

Peça que as pessoas avaliem seu desempenho primeiro. Sempre ajuda pedir a seus subordinados diretos que avaliem seu desempenho antes de você avaliar o desempenho deles. A maior vantagem dessa postura é que o processo acaba sendo mais um diálogo do que uma avaliação unilateral de sua parte. Além disso, se você for avaliado antes de avaliar as pessoas, tem como saber o que cada uma delas pensa antes de começar a avaliá-las. Você pode repensar o que planejava dizer ou o modo como pretendia dizer.

Faça anotações. Dá trabalho e leva tempo fazer anotações, e é por isso que muitas empresas não exigem avaliações de desempenho por escrito. Porém, como percebi em incontáveis ocasiões, fazer anotações acaba mudando a avaliação. Sempre acho que sei o que gostaria de dizer em uma sessão de avaliação, mas, quando começo a escrever, percebo que a situação é muito mais complexa do que eu pensava de início. Reservar um tempo para articular seu raciocínio por escrito antes de falar com a pessoa pode lhe poupar o constrangimento de mudar de ideia no meio da avaliação ou, pior ainda, depois.

Também notei que colocar no papel o que tenho a dizer me força a dizer o que tem de ser dito. Uma sessão de avaliação de desempenho acalorada poderia me levar a recuar para a Empatia Ruinosa. No entanto, o simples ato de anotar uma crítica importante me força a me aproximar da Sinceridade Radical.

Por fim, uma avaliação por escrito pode ajudar as pessoas a esclarecer alguns pontos em uma ocasião posterior. Uma avaliação de desempenho costuma envolver muitas informações para digerir, e é bom ter um registro em papel para consultar depois. Eu passei meses levando na bolsa a avaliação de meu desempenho elaborada por Sheryl para me lembrar de pontos em que eu precisava melhorar.

Decida o melhor momento para entregar a avaliação por escrito. Tenha em mente que cada caso é um caso. Algumas pessoas são muito mais capazes de ter uma conversa produtiva se já souberem mais ou menos o que será dito. Em geral, elas gostam de se preparar e odeiam surpresas. Então, mande-lhes a avaliação por escrito na noite anterior. Outras pessoas tendem a ler demais nas entrelinhas, de modo que é melhor você estar presente quando elas lerem a avaliação, para poder fazer os esclarecimentos necessários. Se você escreve "A equipe fica frustrada quando você cancela as reuniões na última hora", a interpretação delas pode ser algo como "Minha equipe me odeia, e provavelmente serei demitido amanhã". Para uma pessoa que tende a reagir assim, é melhor explicar pessoalmente a avaliação, checar mais de uma vez se ela realmente entendeu o que você quis dizer e só depois lhe entregar a avaliação por escrito. Feito isso, saia da sala para pegar um café enquanto ela lê e volte para conversar. Não importa o método que você escolher para fazer a avaliação, não deixe de ser Radicalmente Sincero e verificar se a pessoa entendeu mesmo o que você disse.

Reserve pelo menos cinquenta minutos para uma conversa individual e deixe um intervalo entre as avaliações. Minha tendência sempre foi marcar um monte de avaliações de trinta minutos, uma após outra, sem intervalo, para agilizar o processo. Contudo, essa abordagem nunca deu certo. As conversas muitas vezes demoravam mais do que o esperado, as outras avaliações atrasavam, e uma fila de gente se formava à porta de minha sala. As pessoas acabavam perdendo tempo (algo que todo chefe tem a obrigação de evitar) e ficavam nervosas sem necessidade. E mesmo quando eu reservava mais tempo, agendar uma reunião após outra se mostrou uma péssima ideia. Essas conversas costumam ser emocionalmente exaustivas, e eu sempre precisava de um intervalo de mais de dez minutos entre elas.

Passe a metade do tempo olhando para trás (diagnóstico) e a outra metade olhando para a frente (planejamento). Quando eu anotava as avaliações, procurava deixar absolutamente claro o que eu achava do desempenho de cada pessoa no último trimestre, semestre ou ano. No entanto, durante as conversas individuais, tentava não passar muito mais do que metade do tempo falando sobre o passado, porque era mais importante direcionar o olhar das pessoas para o futuro. Eu nunca lhes impunha um plano; pedia que criassem o seu. Como elas planejavam transformar o sucesso em um sucesso ainda maior ou como pensavam em abordar os pontos de melhoria? O foco no futuro desencoraja as pessoas que tiveram um desempenho bom de descansar sobre os louros da vitória e evita que as que tiveram um desempenho insatisfatório caiam no desespero. Focar o que cada pessoa planeja mudar em consequência da avaliação é sempre uma excelente maneira de ver se ela entendeu o que você disse. Acontecia muito de eu achar que tinha sido clara e só perceber que a pessoa não havia me entendido quando ela me dizia como planejava mudar.

Agende conversas periódicas para checar a execução do plano. Depois que eu ajudava a pessoa a elaborar um plano para melhorar seu desempenho, era importante agendar conversas periódicas, para ver como ela o estava executando. Para isso, eu incluía verificações do andamento do plano em algumas futuras conversas individuais com a pessoa em minha agenda. Não importa como você decidir fazer isso, é importante monitorar o progresso de algum jeito.

Caso sua empresa faça avaliações de desempenho formais e/ou vincule as avaliações à remuneração, você precisa decidir a melhor ordem para passar as informações para sua equipe. Muitas pessoas se preocupam tanto com o modo como os resultados podem afetar sua remuneração, que têm dificuldade de conversar abertamente na sessão de avaliação de desempenho. Assim, pode ser interessante só falar sobre os resultados e a remuneração *após* a avaliação. Descobri que, quando eu começava a avaliação já anunciando os resultados, frequentemente as pessoas ficavam tão ansiosas, que não conseguiam se concentrar no que eu tinha a dizer. Por isso, em algumas ocasiões, eu deixava para informar os resultados e a remuneração no fim da conversa, e, em outras, adiava o anúncio por um dia ou mais e pedia que elas elaborassem primeiro o que pensavam e o que planejavam mudar. Muitas empresas fazem questão de deixar um trimestre ou até mais entre as "conversas sobre o desenvolvimento" e "as conversas sobre os resultados da avaliação de desempenho". Não vejo problema algum com essa abordagem, desde que as "conversas sobre o desenvolvimento" não substituam o feedback improvisado, que deve ser conduzido toda semana.

NÃO ACEITE QUE SE FALE MAL PELAS COSTAS

Você é um chefe, não um diplomata. Ser um intermediário não é com você.

FEEDBACK	Elogios	Críticas
Receber de		
Dar para		
Incentivar entre		✔

UMA DAS MANEIRAS mais importantes de criar um ambiente no qual a politicagem corporativa seja substituída pela Sinceridade Radical é nunca deixar uma pessoa de sua equipe falar mal de outra pelas costas. Você pode achar que está sendo compreensivo ao ouvir as queixas, mas, na verdade, só está jogando lenha na fogueira da politicagem. É melhor insistir para que as pessoas conversem entre si, sem sua mediação, e resolvam o problema sozinhas. Se isso não for possível, ofereça-se para participar da conversa pessoalmente ou, na pior das hipóteses, por telefone. Evite usar o e-mail ou mensagens de texto. Durante a conversa, ajude-as a encontrar uma solução aceitável para ambas e certifique-se de que a entenderam. Li um artigo sobre um CEO que se saía com a pior solução possível para duas pessoas quando elas não conseguiam resolver o problema sem sua intervenção. Ele fazia isso porque odiava mediar conflitos, mas essa postura só acabava gerando mais conflito. Seu trabalho é ajudar, não punir, quando as pessoas o procurarem para resolver um conflito que não estão conseguindo resolver sozinhas. Cabe a você contribuir para que seus subordinados diretos resolvam conflitos de maneira aberta, justa e rápida.

FEEDBACK ENTRE OS MEMBROS DA EQUIPE

LEMBRE-SE DE QUE É MELHOR dar o feedback pessoalmente em uma conversa. Muitas ferramentas foram criadas com base na promessa de substituir o feedback, pedindo que os usuários escrevam textos curtos que podem ser enviados e arquivados, agregando algumas camadas analíticas

FEEDBACK	Elogios	Críticas
Receber de		
Dar para		
Incentivar entre	✔	✔

por cima de tudo. Talvez tais ferramentas até pareçam eficazes, mas acabam constituindo um passo gigantesco na direção errada para os relacionamentos... mais ou menos como terminar um namoro pelo WhatsApp. É importante que você, o chefe, encoraje os membros de sua equipe a conversar entre si.

"O Macaco da Semana." Dan Woods, que foi diretor de tecnologia de uma startup na qual trabalhei na década de 1990, desenvolveu o sistema mais simples, barato e eficaz que já vi para encorajar elogios e críticas. O sistema envolvia dois bichos de pelúcia: uma baleia e um macaco. Em todas as reuniões com a empresa inteira, ele convidava as pessoas a indicar umas às outras para o prêmio Baleia Assassina por uma semana. A ideia era incentivá-las a se levantar e falar sobre algum trabalho extraordinário de um colega. O vencedor da Baleia Assassina da semana anterior decidia quem seria o próximo detentor do prêmio. Em seguida, as pessoas nomeavam a si mesmas para o prêmio Macaco da Semana. Quem tivesse pisado na bola naquela semana se levantava, contava a história, conquistava automaticamente a imunidade e ajudava a evitar que os colegas cometessem o mesmo erro. Quando levei essa prática à Juice e ao Google, minhas tentativas foram recebidas com o mais absoluto silêncio. Dava para ouvir grilos cantando. Sem saber o que fazer, deixei uma nota de US$20 na cabeça do Macaco. Uma vez que as pessoas podiam fingir que não tinham engolido minha ideia idiota dos bichos de pelúcia e só queriam ganhar os US$20, as histórias começaram a aparecer. A prática não só mostrou que era seguro cometer erros (e, portanto, inovar), como também acelerou a resolução de problemas que, de outra maneira, poderiam contaminar a equipe toda. Por exemplo, fiquei sabendo que um membro de minha equipe ofendera profundamente um executivo, e eu precisaria interferir para administrar os danos. Eu conhecia o executivo e tinha como ajudar. Em outra ocasião, descobri que um erro cometido por minha equipe enfurecera um cliente que precisava ser apaziguado. Eu conhecia o cliente e, quando soube do problema, pude ajudar. As histórias que a Baleia e o Macaco evocavam passaram a ser minha parte favorita da maioria das reuniões com a empresa inteira. Todos tínhamos a chance de aprender muito em quinze minutos.

Claro que nem todas as culturas são propícias a essa abordagem. Por exemplo, a cultura da Apple de "medir duas vezes para cortar uma vez só" era muito diferente da cultura de "lançamento e iteração" do Google. Na Apple, uma prática como o Macaco da Semana não passaria de uma propaganda enganosa, e os bichos de pelúcia definitivamente não estariam à altura dos padrões estéticos da empresa!

Em alguns setores, como o de aviação, revelar erros é tão importante, que seria considerado de mau gosto tirar sarro do Macaco da Semana. Um erro cometido por um piloto pode custar a vida de centenas pessoas. No entanto, os pilotos são seres humanos, e todo mundo sabe que errar é humano. Quanto mais eles puderem aprender com os erros uns dos outros, mais seguro será viajar de avião. A Federal Aviation Administration [FAA – Administração Federal de Aviação], dos Estados Unidos, queria encontrar um jeito de os pilotos se sentirem seguros compartilhando informações de erros que poderiam ter causado desastres ou quedas. Como a FAA tem autoridade para revogar a licença dos pilotos, eles tendiam a ocultar os erros que cometiam. Diante desse cenário, a FAA financiou um sistema de reporte de incidentes de segurança na aviação, administrado pela Nasa. Pilotos aposentados são encarregados de conversar com os pilotos envolvidos em incidentes de segurança para descobrir o que aconteceu. Se os pilotos não foram descuidados nem imprudentes, recebem total imunidade pelos erros. Com isso, podem compartilhar informações sem ameaçar a própria carreira, e o resultado é que todos viajamos de avião com mais segurança.

Imagine como seria se houvesse um sistema similar de reporte de incidentes de segurança na medicina. E se, em vez de processar judicialmente médicos que cometeram erros, nós lhes déssemos imunidade, coletássemos e compartilhássemos informações, e apresentássemos maneiras de ajudar outros médicos a evitar os mesmos erros? Se fosse mais seguro para os médicos dar feedback e orientar uns aos outros e aprender com os erros, o impacto seria enorme.

Avaliação dos colegas. Outra boa maneira de encorajar os membros de sua equipe a conversar entre si é apresentar a eles o modelo da Sinceridade Radical. Explique como podem avaliar seu feedback, para você poder melhorar. Incentive-os a avaliar o feedback dos colegas. Ter um vocabulário comum ajudará sua cultura a se aproximar da Sinceridade Radical.

CONTESTAR A AUTORIDADE

ROXANE WALES, QUE trabalhou primeiro na Nasa e depois no departamento de treinamento e desenvolvimento do Google, me disse que uma das coisas mais importantes que qualquer chefe de chefes pode fazer para promover uma cultura de feedback é conduzir as chamadas "reuniões com que-

FEEDBACK	Elogios	Críticas
Receber de		
Dar para		
Incentivar entre	✔	✔

bra de hierarquia". Nessas reuniões, que só precisam ser realizadas uma vez por ano para serem eficazes, você conversa com as pessoas que trabalham para seus subordinados diretos, sem a presença destes, e pergunta o que eles poderiam fazer ou parar de fazer para serem chefes melhores.

Pode parecer uma proposta super-hierárquica, mas sejamos francos: a organização "horizontal" não passa de um mito. A hierarquia é uma realidade inevitável da vida. A melhor maneira de reduzir as barreiras que a hierarquia coloca entre nós é admitir que ela existe e pensar em modos de assegurar que todos se sintam em pé de igualdade como seres humanos, apesar da hierarquia, que todos se sintam livres para "contestar a autoridade".

A vantagem das reuniões com quebra de hierarquia é que a maioria das pessoas tende a relutar em criticar o chefe. Além disso, os gestores, em especial os novos, tendem, conscientemente ou não, a reprimir as críticas, em vez de encorajá-las.

Saber onde esse problema ocorre e cortar o mal pela raiz ajudará a preservar a cultura de Sinceridade Radical e impedir que esses gestores transformem a vida dos subordinados em um verdadeiro inferno.

Você precisa usar de muita cautela nas reuniões com quebra de hierarquia. Há o risco de que elas se transformem em sessões de lamúrias e queixas, e você deve deixar claro que não está automaticamente presumindo que o chefe, seu subordinado direto, seja o culpado, nem que você não se dispõe a ouvir qualquer crítica a ele. O objetivo dessas sessões é dar um apoio aos gestores que se reportam a você, não minar a autoridade deles. E parte desse apoio requer saber quando os subordinados diretos deles estão pisando na bola e ajudá-los a resolver a situação. E, em prol de sua saúde mental e de uma cultura Radicalmente Sincera, é importante que essas reuniões não encorajem as pessoas a ir correndo falar com você, em vez de conversar diretamente com o chefe delas. Veja algumas regras gerais que aprendi para conduzir esse tipo de reunião.

Explique. Mostre. Explique de novo. Explique a cada um de seus subordinados diretos que você tem dois objetivos: 1) ajudar cada um deles a se tornar um chefe melhor e 2) garantir que as pessoas da equipe deles se sintam seguras para lhes dar um feedback diretamente.

Mostre que você leva a sério o que disse. Comece pedindo a seu chefe que faça uma reunião com quebra de hierarquia sobre você. Se você é o CEO e não tem chefe, recorra a um coach, consultor ou membro do Conselho de Administração.

Nunca realize uma reunião com quebra de hierarquia sem o consentimento de seu subordinado direto. Melhor ainda, peça aos gestores que se reportam a você que expliquem a ideia à equipe deles antes da reunião. É importantíssimo que todos saibam que o objetivo da reunião com você é ajudar, não atacar, o chefe deles. E, no início da reunião, reitere que o objetivo é ajudar o chefe a melhorar. Lembre às pessoas que o propósito é criar uma cultura na qual todos se sintam seguros para dar feedback, sobretudo críticas, diretamente ao chefe. Explique que a reunião constitui um passo nessa direção e não deve ser usada para substituir esse objetivo.

Ainda mais importante, nunca conduza reuniões com quebra de hierarquia para alguns de seus subordinados e não para outros. Deve ficar claro que esse processo será incorporado à rotina de todos os chefes de chefes. Se você só fizer reuniões com quebra de hierarquia quando a equipe tiver problemas, elas passarão a ser vistas como punição, e não ferramenta para ajudar as pessoas a desenvolver suas habilidades de gestão.

Certifique-se de que a reunião não será usada para "delatar" ninguém. Assegure-se de que todos saibam que, apesar de o objetivo ser deixar todos à vontade para dar feedback diretamente ao chefe, a reunião não será transformada em uma sessão de delações. Em outras palavras, todas as informações relevantes serão levadas ao chefe deles, mas não quem as revelou.

Faça anotações e as mostre. Exiba as anotações que você fizer durante a reunião (por exemplo, projetando uma apresentação de PowerPoint com suas anotações sendo feitas em tempo real) e informe aos participantes que você mostrará essas informações ao chefe deles. Encoraje-os a lhe dizer se acharem que você entendeu errado. Quando as pessoas apontarem seus erros, não deixe de alterar suas observações e verifique se elas concordam antes de prosseguir. *É importante você mesmo fazer as anotações, em vez de encarregar alguém da tarefa.* Essa técnica é eficaz porque mostra que você está ouvindo e engajado no diálogo e também por ser uma ótima forma de saber se você entendeu mal alguma coisa.

Dê início ao diálogo. A primeira reunião com quebra de hierarquia costuma ser muito constrangedora. Você precisará suar a camisa para conquistar a confiança de todos os participantes. Em geral, é mais fácil começar com os elogios para encorajar as pessoas a falar. Pergunte: "O que vocês acham que o chefe de vocês está fazendo bem?" Em seguida: "O que vocês acham que o chefe de vocês poderia fazer melhor?" E depois: "O que vocês acham que o chefe de vocês está fazendo de errado?" À medida que os problemas são levantados, encoraje as pessoas a pensar em soluções, evitando que a reunião se transforme em uma mera sessão de lamúrias. No entanto, se as pessoas o bombardearem com uma montanha de queixas, lembre-se de que isso é um bom sinal. Você sabe que a coisa não está dando certo quando tudo for um mar de rosas e todos ficarem pisando em ovos.

Priorize os problemas. Quando você perceber que as pessoas estão à vontade para apontar os erros do chefe, esclareça que nem todos os problemas poderão ser resolvidos. Explique que o objetivo é melhorar a situação e que seria impossível criar um mundo perfeito. Encoraje-as a decidir quais são os problemas mais importantes e a priorizar esses problemas.

Compartilhe suas anotações logo depois da reunião. Quando faltarem apenas uns oito minutos para o fim da reunião, peça que os participantes repassem suas observações, lembrando que você as enviará dali a pouco ao chefe deles. Isso contribui para manter o diálogo fluindo na direção certa e levar as pessoas a se responsabilizar pelas sugestões. Saber que você enviará as observações ao chefe delas dali a oito minutos as ajuda a sentir que não estão traindo o chefe nem falando pelas costas dele. E você não precisa mandar as observações a todos os participantes para ver se todo mundo concorda e só depois enviá-las a seu subordinado direto. Você pode fazer tudo isso durante a reunião e poupar-se dos "próximos passos" desnecessários que muitas vezes se acumulam em pensamentos ou simplesmente nunca são realizados. Além do mais, a pessoa que está sendo avaliada ficará menos ansiosa, pois não demorará a saber o que foi dito sobre ela!

Certifique-se de que seus subordinados diretos façam as mudanças necessárias e as comuniquem a você. Depois que seus subordinados diretos leram as observações que você enviou, ajude-os a pensar em uma ou duas mudanças específicas e imediatas. Rejeite propostas grandiosas e vagas como "Melhorarei meus relacionamentos". É preferível que a mudança seja algo menor, porém mais tangível, como "Passarei a discordar pessoalmente, não por e-mail". Incentive cada um de seus subordinados diretos a enviar um e-mail para a equipe deles, com cópia para você, explicando o que aprenderam e o que planejam mudar. Em seguida, encoraje-os a mencionar o assunto na próxima reunião com os membros da equipe, para saber o que acham de seu progresso. Quanto mais visível for a mudança, melhor. Repasse as mudanças em uma reunião de acompanhamento e peça à equipe de seu subordinado que lhe diga se ele fez ou não as mudanças. Se as pessoas disserem que ele não mudou nada ou que a reunião com quebra de hierarquia não fez diferença alguma, leve o problema a sério. Em casos extremos, pode ser recomendável afastar o gestor da equipe, retirando-o da chefia, alocando-o em outra equipe ou demitindo-o.

Faça uma reunião por ano com cada um de seus subordinados diretos. O maior problema das reuniões com quebra de hierarquia é que, quando elas começam a mostrar resultados, as pessoas querem que ocorram o tempo todo, levando a uma proliferação de reuniões. No Google, isso foi tão intenso, que parecia que eu tinha uma reunião dessas por dia. Elas requerem muita energia e foco e podem causar exaustão se forem numerosas demais. Recomendo que você faça apenas uma reunião com quebra de hierarquia por ano, para cada um de seus subordinados diretos, e, se você é um chefe de chefes, insista para que eles façam o mesmo. Dessa maneira, o processo crescerá e tomará, se você tiver cinco subordinados diretos, por exemplo, apenas cerca de sete ou oito horas por ano (uma hora por reunião e meia hora por reunião de acompanhamento).

Perguntas frequentes nas reuniões com quebra de hierarquia

Orientei dezenas de pessoas que se tornaram chefes de chefes pela primeira vez, e essas reuniões com quebra de hierarquia sempre se mostraram uma fonte de grande interesse e ansiedade. Veja algumas das perguntas que as pessoas mais fazem:

E se ficar claro que a equipe inteira perdeu a fé no chefe? Isso é muito raro. Em todos os anos em que conduzi essas reuniões, só aconteceu comigo três vezes. Nos três casos, investiguei os problemas e descobri que o chefe em questão jamais deveria estar ocupando um cargo de liderança.

E se as pessoas se recusarem a falar? Quebre o gelo dizendo algo como: "Então devo concluir que o silêncio de vocês quer dizer que está tudo perfeito?" Outra coisa que você pode fazer é tentar mencionar alguns problemas sobre os quais ouviu falar e pedir que eles comentem. Pergunte a cada participante, um por vez: "Se você pudesse mudar uma única coisa, o que seria?" Aceite o desconforto!

E se as pessoas não pararem de falar? Se apenas uma pessoa estiver falando, observe com atenção a expressão facial e a linguagem corporal das outras. Se uma delas parecer estar concordando ou discordando com veemência, pergunte o que ela acha. Se alguém parecer entediado, diga algo como: "Parece que você não se identifica com essa questão. Tem outras questões em mente que gostaria de levantar?" Se achar que os problemas estão começando a ficar numerosos demais, redirecione a conversa para priorizá-los. Não deixe os participantes esquecerem que os transplantes de personalidade ainda não foram inventados.

Como atingir o equilíbrio entre apoiar o chefe dos participantes e se abrir às opiniões da equipe? Cuidado para não julgar ou defender o chefe dos participantes (seu subordinado direto). Se as pessoas acharem que você está sondando para encontrar razões para punir o chefe, elas se calarão ou iniciarão uma sessão de queixas. Deixe claro que seu papel não é julgar, mas transmitir o feedback ao chefe. Se encontrar um problema muito grave, prometa que analisará a questão em mais profundidade depois da reunião. Não faça julgamentos sumários nem defenda ou espinafre o chefe em questão. Isso não quer dizer, contudo, que você não possa simpatizar com os participantes. Há uma diferença enorme entre dizer "Nossa, dá para imaginar como isso pode ser estressante. Lamento muito. Vamos ver o que podemos fazer para melhorar a situação" e "Nossa, o chefe de vocês é mesmo um verdadeiro controlador. Não se preocupem, vou dar um fim nisso!"

★ ★ ★

O SEGREDO DO sucesso ao implementar qualquer uma das sugestões deste capítulo é ter em mente os princípios básicos, em vez de se limitar a seguir as instruções passo a passo. Lembre-se de que, se você for Radicalmente Sincero, estará demonstrando, no dia a dia, que enxerga as pessoas de sua equipe e o trabalho que fazem. Mesmo que tenha algumas críticas específicas a elas, esse nível de atenção é, por si só, um elogio. E, se você demonstrar no dia a dia que se importa pessoalmente, suas reações Radicalmente Sinceras serão levadas muito mais a sério e até aceitas de braços abertos. Sempre que achar que está perdendo o rumo, basta se perguntar mais uma vez: "Demonstro para minha equipe que me importo pessoalmente?" e "Desafio diretamente cada membro de minha equipe?" Se a resposta a essas duas perguntas for sim, você está no caminho certo.

EQUIPE

Técnicas para evitar o tédio e a estafa

NO CAPÍTULO 3, VIMOS a importância de conhecer cada um de seus subordinados diretos, para poder alocar as pessoas certas às funções certas, evitando o tédio e a estafa. De preferência, todos os membros da equipe devem ter condições de atingir resultados excepcionais. No entanto, você não quer que todos estejam de olho no próximo cargo e nem que estejam satisfeitos no atual. O ideal é o equilíbrio, para que haja alguns voltados para a mudança, e outros, à estabilidade. E para saber o que motiva as diferentes pessoas com que trabalha, você precisa ter um relacionamento Radicalmente Sincero com cada uma delas.

Claro que o mundo real poucas vezes é ideal. Provavelmente, alguns integrantes de sua equipe atingirão resultados apenas medíocres, enquanto outros podem não sair de um desempenho insatisfatório. Você causará o maior impacto possível se passar um tempo com as pessoas que estão fazendo seu melhor trabalho, mas isso não o livra de precisar descobrir como gerenciar todas as outras. A seguir, proponho algumas técnicas específicas para isso.

CONVERSAS SOBRE A CARREIRA

Conheça as motivações e as ambições das pessoas para ajudá-las a se aproximar de seus sonhos

COMO VIMOS NO Capítulo 3, cada pessoa tem a própria trajetória de crescimento, e é um erro forçar todas elas a ser "superestrelas" ou "estrelas". Você precisa equilibrar o crescimento e a estabilidade. Para conhecer a trajetória de crescimento das

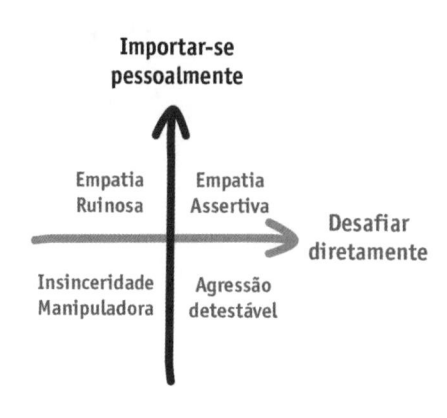

pessoas, é importante conversar sobre a carreira delas, saber quais são suas ambições e planejar como ajudá-las a realizar seus sonhos. Você deve conduzir essas conversas com cada um de seus subordinados diretos, não importa onde eles se posicionem no modelo do Capítulo 3.

Quando você pegar o jeito, tenho certeza de que curtirá essas conversas. Elas são sua maior oportunidade de avançar no eixo do "se importar pessoalmente" do modelo da Sinceridade Radical. Na verdade, recomendo começar com essas conversas quando for implementar esse modelo em sua equipe. É verdade que elas levam tempo, mas podem ser incluídas nos encontros individuais que você já conduz rotineiramente com seus subordinados. E serão algumas das conversas mais satisfatórias que você terá como chefe.

Russ Laraway, meu sócio na Candor, é o melhor gestor com quem trabalhei em toda minha vida. Ele criou uma abordagem particularmente eficaz durante um período difícil no Google. Na época, Russ era diretor de vendas e tinha assumido a equipe de uma empresa que o Google havia acabado de adquirir. Os recém-chegados estavam com o moral no chão: pessimistas em relação a suas oportunidades de crescimento no Google e convencidos de que seus chefes não os valorizavam. Poucos acreditavam que continuariam trabalhando ali em três anos. Entretanto, o Google tinha gastado mais de US$1 bilhão para adquirir a organização deles e precisava da equipe intacta para o investimento valer a pena. Russ percebeu que, se não tomasse alguma providência logo, as pessoas começariam a debandar. E a primeira coisa a fazer era lhes mostrar que a empresa se importava com elas. Mas, é claro, são os *chefes* que se importam — as empresas não têm como se importar pessoalmente mais do que o governo ou qualquer outra instituição.

Russ sabia que a maior preocupação dos funcionários do Google (tanto em sua equipe como em geral) eram suas perspectivas profissionais. Em parte, era um problema financeiro, já que, com o custo de moradia absurdamente alto no Vale do Silício, poucas pessoas tinham condições de comprar um imóvel, mesmo trabalhando ali. Era também uma questão de idade. O Google tinha uma base de funcionários extremamente jovens; muitas pessoas se aproximavam da casa dos 30 anos e outras estavam entrando na crise da meia-idade. Em um retiro fora da empresa com a equipe toda, Sheryl decidiu falar sobre essa ansiedade generalizada de "crescimento profissional". "Vocês precisam de um objetivo de longo prazo e de um plano de 18 meses", aconselhou.

Uma luz se acendeu na cabeça de Russ. Como ele poderia ajudar seus subordinados diretos a articular um objetivo de longo prazo e um plano de 18 meses? E como poderia ensiná-los a ajudar os subordinados diretos deles, para criar um efeito dominó e beneficiar todas as 700 pessoas de sua equipe? As soluções existentes, chamadas de "planos de desenvolvimento pessoal", não eram muito úteis. Alguns gestores praticamente diziam aos subordinados que cada um deveria se encarregar do próprio avanço profissional, enquanto outros se voltavam a analisar em detalhe todas as medidas que cada funcionário precisaria tomar para conseguir uma promoção. Os gestores eram como uma tela em branco ou um desenho para colorir por números, sem inspiração alguma. O que as pessoas precisavam era de orientação. Elas sabiam o que queriam. E Russ achava que era trabalho do chefe ajudá-las a articular e concretizar seus sonhos.

Russ pediu a "Todd" que descrevesse o objetivo de longo prazo que ele tinha para sua carreira. Todd respondeu o que achava que Russ queria ouvir: basicamente, que queria ser exatamente como ele quando crescesse. Russ deu risada. "Mas que sonho pouco ambicioso! Nem eu sei se quero isso. Você quer mais. Você merece mais!" Todd não se deixou convencer. Russ mudou de tática. "Tudo bem. Aceitarei esse objetivo. Só que ninguém tem como saber o que vai querer fazer quando crescer. Diga-me outro objetivo." Dessa vez, Todd confessou que queria ser mais como um mini-Jack Welch do que como um Russ Laraway (ou seja, ser um CEO, mas não necessariamente um CEO da Fortune 500). Russ soube que estava chegando a algum lugar.

E foi mais ou menos o que aconteceu quando ele teve uma conversa parecida com "Sarah". Ela começou dizendo que queria ser como Russ e, depois de muita insistência dele, revelou uma ambição maior. "E aquele outro objetivo?", perguntou Russ. "Aquele sonho impossível que todo mundo tem?" Sarah respondeu que seu verdadeiro sonho era cultivar espirulina. "Espere aí. Como assim?" Ela explicou que espirulina é um superalimento, uma alga rica em proteínas e ferro.

Russ ficou intrigado. Como o trabalho de convencer pessoas a usar o Double-Click para apresentar seus anúncios poderia ajudar Todd a se tornar um mini-Jack Welch ou Sarah a dirigir uma fazenda de cultivo de espirulina? Russ decidiu não se preocupar com isso por ora e se dedicar a conhecer melhor cada um de seus subordinados diretos. Achava que já os conhecia bem, mas agora estava claro que não era o caso. Na próxima vez em que conversou individualmente com seus subordinados, Russ pediu que lhe contassem a história de vida deles.

Quando Sarah falou sobre as transições que já tinha feito na vida (por exemplo, trocando um esporte por outro), Russ quis saber um pouco mais. Ele saiu da conversa entendendo muito melhor o que motivava Sarah no trabalho. Anotou cada um dos motivadores dela (como "independência financeira", "ambientalismo", "trabalho duro", "liderança") e explicou como as histórias que ela contou o levaram a escolher essas palavras. Desse modo, pôde checar se tinha interpretado direito o que ela dissera. Por exemplo, Russ concluiu que "liderança" era um importante motivador para Sarah porque ela contou que tinha feito um trabalho voluntário para ajudar na preservação de matas nativas da Califórnia. No entanto, Sarah não gostou do termo e disse que preferia "gestão". Depois daquela conversa, Russ percebeu que fazia mais sentido conhecer o passado das pessoas antes de falar sobre seu futuro.

Feito isso, ele estava pronto para a tarefa de ligar o trabalho atual de Sarah com o que ela sonhava fazer no auge de sua carreira. Russ, uma pessoa bastante analítica, organizou cada sonho de Sarah em uma coluna. Em seguida, perguntou-lhe quais habilidades ela considerava mais importantes para realizar cada sonho e, então, quais dessas habilidades ela achava que já havia desenvolvido.

A análise ajudou Russ e Sarah a identificar as habilidades que ela deveria começar a desenvolver ou melhorar. Por exemplo, ficou claro que Sarah precisava se concentrar em obter experiência em gestão. Ela achava que tinha de desenvolver habilidades analíticas e de apresentação. Caso sua meta fosse ser diretora no Google, sem dúvida essas habilidades seriam importantes. Só que as habilidades de gestão eram muito mais importantes para abrir um negócio de cultivo de espirulina do que as de apresentação. Além disso, Sarah odiava fazer apresentações e não queria desenvolver habilidades analíticas, mas tinha interesse em obter uma experiência concreta de gestão, e as razões para isso ficaram mais claras tanto para Sarah como para Ross.

Juntos, os dois criaram um plano para ela agregar mais responsabilidades de gestão e obter a orientação de alguns líderes do Google. Enquanto elaboravam o plano, ficou claro que Sarah teria mais chances de conseguir rapidamente a experiência de gestão necessária se continuasse no Google do que se saísse para encontrar outro emprego. Além disso, Russ, seu chefe, era um dos melhores gestores da empresa. Sarah decidiu passar mais alguns anos no Google, onde se tornou uma excelente chefe. Teve a chance de desenvolver as habilidades das quais precisava e guardou algum dinheiro para abrir o próprio negócio. Seu trabalho atual, que parecia tão distante de seus sonhos, passou a fazer muito mais sentido para ela.

Percebendo que tinha em mãos uma excelente metodologia para conduzir conversas sobre a carreira com seu pessoal, Russ organizou um evento fora da empresa para orientar seus gestores a conversar com os subordinados diretos deles não apenas sobre suas metas profissionais ou como aumentar as chances de ser promovidos, mas também sobre sua história pessoal e seus sonhos. Ensinou todos eles a conduzir três conversas de 45 minutos com cada subordinado direto no decorrer de 3 a 6 semanas.

A abordagem de Russ teve tanto sucesso, que uma pesquisa de satisfação dos funcionários mostrou que as pessoas de sua equipe estavam muito mais otimistas sobre seu futuro no Google e tinham sentimentos muito mais positivos em relação aos chefes. Ninguém do RH já havia visto tamanha melhoria.

Primeira conversa: a história pessoal

O objetivo da primeira conversa é descobrir o que motiva cada um de seus subordinados diretos. Russ sugeriu a seus gestores iniciar a conversa dizendo simplesmente: "Começando pelo jardim de infância, me conte sobre sua vida." Em seguida, aconselhou-os a se concentrar nas mudanças que as pessoas fizeram na vida e a descobrir por que decidiram fazê-las. Os valores geralmente são revelados em momentos de mudança. "Você largou a pós-graduação depois de dois anos para ir trabalhar no mercado financeiro — fale um pouco mais sobre essa decisão." Respostas como "Não dava para pagar nem uma coxinha com minha bolsa da pós, e eu queria ganhar mais" ou "Eu não aguentava mais toda aquela teoria sem nenhuma aplicação prática e concreta" lhe possibilitarão juntar as peças do "quebra-cabeça humano". No primeiro caso, você pode anotar "independência financeira" como um importante motivador; no segundo, "ver resultados tangíveis do trabalho". Se a pessoa disser que largou a corrida para jogar futebol por gostar de participar de um time, você pode incluir "fazer parte de uma equipe" como motivador. Se, de outro lado, a pessoa largou a animação de torcida para se concentrar na natação porque "não aguentava mais muita falação e preferia se voltar a superar os próprios limites", você pode incluir "crescimento pessoal" como motivador.

Lembre-se de que a ideia não é encontrar respostas definitivas. Você só está tentando conhecer um pouco melhor as pessoas e descobrir o que mais importa para elas.

Muitos gestores se disseram um pouco constrangidos com uma conversa como essa, do tipo "quero conhecer você melhor". Não parecia certo um chefe pedir que as pessoas falassem de sua vida fora do trabalho. Russ explicou dois pontos importantes. Para começar, a maioria das pessoas não se incomoda com esse tipo de conversa, desde que seja conduzida com confiança e respeito. Considerando que parte de seu trabalho é importar-se pessoalmente, você não tem como deixar de conhecer pessoalmente os membros de sua equipe. Em segundo lugar, pode acontecer de você entrar em assuntos pessoais demais. Se a pessoa se mostrar constrangida ou incomodada com a pergunta, basta respeitar esse limite. Por exemplo, uma subordinada de Russ pareceu profundamente constrangida com algumas perguntas básicas que ele lhe fez sobre sua infância. Ao perceber isso, Russ não insistiu no assunto, e ela se pôs a descrever sua vida depois da pós-graduação. Com o tempo, Russ soube que ela havia sofrido um grande trauma na infância e entendeu seu constrangimento naquela conversa.

Russ recomenda que todos os gestores pratiquem essas conversas entre si para que fiquem mais à vontade conduzindo esse tipo de conversa com seus subordinados e aprendam a identificar sinais de desconforto ou constrangimento, para não passar dos limites. A prática também os ajudará a lembrar que eles têm um objetivo: descobrir o que motiva as pessoas no trabalho.

É melhor usar a história pessoal dos subordinados para identificar essas motivações do que falar em termos abstratos, porque é muito fácil entender mal as abstrações. Por exemplo, se uma subordinada sua disser que a independência financeira é muito importante para ela, você pode querer tachá-la de "materialista". Se, em vez disso, ela lhe contar a história a seguir, sua impressão talvez seja outra. Quando ela estava com 12 anos, a mãe voltou a trabalhar, e a família sentiu muita falta de sua presença em casa. Eles decidiram fazer uma viagem a Nova Orleans para passar um tempo juntos. Passeando pela Bourbon Street, sua subordinada viu pela janela de um bar de striptease uma mulher seminua dançando no palco. Ela ficou horrorizada. Seu pai, que já tinha bebido um pouco, percebeu. "Está vendo aquela mulher?", perguntou ele. "Ela ganha mais em um único dia do que sua mãe em um ano." Sua subordinada ficou furiosa. O comentário de seu pai punha sobre a mesa tudo o que representava ser mulher, seja aquela que dançava nua, seja sua mãe mal paga. É *isso* que ela quer dizer ao colocar a independência financeira como algo importante. Não se trata de mero materialismo egoísta.

Só essa primeira conversa já pode ter um grande impacto no relacionamento com seu pessoal. Para começar, você terá a chance de avançar mais em uma conversa de 45 minutos para conhecer cada um de seus subordinados do que seria possível de qualquer outra maneira. Você demonstrou que se importa e, invariavelmente, depois de uma conversa como essa, de fato acabará se importando mais. Além disso, também sairá com mais informações para descobrir o tipo de oportunidade que pode beneficiar mais cada indivíduo. Por fim, estará mais preparado para a próxima conversa. Ao saber o que motiva as pessoas e por quê, você terá muito mais chances de conhecer os sonhos delas.

Segunda conversa: sonhos

A segunda conversa deixa de lado o que motiva as pessoas para se preocupar em conhecer os sonhos delas ou, em outras palavras, o que elas querem realizar no auge de sua carreira, como imaginam que será o melhor de sua vida. Russ escolheu a palavra "sonhos" depois de muita ponderação. Os chefes em geral falam de "objetivos de longo prazo", "ambições profissionais" ou "planos quinquenais", mas esses termos, quando vindos de um superior, tendem não só a provocar um tipo específico de reação — uma resposta "profissional", não completamente humana — como também a levar a pessoa a responder o que imagina que o chefe quer ouvir, em vez de descrever o que realmente quer realizar. As pessoas costumam buscar o equilíbrio sutil que há entre tentar parecer ambiciosas o suficiente ("Quero ser como você") e não parecer ambiciosas demais ("Mas não estou de olho em seu cargo"). Vinda de um chefe, a pergunta "Quais são suas ambições profissionais?" em geral não dá muita abertura para o subordinado descrever sonhos que possam envolver uma carreira ou uma empresa completamente nova, como uma fazenda de cultivo de espirulina. Além disso, perguntas sobre a "carreira" tendem a se concentrar em promoções, e esse tipo de conversa nunca é agradável ou gratificante. Quem quer ser promovido será um eterno insatisfeito, e quem não liga para promoções pode achar que não é ambicioso o suficiente quando você lhe pergunta quais são suas ambições profissionais.

Quando o plano de desenvolvimento pessoal se concentra demais no que é preciso fazer para conseguir uma promoção, o resultado é uma conversa que deixa as pessoas preocupadas com a possibilidade de o chefe achar que elas não estão levando o trabalho a sério e os empregadores preocupados com a possibilidade de estarem incentivando-as a sair da empresa. Uma pessoa pode não querer ser promovida, porém o modo como a conversa é estruturada a leva a relutar em dizer isso, ou, então, ela pode almejar o próximo cargo, mas não vê abertura para revelar suas razões.

Dar espaço para as pessoas falarem sobre seus *sonhos* possibilita aos chefes ajudá-las a encontrar as oportunidades necessárias para se aproximar desses sonhos. O trabalho acaba sendo mais gratificante e fazendo mais sentido para elas, melhorando a retenção. No entanto, a retenção não passa de um subproduto do processo. Os principais objetivos das "conversas sobre a carreira" de Russ eram ajudar as pessoas a encontrar um sentido no trabalho e desenvolver relacionamentos produtivos com elas.

Tente evitar perguntas padronizadas. Russ recomenda, em vez disso, começar as conversas dizendo, por exemplo: "Como você quer que seja o auge de sua carreira?" Uma vez que a maioria das pessoas, na verdade, não sabe o que quer fazer quando "crescer", Russ sugere encorajá-las a pensar em quatro ou cinco sonhos diferentes para o futuro. Com isso, elas poderão incluir o sonho que acham que você quer ouvir, bem como seus verdadeiros sonhos.

Peça a cada subordinado direto que elabore um documento com três a cinco colunas, encabeçando cada uma delas com um dos sonhos descritos na última conversa. Em seguida, oriente-o a preencher as colunas com as habilidades necessárias para realizar cada sonho. Mostre-lhe como cada habilidade é importante para atingir cada sonho e qual é o nível atual de competência dele nessa habilidade. Em geral, ficará bem claro quais são as habilidades que a pessoa precisa desenvolver. De posse dessas informações, seu trabalho como chefe é ajudá-la a pensar em como adquirir essas habilidades: quais são os projetos aos quais você pode alocá-la, a quem você pode apresentá-la, que cursos ela pode fazer.

A última parte da segunda conversa de Russ requer garantir que os sonhos das pessoas estejam alinhados com os valores que elas expressaram. Por exemplo: "Se o 'trabalho duro' realmente é um valor importante para você, por que um de seus sonhos é se aposentar cedo?" Investigar os sonhos é uma forma importante de promover conversas francas e expressivas. Em uma ocasião, no Google, a investigação de Russ revelou que um de seus subordinados tinha um filho com necessidades especiais e, segundo os médicos, o quadro se agravaria na adolescência. Aquele pai queria poder dedicar toda sua atenção ao filho quando ele mais precisasse de cuidados. Sabendo disso, Russ entendeu melhor por que um dos sonhos daquele funcionário era se aposentar cedo.

A maioria das pessoas não terá um sonho tão radical quanto uma "fazenda de cultivo de espirulina". Trabalhei com um homem que tinha um bebê com sérios problemas de saúde. Tudo o que ele queria da empresa era chegar em casa a tempo de fazer uma caminhada de meia hora com a mulher antes do anoitecer. Considerando tudo o que estava acontecendo em sua vida, seu sonho parecia bastante ambicioso, e fiz de tudo para ajudá-lo a chegar em casa a tempo para sua caminhada.

Terceira conversa: plano de dezoito meses

Finalmente, Russ ensinou seus gestores a incentivar os subordinados a começar a se fazer as seguintes perguntas: "O que preciso aprender para me aproximar de meus sonhos?", "Como devo priorizar as coisas que tenho de aprender?", "Quem pode me ensinar?", "Que mudanças posso fazer no trabalho para aprender?" Uma vez que as pessoas passaram a saber com clareza o que queriam aprender, ficou muito mais fácil para os gestores identificar oportunidades no trabalho para ajudá-las a desenvolver, em um período de seis a dezoito meses, habilidades que as aproximassem de pelo menos um de seus sonhos. Essa transposição da ocupação atual para os sonhos futuros se revelou uma fonte de inspiração muito maior para as pessoas do que "É isso que vocês precisam saber para subir um degrau na hierarquia da empresa".

Veja o que você pode fazer para ajudar: uma lista de possíveis mudanças na função da pessoa para que aprenda as habilidades necessárias à realização de cada sonho; uma lista de quem pode ensiná-la; e uma lista de cursos que ela pode fazer e/ou de livros que pode ler. Ao lado de cada item, anote quem deve fazer o que e até quando. Não deixe de incluir ações específicas.

Ajudar as pessoas a esclarecer seus valores e sonhos e alinhar esses elementos com seu trabalho atual invariavelmente fortalecerá sua equipe. Todos os membros dela terão mais sucesso, ficarão mais satisfeitos no trabalho e, com você, atingirão resultados excepcionais. Como o escritor norte-americano Henry David Thoreau disse em *Walden*:

> "O homem que avançar com confiança na direção de seus sonhos e buscar viver a vida que imaginou para si encontrará um sucesso extraordinário. Deixará algumas coisas para trás, cruzará uma fronteira invisível... Se você construiu castelos no ar, seu trabalho não terá sido em vão; seus castelos estarão exatamente onde deveriam estar. Agora só falta construir os alicerces."

É simplesmente *assustador* avançar com confiança na direção dos próprios sonhos. Parte de sua responsabilidade como chefe é ajudar as pessoas a reunir a coragem necessária para fazer isso. Se você fizer bem seu trabalho, garanto-lhe que terá uma enorme satisfação.

VOCÊ ACABOU de ler uma boa descrição geral de três conversas sobre a carreira que, à primeira vista, podem parecer bastante simples. Entretanto, grande parte do sucesso dessas conversas depende de sua capacidade de conquistar a confiança dos subordinados e saber qual função é mais adequada a cada um deles para que sua equipe possa obter resultados melhores.

GESTÃO DO CRESCIMENTO

Descubra quem precisa de quais tipos de oportunidades e como você pode proporcioná-las

A ESTA ALTURA, você já conduziu as três conversas sobre a carreira com seus subordinados e deu início ao processo de alinhar as oportunidades com as ambições de cada um deles. Com isso, conseguiu avançar muito na dimensão do "se importar pessoalmente" da Sinceridade Radical. Agora é hora de passar para a dimensão do "desafiar diretamente".

Uma vez por ano, você deve elaborar um plano de gestão do crescimento para cada membro de sua equipe. Observe o grupo todo e descubra exatamente como as ambições e a trajetória de crescimento de cada um estão alinhadas com as necessidades coletivas da equipe. A menos que todas as pessoas estejam onde querem e onde têm de estar, você precisará ter algumas conversas bem difíceis com elas

Rotule as pessoas (temporariamente!)

O primeiro passo é identificar as estrelas e as superestrelas de sua equipe. Use a figura a seguir para categorizar as pessoas. Depois, identifique as que estão fazendo um trabalho bom, porém não excepcional; a maioria delas provavelmente cairá nessa categoria. Em seguida, identifique as que estão apresentando um desempenho ruim, mas que você acha que têm potencial de melhorar, ou porque demonstram sinais de que podem melhorar, ou porque suas capacidades e ambições sugerem a possibilidade de melhoria. Por fim — e normalmente essa é a parte mais difícil — identifique as pessoas que não estão fazendo um bom trabalho e não estão melhorando. Não fique obcecado com esse exercício. Faça-o no máximo em vinte minutos. Pense rápido.

Para evitar algum preconceito ou tratamento preferencial, peça a opinião de pessoas de fora, que conheçam o trabalho dos membros de sua equipe, mas não tenham vínculo emocional com eles, como seu chefe, um colega, um integrante do RH. Se essas pessoas colocarem os membros de sua equipe em categorias diferentes, não deixe de investigar as razões, mesmo que discorde delas — *especialmente* se discordar.

Elabore planos de crescimento

Feito isso, elabore, para cada pessoa, um plano de crescimento com quatro ou cinco pontos. Inclua projetos ou oportunidades para ajudar as superestrelas da equipe a expandir seus limites e certifique-se de dar às estrelas tudo de que precisam para se manter produtivas. Pense em maneiras de impelir as pessoas que já estão fazendo um bom trabalho a fazer um trabalho excepcional. Será que você não poderia lhes oferecer novos projetos, cursos para elas fazerem ou indicações de pessoas para ajudá-las? Para aquelas que não estão fazendo um bom trabalho, mas demonstram sinais de melhoria: será que você não as alocou em funções erradas? As expectativas estão claras? Elas precisam de mais treinamento?

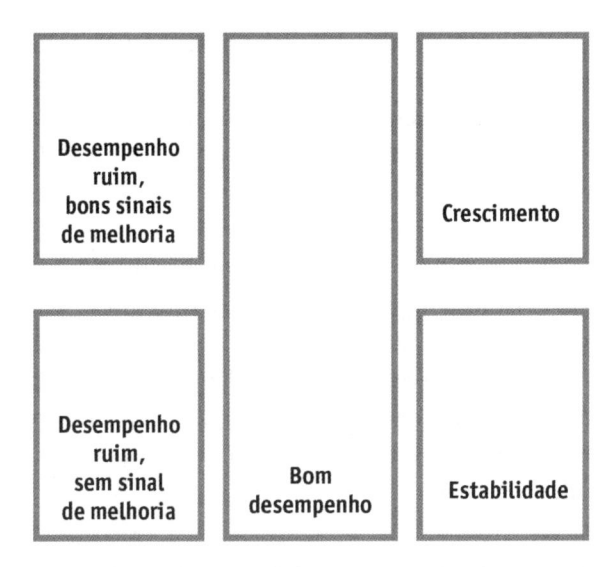

E isso nos leva às pessoas que não estão fazendo um bom trabalho e não estão melhorando. Mais cedo ou mais tarde, você terá de começar o processo de demiti--las, e dá para entender por que a maioria dos chefes adia essa tarefa até não poder mais. Se você trabalha em uma grande empresa, provavelmente precisará conversar com o RH sobre um plano formal de melhoria de desempenho. O modo como você demite as pessoas pode afetar enormemente não apenas o futuro dos demitidos, mas também sua imagem e a imagem da empresa aos olhos de sua equipe. E você também pode sair muito afetado. Um dia desses, Russ e eu fomos a uma visita de vendas. E, ao chegar lá, quem era nosso cliente potencial? Uma pessoa que Russ tinha demitido alguns anos atrás. Por sorte, ele havia lidado muito bem com o processo de demissão, e a reunião de vendas acabou sendo bastante agradável.

Voltemos a assuntos mais leves. Se você se mantiver sempre pensando no crescimento pessoal, como deve, não precisará passar mais de dez ou quinze minutos com cada subordinado direto para elaborar planos de crescimento. A tarefa será mais como um check-up normal do que um longo e árduo processo. É só uma forma de não perder de vista a trajetória de crescimento da equipe.

Não seja nem rigoroso nem complacente

Se outros colegas também estão trabalhando em planos de gestão do crescimento, troque ideias com eles. Se você faz parte de uma equipe maior, é importante saber com clareza o que a equipe entende por "trabalho excepcional", "bom trabalho" e "trabalho ruim". Por exemplo, se metade de sua equipe se encaixa na categoria das estrelas e nenhuma outra equipe tem alguém nessa categoria, é provável que você esteja fora de sintonia com os colegas, e não que sua equipe seja a melhor.

Se você gerencia chefes, encontre um jeito simples de manter todos no mesmo barco. Por exemplo, crie um documento compartilhado e peça que todos os seus subordinados diretos categorizem as pessoas da equipe deles e reúna-se com eles para conversar. Em caso de discordância, sugira que os envolvidos resolvam as diferenças em outra reunião e lhe informem o que foi decidido ou, caso não consigam chegar a um consenso, deixem para você tomar uma decisão. As conversas podem não ser fáceis, mas valerão muito a pena por encorajar maior sistematização entre os gestores. É importante garantir que todos os gestores estejam tratando os diferentes tipos de pessoas de alto desempenho da mesma forma, para ninguém achar o sistema injusto. Essa conversa também dará a seus subordinados a chance de dizer qual eles acham que deve ser a proporção certa entre pessoas em uma trajetória de crescimento acelerado (superestrelas) e pessoas em uma trajetória de crescimento gradual (estrelas).

Garanta a justiça nos diversos níveis hierárquicos

Por você se importar tanto com seus subordinados diretos, é natural que só veja o que eles têm de melhor. Isso é bom, mas pode se transformar em uma forma de preferência inconsciente em uma grande equipe. Se você for líder de uma equipe de quinhentas pessoas, tenderá a ver seus subordinados diretos sob a melhor luz possível, e eles, a ver os próprios subordinados diretos da mesma forma. Assim, se você não tomar cuidado, uma porcentagem desproporcional das pessoas consideradas estrelas ou superestrelas acabará ocupando os cargos mais altos da hierarquia, apesar de essa proporção não refletir a realidade.

Garantir a justiça nos diversos níveis hierárquicos cultivará o crescimento em toda a organização e evitará ressentimentos desnecessários. Acontece muito de as pessoas em cargos mais elevados receberem as melhores avaliações de desempenho, quando, na verdade, só estão pegando carona na produtividade dos subordinados. Não deixe isso acontecer! Em geral, seria de esperar a mesma distribuição de desempenho excelente em todos os níveis, bem como maior proporção de pessoas mais experientes em uma trajetória de crescimento gradual e maior proporção de pessoas menos experientes em uma trajetória de crescimento acelerado. Na prática, a maioria das equipes de gestão tende a fazer o contrário e classificar maior porcentagem de pessoal experiente (não de pessoal inexperiente) na categoria das estrelas. Se isso acontecer, não deixe a discrepância passar despercebida e verifique se é possível justificá-la ou não.

CONTRATAÇÃO DE PESSOAL: SEU RACIOCÍNIO E SEU PROCESSO

QUANDO VOCÊ ESTÁ contratando, é natural procurar pessoas que farão um excelente trabalho. Mas será que você deveria contratar estrelas ou superestrelas? Como seria de esperar, a resposta é: depende. Algumas funções requerem estrelas, e outras, superestrelas. Também é interessante ter a proporção certa em sua equipe. Se há superestrelas demais, pode ser melhor contratar estrelas.

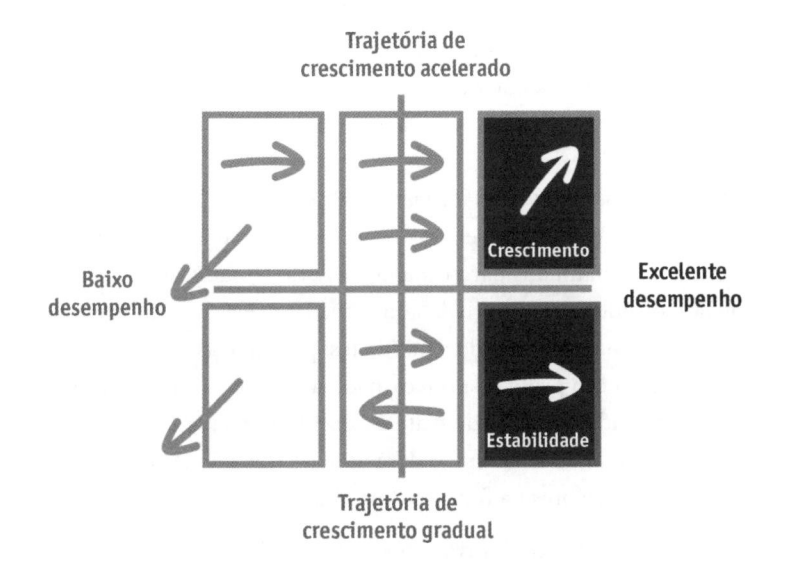

O processo

Seu processo de contratação tem um papel vital na formação de uma excelente equipe. Se ela estiver crescendo muito rápido, você passará muito tempo na contratação. No Google, já aconteceu de eu passar 25% de meu tempo contratando pessoas.

A seguir, apresento algumas táticas que já vi funcionarem (e não funcionarem) no Google, na Apple e em outras empresas. Elas podem ser consideradas os elementos básicos de um processo de contratação rigoroso, porém não muito oneroso. Todo processo de contratação é imperfeito e subjetivo, e essas deficiências não têm como ser eliminadas, apenas *administradas*. Veja algumas medidas simples que você pode tomar para contratar as pessoas certas:

Descrição do cargo: defina a "adequação à equipe" com o mesmo rigor com que define as "habilidades necessárias" para minimizar parcialidades. A pessoa que estiver contratando (e não o recrutador) é quem deve elaborar a descrição do cargo, com base na função, nos conhecimentos necessários para o trabalho e no critério da "adequação à equipe".

Não é fácil definir adequação à equipe, e as pessoas podem cair na tentação de deixar esse item de fora. Procure descrever sua cultura em três ou quatro expressões. Pode ser algo como "orientada a detalhes", "excêntrica" e "sem papas na língua", ou então "voltada ao quadro geral", "meticulosa" e "cortês". Não importa o que você escolher, seja disciplinado e tenha essas expressões em mente ao entrevistar os candidatos. Isso ajudará as pessoas a tomar decisões imparciais. Além disso, se você se der o trabalho de definir a trajetória de crescimento necessária para a função, os entrevistadores poderão evitar contratar pessoas que têm as mesmas ambições que elas, o que pode não ser o melhor para a função. A descrição do cargo por escrito deve ser enviada a todos os entrevistadores, para eles saberem exatamente quais critérios utilizar nas entrevistas.

Avaliações de habilidades "às cegas" também podem minimizar a parcialidade. Leva tempo conduzir entrevistas e elaborar relatórios, por isso é importante saber selecionar bem os candidatos chamados para uma entrevista. Uma série de falsos positivos e falsos negativos pode ser eliminada com uma boa seleção. Um exemplo de boa seleção é realizar uma avaliação de habilidades: peça que as pessoas executem um projeto ou resolvam um problema relacionado à função. Essa simples medida eliminará muitos candidatos que podem até parecer bons no papel, porém não teriam condições de dar conta do trabalho, e dará àqueles que não têm um currículo tão bom, mas seriam excelentes na função, uma chance de ser entrevistados.

Em um mundo ideal, todas as avaliações de habilidades seriam feitas "às cegas". Malcolm Gladwell conta que as orquestras sinfônicas que aplicaram testes às cegas para selecionar seus músicos aumentaram cinco vezes a porcentagem de mulheres contratadas. Sempre que possível, dê aos candidatos a oportunidade de mostrar o trabalho que são capazes de fazer sem saber quem são eles.

Algumas empresas pedem aos candidatos que façam um teste de habilidades pela internet, excluindo todas as informações de identificação pessoal. Os avaliadores das habilidades, portanto, não têm como saber o sexo, a raça ou outras características do candidato. A ideia é brilhante, embora bastante demorada e nem sempre viável. E cada vez mais serviços, como o site de recrutamento hired.com [nos EUA], estão passando a oferecer uma funcionalidade que exclui o nome e a foto dos candidatos, para o empregador só ver as habilidades nos currículos postados.

Use o mesmo grupo de entrevistadores com vários candidatos para possibilitar comparações válidas. Se puder evitar, não tome decisões de contratação unilaterais. Como as entrevistas costumam ser subjetivas e suscetíveis a parcialidades, aumente suas chances de tomar boas decisões convidando pessoas com diferentes pontos de vista para participar delas. No entanto, você precisará ser coerente e ponderado ao decidir quem deve entrevistar quem. Se Bob, Charlene e Dory entrevistaram Xavier e gostaram dele, enquanto Ebert, Frank e Georgia entrevistaram Zan e gostaram dele, como decidir quem contratar? Seria um grande desperdício do tempo de oito pessoas.

Recomendo um grupo de entrevistadores composto de quatro pessoas. De preferência, o grupo deve ser diversificado. Uma mulher pode achar constrangedor ser entrevistada apenas por homens. Uma pessoa pertencente a uma minoria racial pode estranhar que os entrevistadores sejam da mesma raça. Também é interessante que pelo menos um dos entrevistadores trabalhe em outra equipe, para evitar a "contratação por desespero". Quando a equipe tem um "buraco", as pessoas podem ficar tão desesperadas para preencher a vaga, que tendem a ignorar os sinais de alerta. Alguém de fora terá uma visão imparcial e mais condições de ver esses sinais.

Entrevistas casuais revelam mais sobre a adequação à equipe do que as formais. Deve existir um bom curso para entrevistadores, mas ainda não o encontrei. Por minha experiência, realizar entrevistas é algo que se aprende na prática. Deixe as pessoas desenvolverem o próprio estilo. Como adoro histórias, simplesmente peço que os candidatos me contem a história do currículo deles nas entrevistas."

Outra boa prática é criar intencionalmente momentos mais casuais, como levar os candidatos para almoçar ou acompanhá-los até o carro. Pergunte ao recepcionista e às pessoas que agendaram as entrevistas o que acharam deles. Em momentos casuais, quando baixam a guarda, as pessoas têm mais chances de fazer ou dizer coisas reveladoras. Um detalhe importante da cultura de minha equipe era a regra de Bob Sutton de proibição aos ogros. Um candidato que eu estava prestes a contratar foi tão rude com a pessoa que agendou as entrevistas, que ela chegou a chorar; outro destratou um garçom. Não contratei nenhum deles. Outro pegou um guardanapo que alguém tinha deixado cair no chão. Eu o contratei. Uma executiva famosa por contratar os melhores talentos sempre acompanha os candidatos até o carro. Veja algumas das coisas que ela descobriu com essas caminhadas: um candidato revelou que usava drogas, outro se gabou de ser "quem mandava em casa" e disse que mantinha as "mulheres na linha", outro contou brincando que gostava de fofocar sobre os colegas e clientes na hora do almoço.

Aumente a produtividade das entrevistas fazendo anotações na hora. Anotar imediatamente suas impressões sobre a entrevista ajudará a esclarecer seu raciocínio tanto para você como para o grupo de entrevistadores e resultará em melhores decisões de contratação. Anote o que acha de cada uma das habilidades necessárias, se esse for o foco da entrevista, bem como cada um dos critérios de adequação à equipe identificados.

Certo dia, entrevistei um candidato supercarismático, com um currículo impressionante, mas que tinha algo que me incomodava. Só entendi o que era quando parei para pôr no papel minhas impressões sobre a entrevista: ele tinha a tendência de fazer grandes declarações sem embasá-las em fatos concretos. Disse que o sistema da empresa X podia ser "ampliado até o infinito", porém, quando o pressionei, afirmou que o sistema era capaz de processar alguns milhões de linhas de dados por dia — muito longe do infinito e nem chegava a ser impressionante. Também não soube explicar *o que* exatamente a empresa X estava fazendo para aumentar a receita nem o papel dele nisso.

Eu sei, eu sei... você é ocupado demais e não tem tempo para anotar tudo. Aqui vai uma dica: reserve uma hora – 45 minutos para a entrevista e 15 minutos para as anotações. Isso o forçará a realizar uma entrevista mais focada e chegar a uma recomendação melhor.

Discutam pessoalmente as considerações finais e a decisão: se você não estiver morrendo de vontade de contratar a pessoa, não faça oferta alguma. O melhor conselho que já me deram sobre contratação é o seguinte: se você não estiver morrendo de vontade de contratar a pessoa, não faça oferta alguma. E, mesmo que morra de vontade de contratar alguém, mantenha-se aberto à possibilidade de ser convencido pelos outros entrevistadores de que é melhor não contratar a pessoa. Em geral, é interessante tender ao "não" em um processo de contratação.

Depois de entrevistar três ou quatro candidatos para uma vaga, o grupo de contratação deve se reunir para discutir a respeito deles. Não será fácil agendar conversas presenciais, mas, se você acreditar que faz sentido submeter os candidatos a vários entrevistadores, uma conversa presencial será a maneira mais rápida e eficaz de tomar uma boa decisão.

Disponibilizar todas as anotações a todos os entrevistadores ajudará a acelerar o ritmo das reuniões do grupo de contratação, mas exigirá um tempo de preparação de cada entrevistador. Uma boa forma de garantir que todos estejam no mesmo barco é agendar uma reunião de uma hora, reservando um "tempo de leitura" no início para que os entrevistadores possam ler as anotações de todos. Se tudo correr bem, a reunião deve terminar antes do previsto. Caso sua equipe tenha autorização para tomar a decisão sozinha, e você estiver morrendo de vontade de contratar a pessoa e ninguém objetou, bata o martelo imediatamente! Caso contrário, faça sua recomendação aos tomadores da decisão e insista para que decidam logo!

DEMISSÃO

Um mal necessário

ALGUMAS EMPRESAS NÃO reservam muito tempo para o processo de contratação, com base na teoria de que é fácil demitir as pessoas. É um grande erro fazer isso. Demitir alguém *não* é fácil, pois envolve não só o lado emocional, como também aspectos legais. Nas organizações em que é muito fácil demitir pessoas, tomam-se decisões de demissão ruins ou injustas, e até quem faz um excelente trabalho acaba pisando em ovos. Quando as pessoas trabalham com medo, começam a evitar riscos. Aprendem menos, crescem menos, inovam menos e nunca têm a chance de atingir seu verdadeiro potencial. Essa abordagem é o oposto da gestão do crescimento pessoal.

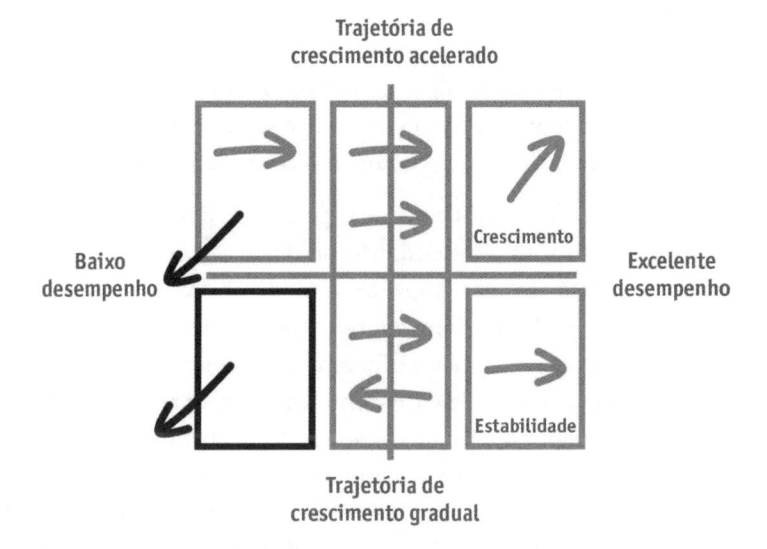

Trajetória de crescimento acelerado

Crescimento

Baixo desempenho

Excelente desempenho

Estabilidade

Trajetória de crescimento gradual

Outras empresas erram para o outro lado, praticamente impossibilitando demitir as pessoas. Nelas, os chefes são forçados a trabalhar de mãos atadas. Alguns "resolvem" os problemas de desempenho empurrando os piores funcionários para colegas desavisados, o que acaba criando uma bizarra dinâmica de escritório. Os melhores talentos também são forçados a levar os incapazes nas costas e, não raro, ficam tão frustrados, que são forçados a pedir demissão. Os incapazes se dão conta de que não faz diferença se contribuem ou não e simplesmente não se empenham. A atração gravitacional da mediocridade organizacional se estabelece.

Demitir pessoas é difícil... e deveria ser difícil. Porém, tomando apenas três medidas, será possível facilitar muito a vida da pessoa demitida, bem como a sua e a de sua equipe.

Não espere muito

Praticamente todos os gestores com quem já trabalhei demoraram muito a admitir que um colaborador de sua equipe tinha começado a apresentar um desempenho insatisfatório. Eles não conseguiam admitir o problema para si mesmos, muito menos para seus chefes ou para o RH. Em meus cursos de gestão, gosto de pedir que os participantes classifiquem os membros de sua equipe de acordo com os quadrantes da matriz de gestão de talentos. Eu os tranquilizo dizendo que é só um exercício, sem consequência alguma, e que eles não precisarão mostrar os resultados a ninguém. Depois que todo mundo termina, pergunto: "Quem aqui acha que a empresa tem pessoas de baixo desempenho?" Em geral, todos levantam a mão. Então questiono: "Quem aqui colocou algum nome em uma das categorias de baixo desempenho?" Normalmente, só algumas pessoas levantam a mão, outras riem, mas todas prefeririam deixar o exercício de lado e seguir em frente. Eu as forço a ficar lá até todo mundo incluir alguns nomes nas categorias de baixo desempenho.

É importante forçar-se a identificar logo as pessoas de desempenho insuficiente por quatro excelentes razões. Primeiro, para ser justo com a pessoa que não está conseguindo ter sucesso em sua equipe. Se você identificar logo o problema, ela terá mais tempo para resolvê-lo. Também ficará menos chocada se não conseguir ou não quiser resolver o problema e você for forçado a demiti-la. Em segundo lugar, para ser justo com sua empresa. Se você identificar e tentar resolver os problemas no começo, reduzirá muito o risco de eventuais problemas de ordem jurídica ou de manter na folha de pagamento por meses alguém com fraco desempenho. Em terceiro lugar, para ser justo consigo mesmo. Se você encher a pessoa de elogios na avaliação de desempenho e demiti-la em seguida, todo mundo ficará sabendo, e a equipe terá dificuldade de confiar em você — sem falar que corre o risco de o funcionário acionar a empresa. É bem verdade que é sempre demorado e desagradável lidar com problemas de desempenho, mas agir rapidamente diminui a eventualidade de uma ação judicial. Em quarto lugar, e o mais importante, para ser justo com as pessoas que apresentam um ótimo desempenho. Tolerar um trabalho ruim é injusto com quem faz um trabalho excelente.

Não tome decisões unilaterais

Depois de identificar os problemas de desempenho, reserve um tempo para pedir a opinião de seu chefe, calibrar a decisão com os colegas (se for apropriado) e solicitar ajuda ao RH. Não presuma que precisa tomar a decisão sozinho. Isso evita tanto demitir alguém em um acesso de raiva como deixar de demitir uma pessoa por algum bloqueio pessoal seu. Muita gente se perde em um turbilhão de emoções quando o assunto é demissão. Seu chefe e seus colegas podem ajudá-lo a pensar com mais clareza. Um bom departamento de RH pode contribuir não só para esclarecer seu raciocínio, como também para agir de maneira adequada, para você e para a empresa.

Em um mundo ideal, sua empresa terá alguém no RH encarregado de ajudá-lo com a papelada. (Se você é o presidente da empresa, não deixe de encarregar formalmente uma pessoa desse trabalho!) Caso sua empresa não tenha um encarregado, solicite a ajuda de um advogado trabalhista, um bom profissional de RH ou um gestor experiente. Não se limite a pedir conselhos. Peça que as pessoas corrijam o que você escrever. Um conselho é abstrato demais. Já vi dezenas de casos nos quais gestores recebem conselhos para elaborar um plano de melhoria de desempenho. Eles são aconselhados a fazer um plano justo, mas não fácil demais, e a sempre incluir no plano o problema de desempenho em questão. Os gestores geralmente dão ouvidos à parte "plano justo", mas ignoram a parte "não fácil demais". Eles podem não incluir o problema central no plano de melhoria de desempenho elaborado, e o problema acaba se arrastando por mais três a seis meses.

Você, como chefe, precisa escrever seus e-mails e outros documentos como se fossem planos de melhoria de desempenho e submetê-los para serem corrigidos por alguém que já tenha experiência com isso. Vai levar tempo, muito mais do que você gostaria de gastar com a tarefa, mas, como já vimos, vale a pena investir esse tempo para evitar um processo!

Importe-se com as pessoas

No entanto, tome cuidado para não ficar muito limitado pelas recomendações do RH e do jurídico. Respire fundo e tente distanciar-se um pouco. Afinal, você desenvolveu um relacionamento com a pessoa que está prestes a demitir; ainda se importa com ela. Pense bem em como facilitar o processo para a pessoa, mesmo que ele se torne difícil para você ou que implique correr alguns riscos.

Na Juice, eu precisava demitir um integrante de nossa equipe e estava preocupada com a possibilidade de o processo acabar sendo litigioso. Recebi inúmeras recomendações de nossa advogada sobre os procedimentos de demissão (não tínhamos um departamento de RH). Muitos conselhos foram bastante úteis, mas a advogada insistia que eu deveria contratar um segurança para conduzir o colaborador para fora do prédio. Eu sabia que essa atitude o envergonharia e aumentaria as chances de ele se enfurecer. "E se ele não for conduzido para fora do prédio por um segurança?", perguntei à advogada. "Ele pode ficar furioso", foi a resposta. Percebi que era exatamente isso que poderia acontecer se eu aceitasse a recomendação da advogada, de modo que decidi fazer o contrário. Deixei que o funcionário demitido voltasse ao escritório para se despedir da equipe, se quisesse. Ele me agradeceu por isso, e acho que seguir minha intuição, e não o conselho da advogada, poupou muita mágoa a todos e deve até ter evitado uma ação judicial.

Quando tiver de demitir alguém, faça isso com humildade. Não se esqueça de que você não está demitindo a pessoa porque ela é um ser humano terrível. Ela pode nem ser terrível no trabalho; talvez só não se encaixe no trabalho que você lhe atribuiu.

Não deixe de fazer o acompanhamento

Costumo mandar um e-mail ao ex-funcionário mais ou menos um mês depois da demissão, para saber como ele está. Tento ficar de olho em empregos nos quais a pessoa pode ser bem-sucedida. Entretanto, mesmo que eu não tenha nenhuma oportunidade de emprego para oferecer, sempre faço questão de saber se ela está bem. Talvez a pessoa não queira sequer ouvir meu nome, e se ela não retornar meu e-mail, não insisto nem a culpo. Às vezes, porém, a pessoa fica contente com a chance de fazer uma caminhada, almoçar ou apenas conversar um pouco comigo. Nunca me esquecerei de uma caminhada que fiz com um homem que me agradeceu profusamente por eu tê-lo demitido e disse que sua esposa também pediu que me agradecesse. Acontece que a demissão não só fez bem para sua carreira, como ajudou em seu casamento e no relacionamento com os filhos.

É difícil demitir as pessoas, mas também não é fácil pedir demissão. Em certos casos, cabe a você, o chefe, ser Radicalmente Sincero quando as coisas simplesmente não estão funcionando.

PROMOÇÕES

Seja justo

POUCAS COISAS PODEM ser consideradas mais injustas por uma equipe do que ter um chefe que usa o favoritismo para promover as pessoas ou que as promove muito mais rápido do que o chefe de outra equipe. No entanto, quando alguns gestores se reúnem para se certificar de que as promoções estão sendo justas, a situação pode ficar feia. Às vezes, os desentendimentos se tornam agressivos, a discordância silenciosa contamina o ambiente e uma bizarra troca de favores começa a ocorrer nos bastidores ("Apoio a promoção de seu funcionário sem mérito se você apoiar a do meu"). Em uma próxima oportunidade, um ressentimento resultante do último ciclo pode acabar com as chances de promoção de uma pessoa que a mereça.

A equipe de programadores do Google resolveu esses problemas por meio de comitês de promoção, que se reuniam por um dia, duas vezes ao ano, fora do local de trabalho. Eles discutiam as promoções dos subordinados diretos alheios, não dos próprios, com base em um pacote de informações relativamente objetivas sobre as contribuições de cada um. As discussões se concentravam nos méritos da promoção de uma pessoa, e não em termos de "meu funcionário contra seu funcionário". Porém, ainda mais importante, o processo resolveu o velho problema de favoritismo da parte dos chefes. O resultado foi que nenhum programador era promovido no Google só por bajular o chefe. (É uma pena que outras equipes da empresa não tenham adotado um processo de promoção tão rigoroso quanto o dos programadores.)

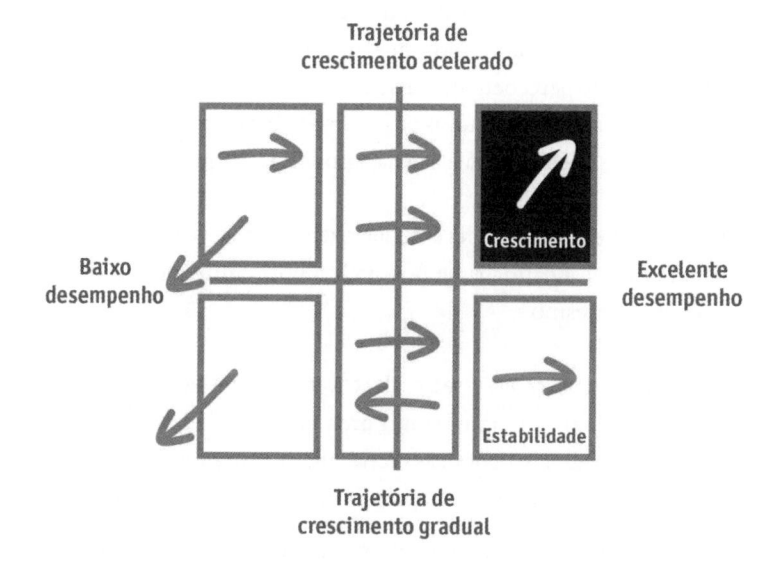

Não quero dizer que o sistema do Google seja perfeito. Ele tende a recompensar as pessoas que trabalham nos projetos de maior destaque, e não aquelas que fazem importantes contribuições nos bastidores. E as recomendações de algumas pessoas vão além do que deveriam. Mesmo assim, é o melhor processo que já vi, e acho que vale muito a pena aplicá-lo em sua equipe.

Mesmo que sua empresa não se empenhe tanto para garantir a justiça nas promoções, nada o impede de conversar com seus colegas e, se você é chefe de chefes, de pedir que todos seus subordinados submetam seus planos de promoção à análise dos colegas antes de aprovar qualquer promoção. Veja algumas dicas para evitar que a politicagem aqui descrita prejudique as reuniões de avaliação de promoções:

Prepare-se. Peça a seus subordinados que enviem uma lista de pessoas que eles planejam promover, acompanhada de justificativas. Solicite ao departamento de RH que organize todos os nomes e justificativas por nível hierárquico e que reúna tudo em uma apresentação única, de modo a facilitar a compreensão das informações. Antes de entrar na reunião, analise todas as informações e forme uma opinião sobre as promoções sugeridas, mas mantenha a mente aberta para ser convencido do contrário.

Administre bem o tempo e não deixe os argumentos se estenderem demais. Repasse todas as promoções por nível hierárquico, do sênior ao júnior. As do pessoal sênior devem levar mais tempo do que as do júnior, porém tome cuidado para não tomarem a reunião inteira. Quando perceber que a discussão começa a se estender demais, tome você mesmo a decisão ou sugira que as pessoas se reúnam em outra ocasião e o procurem com uma decisão tomada ou caso haja um impasse que você precise resolver.

Tenha uma boa noite de sono no dia anterior, exercite-se de manhã e alimente-se bem. Você precisará manter a calma e, se possível, o bom humor nesse dia. Incentive sua equipe a fazer o mesmo.

No fim da reunião, reconheça que esse tipo de conversa nunca é fácil. Planeje algum tipo de atividade para reduzir a tensão, como uma caminhada juntos. Em geral, não recomendo misturar bebidas alcoólicas com trabalho, mas, se vocês tiverem tempo para uma happy hour, pode ser boa ideia.

Mesmo que sua empresa ou seu chefe não pareçam interessados em garantir um processo de promoção justo, nada o impede de propor um encontro com os colegas para vocês se ajudarem. Se eles se recusarem, você pode comparar as pessoas que planeja promover com as que estão sendo promovidas na empresa e ver se suas promoções se alinham com as outras. Você não faz favor algum a uma pessoa quando a promove e o restante da equipe acha que a promoção não é merecida.

RECOMPENSE SUAS ESTRELAS

Não reserve toda glória às superestrelas

Evite a obsessão por promoções ou status

Um dia me vi paralisada diante do computador ao tentar escrever o e-mail que me pediram que enviasse à equipe inteira do Google anunciando as promoções. Levou nada menos que dez anos para eu finalmente entender o problema: eu nem deveria ter escrito aquele e-mail. Anunciar promoções gera uma concorrência perniciosa pela razão errada: a documentação do status, em vez do desenvolvimento de uma habilidade.

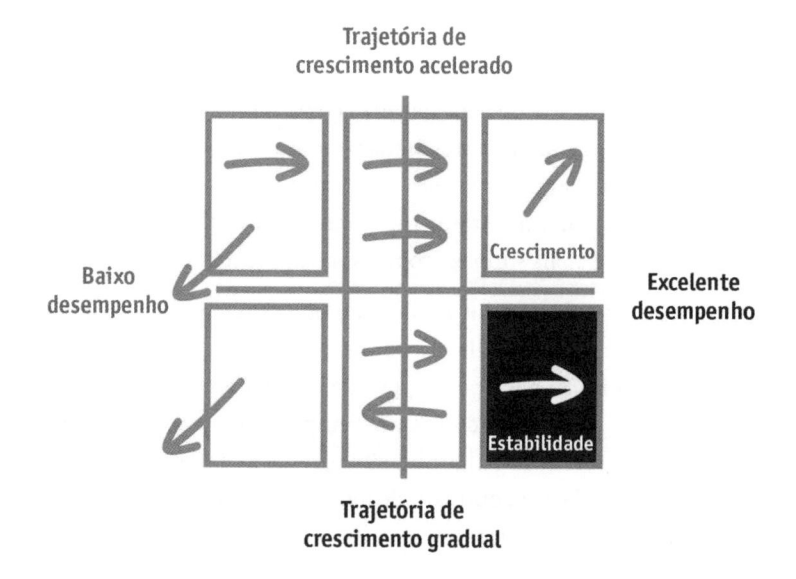

A maioria das promoções vem acompanhada de um aumento de salário, de novas responsabilidades e, em algumas empresas, de participação acionária. É muita validação externa. Podemos presumir que as pessoas escolhidas para ganhar uma promoção já foram elogiadas em público pelo bom trabalho que vêm fazendo até então. Contudo, em grandes anúncios públicos de promoções, os custos em termos do foco da organização na hierarquia costumam superar os benefícios do reconhecimento em público das pessoas promovidas.

Mas não é melhor fazer tudo de maneira clara e transparente? Se uma promoção incluir uma mudança de cargo, não deixe de anunciá-la. Só que nem toda mudança de cargo é acompanhada de promoção, e nem toda promoção é acompanhada de mudança de cargo. Concentre-se no trabalho que a pessoa faz, e não no status que ela atingiu por fazer esse trabalho.

E não é importante elogiar as pessoas em público? Sim, sem dúvida. Não deixe de elogiar em público, porém não saia por aí distribuindo elogios por qualquer coisa. Elogie atitudes que você quer estimular: um trabalho de alta qualidade, inovações criativas, uma eficiência surpreendente, um trabalho em equipe abnegado, e assim por diante. Será que você realmente quer focar as promoções? Se não quiser, evite anunciá-las com muito alarde.

Agradeça às pessoas"

Jim Ottaway, ex-vice-presidente sênior e diretor do Conselho de Administração da Dow Jones, me contou que ficou chocado ao encontrar uma nota de agradecimento que ele tinha escrito uma década antes ainda pendurada na sala de um funcionário. Ao perceber quanto isso significava para as pessoas, ele desejou ter enviado muito mais notas de agradecimento. Até os melhores chefes às vezes se esquecem da importância dos gestos mais simples, como os de agradecimento.

Um gesto de agradecimento vale muito mais que um elogio. Um elogio expressa admiração por um excelente trabalho. Um agradecimento expressa gratidão pessoal. Ao agradecer, você mostra não apenas por que o trabalho é importante, mas por que ele é importante *para você*. Reserve um tempinho para agradecer às pessoas, pessoalmente e por escrito. Em algumas situações, um agradecimento tem mais valor se feito em particular; em outras, vale mais em público. Na maioria dos casos, é interessante fazer as duas coisas.

Gurus

Outra excelente maneira de mostrar que as pessoas estão fazendo um excelente trabalho é apresentá-las como gurus na área de especialidade delas. Você pode reconhecer o conhecimento do colaborador encarregando-o de ensinar os outros. Dê-lhe alguns meses para pensar em como ensinar o que ele sabe e desenvolver um curso. Essa tarefa pode ser profundamente gratificante para o guru e incrivelmente produtiva para sua equipe. Entretanto, nem todo mundo gosta de ensinar, então é importante certificar-se de que será uma recompensa, não uma punição. Encontre outras maneiras de apresentar o colaborador como um mestre em sua área, se ele não gostar de ensinar.

Apresentações públicas

Como já vimos, uma das queixas mais comuns das pessoas que fazem um trabalho excelente e estão em trajetória de crescimento gradual é que se sentem invisíveis. Um modo simples de resolver esse problema é dar aos membros de sua equipe que se concentram em tarefas importantes, mas pouco reconhecidas ou incompreendidas, uma chance de explicar seu trabalho aos colegas.

EVITE A GESTÃO AUSENTE E O MICROGERENCIAMENTO

PARA AJUDAR VOCÊ a saber se está sendo um bom parceiro, e não um gestor ausente ou um microgerenciador (controlador), criei uma tabela simples. Espero que ela contribua para que você trabalhe em parceria com seus subordinados. Uma das melhores maneiras de manter as pessoas da equipe engajadas é atuar ativamente em parceria com elas.

GESTOR AUSENTE	PARCEIRO	MICROGERENCIADOR
Não atua, não ouve, não fala.	Atua, ouve, fala.	Atua, não ouve, não fala.
Demonstra pouca curiosidade. Não quer saber nada.	Demonstra curiosidade. Reconhece quando precisa saber mais.	Demonstra pouca curiosidade. Finge saber tudo.
Não ouve. Não diz nada.	Ouve. Quer saber as razões.	Não ouve. Diz como fazer.
Tem medo de *qualquer* detalhe.	Quer saber os detalhes *relevantes*.	Perde-se nos detalhes.
Não faz ideia do que está acontecendo.	Está sempre bem informado, porque atua na prática.	Pede apresentações, relatórios e atualizações.
Não estabelece metas	Conduz sessões colaborativas de definição de metas.	Estabelece metas arbitrariamente.
Permanece alheio aos problemas.	Ouve os problemas. Adianta-se aos problemas. Conduz sessões de brainstorming para encontrar soluções.	Diz às pessoas como resolver os problemas mesmo sem entendê-los.

(continua)

(continuação)

GESTOR AUSENTE	PARCEIRO	MICROGERENCIADOR
Causa danos colaterais ao tropeçar inadvertidamente em obstáculos.	Remove obstáculos e neutraliza situações potencialmente explosivas.	Diz às pessoas como remover obstáculos e neutralizar situações, mas observa tudo a uma distância segura.
Ignora tanto as perguntas como as respostas.	Compartilha o que sabe e faz perguntas quando não sabe.	Finge saber quando não sabe.
Desconhece o contexto.	Explica o contexto relevante.	Engaveta informações.

RESUMO

POUCOS PRAZERES são maiores do que participar de uma equipe na qual todos curtem o que fazem e curtem trabalhar juntos. Você pode ter uma equipe como essa se conduzir conversas sobre a carreira com cada um dos integrantes, elaborar planos de gestão de crescimento para cada um deles uma vez por ano, contratar as pessoas certas, demitir as pessoas que têm de ser demitidas, promover as pessoas certas, recompensar as que estão fazendo um ótimo trabalho, mas que não deveriam ser promovidas, e oferecer-se para atuar como parceiro de seus subordinados diretos. Saiba que você tem o poder de criar uma equipe que não vê a hora de ir para o trabalho todos os dias. Juntos, vocês realizarão conquistas que seriam impossíveis individualmente, ao mesmo tempo em que cada um se aproxima de seus sonhos

RESULTADOS

O que você pode fazer para atingir resultados em conjunto — e mais rápido

O **OBJETIVO FINAL** da Sinceridade Radical é atingir resultados de maneira colaborativa que jamais poderiam ser alcançados individualmente. Você criou uma cultura de feedback. Criou uma equipe exemplar, que incorpora os fundamentos do "se importar pessoalmente" e do "desafiar diretamente" da Sinceridade Radical. Em consequência, a equipe está avançando de vento em popa e, talvez o mais importante, desenvolveu grande capacidade de autocorreção e consegue resolver a maioria dos problemas antes mesmo de você ficar sabendo deles. No entanto, ainda não chegou a hora de comprar um iate e sair em uma viagem pelo Caribe. Agora você pode usar todo o tempo e a energia poupados pela Sinceridade Radical para manter sua equipe concentrada em obter excelentes resultados.

O neurocientista e acadêmico Stephen Kosslyn descreveu em uma palestra como as pessoas que trabalham em equipe se tornam "próteses mentais" umas das outras. A tarefa que uma pessoa não gosta de fazer e não faz bem é exatamente a que outra adora fazer e se destaca fazendo. Juntas, elas são "melhores, mais fortes, mais rápidas". Nesse caso, para sua equipe melhorar, ficar mais forte e ser mais rápida, é necessário seguir as etapas da Roda do Fazer Acontecer, descritas no Capítulo 4. Seu trabalho será incentivar esse processo de ouvir, esclarecer, debater, decidir, convencer e executar até que os membros de sua equipe praticamente ajam como se fossem uma entidade única para concluir projetos e aprender com os resultados. E isso não se aplica apenas às empresas de alta tecnologia do Vale do Silício. Outro dia, conversei com o responsável pelo treinamento de novos gestores no Departamento de Transporte Público do Estado de Nova Jersey. Perguntei-lhe qual era a primeira coisa que eles ensinavam. "Não comece mandando nas pessoas. Elas odiarão você. Comece ouvindo-as."

Uma de suas responsabilidades mais importantes para manter as coisas fluindo é decidir quem precisa se comunicar com quem e com que frequência. Sim, estou falando de reuniões. É claro que toda reunião tem seu custo em termos de tempo, e por isso é importante reduzir sua duração, sua frequência e o número de pessoas obrigadas a participar. O mais importante dessas reuniões é a conversa individual com cada um dos subordinados diretos.

1. Conversas individuais

2. Reuniões da equipe

3. Tempo de reflexão

4. Reuniões de discussão

5. Reuniões de decisão

6. Reuniões com todos os funcionários

7. Tempo para execução

8. Quadros kanban

9. Conversas casuais

10. De olho na cultura

CONVERSAS INDIVIDUAIS

Os funcionários definem a pauta, você os ouve e os ajuda a esclarecer

VOCÊ NÃO PODE deixar de conduzir conversas individuais, que são sua melhor chance de realmente *ouvir* as pessoas de sua equipe para saber o que, na opinião delas, está ou não funcionando. Essas conversas também lhe dão a oportunidade de conhecer melhor seus subordinados diretos, avançando na dimensão do "se importar pessoalmente" do modelo da Sinceridade Radical. Não as use para despejar nas pessoas todas as críticas que vem acumulando. Você deve tratar desse tipo de coisa naquelas conversas improvisadas de dois ou três minutos que costuma ter com os subordinados!

O objetivo de uma conversa individual é ouvir e esclarecer para conhecer o destino pretendido de seus subordinados diretos e o que os está impedindo de chegar a esse destino. Em uma ocasião, Sheryl me ajudou rapidamente, em uma conversa individual, a resolver um problema que era importantíssimo para mim e me parecia não ter solução até nossa conversa. Eu gerenciava equipes em dez cidades diferentes ao redor do mundo e queria visitar cada uma delas. Ao mesmo tempo, tinha 40 anos e estava tentando ter filhos. É muito difícil engravidar a 10 mil quilômetros de distância de seu marido. O que fazer? Apresentei meu dilema a Sheryl. "Ah, é fácil!", disse ela. Eu não via a hora de ouvir sua sugestão. "Não dá para fazer as duas coisas, e você não tem tempo a perder. Sua prioridade é engravidar." Parecia impossível viajar e engravidar ao mesmo tempo, e foi um grande alívio quando Sheryl me confirmou essa impossibilidade. Entretanto, também foi um grande desalento. Será que aquilo significava que eu não tinha como fazer meu trabalho? Claro que não! "Você se lembra daquele encontro global que suas equipes queriam, mas que não tínhamos condições de bancar na época?", perguntou Sheryl. "Vamos tentar obter a verba de novo. Aí suas equipes poderão vir para cá. Elas querem vir, e você não quer ir. Parece que todo mundo sairá ganhando."

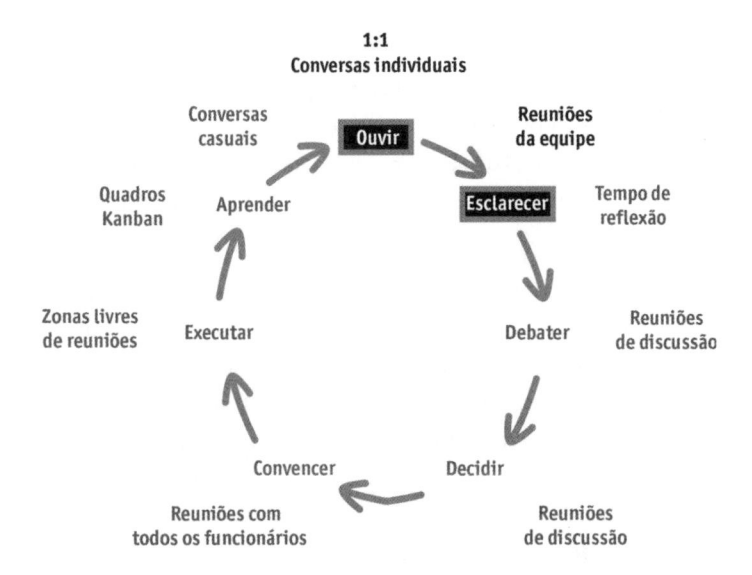

Veja o que fazer para garantir que você e cada um de seus subordinados possam tirar o máximo dessas conversas individuais:

Atitude

Sua atitude constitui um grande fator para decidir o sucesso de suas conversas individuais. Descobri que, quando deixei de ver essas conversas como reuniões e comecei a tratá-las como almoços ou cafés com alguém que eu não via a hora de conhecer melhor, elas acabaram tendo resultados muito melhores. Se você perceber que ajuda conduzir essas conversas durante uma refeição, marque almoços regulares com seus subordinados diretos. Se você e um subordinado gostarem de caminhar e houver um bom lugar para isso perto do escritório, conversem caminhando. Se for o tipo de pessoa que costuma render mais cedo, agende as conversas pela manhã, e se sua energia diminuir depois das 2 da tarde, não as marque nesse período. Programe o horário e o local dessas conversas de acordo com seu nível de energia. No entanto, não pense só em suas necessidades. Você pode até gostar de acordar às 5 da manhã e ir à academia, porém, não espere que seus subordinados curtam se encontrar com você lá de madrugada.

Frequência

Nosso tempo é limitado, mas também é vital para os relacionamentos. As conversas individuais devem atuar como um gargalo natural para determinar o número máximo de subordinados diretos que um chefe pode ter. Gosto de passar cinquenta minutos por semana conversando com cada pessoa que trabalha diretamente para mim, só que não tenho como marcar mais que cinco horas de conversas individuais em minha agenda em uma semana. Ouvir requer muita energia, e sou bastante ciente de meus limites. Por isso, gosto de me restringir a cinco subordinados diretos. Quando as pessoas trabalham em outra cidade, faço questão de conduzir as conversas por videoconferência e tento compensar a distância com verificações mais frequentes.

Em muitas empresas, inclusive em algumas nas quais trabalhei, isso pode ser inviável. Se você tiver 10 subordinados diretos, recomendo encurtar as conversas individuais para 25 minutos por semana. Muitas pessoas que conheço têm 20 subordinados diretos e não podem fazer nada quanto a isso; a empresa delas simplesmente funciona assim. Se você estiver nessa situação, sugiro conversas de 25 minutos a cada 2 semanas com cada subordinado direto. Aproveite e veja se consegue criar algumas oportunidades de liderança para as pessoas que trabalham para você, reduzindo, desse modo, o número de subordinados diretos.

Por fim, para evitar a proliferação de reuniões, recomendo usar as conversas individuais para conduzir conversas sobre a carreira (veja o Capítulo 7) e, se for o caso, realizar avaliações de desempenho formais.

Dê as caras!

O principal conselho para as conversas individuais é simples: "Dê as caras!" Em um mundo ideal, você terá menos de dez subordinados diretos e poderá conduzir conversas individuais com cada um deles toda semana. Mesmo nesse mundo ideal, entre uma agenda de viagens, uma ou outra doença esporádica e as férias ocasionais, você precisará cancelar pelo menos duas ou três das treze conversas individuais agendadas. Se reservar algumas dessas brechas para conduzir conversas individuais especiais (como avaliações de desempenho, solicitação de feedback ou conversas sobre a carreira), terá apenas sete ou oito conversas individuais "normais" por trimestre. E, se seu mundo não for ideal e você tiver mais de dez subordinados diretos, provavelmente conduzirá conversas individuais apenas quinzenais com cada um deles. Em outras palavras, você conduzirá três ou quatro conversas individuais com cada um de seus subordinados diretos por trimestre. Assim, não importa os incêndios que tiver de apagar no dia a dia, jamais cancele suas conversas individuais.

Deixe seu subordinado direto definir a pauta

Quando seus subordinados diretos definem a pauta para as conversas individuais, estas se tornam mais produtivas, e você tem a chance de ouvir o que mais importa para *eles*. No entanto, recomendo definir algumas expectativas básicas para a pauta e a maneira de conduzir a conversa. Você prefere uma pauta estruturada? Se preferir e quiser vê-la antes da conversa, deixe isso claro. Se não fizer questão de uma pauta estruturada nem tiver tempo de vê-la antes da conversa, não obrigue seus subordinados a perder tempo com isso. Tudo bem para você se eles chegarem com uma lista de itens rabiscada em um guardanapo ou prefere um documento compartilhado para poder consultar? Não importa se você preferir uma pauta estruturada ou uma conversa mais solta, caberá a seu subordinado direto definir a pauta, não a você. Seu trabalho é dizer à pessoa que ela não pode chegar à reunião despreparada... ou decidir que não há problema algum em ter uma conversa sem pauta de vez em quando.

Algumas boas perguntas de acompanhamento

Veja algumas perguntas de acompanhamento que você pode fazer para mostrar que está ouvindo, que se importa com a pessoa e está disposto a ajudar, e para identificar lacunas entre o que ela está fazendo, o que ela acha que deveria estar fazendo e o que ela quer estar fazendo:

"Por quê?"

"Como posso ajudar?"

"O que posso fazer ou parar de fazer para facilitar sua vida?"

"O que o faz perder o sono à noite?"

"O que você está fazendo no trabalho que preferiria não fazer?"

"Você não quer trabalhar nisso porque não se interessa ou porque

acha que não é importante?"

"O que você pode fazer para deixar de trabalhar nisso?"

"O que você não está fazendo no trabalho que preferiria fazer?"

"Por que você não está trabalhando nisso?"

"O que você pode fazer para começar a trabalhar nisso?"

"O que você acha das prioridades das equipes das quais seu

trabalho depende?"

"O que essas equipes estão fazendo que lhe parece sem importância

ou até contraproducente?"

"O que elas não estão fazendo que você preferiria que fizessem?"

"Você já levou sua opinião diretamente a essas equipes? Se não, por quê?"
(Observação importante: a ideia é encorajar as pessoas a falar diretamente
umas com as outras, não resolver o problema para elas. Consulte a seção
"Evite as apunhaladas nas costas", no Capítulo 6.)

Encoraje novas ideias nas conversas individuais

Antes de uma conversa individual, é interessante manter em mente a frase de Jony Ive: "As novas ideias são frágeis." As pessoas devem se sentir seguras para lançar novas ideias nessas conversas antes de submetê-las à selvageria de um debate. Ajude-as a esclarecer o raciocínio delas e o que elas sabem sobre as pessoas a quem teriam de apresentar suas ideias. Por exemplo, as ideias podem precisar ser descritas de maneiras diferentes para um programador e para um vendedor. Veja algumas perguntas que você pode usar para estimular as novas ideias encorajando as pessoas a serem mais claras:

"Do que você precisa para desenvolver mais essa ideia e prepará-la para um debate com a equipe? Como posso ajudar?"

"Sua ideia me parece promissora, mas ainda não está clara para mim. Você pode me explicar de novo?"

"Que tal a gente tentar elaborar melhor a ideia?"

"Entendi o que você quer dizer, mas não acho que os outros entenderão. Como você poderia explicá-la melhor?"

"Não acho que Fulano entenderá isso. Você pode explicar a ideia de novo tentando deixar claro para ele?"

"Será que o problema é que eles são estúpidos demais para entender sua ideia, ou é você que não está conseguindo explicar direito?"

Sinais de que você não está sendo um bom chefe

As conversas individuais são oportunidades valiosíssimas para seus subordinados diretos apresentarem ideias e opiniões a você e decidirem em que direção seguir com o trabalho. E também são oportunidades valiosíssimas para você, porque é nessas conversas que receberá os primeiros sinais de que não está sendo um bom chefe. Veja alguns sinais claros:

Cancelamentos. Caso seus subordinados tenham o hábito de cancelar as conversas individuais com você, é sinal de que não estão se beneficiando de sua parceria ou que você não está usando as conversas para dar o feedback negativo necessário para o avanço deles.

Atualizações. Se as pessoas se limitarem a usar as conversas individuais para lhe apresentar atualizações que poderiam facilmente ser enviadas por e-mail, incentive-as a usar o tempo de maneira mais construtiva.

Só boas notícias. Se você só ouvir boas notícias, é sinal de que as pessoas não se sentem seguras para revelar os problemas ou acham que você não quer ou não tem condições de ajudar. Nesses casos, peça explicitamente as más notícias. Não deixe a pessoa mudar de assunto antes de lhe dar alguma má notícia.

Nenhuma crítica. Se as pessoas nunca o criticarem, você não está sabendo receber o feedback de sua equipe. Lembre-se da pergunta: "Tem alguma coisa que eu poderia fazer ou deixar de fazer para facilitar seu trabalho comigo?"

Nenhuma pauta. Se as pessoas tiverem o hábito de chegar para a conversa sem nenhum tópico específico para discutir, é sinal de que estão sobrecarregadas, não sabem qual o propósito da conversa ou acham que a conversa será pura perda de tempo. Seja direto, porém educado: "Você pode falar sobre o que quiser nessas conversas, mas parece não ter muito a dizer. Pode me explicar por quê?"

REUNIÕES DA EQUIPE

Reveja as métricas, analise as atualizações e identifique (mas não tome) as decisões-chave

TODOS OS CEOs, gestores de médio escalão e chefes de primeira viagem com quem trabalhei disseram achar difícil conduzir reuniões produtivas com seus subordinados diretos. Acontece muito de o gestor odiar conduzir a reunião, os participantes a considerarem pura perda de tempo e os não convidados se ressentirem. Sem dúvida, as reuniões de equipe podem drenar o tempo e a energia das pessoas, mas o contrário também é verdadeiro. Uma reunião bem conduzida pode lhes poupar um tempo precioso, alertando sobre os problemas, apresentando atualizações com eficiência e ajudando todos os membros da equipe a remar na mesma direção definindo as prioridades da semana.

Uma boa reunião de equipe tem três objetivos: analisar os resultados da semana anterior, abrir espaço para as pessoas apresentarem atualizações relevantes e forçar a equipe a esclarecer as decisões e os debates mais importantes para a próxima semana. É isso. As reuniões de equipe não devem incluir discussões nem tomadas de decisão. Cabe a você definir a pauta, insistir para que as pessoas se atenham a ela e orientar quem se estender demais na argumentação ou se desviar do assunto.

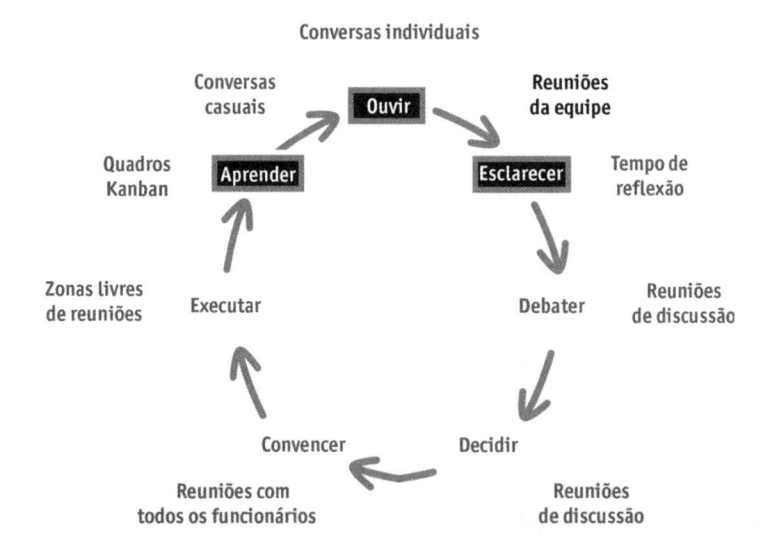

Veja a pauta que considero mais eficaz:

- **Aprender: rever as métricas-chave (vinte minutos).**

- **Ouvir: incluir as atualizações em um documento compartilhado (quinze minutos).**

- **Esclarecer: identificar as decisões e os debates mais importantes (trinta minutos).**

Aprender: rever as métricas-chave (vinte minutos). O que deu certo nesta semana e por quê? O que não deu muito certo e por quê? Será melhor criar um painel de métricas-chave para rever. Quando digo "painel", não me refiro a algum sistema ultrassofisticado elaborado pelo departamento de TI; pode ser uma simples planilha com alguns números. Quais atividades e resultados mais importantes da semana mostram se vocês estão no caminho certo para atingir seus objetivos? Vocês podem criar esse painel sozinhos, sem precisar de toda uma infraestrutura corporativa para isso. De preferência, o painel deve ser atualizado automaticamente. Se não for possível, peça que seus subordinados atualizem a parte relevante na véspera da reunião da equipe. Se necessário, fique no pé deles até que atualizem o painel. Procure deixar o painel em algum local visível para toda a equipe. As observações da reunião precisam ser sempre disponibilizadas para todos os membros.

Ouvir: incluir as atualizações em um documento compartilhado (quinze minutos). Uma das maiores dificuldades de gerenciar uma equipe é manter todos a par do que os outros estão fazendo para que possam identificar possíveis problemas e pontos de sobreposição sem perder muito tempo. Atualizações e métricas-chave são coisas diferentes. As atualizações incluem itens que jamais entrarão no painel, como "Precisamos rever nossas metas para este projeto", "Estou pensando em fazer uma reorganização", "Estou começando a achar que preciso demitir Fulano" ou "Ter de fazer uma cirurgia daqui a um mês e ficarei três semanas fora".

Alguns líderes conduzem reuniões de equipe que podem levar várias horas para compartilhar esse tipo de informação. Quase todo mundo odeia reuniões demoradas, de modo que outros líderes vão na direção oposta e criam um documento compartilhado no qual todos incluem as coisas mais importantes que fizeram na semana anterior e o que planejam fazer na próxima. Era o que o Google fazia, chamando essas atualizações de "snippets" (fragmentos de texto).

Teoricamente, um sistema de atualizações desse tipo é de fácil utilização e evita reuniões intermináveis. Afinal, você levará apenas alguns minutos para anotar suas atualizações e mais alguns para ler as atualizações dos outros. Na prática, contudo, muita gente resiste a registrar suas atualizações, e se alguém ficar de fora, o sistema cai por terra. Apesar de eu ser totalmente a favor de evitar intermináveis reuniões de equipe, descobri que sou uma dessas pessoas que odeiam anotar as atualizações em um documento compartilhado. Passei um tempo me forçando a fazer isso, mas, quando percebi que não era a única que odiava a tarefa, decidi encontrar uma solução diferente. Reservei um tempo para todos nós fazermos isso durante a reunião. E foi muito melhor.

Veja como você e seus subordinados podem incluir as atualizações durante a reunião da equipe. Reserve de cinco a sete minutos para que todos anotem de três a cinco coisas que eles ou a equipe deles fizeram durante a semana (e que os outros precisam saber) e de cinco a sete minutos para ler as atualizações dos outros. Não permita conversas paralelas. Todas as perguntas e esclarecimentos devem ser feitos depois da reunião. Essa simples regra poupará um tempo enorme na reunião da equipe. Caso contrário, a maior parte dela será tomada por apenas duas ou três pessoas falando, enquanto o resto se limitará a ouvir, sem interesse.

Essa abordagem é mais eficaz com um documento compartilhado que possa ser editado por várias pessoas ao mesmo tempo. Você pode utilizar o Google Docs, o Office 365 ou o Evernote, por exemplo. Se a equipe não tiver laptops nem smartphones, nada os impede de usar papel e caneta: todos anotam suas atualizações em uma folha de papel e passam a folha para os outros lerem.

Se você gerencia chefes, essas atualizações devem ser divulgadas à equipe toda. Desse modo, ninguém pode incluir itens confidenciais: problemas de desempenho de uma pessoa específica, ajustes salariais planejados etc. Talvez seja interessante manter um documento de "atualizações confidenciais" para sua equipe, mas insista para que não sejam incluídos itens demais. A maioria dos itens discutidos deve ser compartilhada com a equipe toda.

Esclarecer: identificar as decisões e os debates mais importantes (trinta minutos). Quais são as decisões mais importantes (duas no máximo) a tomar e a discussão mais importante a conduzir nesta semana? Se a equipe tiver menos de vinte pessoas, vocês podem apenas listá-las e decidir/discutir de maneira improvisada.

Caso sua equipe tenha mais de vinte pessoas, será interessante conduzir um processo mais formal. Inclua os itens em pautas de "reuniões de decisão" e "reuniões de discussão" distintas e identifique responsáveis para cada uma delas. Pode parecer uma proliferação de reuniões, mas, na verdade, é uma forma de você se livrar dessas reuniões e incluir as pessoas relevantes nos debates e nas decisões. Os responsáveis pelos debates e pelas decisões normalmente não serão nem você nem seus subordinados diretos. O objetivo dessas reuniões separadas é justamente delegar os debates e as decisões às pessoas mais próximas aos fatos, evitando um processo puramente hierárquico (e, portanto, distante dos detalhes e da realidade).

A pauta dessas reuniões deve ser comunicada à equipe toda, e elas devem ser abertas a qualquer pessoa que queira participar. No começo, as reuniões provavelmente serão grandes demais, mas com o tempo só comparecerá quem realmente precisar ou quiser participar. A maioria das pessoas odeia ser excluída de decisões relevantes para seu trabalho, porém odeia ainda mais ter de comparecer a reuniões irrelevantes. Com um pouco de transparência, tudo acaba se ajeitando.

TEMPO DE REFLEXÃO

Reserve um tempo para pensar e não deixe de usá-lo

ACABAMOS DE FALAR em incluir conversas individuais e uma reunião da equipe em sua agenda. Você já deve estar tendo de participar de algumas reuniões de discussão e de decisão. Além de todas essas reuniões agendadas, as pessoas vão querer lhe falar sobre isso ou aquilo, e você precisará apagar incêndios aqui e ali. Quando é que você reservará um tempo para pensar ou ajudar as pessoas a pensar? Se não fizer nada, dificilmente terá tempo para ir ao banheiro ou pegar uma água... e pode esquecer o horário do almoço. Você será tiranizado pela agenda. O único momento tranquilo lhe sobrará para pensar será em sua casa, tarde da noite, quando deveria estar dormindo.

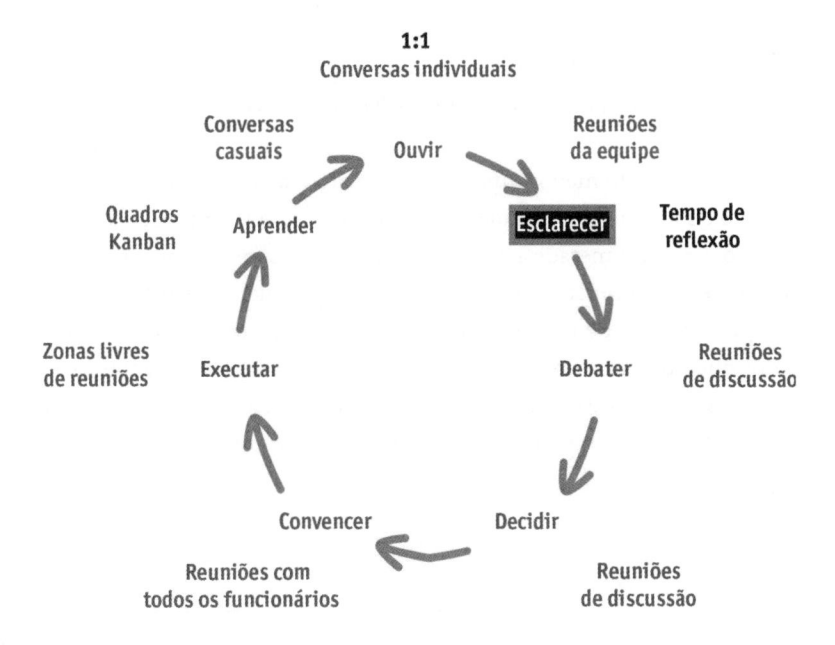

Um CEO muito bem-sucedido (e ocupadíssimo) que conheço evitava esse tipo de problema reservando na agenda duas horas para reflexão todos os dias. Não deixava que nada nem ninguém ocupasse esse tempo. Uma vez, ninguém menos que o presidente do país (não vou dizer qual) pediu uma reunião com ele. O presidente não tinha nada específico para dizer, mas a maioria das pessoas teria aceitado a reunião só por curiosidade. Mas não aquele CEO, simplesmente porque a reunião com o presidente tomaria seu tempo de reflexão. Um executivo de um jornal de enorme sucesso contou que um dia entrou na sala do CEO e o viu recostado na cadeira olhando para o céu, aparentemente perdido em devaneios. Perguntou-lhe em que ele estava pensando, e a ideia acabou rodando a empresa pela década seguinte.

Você não precisa ser CEO para fazer isso. Até eu consegui reservar um tempo de reflexão todos os dias, e era só uma gestora de nível médio no Google. Meu conselho para você é reservar na agenda um tempo de reflexão e não deixar que nada nem ninguém ocupe esse tempo. Avise às pessoas de que esse horário está tomado. E pode ficar zangado com quem tentar agendar alguma coisa. Incentive toda a sua equipe a fazer o mesmo.

"REUNIÕES DE DISCUSSÃO"

Reduza a tensão deixando claro que vocês estão discutindo, não decidindo

AS REUNIÕES DE DISCUSSÃO são reservadas para discutir, não decidir, importantes problemas enfrentados pela equipe. Elas têm três objetivos:

Reduzir a tensão. Pelo menos uma parte do atrito e da frustração em muitas reuniões resulta do fato de que metade dos participantes pensa que está lá para tomar uma decisão, e a outra metade acha que está lá para debater. Os que querem tomar uma decisão se enfurecem quando veem que os que só querem debater não parecem estar se aproximando de uma solução. Os que só querem debater se enfurecem quando os que querem tomar uma decisão se recusam a refletir sobre o assunto e ponderar os aspectos da situação. Quando todo mundo sabe que a reunião não terminará com uma decisão, essa fonte de tensão é eliminada.

Desacelerar importantes decisões quando for o caso. Quando vocês estiverem diante de um problema importantíssimo e não chegarem a um consenso sobre o que fazer, a situação naturalmente gerará atrito e frustração. Para evitar isso, as equipes tendem a se precipitar para tomar uma decisão antes de refletir sobre o assunto ou de coletar informações suficientes. Incluir uma questão como essa na pauta de uma reunião de discussão força a equipe a debater a questão, coletar as informações necessárias, obter a opinião de especialistas ou simplesmente se aprofundar na reflexão.

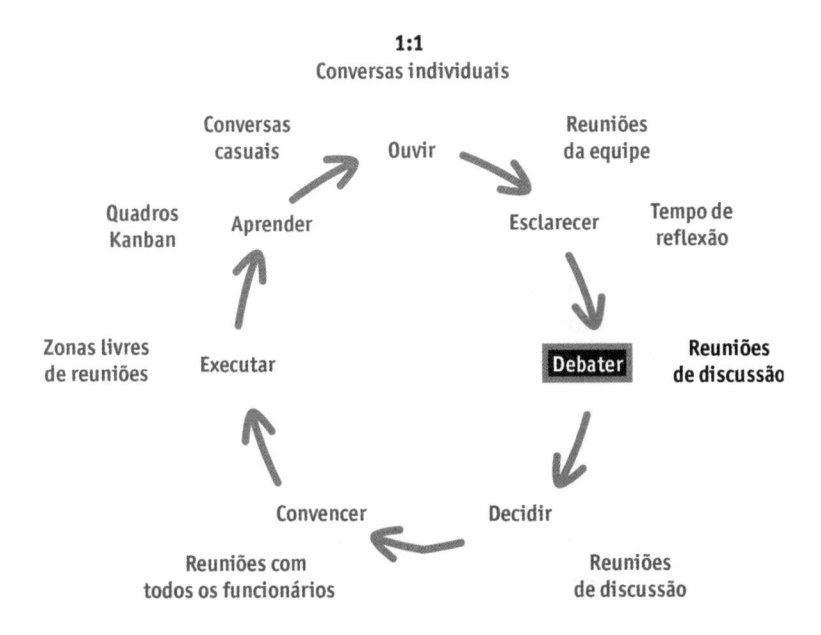

Promover uma cultura de discussão. As boas equipes estão sempre debatendo. Conduzir regularmente reuniões de discussão e buscar questões a discutir pode ajudar as pessoas a exercitar o diálogo e a capacidade de tolerar divergências. No caso de uma grande discussão, do tipo "apostar o futuro da empresa" ("Devemos fazer um investimento enorme para entrar em um mercado novo e arriscado?"), é importante que os acionistas participem de uma série de discussões sem a pressão de chegar a uma decisão. Conduzir debates regulares também reduz a tensão, impedindo altercações explosivas. O princípio da "criticalidade auto-organizada" (muitas pequenas correções criam a estabilidade, mas uma enorme correção cria uma catástrofe) aplica-se tanto às relações humanas como aos mercados.

A LOGÍSTICA DA reunião de discussão deve ser bastante simples. Depois da reunião da equipe, o tema da reunião, quem foi o responsável por ela e quem participou têm de ser comunicados a todas as outras equipes (presumindo que você seja chefe de chefes) e a pessoas de outras áreas que estejam trabalhando com vocês. As únicas pessoas obrigadas a participar do debate são aquelas identificadas na reunião da equipe, mas qualquer um pode participar, ativamente ou só observando. O responsável pelo debate encarrega alguém de tomar nota do que foi dito e de enviar as anotações a todos os interessados.

As regras dessas reuniões também são bem simples. Esclareça que todos devem deixar o ego de lado. O objetivo do debate é trabalhar juntos para encontrar a melhor resposta. Ninguém sairá ganhando e nem perdendo. Uma boa regra é pedir aos participantes que se coloquem na pele dos outros no meio da discussão. Essa estratégia garante que as pessoas ouçam os argumentos das demais e as ajuda a se concentrar em encontrar a melhor solução e não se ater a egos e cargos.

Os únicos resultados do debate devem ser um resumo ponderado das questões e dos fatos levantados, uma definição mais clara das opções e uma recomendação para continuar o debate ou tomar uma decisão.

"REUNIÕES DE DECISÃO"

Delegue as decisões a quem trabalha com os fatos, inclua os fatos nas decisões e sempre deixe o ego de lado

"AS REUNIÕES DE DECISÃO costumam, mas nem sempre, acontecer depois de uma reunião de discussão. Elas têm dois importantes objetivos. O primeiro é óbvio: tomar decisões importantes. O segundo, contudo, é mais sutil. Pode ser difícil saber em que momento é preciso parar de discutir e começar a decidir. Nunca encontrei uma regra fixa para responder a essa pergunta. A melhor maneira de fazer isso é deixar bem claro quando é o momento de discutir e quando é o momento de decidir. E é por isso que recomendo fazer duas reuniões distintas.

A logística e as regras dessas reuniões são as mesmas das reuniões de discussão. O líder da reunião é o "tomador de decisão", nomeado na reunião da equipe. As únicas pessoas obrigadas a participar da reunião de decisão são aquelas identificadas na reunião da equipe, mas qualquer um pode participar. Alguém tem de ser encarregado de tomar notas e de disponibilizá-las a todos os interessados. É importante deixar o ego do lado de fora da sala. Ninguém sairá perdendo e nem ganhando. O resultado das reuniões de decisão é um resumo ponderado da reunião distribuído a todos os interessados. É importante que as decisões sejam definitivas. Caso contrário, elas poderão ser revertidas, e essas reuniões se transformarão em reuniões de discussão, não de decisão.

Você terá de aceitar as decisões tomadas, bem como todos os membros de sua equipe. Se tiver opiniões categóricas sobre o tema da reunião, fique à vontade para participar dela ou informar o tomador de decisão de que você tem poder de veto. Nesse caso, o tomador de decisão deve submeter a recomendação dos participantes a sua aprovação antes de divulgar a decisão à equipe toda. Mas tome cuidado: se não usar seu poder de veto com moderação, essas reuniões correm o risco de perder o sentido.

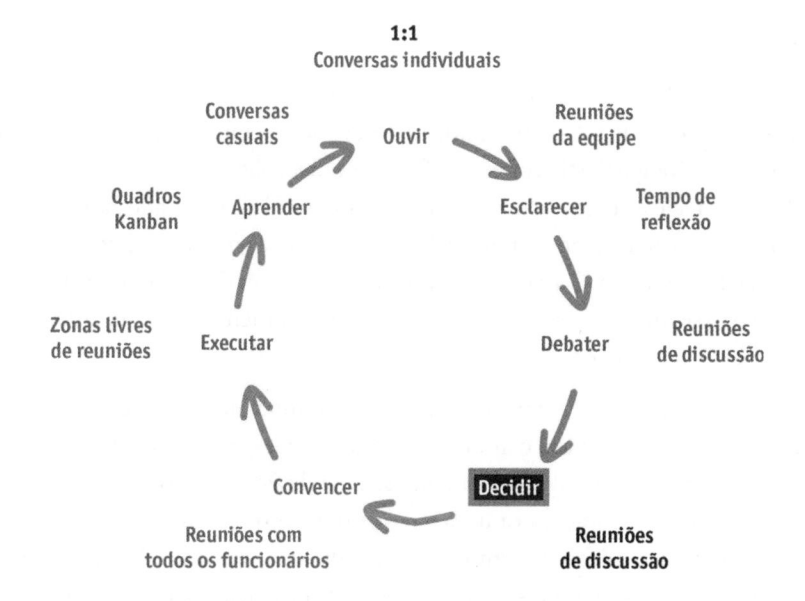

REUNIÕES COM TODOS OS FUNCIONÁRIOS

Traga todos para o mesmo barco

CASO SUA EQUIPE tenha dez pessoas ou menos, você provavelmente não precisará agendar uma reunião separada para convencer a equipe toda de que vocês tomaram as decisões certas. No entanto, à medida que sua equipe cresce, você terá de começar a pensar em maneiras de trazer todos para o mesmo barco. É incrível ver com que rapidez as decisões tomadas por algumas pessoas podem começar a parecer misteriosas ou até nefastas para quem não participou do processo. Se a equipe tiver cem pessoas ou mais, reuniões periódicas com todos os funcionários podem ajudá-lo a conquistar a adesão deles às decisões tomadas e, ainda por cima, dar-lhe a chance de se informar de possíveis discordâncias.

Reuniões com todos os funcionários são muito populares no Vale do Silício, sendo praticadas por empresas como Apple, Dropbox, Google e Twitter. Temos algo a aprender com essas organizações: como e por que elas conduzem esse tipo de reunião.

Em geral, essas reuniões têm duas partes: apresentações para convencer as pessoas de que a empresa está tomando boas decisões e avançando na direção certa, e sessões de perguntas e respostas para que os líderes possam se informar das divergências e abordá-las diretamente. Um bom líder saberá responder às questões levantadas (normalmente desafiadoras) de maneira mais convincente do que as próprias apresentações.

Uma das melhores reuniões com todos os funcionários das quais participei foi conduzida depois que o Google adquiriu a Keyhole, a empresa que desenvolveu a tecnologia do Google Earth. A reunião foi memorável não só por causa da empolgação de Larry Page e Sergey Brin com a aquisição, como crianças que ganharam um brinquedo novo, mas também porque foi nela que ouvi a melhor explicação do que eles queriam dizer com "organizar todas as informações do mundo". A missão da empresa não se limitava a sites e livros; incluía, literalmente, todas as informações do mundo! O entusiasmo era palpável.

As apresentações costumam se concentrar em uma ou duas iniciativas empolgantes e importantes. A ideia é informar as prioridades gerais e conquistar a adesão de todos. As apresentações normalmente são conduzidas pela equipe responsável pela iniciativa. No Google, era uma prática importante e ajudava a exercitar o poder de persuasão por toda a empresa. Além disso, as pessoas adoravam fazer as apresentações nessas reuniões. "Sua equipe quer um lugar ao palco? Mostre a ela onde fica o palco!"

As sessões de perguntas e respostas em geral são conduzidas pelo CEO e/ou fundadores e lhes dão a chance de saber o que as pessoas realmente estão pensando. Cabe a eles responder a perguntas muitas vezes desagradáveis, difíceis ou constrangedoras dos funcionários. É importantíssimo saber responder para convencer as pessoas de que a decisão tomada é a melhor para a empresa.

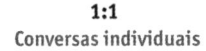

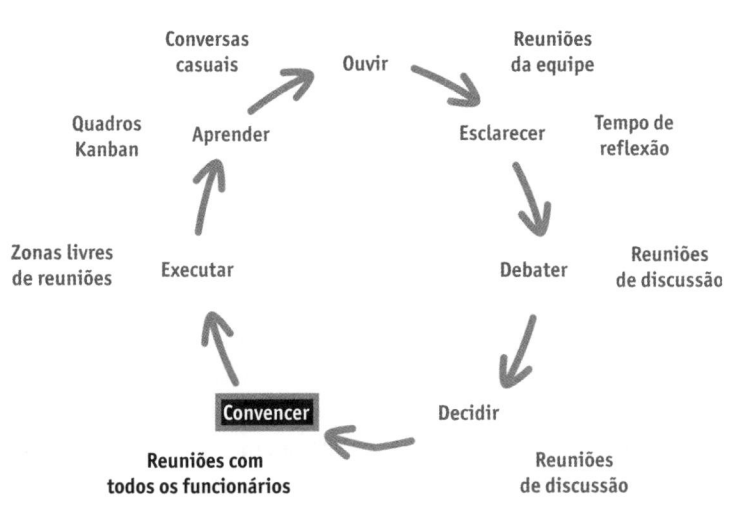

Eu sempre ficava admirada com a maneira como Larry e Sergey lidavam com as perguntas nas reuniões com todos os funcionários do Google. Eles respondiam a todo tipo de pergunta, semana após semana, e nunca usavam o tom robótico ou condescendente que muitos CEOs gostam de usar nesse tipo de situação. Suas respostas eram espontâneas, pessoais e absolutamente autênticas, mesmo sendo sarcásticas às vezes, e podiam ser tão surpreendentemente sinceras, que Eric Schmidt se aproximava do microfone e dizia: "Na verdade, acho que o que o Sergey (ou o Larry) quer dizer é...". E Sergey (ou Larry) se limitava a sorrir e dar de ombros. E, na reunião seguinte com todos os funcionários, lá estavam eles, prontos para responder às perguntas difíceis e constrangedoras dos colaboradores. Na época, não tinham nem 30 anos, mas já sabiam por instinto da importância de explicar as decisões importantes e encorajar a dissidência.

TEMPO PARA A EXECUÇÃO

Combata a proliferação de reuniões

A ESSA ALTURA, você pode estar achando que a Roda do Fazer Acontecer está mais para Roda das Reuniões do Inferno. Se não tomar cuidado, a proliferação de reuniões pode efetivamente destruir sua capacidade de agir, tanto individual como coletivamente. Uma das coisas mais importantes que você, o chefe, pode fazer é garantir que os membros de sua equipe tenham tempo para executar as tarefas que lhes cabem.

Uma abordagem popular é retirar as cadeiras das salas de reunião. Teoricamente, essa medida encurta as reuniões, porque a maioria das pessoas não aguenta ficar mais de uma hora em pé ao redor de uma mesa. Pesquisas sugerem que as pessoas são mais criativas em pé do que sentadas. Há quem diga que ficar sentado é tão prejudicial quanto fumar, de modo que as reuniões em pé também podem ser benéficas para a saúde. Além disso, você economizará com móveis. A ideia tem seu apelo, mas nunca funciona. Desconheço qualquer empresa que tenha mantido a ideia da sala de reuniões sem cadeiras depois de algumas tentativas.

No Google, diferentes equipes tentaram instaurar "Quartas-feiras Livres de Reuniões" ou "Quintas-feiras Sem Reuniões". Nenhuma delas conseguiu se ater à ideia. Greg Badros, que liderou a equipe de programadores do Google e do Facebook, definiu a meta de concluir 25% de todas as suas reuniões antes da hora. Adorei a ideia, porém não acho que ele tenha conseguido atingir sua meta.

Por minha experiência, a melhor solução é simplesmente combater o fogo com fogo. Assim como eu reservava um tempo de reflexão em minha agenda, também achava necessário reservar um tempo para ficar sozinha e me voltar à execução do trabalho. E incentivava os outros a fazer o mesmo, o que os ajudava a recusar reuniões desnecessárias.

QUADROS KANBAN

Visualize as atividades e os fluxos de trabalho

TAIICHI OHNO, UM engenheiro industrial da Toyota, criou o kanban, sistema de programação de prazos para aumentar a eficiência da gestão da cadeia de fornecimento. Outras empresas adaptaram o sistema para visualizar os fluxos de trabalho. Em sua forma mais simples, basta montar um quadro com três colunas: "A fazer", "Em andamento" e "Feito". Diferentes pessoas ou equipes usam post-its de cores diversas, anotam suas tarefas e vão transferindo os post-its de uma coluna a outra ("A fazer", "Em andamento" e "Feito"). O quadro, portanto, permite ver com clareza quem é o responsável pelo gargalo. Com isso, as pessoas se responsabilizam mais pelas tarefas e todos os membros da equipe têm como saber quem está precisando de ajuda. Um quadro kanban é diferente de um painel de controle porque se concentra no trabalho em andamento. Usando o kanban, sua equipe poderá identificar e resolver os problemas antes que comecem a prejudicar os resultados.

Ajudar as pessoas a visualizar o progresso dá mais autonomia à equipe. Quando todo mundo consegue ver com clareza onde estão os gargalos, os recursos fluem naturalmente para os pontos onde são mais necessários, sem a necessidade de intervenção da chefia. Se eu trabalhar na equipe de programadores, estiver adiantada com meu serviço e vir que alguém está atrasado, vou querer ajudá-lo por saber que, se a tarefa de meu colega não for concluída, todo meu trabalho será desperdiçado ou o processo todo atrasará.

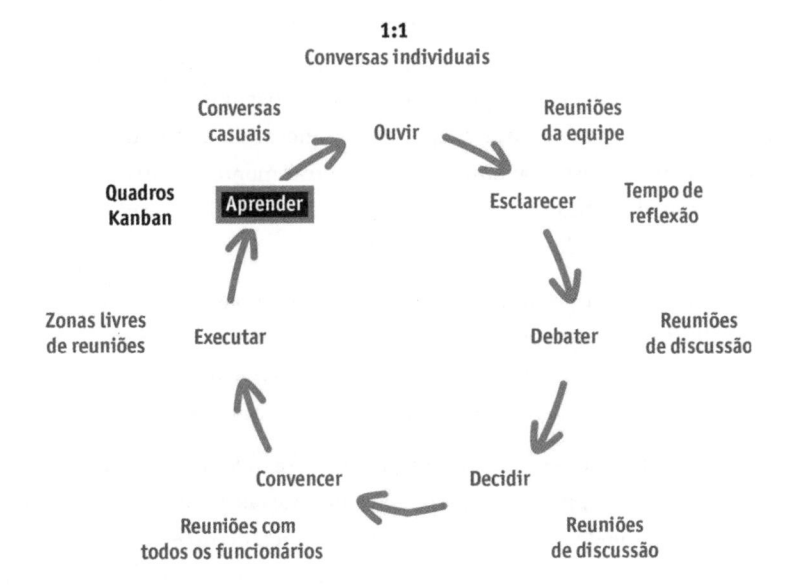

Também é importante monitorar o andamento das atividades e visualizar os fluxos de trabalho, porque, se a empresa estiver tendo sucesso, é difícil saber, com base nos resultados, quem só pega carona no trabalho dos outros e quem efetivamente faz as coisas acontecerem. Da mesma forma, se a economia estiver em crise e vocês mensurarem apenas os resultados, fica difícil saber quem está fazendo um excelente trabalho para salvar a empresa e quem está entrando em pânico ou piorando a situação. Amigos que trabalharam no Yahoo! e no AOL me contaram que, quando as coisas iam bem, equipes inteiras eram generosamente recompensadas, mas quando tudo começava a degringolar, ninguém tinha ideia do que fazer. Eles apenas mensuravam os resultados e não sabiam quais fatores geravam bons resultados nem o que fazer quando os resultados eram insatisfatórios.

O monitoramento das atividades e a visualização dos fluxos de trabalho ajudarão você e sua equipe a saber com exatidão quais atividades levam ao sucesso... ou ao fracasso. Quando entrei no Google, uma das tarefas da equipe de vendas do AdSense era entrar em contato com grandes sites para tentar vender nosso produto. No entanto, a equipe de vendas recebia um número enorme de consultas de sites menores todos os dias, e é mais fácil atender telefonemas de possíveis clientes interessados do que fazer visitas não solicitadas a clientes potenciais. Em outras palavras, eles deveriam estar fora do escritório, tentando pegar os peixes maiores, mas como os peixes pequenos estavam pulando para dentro do bote, não se davam o trabalho de ir atrás dos grandes. Quando monitorávamos apenas o impressionante dinheiro que entrava, parecia que a equipe tinha um enorme sucesso. Foi só quando passamos a analisar uma métrica de atividade (o número de visitas ou ligações não solicitadas feitas pela equipe) que nos demos conta de que tínhamos um problema. Na verdade, a empresa não precisava pagar uma fortuna à equipe de vendas só para anotar os pedidos. Depois que começamos a monitorar a atividade, a receita aumentou consideravelmente. O monitoramento das atividades também nos possibilitou identificar os melhores vendedores. Vender é muito diferente de meramente anotar pedidos.

Quando as atividades são monitoradas, as equipes passam a se respeitar mais. É muito comum uma equipe presumir que a outra passa o dia inteiro sem fazer nada e se ressentir disso. Se as atividades das pessoas puderem ser visualizadas em um quadro kanban, o respeito entre elas fluirá naturalmente.

Monitorar as atividades e mostrar seu andamento a todos também tende a resultar em avaliações de desempenho e promoções mais justas e imparciais. Jack Rivkin, que liderou a equipe de pesquisa de equity do banco de investimentos Shearson Lehman Hutton, decidiu monitorar não só os resultados, como também as atividades de seus analistas. Quando colocou em prática esse procedimento, todos puderam ver com clareza quais fatores efetivamente impulsionavam os resultados. O que acabou acontecendo foi que a equipe de Rivkin passou do 15º lugar no ranking da *Institutional Investor* em 1987, quando ele assumiu o cargo, para o 4º em 1989 e para o 1º em 1990. A mensuração objetiva também trouxe um benefício adicional: mais justiça nos processos. Ao ficar claro para todos quais fatores levam ao sucesso, as decisões de contratação, avaliação e promoção se tornam mais justas e imparciais devido ao monitoramento das atividades. Por exemplo, a equipe de Rivkin tinha mais mulheres do que qualquer outra do setor.

CONVERSAS CASUAIS

Conheça os pequenos problemas para evitar os grandes

É RELATIVAMENTE fácil saber o que se passa com as pessoas que reportam diretamente a você, apesar de a tarefa exigir tempo e disciplina. Porém, se você é chefe de chefes, é muito mais difícil ter notícias da "base" da organização. Você não tem como ouvir todo mundo. É impossível ter conversas individuais com centenas ou milhares de pessoas. Se você disponibilizar um horário fixo para ouvir sua equipe, na certa será procurado pelo mesmo punhado de gente semana após semana. O que fazer?

Nunca conheci uma pessoa mais capaz de criar vínculos com toda a empresa do que Dick Costolo. Ele usava várias técnicas para fazer isso, entre elas uma bastante simples: andar pela empresa.

Tente seguir o exemplo de Dick. Agende uma hora por semana para andar por sua empresa. Gerenciar as pessoas enquanto anda pelos corredores da empresa é uma técnica testada e comprovada. De acordo com o historiador Stephen B. Oates, Abraham Lincoln inventou a técnica ao inspecionar informalmente os soldados durante a Guerra de Secessão. A abordagem foi adotada pela Hewlett-Packard na década de 1970. É muito fácil aplicá-la.

Tente notar coisas que você não notaria cercado de planilhas em sua sala ou correndo de uma reunião para outra. Pergunte às pessoas (de preferência àquelas com quem você passou um tempo sem conversar) em que estão trabalhando. Identifique alguns pequenos problemas e trate-os como se fossem "o mundo visto em um grão de areia". Conhecer esses pequenos problemas pode gerar uma série de benefícios.

Diz-se que "o diabo mora nos detalhes". Para começar, isso o ajudará a tomar conhecimento dos detalhes. Acontece muito de o chefe ser o último a ficar a par de um problema. Em geral, isso ocorre não porque as pessoas escondam os problemas de propósito, e, sim, porque só querem reportar os assuntos mais importantes. Contudo, um problema pode ser mais importante do que as pessoas imaginam.

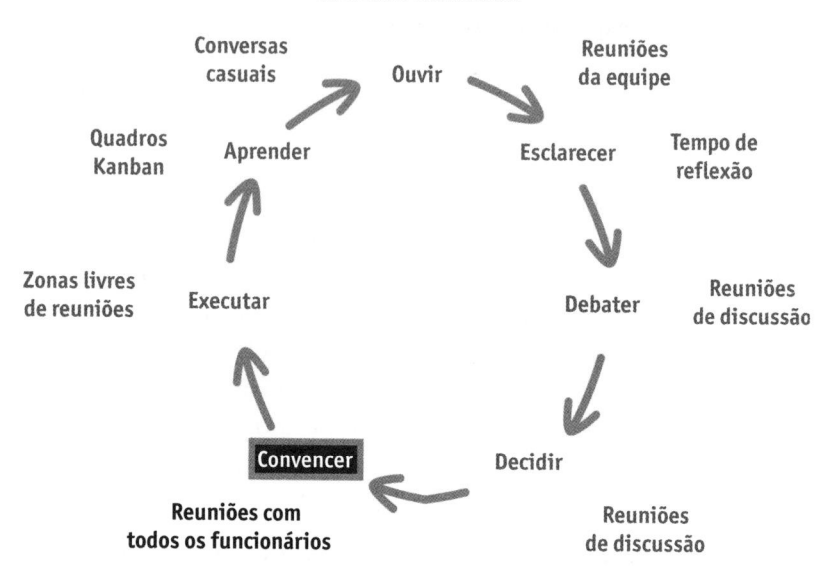

Em segundo lugar, inteirar-se de pequenos problemas e até arregaçar as mangas e resolvê-los você mesmo é a melhor maneira de acabar com a mentalidade do tipo "não é de minha alçada" ou, pior ainda, "não sou pago para isso". Quando você mostra que tudo pode ser de sua alçada, os outros também prestam mais atenção aos detalhes.

Em terceiro lugar, quando você mostra que se importa com os pequenos detalhes que contribuem para a satisfação dos clientes ou a qualidade de vida de sua equipe, *todos* passam a se importar mais com eles e tudo começa a fluir melhor.

No Twitter, Dick tentou criar de modo consciente uma cultura em que as pessoas se dispusessem a melhorar pequenos processos e resolver aborrecimentos, em vez de se limitar a reclamar. Um dia, enquanto andava pela empresa, ouviu dois funcionários reclamarem da louça suja largada na pia da cozinha. Normalmente, ele apenas ignoraria o problema e até ficaria um pouco irritado com a situação. Entretanto, como estava em seu horário de "gestão de corredor", decidiu colocar as mãos na massa e resolver o problema. Parou e olhou ao redor. "Vocês acham que seria melhor deixar a louça lá?", perguntou aos dois reclamões, apontando para um local igualmente prático, mas um pouco mais escondido. Os dois concordaram, e, para espanto deles, Dick se pôs a levar a louça para lá. Como você já deve ter imaginado, eles pararam de reclamar e começaram a ajudar. E a história virou uma lenda na empresa.

DE OLHO NA CULTURA

Você está sendo observado por todos, mas isso não significa que o mundo gira a sua volta

"**A CULTURA DEVORA** a estratégia no almoço."* A cultura de uma equipe afeta enormemente seus resultados, e a personalidade do líder tem enorme impacto sobre ela.

Um dia, Ben Silbermann, fundador e CEO do Pinterest, me contou que estava preocupado com a possibilidade de a cultura da empresa estar refletindo demais a personalidade dele. Era um sujeito introvertido, e a empresa também. Não gostava de discutir, e os funcionários evitavam discussões. Fiquei impressionada com a observação, porque eu costumava pensar a mesma coisa de minhas equipes, porém nunca tive coragem de dizer isso em voz alta. Em algumas ocasiões, parecia que as pessoas que eu liderava eram vistas por uma espécie de lente de aumento, ampliando minhas deficiências. A cultura da equipe muitas vezes refletia quem eu era, mas nem sempre do jeito que eu teria preferido.

É assustador quando a gente se dá conta disso. Como é quase impossível mudar o tipo de ser humano que você é, será que isso significa que não há como mudar a cultura de sua equipe? Você tem um grande impacto sobre ela. Mas como controlar esse impacto?

Por sorte, como tudo na vida, você não é o centro do mundo. Do mesmo jeito como faz ao avaliar as outras pessoas, foque o comportamento, e não o caráter; as ações, e não a "essência". Se você costuma pedir feedback às pessoas com sinceridade, até a mais chocante de suas qualidades inevitavelmente virá à tona. E, como já vimos, sua capacidade de manter relacionamentos Radicalmente Sinceros com todas as pessoas da equipe aproximará (ou distanciará) sua cultura da Sinceridade Radical. Você também influenciará outros aspectos de sua cultura com o simples ato de percorrer as etapas da Roda do Fazer Acontecer.

As pessoas estão ouvindo. Goste ou não, está todo mundo de olho em você

Quando você se torna chefe, todo mundo fica de olho em você. As pessoas passam a ouvi-lo com uma intensidade que você nunca tinha visto antes de assumir o cargo. Elas interpretam (às vezes com acerto, às vezes não) tudo o que você diz, as roupas que usa, o carro que dirige. De certa maneira, assumir a chefia é como ser detido pela polícia: tudo o que você diz ou faz pode e será usado contra você.

---

* Ninguém sabe ao certo quem disse isso; a citação é atribuída a Peter Drucker, Jack Welch e outros.

Quando liderava o Goldman Sachs, Bob Rubin foi ao pregão da bolsa para ter uma ideia do que acontecia. Parou e bateu um papo com um trader que tinha acabado de fechar uma transação de compra de ouro. "Ouro é bom e eu gosto", comentou Bob, distraído. Algumas semanas depois, ele se surpreendeu ao ver todo o ouro que a empresa tinha comprado recentemente. "Por que estamos comprando tanto ouro?", quis saber. "Porque você mandou. Você disse que gostava de ouro!", foi a resposta. Bob só tinha feito um comentário informal, longe de ter dado uma ordem para comprar ouro.

Na época em que eu trabalhava na Apple, alguém me disse que o programa de transporte de funcionários entre Cupertino e São Francisco estava atrasado porque Steve precisava escolher o couro dos assentos dos ônibus. Ao encontrar por acaso o diretor do programa em um almoço, perguntei se havia alguma verdade na história. Ele caiu na risada. "De jeito nenhum! Nada a ver!", respondeu. No entanto, quando perguntei como as cores dos ônibus tinham sido escolhidas, ele admitiu que foi ao estacionamento ver o carro de Steve: prata por fora, com assentos de couro preto. Por isso os ônibus também acabaram sendo prata por fora, com assentos de couro preto.

Você, como chefe, não precisa ter todo o sucesso de um Bob Rubin ou de um Steve Jobs para causar mais impacto do que gostaria sobre sua equipe. No início de minha carreira, comentei com um vendedor que costumava usar camisas pretas: "Acho que os homens ficam muito bem de camisas brancas." Fiquei horrorizada ao ver que, no dia seguinte, ele apareceu no escritório usando uma camisa branca, e usou camisa branca todos os dias daquela semana. É claro que só podia ter sido indireta minha! Mas eu não tinha muita experiência na chefia e não fazia ideia de que as pessoas podiam levar o que eu dizia tão a sério.

Muitas vezes você, sendo o chefe, pode dizer ou fazer alguma coisa achando que ninguém dará muita bola e se ver avançando mais do que pretendia na dimensão do "desafiar diretamente" aos olhos de seu pessoal.

Esclareça. Não deixe de explicar tudo o que comunica

Considerando que você estará sempre sob os holofotes, é importante esclarecer tudo o que diz, mesmo que ache que não está dizendo nada.

Quando trabalhei no Google, tive um SUV laranja da Honda que todo mundo sabia que era meu, porque o carro se destacava entre os vários Prius e outros carros de baixo consumo de combustível subsidiados pela empresa. Como meu escritório e o de minha chefe ficavam a alguns quilômetros de distância um do outro, eu, não raro, ia às reuniões de carro. Era difícil encontrar vaga no estacionamento, e minha agenda vivia lotada, de modo que eu estacionava em qualquer lugar que se parecesse com uma vaga. Como eu estava trabalhando para cultivar na equipe uma cultura do tipo "peça perdão, não permissão", na qual as pessoas se sentissem seguras para contestar as regras, meu comportamento batia com meu discurso. No entanto, se eu estivesse tentando promover uma cultura do tipo "medir duas vezes para cortar uma vez só", no mínimo precisaria dar uma explicação para meu estilo desleixado de estacionar e provavelmente teria de mudar meu comportamento. E, pode acreditar, eu definitivamente não estacionava meu carro daquele jeito quando trabalhava na Apple...

Seja explícito nas discussões e nas decisões. Não deixe nada ao acaso

Você ficará tentado a "delegar ao RH" uma série de discussões e decisões, em geral coisas com as quais você preferiria não gastar seus neurônios. O nome será "Festa de Natal" ou "Festa de Fim de Ano"? Será enfeitada com uma árvore de Natal ou não? E que tal uma menorá? Haverá bebidas alcoólicas na festa? E se chegarem ao trabalho na segunda de manhã e encontrarem sutiãs e cuecas na mesa da sala de reunião? O que fazer quando você fica sabendo que um membro da equipe deu um chute no traseiro de outro? Tudo bem que foi um daqueles chutinhos amigáveis, de lado, que você costumava dar nos amigos na escola, mas o outro ficou indignado. Quem lidará com o problema?

Pode acreditar, é uma grande tentação ignorar essas decisões ou delegá-las ao RH. Mas, se você cair nessa tentação, não reclame quando o RH (ou os advogados trabalhistas) tomar decisões frias, desconsiderando o fator humano das situações. E, se ninguém tomar nenhuma decisão, todos acabarão em uma Terra Sem Lei e sairão perdendo.

Convença. Preste atenção aos pequenos detalhes

Quando entrei na Apple, recebi uma pasta superorganizada com os dizeres "Ah, papelada!" na capa. Alguém tinha se empenhado muito para reduzir ao máximo o aborrecimento da papelada que inevitavelmente acompanha um novo emprego. A pasta em si parecia um objeto de arte, com um belo design, mas não era cara. E a escolha das palavras me fez sorrir. O cuidado com que a documentação tinha sido reunida me mostrou, antes mesmo de eu começar, o tipo de trabalho que a empresa esperava de mim.

Se você der atenção a detalhes que parecem pequenos, convencerá as pessoas de que vale a pena conhecer e se adaptar a sua cultura. O ambiente de trabalho faz parte da tarefa de estabelecer um tom e uma cultura para a equipe. O Vale do

Silício é famoso por seus escritórios excêntricos e refeições gourmet preparadas por chefs sofisticados. Se não tiver como bancar esse tipo de generosidade, você pode dar um jeito de o café ser gostoso e disponibilizar tipos diferentes de chá. Quando os funcionários de uma editora de Nova York começaram a reclamar do café, a empresa resolveu fazer um concurso para ver qual café era mais aceito pela equipe. O consumo de café aumentou bastante, e, nas pesquisas de satisfação, os colaboradores disseram que valorizaram muito a iniciativa.

O ambiente de trabalho afeta a cultura. Você quer um ambiente ordenado, bem iluminado e minimalista, ou um ambiente frenético e apinhado de coisas? As pequenas decisões que tomar levarão as pessoas a agir de acordo com a cultura que você quer criar para sua equipe.

Execute: Suas ações devem refletir sua cultura

É incrível ver como uma pequena ação de sua parte pode afetar a cultura da equipe, mesmo muito tempo depois de você ter saído da empresa.

Um dia, cheguei ao escritório no Google e descobri que um sofá tinha sido mudado de lugar e estava forçando as pessoas a dar vários passos a mais para se desviar dele. Eu não estava tentando criar uma cultura obcecada pelo feng shui, mas aquele sofá me incomodou, e decidi tirá-lo do caminho. Eu queria incentivar a obsessão pela eficiência, e aqueles passos a mais não tinham nada de eficientes. Comecei a empurrar o sofá para o lugar original. Um homem da equipe me viu e brincou: "Parece que você arranjou um novo trabalho." Sorri, mas me opus à atitude dele dizendo: "Se houver um obstáculo em seu caminho, é sempre seu trabalho removê-lo!" Dois anos depois de sair do Google, voltei para visitar um velho amigo e vi um slogan escrito na parede: "Na equipe do AdSense, mudamos os sofás de lugar!" Scott Sheffer, que assumiu meu cargo no Google, costumava dizer que meu legado mais importante foi meu foco na cultura da equipe.

Aprenda

Erros acontecem. Quando algo dá errado, é sua responsabilidade como chefe aprender com o erro e fazer mudanças. Caso contrário, você cria uma cultura que não aprende com os erros. No Google, minha equipe e eu queríamos promover uma cultura informal. Uma das pequenas medidas que tomamos foi transformar uma sala de reunião em uma "sala de estar para a equipe", sem mesa nem cadeira, só com alguns sofás e pufes. Eu costumava fazer nossas reuniões lá. Então, em uma segunda-feira de manhã, entramos na sala e encontramos uma cueca e um sutiã enfiados debaixo das almofadas do sofá. Sexo no escritório não era exatamente a cultura que eu tentava cultivar. E aquele incidente acabou com nossa "sala de estar". Tivemos de achar outra maneira de promover a informalidade no escritório.

Ouça...

O mais incrível de uma cultura é que, uma vez que ganha força, passa a se autorreplicar. Você pode tomar uma série de medidas conscientes para direcionar a cultura, mas só sabe que teve sucesso quando as pessoas não precisam mais de você para mantê-la.

Quando expandimos as equipes do AdSense para outras partes do mundo, fiquei nervosa só de pensar como seria a cultura de equipe nos diferentes escritórios. Queria encorajar todas as equipes a contestar a autoridade, tanto a minha em particular como a autoridade em geral. Achava que precisaria ir pessoalmente a cada escritório para esclarecer essa mensagem. No entanto, naquela época, eu também estava tentando engravidar e não tinha como viajar. Minha maior preocupação era com a equipe da China. Considerando o que eu sabia sobre a cultura chinesa, achava que seria difícil replicar nossa cultura irreverente naquele país. Como contei no Capítulo 1, tive longas conversas sobre isso com Roy Zhou, o líder da equipe chinesa. Mas será que ele conseguiria orientar as pessoas se eu não fosse até lá? Fiquei tão ansiosa com a situação, que, se já não tivesse 40 anos, teria deixado para engravidar depois e saído em turnê mundial.

Foi então que alguém da equipe chinesa teve uma ideia: todos os escritórios do AdSense mundo afora poderiam fazer um vídeo para apresentar as equipes umas às outras. Confesso que não esperava muito. Porém fiquei impressionada com os resultados e vi que o calor humano e o senso de humor são universais. A apresentação da equipe de Pequim teve o mesmo toque de irreverência "AdSensênsica" que a do pessoal de Mountain View ou Dublin, apesar das diferenças culturais entre os países. Eu estava bastante surpresa. Não tive participação alguma nas apresentações, e, ainda que eu mesma tivesse dirigido cada um daqueles vídeos como se fossem propagandas da cultura do AdSense, não teria ficado mais satisfeita com os resultados. Como aquilo aconteceu? Isso foi possível porque a cultura é autorreplicável. Eu tinha ajudado a criar algo que passou a existir independentemente de minha vontade. Posso dizer que aquele foi um dos momentos mais mágicos de minha carreira.

COMO COMEÇAR A APLICAR O QUE VOCÊ APRENDEU

P ARABÉNS! SÓ DE TER LIDO este livro, você já deu um grande passo para se tornar o tipo de chefe que ambiciona ser. Não estou dizendo que sei todas as respostas, mas posso afirmar que o simples fato de você ter parado para pensar em ser um chefe melhor já é um passo enorme.

Agora é hora de começar a colocar em prática as sugestões deste livro. O que fazer primeiro? Em que ordem utilizar as dicas e recomendações? Conhecer as ideias e técnicas é muito diferente de executá-las, e quero que você comece com o pé direito. Veja a seguir um plano para criar uma cultura de Sinceridade Radical em sua equipe. Notei que, desde que este livro veio a público, há aspectos com os quais as pessoas têm dificuldade de lidar. Em razão disso, nesta reedição adicionei um Posfácio, no qual entro em maiores detalhes sobre como compartilhar suas histórias, solicitar e ponderar críticas, e elogiar.

CONTE HISTÓRIAS SOBRE VOCÊ

EXPLIQUE O CONCEITO de Sinceridade Radical a sua equipe para que ela entenda o que você está fazendo. Você também pode sugerir que as pessoas leiam este livro ou mostrar vídeos do site Radical Candor [conteúdo em inglês]. O ideal, porém, é você explicar com suas próprias palavras. Qual é sua versão da história do "hum" ou da história de "Bob"? Conte a sua equipe histórias sobre você. Mostre que também é um ser humano vulnerável. Suas histórias pessoais esclarecerão, melhor do que qualquer teoria de gestão, o que você realmente quer dizer e mostrarão por que o conceito lhe é importante. É por isso que contei todas aquelas histórias pessoais neste livro. *Suas* histórias farão muito mais sentido para sua equipe do que as minhas, porque são importantes para você.

PROVE QUE VOCÊ SUPORTA CRÍTICAS ANTES DE COMEÇAR A DISTRIBUÍ-LAS

COMECE PEDINDO que a equipe o critique. Releia a seção "Peça um feedback improvisado", no Capítulo 6. E não se preocupe se as pessoas não se manifestarem muito logo de cara, porque no início ninguém vai querer falar. Aceite o desconforto e siga em frente. Fique especialmente atento se ninguém nunca o criticar. Se quiser, copie a estrutura da Sinceridade Radical apresentado no Capítulo 2 e use-o para monitorar quem está fazendo elogios e críticas. O simples fato de as pessoas não criticarem você não significa que elas o acham perfeito. Se notar que não está recebendo nenhuma crítica, tente usar a técnica da caixa de laranjas de Michael Dearing (veja o Capítulo 6).

Pedir feedback, especialmente críticas, não é algo que se faça uma vez só e se elimine da lista de afazeres. Você precisa fazer isso *todos os dias*, mas em breves conversas, de um a dois minutos, não em reuniões marcadas na agenda. É algo a que você deve ficar sempre atento, não dá para agendar. Pode ser estranho no começo, porém, quando criar esse hábito, será estranho não pedir feedback. Será como tomar água ou escovar os dentes.

Agora você está pronto para começar a ter conversas sobre a carreira. Comece a conduzir "conversas sobre a carreira" com sua equipe. Inicie com as pessoas com quem você passou mais tempo trabalhando. (Releia a seção "Conversas sobre a carreira", no Capítulo 7.

Como no caso de pedir o feedback da equipe, você não pode simplesmente ter uma conversa sobre a carreira, riscar a tarefa da lista de afazeres e se dar por satisfeito. Lembre-se de que as pessoas mudam, e você precisa mudar com elas! Por isso, é uma boa ideia fazer uma rodada de conversas sobre a carreira todo ano com cada um dos subordinados diretos durante suas conversas individuais.

Ao mesmo tempo, aperfeiçoe as conversas individuais. Enquanto isso (pois você levará de três a seis semanas para conduzir essas três conversas com todas as pessoas da equipe, já que o melhor é deixar uma ou duas semanas de intervalo entre elas), não deixe de ter conversas individuais profundas com seus subordinados diretos. (Releia a seção "Conversas individuais", no Capítulo 8.)

Em seguida... Depois de explicar o conceito da Sinceridade Radical, pedir feedback, conduzir conversas sobre a carreira e melhorar suas conversas individuais, você perceberá que está conquistando a confiança da equipe e criando uma cultura melhor. Agora, está pronto para começar a melhorar seus elogios e críticas improvisados. Lembre-se de que o melhor contexto para dar um feedback improvisado é em conversas breves, de um a dois minutos. (Releia a seção "Dê um feedback improvisado", no Capítulo 6.) Não deixe de avaliar seu feedback. (Releia a seção "Avalie seu feedback improvisado, estabeleça uma linha de base, monitore suas melhorias", no Capítulo 6.) Mesmo que você ache que é Radicalmente Sincero, uma pessoa pode não ter ouvido crítica alguma; outra, ter achado que você a criticou com Empatia Ruinosa; e uma terceira, ter considerado sua crítica um exemplo de Agressão Detestável. É preciso se ajustar a cada pessoa. Fique atento não só a seu próprio comportamento, mas ao fato de que ele pode afetar os relacionamentos e a cultura de sua equipe.

Respire fundo e avalie. Como vão as coisas? O que está indo bem? O que não está? Com quem você pode falar? Será que seu chefe pode ajudar? E sua equipe? De repente, um mentor de fora? Um coach? Outras pessoas da comunidade da Sinceridade Radical? Não tente avançar enquanto não achar que: 1) fez um bom progresso nos elementos básicos da gestão: obter e dar feedback, 2) já conhece melhor seus subordinados diretos e 3) está satisfeito com as conversas individuais.

Se você cumpriu esses três itens, está pronto para ajudar sua equipe a conduzir boas reuniões, tomar decisões melhores e realizar debates mais produtivos. Você já desenvolveu a confiança necessária para fazer acontecer. O próximo passo é maximizar a produtividade das reuniões da equipe. Nelas, vocês avaliarão métricas-chave, compartilharão atualizações e identificarão as decisões e debates mais importantes. Não deixe que as reuniões se estendam demais e sempre as leve a sério. (Veja "Reuniões da equipe", no capítulo 8.) Uma vez dominadas as reuniões da equipe, você pode passar para as reuniões de decisão e de discussão. (Veja "Reuniões de decisão" e "Reuniões de discussão", no Capítulo 8.)

Volte ao feedback. Não deixe de encorajar o feedback entre os membros de sua equipe. Estabeleça como regra não falar mal pelas costas ou a opção de recorrer a uma terceira pessoa qualificada para arbitrar uma questão. Explique que não tolerará pessoas falando mal das outras para você. Você pode sugerir que a equipe leia a seção "Não aceite que se fale mal pelas costas", no Capítulo 6, porém o mais importante é sua constante interferência para não deixar isso acontecer. Você precisará conduzir reuniões adicionais para resolver controvérsias ou conflitos em sua equipe, mas garanto que valerá a pena, porque você perderá menos tempo apagando incêndios mais adiante.

Combata a proliferação de reuniões. Cuidado para não ter uma agenda cheia demais. Faça uma pausa para refletir sobre o que faz e o que pode deixar de fazer. Não deixe de incluir na agenda um tempo de reflexão. (Veja "Tempo de reflexão", no Capítulo 8.) A maioria das organizações sofre da síndrome da agenda lotada. Lute pelo que é certo, não só para si, mas para beneficiar toda a equipe!

Planeje o futuro de sua equipe. Comece com um plano de gestão do crescimento para cada membro da equipe. (Veja "Gestão do crescimento", no Capítulo 7.) Cuidado para não criar uma cultura obcecada por promoções, e faça uma pausa para pensar em como as "estrelas" de sua equipe têm sido recompensadas (veja o Capítulo 7).

Volte ao feedback (mais uma vez). Peça que os membros da equipe comecem a avaliar os feedbacks uns dos outros. Seus subordinados são muitos, enquanto você é um só, por isso vale a pena tentar de tudo para encorajá-los a ser Radicalmente Sinceros ao elogiar e criticar uns aos outros, para reforçar a cultura de Sinceridade Radical. Eles poderão dar mais feedback uns aos outros do que você tem condições de fazer sozinho. Se resistirem, tente começar com a técnica do "Macaco da Semana", de Dan Woods, na próxima reunião da equipe. (Veja "Feedback entre os membros da equipe", no Capítulo 6.) Esse também é um bom momento para dar uma parada e ver se você tem conseguido dar e receber bons feedbacks. Não esqueça: é difícil fazer, não é nem um pouco natural, mas é um dos pilares da gestão (sem isso, tudo sai dos trilhos).

Ande pelo escritório e converse casualmente com sua equipe. Você já dá e recebe feedback faz um tempo. Acha que as coisas mudaram na equipe? Que tipo de coisas gostaria de saber, mas não estão chegando a seus ouvidos? Reserve um tempo toda semana para andar pelo escritório e ter conversas casuais e espontâneas com as pessoas. (Veja "Conversas casuais", no Capítulo 8.) Se não estiver satisfeito com o andamento das coisas e achar que a equipe continua muito cética, volte ao primeiro passo. Também pode ser interessante promover uma "semana de feedback aos chefes" (veja o Capítulo 6). Qual é a situação de sua cultura? O que você pode fazer para melhorá-la? (Veja "Cultura", no Capítulo 8.)

Você é chefe de chefes? Se for, tente promover "reuniões de quebra de hierarquia" para incluir todas as pessoas de sua equipe. Só será preciso fazer isso uma vez por ano, mas é uma boa ideia agrupar todas as reuniões em um período de duas semanas, para ninguém se sentir excluído. (Veja "Contestar a autoridade", no Capítulo 6.)

Comece a aplicar uma abordagem mais Radicalmente Sincera aos processos da empresa. Seja Radicalmente Sincero ao contratar, demitir e promover pessoas (veja o Capítulo 7) e ao conduzir avaliações de desempenho formais (veja o Capítulo 6).

Pode parecer muita coisa, mas não é tanto assim. Colocar em prática todas as sugestões recomendadas neste livro lhe tomará apenas umas dez horas por semana, sendo cinco delas para as conversas individuais, que você provavelmente já começou a conduzir. É claro que alguns processos, como conversas sobre a gestão do crescimento, reuniões de quebra de hierarquia e reuniões de avaliação de promoções, não são distribuídos uniformemente ao longo do tempo, tendendo a vir em ondas. Desse modo, dependendo da semana, você terá de dedicar cinco, oito ou doze horas à gestão de pessoas. Mesmo assim, ainda lhe sobrarão quinze horas semanais para pensar e executar suas tarefas e outras quinze para apagar os vários incêndios que sem dúvida surgirão pelo caminho.

Em outras palavras, leva um bom tempo para aplicar a Sinceridade Radical à gestão de pessoas, mas também lhe sobrará tempo para executar suas tarefas e lidar com o imprevisível. E, o mais importante, a abordagem Radicalmente Sincera lhe exigirá levar tudo de você ao trabalho.

Aplicar as dicas e recomendações nessa ordem lhe permitirá priorizar o que fazer, quando e com quem, mas aposto que você ainda tem algumas perguntas. Se, a qualquer momento, você quiser conversar com outras pessoas que estão implementando a Sinceridade Radical, precisar de nosso auxílio para resolver dúvidas ou dilemas de gestão, estamos à disposição para dialogar, responder as suas perguntas e ajudá-lo a transformar a Sinceridade Radical em uma realidade na sua organização.

O SIMPLES ATO DE TOMAR uma resolução (como aquelas famosas "resoluções de fim de ano") ou o fato de gostar de uma ideia raramente resultam em mudanças concretas. É por isso que a segunda metade deste livro se concentra em ajudá-lo a implementar as sugestões. Não é fácil mudar o próprio comportamento, mas é possível. Na verdade, você já começou... ao ler este livro! A melhor maneira de iniciar a transformação de seu ambiente de trabalho é dar uma parada para pensar nas razões que o levam a querer mudar e manter esses ideais em mente ao identificar as coisas específicas que você pode passar a fazer de outro jeito.

No entanto, não se prenda aos detalhes antes de mergulhar no processo, porque são as recompensas resultantes da implementação dele que lhe darão ânimo e energia para continuar avançando. Lembre-se de que, *ao desenvolver relacionamentos Radicalmente Sincero com sua equipe, você elimina uma enorme e terrível fonte de insatisfação e descontentamento no mundo: o chefe incompetente.* E atingirá resultados que jamais imaginou possíveis. Criará um ambiente onde você e os membros de sua equipe poderão curtir o que fazem e também uns aos outros. E, talvez o mais surpreendente, descobrirá que as mudanças no trabalho repercutirão para o resto de sua vida e enriquecerão todos os seus relacionamentos.

Embora eu tenha focado principalmente as experiências positivas que tive na carreira, conheço muito bem a sensação de me arrastar em um ambiente incrivelmente desalentador, trabalhando para um chefe que consegue tirar o prazer de tudo. E o pior dessas experiências foi o que elas fizeram de minha vida *pessoal*. Era impossível ser uma pessoa alegre e vivaz no fim de semana depois de ter passado os cinco dias anteriores fazendo um trabalho tedioso e desinteressante sob a supervisão de um Dementador.

As coisas não precisam ser ruins assim. Reserve um momento para mostrar a seus subordinados que você se importa com eles como seres humanos. Faça com que compreendam que, quando os alerta por estarem cometendo algum erro, não o faz porque se acha superior a eles, mas porque se importa pessoalmente. Está em suas mãos poder ajudar as pessoas de sua equipe a se aproximar de seus sonhos e até lhes mostrar como elas podem ajudá-lo a fazer o mesmo. Vocês podem trabalhar juntos para obter resultados que encherão todos de orgulho. E quando você se dedicar a fazer essas mudanças, algo que está a seu alcance, sua Sinceridade Radical transformará tanto sua vida profissional como a pessoal.

POSFÁCIO À EDIÇÃO REVISTA

Implementando a Sinceridade Radical

por Jason Rosoff, Amy Sandler e Kim Scott

DESDE QUE ESTE LIVRO veio a público, atendemos milhares de pessoas desejosas de aplicar a Sinceridade Radical em suas organizações. Ao longo desse tempo, verificamos, em diversas áreas, que sugestões que aparentavam ser autoexplicativas de fato não o eram. As pessoas se mostraram receptivas a diversas ideias e conceitos importantes, mas sentiam dificuldade para colocá-los em prática. Queremos aqui compartilhar com você explicações mais detalhadas, para que fique mais fácil tornar a Sinceridade Radical uma realidade em sua atividade profissional e em sua vida pessoal.

VOCÊ

Use melhor narrativas e dramatizações

No Capítulo 5 do livro, logo no início, você encontra uma recomendação importante: "MANTENHA-SE CENTRADO... Você não tem como se importar com os outros se não se importar consigo mesmo." Na prática da Sinceridade Radical, há sempre um ponto em comum: você. Porém, o que exatamente isso quer dizer? Não foram poucos os que nos disseram que, na primeira edição deste livro, não houve uma explicação cabal a respeito.

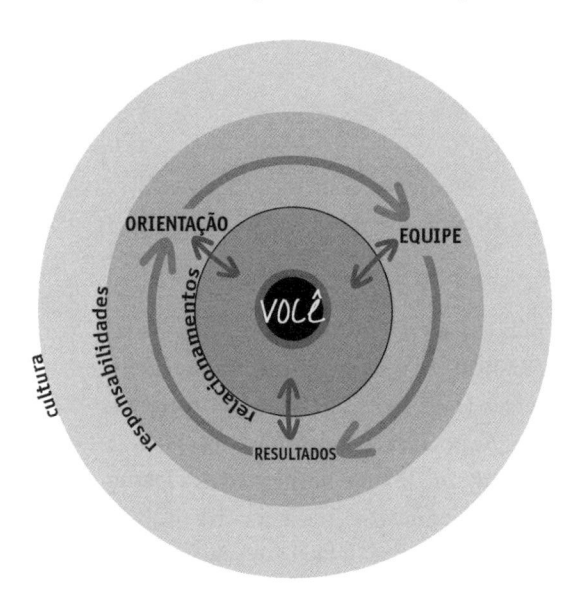

Para dar um exemplo, um capitalista de risco perguntou a Kim o que fazer para ajudar um de seus associados. Cada feedback dado por ele aos empreendedores se constituía em argumento para não mais trabalhar com ele. Com base na descrição de algumas das apresentações, Kim sentiu que havia ali mais do que simplesmente uma deficiência na capacidade de comunicação.

"Ele se acha mais inteligente que qualquer um?", Kim quis saber.

"Sim, com certeza."

"Então o problema com ele não é de comunicação, mas de arrogância. Ele precisa conhecer melhor a si mesmo e o modo como se relaciona com os outros."

Suspirando em desalento, o capitalista de risco comentou: "Puxa, isso é bem pior que eu pensava."

"Verdade. Ele só poderá ser capaz de ver o impacto que causa nos outros depois que desenvolver humildade e autoconscientização."

A capacidade de alguém identificar seus pontos fortes e fracos — a autoconscientização — tem sido objeto de vasta literatura. Não se pode dizer o mesmo quanto à consciência relacional, ou seja, o impacto causado por uma pessoa nas outras. Você pode ser gentil e prestativo, ter a melhor das intenções e estar ciente de suas próprias falhas; ainda assim, está sujeito a dizer algo destrutivo, de maneira inconsciente ou imprevisível. Ou pode não suportar que isso aconteça e escolher não cair nessa.

A questão que se impõe é a seguinte: como aprender a ser mais consciente do que representa um relacionamento e usar essa compreensão para promover o bem, não para manipular o outro? Consciência relacional não significa que aquilo que se tem a dizer nunca vá ocasionar um aborrecimento, mas, sim, aprender a diferença entre simplesmente aborrecer alguém e mostrar que se importa com ele mesmo que suas palavras possam ser difíceis de ouvir. Significa ser capaz de perceber o impacto causado na outra pessoa no curto e no longo prazo, e fazer com que esse impacto seja positivo, e não negativo.

Aprimorar sua autoconsciência e consciência relacional está a seu alcance. As duas práticas que desenvolvemos, narrativa e dramatização, o ajudarão nisso. Nós as testamos em pessoas com papéis extremamente diferentes e em locais de trabalho ao redor do mundo, constatando seus bons resultados em diferentes culturas e setores de atividade.

Prática: Qual é sua história?

Contar histórias é uma ótima maneira de desenvolver a autoconsciência e a consciência relacional. Na seção "Como Começar a Aplicar o que Você Aprendeu" há um pequeno parágrafo a respeito, mas temos sido solicitados a dar mais detalhes sobre como fazer isso e por que funciona. Em nossas oficinas, propomos o seguinte exercício:

Primeiro, pense na sua história de Sinceridade Radical. Tente resgatar uma ocasião em que estava fazendo bobagem, alguém o alertou, e mesmo que na hora tenha doído um pouco ouvir o que lhe disseram, no longo prazo isso o ajudou. Lembrou? Ótimo: se você contar à sua equipe essa história e o que isso significa para você, ela será mil vezes mais poderosa que a história de Kim, aquela em que sua chefe lhe disse que ela murmurava "hum" a cada terceira palavra em uma apresentação. Quando você mostra um pouco de vulnerabilidade contando sua história de Sinceridade Radical, está fazendo duas coisas importantes ao mesmo tempo. Para começar, está demonstrando autoconsciência e humildade. Além disso, está mostrando que realmente aprecia críticas. Isso tornará mais fácil solicitar feedback, e quanto mais você solicitar, mais terá consciência de si mesmo.

Suas próximas três histórias (sobre Agressão Detestável, Insinceridade Manipuladora e Empatia Ruinosa) o ajudarão, e à sua equipe, a ver em que momento foram tomados pelo propósito de ser gentil. Elas também serão úteis no que tange à consciência relacional.

Vamos começar com sua história de Agressão Detestável. Pense nela. Naquela ocasião, você, tentando ser útil, criticou alguém, mas a pessoa o considerou detestavelmente agressivo? Ou talvez você estivesse realmente zangado e suas intenções não eram assim tão isentas de malícia. O que de fato aconteceu? Vá fundo aqui. Em que momento você se dá conta da verdade e se pergunta como poderia ter se comportado de maneira tão detestável? Sua história, por ser sua, é, por definição, melhor do que a narrada por Kim sobre o e-mail destemperado que ela enviou ao chefe de seu chefe (Capítulo 2). Isso o ajudará a compreender o impacto que você tem sobre os outros. Mas não só. Servirá também para que sua equipe o entenda e se comunique com você, auxiliando-o a ver quando você está se comportando como um cretino, mesmo que não pretenda. Isso criará consciência relacional.

Em seguida, relembre sua história de Empatia Ruinosa. Pensando em ser gentil, deixou de dar algum feedback apenas para ver a pessoa sofrer em consequência de sua falha em corrigir um mau comportamento? Essa é a história a ser contada por você, não a de Kim para Bob do Capítulo 2. Você estava tentando ser legal, mas acabou percebendo que, inadvertidamente, tinha sido cruel? O arrependimento que você sente ao recordar o incidente e a vulnerabilidade que demonstra ao recordá-lo aumentará sua consciência relacional.

Por último, pense em sua história de Insinceridade Manipuladora. É a mais doída de todas. Quando você deixou de tratar um problema diretamente com uma pessoa para fazê-lo com terceiros? Ou, já aconteceu de elogiar o trabalho de alguém enquanto o criticava pelas costas? É realmente difícil se olhar no espelho e enxergar um alguém passivo agressivo, capaz de agir com falsidade e fazer politicagem, mas *todos* somos culpados por comportamentos assim vez por outra. Contar essas histórias pode prevenir que se repitam ofensas semelhantes no futuro. E pode ajudar a fortalecer a autoconscientização e consciência relacional.

Acessar suas próprias histórias, enxergá-las em sua real dimensão e compartilhá-las com suas equipes faz com que as pessoas comecem a se dar conta do descompasso entre a intenção e o impacto que causam nos outros. A conscientização é o primeiro passo em direção à mudança. Você *pode* fazer com que intenção e impacto se alinhem.

Narrativas como essas são importantes para torná-lo mais consciente do que a Sinceridade Radical significa para você, bem como do impacto que ela causa nos outros. É fundamental ter em mente que algo considerado útil por uma pessoa pode ser inteiramente descabido e até mesmo insuportavelmente doloroso para outra. As pessoas são diferentes umas das outras. Há necessidade de ajustar a fala para ser claro e gentil com alguém sem se sentir como um camaleão. Essa é uma habilidade difícil de conseguir. O Triângulo de Feedback, nossa versão de uma dramatização, pode ajudar.

Prática: O Triângulo de Feedback

Um exercício chamado de Triângulo de Feedback é especialmente útil em ajudar as pessoas a avaliar de modo adequado a repercussão de suas palavras nas demais e, com isso, optar por termos mais gentis e claros. Eis como funciona:

Junte-se a um grupo de três pessoas. Descreva para todos um conjunto de feedbacks que deveriam, mas não foram, passados para alguém. Um dos colegas fará o papel desse destinatário. Quanto mais a pessoa a quem o feedback seria dirigido tiver uma postura defensiva, mais eficaz será o exercício. Incentivar os destinatários de feedback a ser difíceis os estimula a pensar em maus momentos de feedback que eles de fato experimentaram em sua própria carreira, de modo que, paradoxalmente, ser dramático produz performances mais realistas. Isso faz também com que aqueles que dão feedback experienciem ocasiões desafiadoras.

Ao outro componente do grupo é reservado o papel de observador. Ele acompanha o andamento da conversação, usando a estrutura da Sinceridade Radical. Digamos que o colega a quem cabe dar feedback inicie investido de Sinceridade Radical, porém, quando o destinatário do feedback revela aborrecimento ou até tem uma crise de choro, ele deixa essa postura rapidamente e cai na Empatia Ruinosa. Ou talvez ele pretenda começar a conversa sendo Radicalmente Sincero, mas sua fala é tão gentil, que termina por ser empaticamente ruinoso. Frustrado pela "falta de entendimento" do destinatário de feedback, ele pode se tornar detestavelmente agressivo. Ou talvez ele comece sendo Radicalmente Sincero, mas o destinatário de feedback se enraivece e responde rudemente. Então, quem dá o feedback também fica com raiva e se torna séria e detestavelmente agressivo.

Situações como essas constituem um padrão observado a todo momento: conversas desastrosas que são divertidas em um contexto de encenação, porém dolorosas na vida real. Enquadrá-las na estrutura da Sinceridade Radical pode despertar nos participantes a percepção das consequências envolvidas nesse "enredo". Quando param um instante para ver o impacto que causam nos outros, eles podem usar essas informações para retomar a conversa e colocá-la de volta nos trilhos, em vez de apenas se colocarem na defensiva ou se sentirem culpados. Autoconscientização não precisa significar autoflagelação.

O observador objetivo, bem como o "destinatário" do feedback, ajudam o colega, mostrando como o feedback chegou: talvez muito agressivo, talvez insuficientemente claro. O resultado dessa interação é uma melhora da consciência relacional entre todos os participantes. Quem dá o feedback consegue ver qual foi o impacto de suas palavras através dos olhos do observador e do destinatário, independentemente de qual tenha sido sua intenção. E é divertido. Em um exercício em que o drama é estimulado e um observador acompanha os mal-entendidos na estrutura da Sinceridade Radical, a experiência é "ha-ha! a-ha!"* O humor revela algo importante até então invisível para nós.

Nós aprimoramos pela prática a maioria de nossas habilidades e competências — matemática, vendas, engenharia, tocar piano, esportes. Quando se trata da comunicação, contudo, em geral isso não acontece. É por isso que praticar o Triângulo de Feedback ou a improvisação é um modo realmente útil de nos tornarmos mais conscientes de nossa própria intenção e do que precisamos para preencher a lacuna entre essas intenções, e a maneira como o que dizemos repercute nos outros. O intercâmbio de feedbacks, a autoconcientização e a consciência relacional são habilidades que se fortalecem com a prática.

ANTES DE MAIS NADA, PEÇA PELAS CRÍTICAS

Na Sinceridade Radical, uma importante ordenação precisa ser respeitada:

1. Solicite críticas
2. Elogie
3. Critique

4. Avalie e ajuste as críticas
5. Incentive elogios e críticas entre os outros

A primeira edição descreve esse roteiro, mas a história em que Sheryl Sandberg adverte Kim de seu cacoete com o "hum", e aquela em que Kim se omite quanto a dar um feedback oportuno a Bob e depois precisa demiti-lo, foram as mais memoráveis e as mais repetidas. Uma era sobre um chefe dando feedback com sucesso. A outra era sobre o que acontece quando um chefe deixa de dar feedback. Ambas "pegaram" porque têm muito a ver com o fato de quase todo mundo ter experimentado um cenário semelhante da perspectiva de chefe, funcionário ou membro de uma equipe.

É lamentável, mas o livro não traz uma história memorável similar sobre um chefe *solicitando* feedback de seus subordinados. Em consequência disso, vários leitores acabaram ficando com a impressão de que a Sinceridade Radical só se aplica, basicamente, aos chefes criticando seus funcionários. Nada poderia estar mais longe da verdade. Assim, Kim pensou em apresentar uma nova história sobre *solicitar* feedback. Ei-la:

---

* O pessoal do The Second City, um clube de comédia de Chicago e grupo de educação executiva, ensinou *para nós* a Sinceridade Radical desse termo. Refere-se ao que pode ser o propósito evolutivo do humor: percepção do nosso próprio comportamento — autoconsciência.

A História de Kim Solicitando Feedback

Não faz muito tempo, minha filha disse: "Mãe, eu gostaria que você não fosse a Senhora Sinceridade Radical!" Evidentemente, essa não era a maneira ideal para minha filha fazer críticas. Não exatamente pelo impacto em si. Era mais como "Caramba, eu queria que você fosse uma pessoa diferente". Doeu! Mas quando eu recebia feedback, em especial na posição de autoridade, era meu trabalho ouvir e aprender, não ensinar, não criticar as críticas, mesmo que elas fossem difíceis de ouvir.

Como sempre tenho a inclinação de me sentir culpada, imediatamente assumi que ela quis dizer que, por causa do meu trabalho, eu a estava negligenciando. Lembrei a mim mesma de não assumir que entendia, mas de me colocar na posição de "ouvir com a intenção de entender" o que ela queria dizer. Isso significava que, em vez de responder defensivamente, era meu trabalho pedir esclarecimentos e, talvez, solicitar ainda mais crítica.

"Quem você gostaria que eu fosse?", perguntei.

"Queria que você fosse A Senhora que Cuida de seu Próprio Negócio!"

A crítica dela era o oposto do que eu presumira. Ela não se sentia negligenciada, queria que eu voltasse atrás!

ALÉM DE UMA história, pensamos em oferecer algumas pesquisas sobre o motivo pelo qual solicitar feedback ocupa o primeiro lugar na sequência das operações. Solicitar feedback não tem por objetivo apenas ajudá-lo a ter mais autoconsciência, mas também criar um ambiente em que todos os funcionários sintam-se psicologicamente seguros para dar um ao outro um feedback Radicalmente Sincero. Amy Edmondson, da Harvard Business School, define segurança psicológica como "uma crença compartilhada de que a equipe está apta a assumir riscos interpessoais"[*] Em seu livro, *The Fearless Organization: Creating Psychological Safety in the Workplace for Learning, Innovation, and Growth*, há uma grande quantidade de pesquisas demonstrando que "Em locais de trabalho psicologicamente seguros, as pessoas sabem que podem receber feedback de desempenho aquém das expectativas... Mas se sentem dispostas e capazes de assumir os riscos interpessoais inerentes à franqueza." Não há nada que os líderes possam fazer para alcançar mais rapidamente as condições para a segurança psicológica do que solicitar ser criticados e responder bem a isso.

---

[*] Psychological Safety and Learning Behavior in Work Teams, Amy Edmondson, *Administrative Science Quarterly;* vol. 44, N. 2 (junho de 1999), pp. 350–383.

Cabe perguntar: por que a segurança psicológica é tão importante no trabalho? Durante dois anos, um grupo ligado aos recursos humanos do Google realizou mais de 200 entrevistas com funcionários da empresa, analisando mais de 250 atributos de mais de 180 equipes em atividade. Eles descobriram que *quem* eram os integrantes da equipe — por exemplo, quantos fuzileiros navais, introvertidos ou participantes de Olimpíadas, com doutorado — era menos importante do que *como* eles interagiam entre si, estruturavam seu trabalho e visualizavam suas contribuições. Descobriu-se que as cinco principais dinâmicas de equipes bem-sucedidas incluíam: Segurança Psicológica, Confiabilidade, Estrutura & Clareza, Significado e Impacto. Mas a segurança psicológica foi de longe a de maior importância entre as cinco dinâmicas, por ser a base das outras quatro.[*]

Quando os líderes solicitam, respondem construtivamente e recompensam a críticas, dão início ao processo de normalização do feedback como um elemento positivo. Na medida em que o CEO pede que as pessoas façam críticas e as recompensa por isso, envia um sinal aos gerentes de todos os escalões intermediários de que devem seguir seu exemplo. Conforme as pessoas em toda a organização percebem que dar um feedback honesto é seguro e até encorajado, forma-se um ciclo virtuoso, produzindo equipes que funcionam em um nível notavelmente alto. As pessoas são mais inovadoras quando têm menos medo de correr riscos e quando aprendem com os erros, em vez de escondê-los e continuar a cometê-los.

Não basta ver o chefe solicitar feedback uma única vez. O medo de ofender os poderosos não desaparece facilmente. Só o hábito pode trazer a certeza de que os chefes desejam feedback. Para isso, é preciso instituir uma prática regular que leve a um processo automático. Quando um chefe reserva um tempo todas as semanas para reuniões individuais e pede feedback no final de cada uma, os subordinados qualificam essa ação como "normal". Estabelecer uma rotina sinaliza a eles que você solicitará feedback, deixando-os mais conscientes sobre o que você pode mudar ou fazer melhor para torná-los mais eficazes. Outro ótimo momento para solicitar feedback é quando as pessoas ficam realmente bravas com você. É instintivo evitar as pessoas em ocasiões assim, mas é nessa hora que é mais provável ouvir a verdade em estado bruto.

Nossa expectativa é a de que histórias e pesquisas sejam capazes de explicar melhor por que você deve primeiro assumir a Sinceridade Radical antes de aplicá-la aos outros. Mas *de que modo* você pode solicitar críticas? Para tanto, gostaríamos de entrar em mais detalhes sobre cada uma das quatro dicas para solicitar críticas apresentadas no livro.

---

[*] <https://rework.withgoogle.com/blog/five-keys-to-a-successful-google-team/> [conteúdo em inglês]

A MELHOR PERGUNTA QUE VOCÊ PODE PENSAR EM FAZER

Em nossos workshops, muitos participantes pedem que os ajudemos a estabelecer a melhor maneira de solicitar feedback.

Conforme observado na primeira edição, perguntar "Você tem algum feedback para mim?" significa ter como resposta provável "Não. Está tudo bem". Algo mais substantivo só poderá ser obtido se, ao solicitar críticas, o façamos de uma maneira autêntica e que também leve em consideração as necessidades da outra pessoa. Nas interações entre você e os outros, as permutas e combinações são infinitas, e, portanto, não há uma pergunta "certa". De fato, muitos participantes de nossos workshops descobriram ser prudente dispor de três ou quatro perguntas-chave que possibilitam a adaptação às diferentes situações e pessoas. Fazer as perguntas certas pode nos ajudar a ver nossos pontos cegos. Veja o exemplo de Jason nessa questão:

A História de Jason

Um belo dia, me tornei gerente. Cometi a maioria dos erros clássicos que os novos gerentes cometem. O maior deles talvez tenha sido gerenciar os outros como preferiria ser gerenciado. Gosto de ser deixado em paz principalmente quando envolvido em grandes problemas. Sou introvertido e, para mim, resolver tarefas desafiadoras sozinho é uma emocionante oportunidade de crescer. Como raramente eu era gerenciado da maneira que gostava, pensei que, ao me tornar gerente, estaria fazendo um favor a todos quando encarregasse alguém de realizar uma tarefa de importância crítica acompanhada do comentário: "Eu sei que você pode fazer isso!"

Após alguns anos na função de líder de produto, um dos integrantes de minha equipe, "Ann", me procurou perguntando se poderíamos conversar. Ela estava claramente perturbada, algo que destoava de seu padrão normal de comportamento. Nós nos acomodamos em uma sala silenciosa, e ela, olhos nos olhos, me disse: "Sei que quando você me deu esse projeto e disse que acreditava em mim, queria que eu me sentisse apoiada, mas isso é supercomplicado e está além da minha capacidade. Sinto que você está me dando corda suficiente para me enforcar."

Atordoado, disse a ela o quanto me sentia mal por isso e lhe perguntei o que eu poderia fazer para ajudar. Ela sabia exatamente do que precisava: parte do meu tempo e alguns recursos externos. Eu pensei que estava fazendo um favor para ela deixando-a sozinha, mas, na verdade, isso só serviu para o projeto começar muito mais lentamente do que o necessário. Percebi que tinha um problema: não sabia quando interferir ou deixar por conta. Por tal motivo, passei a fazer uma pergunta que ia diretamente ao ponto: "Na última semana, quanto você preferiria que eu estivesse mais ou menos envolvido em seu trabalho?" Aprendi que as pessoas não apenas tinham padrões diferentes de preferência, mas também que estas variavam dependendo da natureza da tarefa.

Aqui estão algumas dicas importantes sobre perguntas boas de se fazer:

- *Sinceridade.* As pessoas têm detetores de mentira bem afinados. Se você parece repetir como um papagaio algo que lê em um livro, ainda que se trate de um ótimo livro, não parecerá sincero.

- *Não faça perguntas que possam ser respondidas com um sim ou um não.* Não há pais que desconheçam que fazer uma pergunta ao filho como "Você teve um bom dia?" provavelmente terá como resposta pouco mais que um "sim" ou "não". Perguntas do tipo "Me conte as melhores e as piores partes de seu dia" tendem a obter mais informações. Dá-se o mesmo ao solicitar feedback. De fato, vários participantes do workshop apontaram uma falha na pergunta que Kim recomendou na primeira edição. O problema de perguntar "Existe algo que eu possa fazer ou parar de fazer e que facilite o trabalho comigo?" é que você oferece uma saída fácil às pessoas que temem um conflito: elas podem simplesmente dizer "não". Para pessoas assim, a Sinceridade Radical é mais difícil, e elas precisam ser estimuladas. Em vez disso, pergunte: "*O que* eu poderia fazer ou parar de fazer?" Se elas não conseguem pensar em nada, incentive-os a refletir um pouco mais. Avise-as de que você lhes perguntará isso novamente na próxima semana e não se esqueça de fazê-lo.

- *Perguntas abertas x perguntas específicas.* Há pessoas que se sentem seguras para responder a uma pergunta aberta como "O que eu poderia fazer ou parar de fazer para facilitar o trabalho comigo?" Mas para aquelas que não são assim, uma pergunta específica pode funcionar melhor. Por exemplo: "Eu me preocupo que às vezes interrompo as pessoas antes que elas tenham oportunidade de se expressar adequadamente. Você já me viu agir desse modo? Caso eu faça isso, você me avisará na semana que vem?" Repetindo: não há uma abordagem única para todos, então você precisa verificar o que provoca críticas e o que leva ao silêncio. Não deixe o silêncio desencorajá-lo. Continue tentando até conseguir alguma coisa!

- *Frequência.* Se você pedir críticas apenas a cada seis meses, as pessoas tenderão a falar sobre algo que aconteceu há uma semana, esquecendo algo muito mais importante que ocorreu há três meses. Fora que poderá ser tarde demais para corrigir esse problema de três meses atrás. Pedir feedback com frequência ajuda a aumentar a probabilidade de que o feedback seja acionável. A frequência também cria resistência ao feedback. Se você fizer uma corrida a cada seis meses, cada corrida será realmente dolorosa. Mas se correr todos os dias, sentirá falta quando não for.

A seguir, algumas ótimas questões levantadas pelos participantes de nossos workshops. Perceba como o tom varia um bocado de pessoa para pessoa.

- Na última semana, quando você preferiria que eu estivesse mais ou menos envolvido em seu trabalho?
- Diga-me em que estou equivocado.
- O que eu poderia ter feito de diferente nesta semana para facilitar seu trabalho?
- De que maneira eu poderia apoiar melhor seu desenvolvimento profissional neste momento?
- O que fiz na semana passada que dificultou o trabalho comigo?
- Que falha tenho e não percebo que você notou?
- A coisa mais importante que você pode fazer por nós dois é me dizer quando fiz bobagem.
- Sinto que não me saí tão bem quanto poderia naquela reunião, mas não estou certo do que fiz de errado. Você pode me ajudar a descobrir isso?
- Estou realmente tentando fazer X melhor. Sei que é um problema, mas nem sempre percebo no momento que acontece. Você pode me ajudar avisando quando vê?

Prática: Peça uma crítica de suas perguntas-chaves

Promova uma crítica de algumas de suas perguntas-chaves. Procure um colega no qual confia e faça-lhe uma ou duas de suas perguntas. Com base nas respostas dele, verifique:

1. Elas proporcionaram um feedback útil?
2. Soaram naturais, isto é, pareceram algo vindo mesmo de você?

RESPOSTAS A PERGUNTAS FREQUENTES

P: Tenho que fazer a mesma pergunta todas as semanas? Começa a ficar banal.

R: Em geral, a consistência (no sentido de quando você solicita feedback e a pergunta que você usa) tende a deixar as pessoas mais à vontade para fazer críticas — isso faz parte de uma rotina esperada. Mas com certeza é bom introduzir algumas variações, principalmente se a pergunta não estiver gerando respostas. Não permita que o fato de você não estar recebendo um bom feedback seja uma desculpa para parar de solicitá-lo. Porém, se o que estiver fazendo não funciona, tente algo novo. Pergunte por que não está funcionando. Diga, com suas próprias palavras: "Eu sei que não sou perfeito. Sei que cometo muitos erros todos os dias. Por que ninguém me conta?"

P: E se a resposta que eu receber disser respeito a algo que não posso corrigir?

R: Antes de mais nada, reconheça que você não sabe como corrigi-lo. Pergunte se eles podem ajudá-lo a resolver o problema. Se ninguém tiver uma solução, desafie a si mesmo. Trata-se, de fato, de uma coisa que você não pode resolver? Diga que você precisará de algum tempo para pensar sobre o problema, mas dará um retorno a eles. Se você achar que não consegue solucionar a questão, explique o porquê.

P: Sou um gestor novo trabalhando com pessoas bem mais velhas do que eu. Não dará a impressão de fraqueza minha solicitar críticas?

R: Uma das coisas mais eficazes que você pode fazer com qualquer um que se reporte diretamente a você, mas principalmente com os mais velhos, é pedir que compartilhem sua sabedoria e experiência. É tentador para os funcionários mais velhos classificar um gerente mais jovem como um "sabe-tudo" arrogante. Prove que estão errados!

P: Por onde devo começar? Se realmente for sincero, tenho receio de sofrer um feedback negativo.

R: Isso é normal! Quem realmente quer ouvir críticas? Concentre-se no fato de que você só pode resolver os problemas que conhece, e que se a pessoa se importa o suficiente para torná-lo consciente de ter um problema, também pode ajudar a resolvê-lo. Caso você tenha uma tendência ao perfeccionismo, lembre-se de que você é humano e cometerá erros; na realidade, é assim que você melhora. Trabalhe no desenvolvimento de uma mentalidade "Ainda não", conforme descrito por Carol Dweck: "Ouvi falar de uma escola de ensino médio em Chicago na qual os alunos *precisavam passar um certo número de cursos para se formar e, se não passavam, obtinham a nota 'Ainda não'. Achei isso fantástico, porque se você obtém uma nota baixa, pensa: não sou nada, não estou em lugar algum. Mas se você obtiver a nota "Ainda não", entenderá que está em uma curva de aprendizado. Isso lhe dá um caminho para o futuro."**

Portanto, você pode ter cometido alguns erros de digitação em uma apresentação importante. Talvez você tenha se estendido demais em uma reunião e as pessoas sentiram que você extrapolou. Isso não significa que você é um desastre, significa que você é humano.

ACEITE O DESCONFORTO

Muitos participantes nos disseram que realmente não sabem como colocar em prática os conselhos para "aceitar o desconforto", por isso nos aprofundaremos um pouco mais aqui.

Ao solicitar críticas a alguém, você o coloca em uma situação desconfortável. Não adote a Empatia Ruinosa livrando-o da responsabilidade. Dê a eles tempo e espaço para formular uma resposta. É comum as pessoas ficarem quietas depois que você pergunta. Resista à tentação de preencher o silêncio. O silêncio é desconfortável para você e para eles, mas seu trabalho é suportá-lo e até assumi-lo. Em nossos workshops, os participantes geralmente ficam confusos quando dizemos isso. Mas a situação realmente se complica quando levamos as pessoas a praticarem a pergunta e depois permanecerem sentadas em silêncio. Parece fácil, mas é preciso muita disciplina.

Prática: Conte mentalmente até seis

Faça sua pergunta a um colega que costuma ser amigável e conte até seis. Por mais estranho que possa parecer, fique firme e não diga nada. Muito de colocar a Sinceridade Radical em prática é ser capaz de passar pelo constrangimento social. Esta dica pode ajudar a afastar sua mente do desconforto. Concentre-se em contar quantos segundos seu amigo pode suportar o silêncio antes de dizer alguma coisa. A maioria desiste antes de a contagem chegar a seis. *Alguma coisa* elas dirão. Talvez não seja lá muito profundo, mas é um começo.

---

* <https://en.tiny.ted.com/talks/carol_dweck _the_power_of_believing_that_you_can_improve> [conteúdo em inglês]

Claro, alguns permanecerão em silêncio. Se o fizerem, diga que lhes dará mais tempo, mas que insistirá porque realmente deseja o feedback deles. E não se esqueça de perguntar novamente. Não os deixe — ou você — se livrar dessa!

OUÇA COM A INTENÇÃO DE COMPREENDER, NÃO DE REPLICAR

Este é outro ponto da *Sinceridade Radical* com grande presença nos tuítes, mas muitos nos disseram que isso realmente não os ajudou a aprender a gerenciar suas atitudes defensivas diante das críticas.

Ainda que as tenhamos solicitado, receber críticas pode desencadear em nós a resposta de luta, fuga ou congelamento. Críticas injustas são difíceis, e críticas justas, principalmente quando tocam em algo que já não gostamos em nós mesmos, também são difíceis.

Procure por aquilo que o ajuda a processar o que ouve sem ceder a uma resposta defensiva. Um exercício de respiração pode ajudar, assim como tomar um longo gole de uma garrafa de água. Acima de tudo, pratique com os outros.

Prática: Ouvir

Convide um parceiro para praticar (colega de trabalho, amigo, membro da família). Uma pessoa fala por três minutos e, em seguida, trocam-se os papéis, e a outra pessoa passa a falar ininterruptamente. Pode-se falar sobre o que quiser: qualquer coisa com que realmente se preocupe, no trabalho ou fora dele.

Se você é o ouvinte, está dando ao orador o presente de toda sua atenção. Você pode assentir ou dizer "Compreendo" ou "Entendo", mas esse não é o momento para perguntas, ou para relacionar a narrativa a algo que *você* aprecia, como sua história favorita de férias no Havaí, ou para dar ao orador aquela dica que mudará a vida dele para sempre. Seu trabalho não é aconselhar, é *ouvir*.

De nossa parte, descobrimos que colegas de trabalho que estão na mesma equipe há mais de dez anos aprenderam mais um sobre o outro em três minutos do que em uma década trabalhando juntos. Ouvir, mas ouvir de verdade, é incrivelmente eficiente!

FAÇA COM QUE OUVIR SEJA PALPÁVEL: RECOMPENSE A SINCERIDADE

Quando alguém lhe faz críticas, está assumindo um risco. Seu trabalho é garantir que eles sejam recompensados por assumir esse risco, ou eles não o farão novamente. Descobrimos que a melhor maneira de recompensar comentários valiosos é resolver o problema rapidamente ou explicar de modo claro a razão pela qual não pode procurar uma solução alternativa.

Nosso viés de negatividade inato pode fazer do feedback uma vítima. Isso significa que, mesmo que você responda bem às críticas nove vezes em cada dez, a única vez que você responde defensivamente é aquela que será lembrada. Como observa Rick Hanson, autor de *Resilient*, "o cérebro é como o velcro para experiências negativas e o teflon para experiências positivas". Adoramos nos centrar e contar histórias sobre quando o feedback é terrivelmente ruim.

Portanto, é preciso torná-lo memorável quando ele recompensa a sinceridade. A CEO da Spanx, Sara Blakely, tocou a música "Oops! I Did It Again" ["Opa! Eu Fiz de Novo", em tradução livre] ao comentar com toda a empresa um padrão de erros cometido por ela. Celebre suas próprias falhas. Deixe claro que o único jeito de melhorar é quando as pessoas as apontam para você. Conversar publicamente sobre o feedback útil que você recebeu, e a maneira como o abordou, sinaliza sua visão de que o feedback não é um chute na canela, mas um presente.

Prática: Faça com que Ouvir seja Palpável

Liste as últimas três ou quatro vezes que os colegas o criticaram. Não se considere perfeito se não conseguir pensar em nada. Na verdade, você não está ouvindo o que eles estão dizendo ou não se sente à vontade para compartilhar as críticas deles. Caso sua lista seja um papel em branco, saia para pescar! E pesque críticas, não elogios!

Em uma reunião ou conversa com a equipe, compartilhe alguns feedbacks recebidos na semana anterior, o que aprendeu com eles, sua gratidão por isso e o que planeja fazer a respeito. Peça ajuda à equipe ao tentar mudar seu comportamento ou lidar com o problema levantado. Deixe claro que feedback adicional em determinadas áreas serão bem-vindos. Ao reservar um tempo para mostrar suas providências com o feedback que recebeu, duas coisas boas acontecem. Primeiro, você está tornando palpável aquilo que ouve. Não é incomum os líderes trabalharem com afinco na abordagem do feedback, mas esquecerem de compartilhar seus esforços com a equipe. Mostre seu trabalho! Segundo, você verificará se resolveu o problema. Às vezes, você se dará conta de que foi longe demais ou não fez o suficiente para solucionar o problema levantado. Talvez, com o objetivo de evitar a interrupção das pessoas, você tenha permitido que as reuniões se tornem livres para todos, ou talvez, à medida que as reuniões se prolongam, você reincida no mesmo erro. De qualquer forma, tem a chance de calibrar sua resposta.

Prática: Recompense a crítica da qual você discorda

Examine algumas das críticas que recebeu recentemente e com as quais não concordou e tente encontrar algum elemento nelas que possa aceitar como válido. Compartilhe o fato com a pessoa que lhe deu esse feedback, para demonstrar que você ouviu e está aberto ao contraditório. Em seguida, informe à pessoa que há pontos dos quais discorda e se ela está receptiva a uma conversa mais ampla. Caso esteja, articule o mais claramente possível os motivos de seu desacordo ou *por que* mudar seu comportamento produziria resultados piores. Fingir ouvir, mas ignorar silenciosamente o que as pessoas estão dizendo, é a pior coisa a fazer em um relacionamento. Uma atitude assim as leva a se sentirem invisíveis, ignoradas. Uma discordância respeitosa pode fortalecer um relacionamento, algo praticamente vedado quando se ignora alguém.

FAÇA COM QUE ISSO SEJA PARTE DE SUA ROTINA

Agora que você praticou os quatro elementos de solicitação de críticas — elaborar perguntas-chave, aceitar o desconforto, ouvir com o intuito de entender e dar substância ao que ouviu para recompensar a sinceridade —, está pronto para colocá-las todas juntas e transformar a solicitação de feedback em um hábito.

Na formação de um novo hábito, é importante minimizar o esforço aplicado. Isso implica que sua rotina deve incorporá-lo. O ideal é que a solicitação de feedback deve ser feita no final da conversa individual que você agenda regularmente com cada um dos membros da equipe. Não é imprescindível, porém, que isso seja feito em uma reunião individual, uma vez que pessoas diferentes têm abordagens diferentes nesses encontros. Entretanto, é necessário pedir críticas com frequência, para que isso se torne como escovar os dentes e usar fio dental, não uma limpeza anual que pode lhe causar temor. Também é melhor fazê-lo em particular como forma de tornar menos ameaçador para a outra pessoa e também para diminuir a ameaça a seu próprio ego, aumentando assim suas chances de manter a compostura e a curiosidade.

Tenha em mente que nas primeiras vinte vezes que você fizer isso, se sentirá como praticando algo não natural. Seu trabalho será superar o desconforto.

Prática: inclua a solicitação de feedback no final de suas conversas individuais agendadas

Informe à sua equipe que você planeja solicitar feedback nos próximos encontros individuais. Como bônus, compartilhe a pergunta que planeja fazer. É importante, particularmente no início do processo de tornar habitual esse procedimento, dar tempo ao pessoal para pensar sobre o comportamento que realmente importa para eles.

ELOGIO: O FOCO DEVE ESTAR NAS COISAS REALMENTE BOAS

Os Capítulos 2 e 6 trataram de elogios e críticas. Embora esses capítulos se concentrem no fato de que o elogio é mais importante do que a crítica, a ansiedade da maioria das pessoas com relação às crítica faz com que elas observem apenas superficialmente os elementos que compõem o elogio. Trata-se de um grande equívoco. Gostaríamos de compartilhar aqui o que fizemos em nossos workshops para enfatizar a prática de fazer elogios.

Liderar uma equipe é como conduzir um automóvel: ao criticar, você freia; ao elogiar, acelera. Se você pretende ir a algum lugar, precisa usar mais o acelerador do que o freio. Mas se nunca usar o freio, baterá e nunca chegará a lugar algum. E você se sentirá mais seguro ao pressionar o acelerador se souber que seus freios estão em ordem.

No início da carreira, Jason estava em uma função cuja descrição incluía vendas técnicas. Isso significava ajudar os clientes a entender algumas coisas técnicas bastante complexas, que exigiam muita paciência e organização (duas habilidades ainda precárias de Jason). Em uma ligação, ele estava particularmente desorganizado, e o cliente ficou confuso e perturbado. E Jason ficou frustrado. Ele recorda o que se passou:

A História de Jason

Graças ao bom Deus, as chamadas telefônicas eram feitas em duplas, e meu colega Dave, percebendo o que estava acontecendo, entrou rapidamente no circuito e redirecionou a conversa, dizendo: "O que eu acho que Jason queria dizer é..." Fiquei espantado com a maneira clara e eficiente de Dave dizer ao cliente o que eu estava explicando tão desajeitadamente. Com isso, a conversação começou a fluir muito melhor. A vergonha foi grande, mas a gratidão não foi menor por ele ter apagado o fogo que eu ateara.

Então Dave fez algo que realmente me surpreendeu. Ao ouvir uma pergunta do cliente, Dave disse "Acho que Jason é a pessoa indicada para responder a essa pergunta", e me devolveu a ligação. Incrédulo pela confiança que ele ainda depositava em mim, mas ao mesmo tempo querendo fazer jus a ela, reassumi o contato. Tudo correu bem dali em diante.

Terminada a ligação, eu sabia que devia alguns elogios a Dave. Sentindo-me estranho, porque teria de começar admitindo quão mal me conduzira, evoquei meu senso de humildade e fui à procura dele após o almoço. Quando estávamos saindo da cozinha, puxei-o para o lado e disse: "Dave, fiquei muito agradecido quando você entrou em nossa ligação. Acho que o cliente ficaria realmente aborrecido se a conversa continuasse do jeito que estava. Eu estava totalmente perdido, me sentindo completamente incapaz, e você me salvou. E ao devolver a ligação, você me deu confiança para tentar novamente. Por favor, se a situação se repetir, não hesite em pegar a ligação de novo!"

O olhar confuso em seu rosto não era a reação que eu esperava. Depois de alguns instantes, ele disse: "Sinceramente, não fazia ideia de que aquilo foi tão útil. Não planejei nada, foi algo instintivo. Na verdade, fiquei um pouco preocupado com o fato de você me achar um intrometido." Eu disse a ele: "Foi algo realmente muito bom. Aprendi muito com isso." Encerramos o papo com ele prometendo repetir o gesto caso fosse necessário, e eu esperando não fazer muitas bobagens, para poupá-lo do resgate. O importante era que Dave agora sabia que eu apreciava a maneira como ele interveio. Se eu não o tivesse elogiado e agradecido, ele poderia ter continuado a se preocupar em ter sido um intrometido e não me teria salvo em uma próxima vez.

ÀS VEZES AS PESSOAS relutam em elogiar os outros porque é muito mais fácil parecer "inteligente" ao criticá-los. O objetivo do feedback é ajudar os outros a ter sucesso, não provar o quanto você é inteligente.

Em outras ocasiões, as pessoas usam o elogio como arma: "Fulano é ótimo. O que há de errado com o resto de vocês, inúteis?" Com uma atitude dessas, causadora de ressentimentos, os gestores praticamente jogam aos leões a pessoa que foi bem-sucedida. Não haverá uma repetição do sucesso. Um bom elogio é específico e sincero; serve como inspiração para as outras pessoas, em vez de fazer comparações odiosas.

O foco no elogio requer muita disciplina. Depois de realizar o trabalho árduo e doloroso de solicitar críticas, vem a tentação de você querer criticar. E é bem provável que as críticas que lhe estão fazendo não sejam de agora. Muitas vezes, o que o incomoda está incomodando há tanto tempo, que se constitui em tudo que você pode ver ou sentir. Você fica cego quanto àquilo de que gosta ao trabalhar com essa pessoa. Se tudo o que você vê é negativo, provavelmente não está na posição certa para fazer críticas. Então, concentre-se nas coisas boas. Primeiro elogie.

Ademais, o elogio ajuda as pessoas a se concentrarem em seus pontos fortes e em fazer mais trabalho daquilo que gostam e menos do que odeiam. Às vezes é preciso garantir que uma pessoa alcance um nível de proficiência tal, que uma eventual falha não se torne fatal. A concentração nos pontes fortes, em vez de nas fraquezas, maximiza a vantagem, em vez de minimizar a desvantagem. O elogio revela o que é funcional, tornando-o utilizável, repetível. Elogiar não apenas faz as pessoas se sentirem bem; é prático. O elogio mostra como uma força pode levar ao sucesso, e como as pessoas podem desenvolver um sucesso para obter mais sucesso. Ele mostra que você se importa pessoalmente e também desafia diretamente, pois incentiva as pessoas a continuar fazendo mais do que já é excelente.

SEJA TÃO DISCIPLINADO NO ELOGIO QUANTO NA CRÍTICA

Em nossos workshops, propomos a seguinte questão (que emprestamos de Karen Sipprell, colega de Kim na Apple): "Quanto tempo você leva para ter certeza dos fatos antes de elogiar um membro da equipe?" A resposta, normalmente, é nenhum.

Quando se é vago em elogios, é bem provável que uma pessoa se sinta apadrinhada. De todo modo, a vaga positividade tem muito pouco impacto no longo prazo. Um vazio "ótimo trabalho!" pode parecer condescendente e desmoralizante, exatamente o efeito contrário ao pretendido. Elogios *específicos* têm o condão de ajudar a pessoa e a equipe a entender como é o sucesso. Oferece aos subordinados que são ambiciosos um modelo a seguir. Lembre-se de que as diretrizes para dar um feedback Radicalmente Sincero funcionam tanto para elogios quanto para críticas: humildade, ajuda imediata, elogiar em público, criticar em particular, não dar feedback sobre atributos de personalidade.

A Prática do Elogio

Forme uma dupla com algum colega e troquem entre si um elogio específico. Descobrimos que as pessoas, tendo realizado esse exercício, sentem-se vistas, conectadas e inspiradas. Ouvimos coisas como: "Eu faço X, Y, Z há anos e não sabia que alguém havia notado!" Ao voltar ao escritório, essas pessoas têm uma sensação de maior pertencimento.

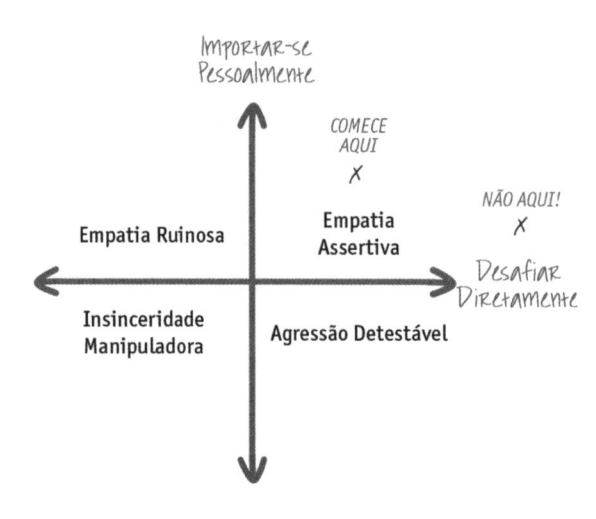

Na verdade, não há grande dificuldade de encontrar algo que mereça elogio, ainda que você tenha acabado de conhecer alguém em um workshop. Facilita que as pessoas se concentrem nas coisas boas quando você define uma intenção, fica curioso e depois diz algo realmente específico. Por exemplo: "Obrigado por fazer essa pergunta sobre chegar atrasado às reuniões; não tinha certeza se tocaríamos nesse assunto e isso ajudou a levar a conversa adiante." Ou: "Obrigado por me ouvir quando estava falando sobre minha filha; eu realmente precisava fazer isso."

Embora o objetivo principal do elogio seja mostrar às pessoas em que direção estamos indo no que nos parece ser "bom", este breve exercício também se constitui em uma maneira rápida e eficaz de as pessoas desenvolverem um maior senso de apreciação umas pelas outras e por si mesmas . É um atalho no desenvolvimento da capacidade de realçar as coisas que você aprecia.

AVALIE A CRÍTICA

Se eles estão tristes, você precisa mostrar que se importa

"A Sinceridade Radical é mensurada não pela boca de quem fala, mas pelo ouvido de quem escuta." Essa foi outra linha frequentemente tuitada do livro, mas nossos workshops deixaram claro que a frase, embora cativante, dificilmente era autoexplicativa. Como você pode colocar essa ideia em prática?

Ao contrário do que as pessoas muitas vezes esperavam, não existem algumas palavras mágicas capazes de garantir que o feedback delas seja claro, mas que ninguém ficaria magoado ao ouvi-lo. Infelizmente, não há palavras que sirvam simultaneamente como bisturi e novocaína emocional. Às vezes, a Sinceridade Radical vai doer um pouco. Quando isso acontece, faz parte de suas atribuições se importar pessoalmente. Com mais frequência, a Sinceridade Radical não vai doer porque não foi ouvida. Nesse caso, seu trabalho é desafiar diretamente.

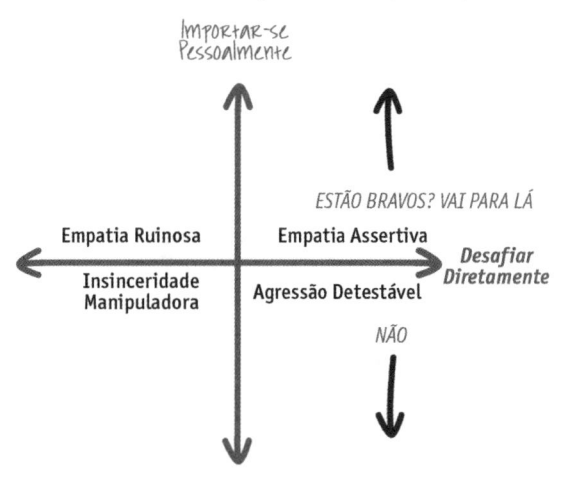

Não obstante, você pode usar a estrutura da Sinceridade Radical como uma bússola para avaliar suas críticas e fazer com que as conversas sejam mais produtivas. Preste muita atenção à resposta da outra pessoa ao que você disse e decida se ela precisa que você mostre que se importa pessoalmente ou que seja mais direto e claro.

Seu jeito de ouvir é mais importante do que seu jeito de falar. Ao oferecer Sinceridade Compassiva, comece com cuidado e depois avalie a resposta da outra pessoa. Ouça o que ela diz, observe a linguagem corporal, olhe nos olhos e pergunte a si mesmo: *Como parece que ela está se sentindo? Será que ela me ouviu?* (Não faça isso se estiver no telefone ou computador.)

Se a pessoa com quem você está falando parece triste, eis aí sua dica para mostrar que você se importa pessoalmente. É uma situação difícil, porque, diante de alguém que parece chateado, tendemos a recuar do que estávamos dizendo, ou seja, seguir na mão contrária à dimensão Desafiar Diretamente da Sinceridade Radical. No entanto, essa é a hora de mostrar que você se importa.

Em tese, quando você observa essa questão à luz do modelo da Sinceridade Radical, lidar com ela parece simples e fácil. Infelizmente, na prática, é muito difícil fazer isso. Por essa razão, é realmente eficaz contratar atores, que sabem como chorar a um comando, para fazer dramatizações. Eu já vi muitos durões do Vale do Silício abandonarem todas as intenções de desafiar diretamente diante de lágrimas — mesmo sabendo que eram apenas lágrimas de um ator em uma encenação. Recuando da disposição de entregar a mensagem que eles deveriam entregar, eles dizem coisas como: "Ora, não se preocupe. Não é grande coisa." Mesmo que se trate de um grande negócio e acabe com a carreira do personagem na dramatização se ele não mudar de atitude. Usar aquele modelo como uma bússola pode ajudar a mantê-lo fora da armadilha da Empatia Ruinosa, lembrando que você *pode* seguir na direção certa na dimensão Importar-se Pessoalmente sem seguir na direção errada na dimensão Desafiar Diretamente.

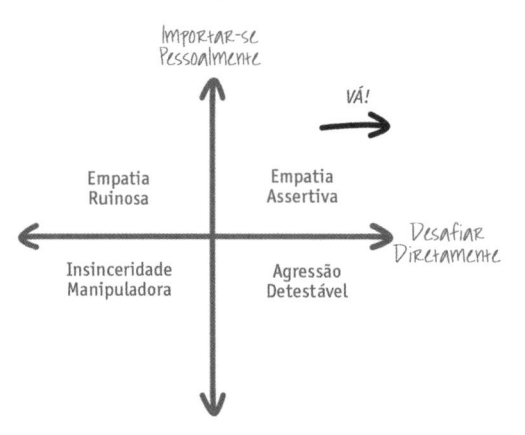

Se eles não o ouvirem, desafie-os mais diretamente!

Da mesma forma, se você recebe uma resposta irritada da pessoa com quem está conversando, trate-a como um sugestão para dar atenção às emoções da sala, para mostrar que se importa pessoalmente. Não é algo fácil, porque, quando a outra pessoa está com raiva, é natural você também ficar bravo. Nada o levará tão rapidamente para baixo no eixo do Importar-se Pessoalmente que a raiva. Em dramatizações, já vi executivos de alto escalão perderem a calma quando um ator, desempenhando o papel de um empregado zangado, o trata rudemente. Repetindo: isso está no contexto de uma dramatização em que os executivos sabem que o nome do jogo é importar-se pessoalmente! Quando pedimos às pessoas em uma encenação para dizer para aquela que está dando feedback "O mau cheiro começa lá no alto escalão", alguns participantes fizeram réplicas incrivelmente desagradáveis ou até "demitiram" o ator encenando.

Diante de uma emoção negativa, uma maneira de mostrar que você se importa é dar-lhe o devido nome. "Parece que eu o deixei chateado/irritado/frustrado. Não era essa minha intenção. Na verdade, quero ajudá-lo. Como posso dizer isso de um jeito melhor?" Use suas próprias palavras, não as minhas. Mas você entendeu. Muitas vezes, apenas nomear uma emoção pode ajudar uma pessoa a se sentir vista. Temos a tendência, diante das emoções negativas, de fingir que elas não estão acontecendo. Ignorar emoções faz com que a outra pessoa se sinta invisível ou invalidada, e isso certamente não é uma boa maneira de mostrar que você se importa.

Um ponto importante a frisar é que se pode entender mal a emoção que se está presenciando. Por exemplo, se Kim começa a chorar, há a probabilidade de que ela esteja furiosa, não triste. Portanto, todo cuidado é pouco para caracterizar a emoção. Seja como for, não faça julgamentos quanto à emoção e muito menos diga à pessoa que ela "não deveria" estar se sentindo daquela maneira. E, definitivamente, exclua de seu vocabulário o "não leve para o lado pessoal"! Quando tudo o mais é inútil, o melhor e mais simples a fazer diante de emoções negativas é perguntar: "Como posso ajudar?"

Haverá ocasiões em que você reunirá a coragem necessária para dar feedback a alguém, mas simplesmente não será ouvido. A pessoa está em uma posição defensiva, alheia à situação, demasiadamente otimista ou confiante, distraída, ou coisa que o valha. Você claramente não está conseguindo se conectar com ela. Em consequência, a pergunta inevitável: fazer o que, então? Nossa sugestão é que você transite para a direita na dimensão Desafiar Diretamente da Sinceridade Radical. Deixar as coisas claras pode parecer uma atitude severa, e a maioria das pessoas reluta em ser severa. É aqui que o mantra "Não significa, está claro" pode ajudar.

Nesses momentos, ajuda muito visualizar e manter o foco no longo prazo. Se o erro que a pessoa está cometendo a prejudicará mais à frente, não há outra alternativa a não ser fazer com que ela se dê conta dele, ainda que a conscientização doa um pouco na hora.

Às vezes, quando uma pessoa discorda do que você está dizendo, mas não quer expressar sua posição, ela simplesmente se alheia. A primeira coisa a fazer é que ela diga claramente se concorda ou não com o que você está dizendo e, em caso afirmativo, por que razão. Quando você age assim, há o risco de que a outra pessoa reaja de forma agressiva e lhe jogue na cara o quão terrível acha que você é por catalogar todas as falhas dela. Se isso acontecer, reconheça que você não é perfeito e diga que gostaria de discutir esses problemas em uma conversa à parte, mas que naquele momento quer falar sobre o assunto em questão. Um mantra útil para fazer críticas é a sequência ouvir, desafiar, comprometer. Não atropele essas etapas, impedindo-o de ter a oportunidade de desafiá-lo e pedir rápido demais um compromisso de mudança. O objetivo é incentivar a pessoa a se envolver na conversa, ouvir e participar, mesmo quando isso significar não concordância com suas críticas (*especialmente* nesse caso).

Outra coisa que pode ajudar quando você diz algo a uma pessoa e ela simplesmente não o está ouvindo é perguntar: "Apenas para ter certeza de que estamos na mesma página, você pode me dizer o que acabou de ouvir?" Dizer que tem a impressão de não estar sendo ouvido também pode ajudar. Ou você pode tentar dizer: "Posso ser muito mais direto com você?"

HÁ UM ERRO QUE as pessoas frequentemente cometem: chamar a atenção para as consequências do não cumprimento do feedback antes de dar a elas a oportunidade de discordar dele. Ir logo dizendo que "seu trabalho está em risco se você não consertar isso" pode até ser uma verdade, mas parece ser uma consequência injusta se a pessoa não concordar com o feedback. Você está jogando com o desejo intrínseco da pessoa de melhorar e crescer em sua carreira. Colocar de imediato a possibilidade de punições pode prejudicar essa motivação intrínseca para fazer melhor: *Se eu já estou com um pé na porta de saída, ou se fui condenado sem um julgamento, por que eu deveria tentar consertar alguma coisa?* É óbvio que se a questão se resumir a levar a pessoa a um plano de melhoria de desempenho ou ela estar prestes a ser dispensada, quanto mais cedo você contar a ela, melhor. Em um mundo ideal, contudo, quando os feedbacks improvisados são feitos com regularidade, a pessoa melhora ou percebe que não pode ou não quer melhorar, e procura outra função ou outro emprego. Infelizmente, o mundo está longe do ideal, e, às vezes, não importa quão claramente você indique um problema, a pessoa não toma nenhuma atitude. Em casos assim, talvez você pode ter de demitir a pessoa. Gostaríamos de dizer que a Sinceridade Radical sempre funcionará e que nunca haverá a necessidade de mandar ninguém embora, mas estaríamos mentindo. Pelo menos, se não for para mais nada, aplicá-la será dar à pessoa uma chance justa.

Também pode ajudar utilizar vários exemplos específicos do problema que você está tentando fazer com que a pessoa se conscientize. Caso, após apresentar o primeiro deles, você seja interrompido com desculpas, poderá dizer algo como: "Antes que a gente vá mais fundo nisso, quero compartilhar vários outros exemplos para que você veja o padrão que estou vendo. Vamos examiná-los todos, e após terminarmos, prometo que ouvirei seu ponto de vista. Estou aberto a ouvir que estou errado. E se eu estiver certo, estou aqui para ajudá-lo a consertar as coisas." E não se esqueça: faça isso com suas próprias palavras, não com as nossas.

DIVERSIDADE E INCLUSÃO

Não há quem não tenha passado no trabalho por situações em que somos surpreendidos por palavras ofensivas proferidas por alguém. Em ocasiões assim, é difícil responder, e muito mais difícil pensar de modo Radicalmente Sincero. E o que dizer da Sinceridade Compassiva? Quando alguém se refere a nós usando um termo depreciativo ou estereotipado, nosso primeiro impulso, em geral, não é mostrar que nos importamos pessoalmente, é insultar em resposta ou ficar na defensiva.

Em seu livro *Citizen: An American Lyric*, a poetiza Claudia Rankine coloca isso perfeitamente: "O que ele acabou de dizer? Ela realmente acabou de dizer isso? Eu ouvi o que acho que ouvi? Isso acabou de sair da minha boca, da dele, da sua? A coisa está feia… Então a voz em sua cabeça diz, baixinho, para não ceder à indignação muda, porque estar sempre em harmonia não deve ser uma ambição."

Como podemos lidar com esses momentos em nossas carreiras? Em um workshop, uma jovem contou que faz reuniões mensais com os amigos, nas quais eles compartilham histórias assim e praticam o que poderiam ter dito. A prática não altera o passado, mas ajuda no futuro, pois, lamentavelmente, essas situações são recorrentes, principalmente em torno de questões de diversidade e inclusão.

Gostamos muito desse tipo de prática, e nos perguntamos se seria viável implementá-la com a segurança necessária no ambiente de trabalho. Apresentamos a ideia para Kelly Leonard, do The Second City, o teatro de improviso onde Tina Fey, Bill Murray e muitos outros iniciaram suas carreiras artísticas. Ficamos imaginando o que aconteceria se pudéssemos usar a improvisação e a Sinceridade Radical para ensinar as pessoas a desenvolver uma "resistência à diversidade" para esse tipo de conversas. Com a ajuda de Anne Libera, da Second City, Bina Martin e Becca Barish, decidimos desenvolver um workshop chamado Improvising Radical Candor que faz exatamente isso. A observação das reações individuais ao responder de diferentes maneiras às palavras enfurecedoras que as pessoas lhes disseram no trabalho é um grande testemunho de quão eficazes podem ser a improvisação e a Sinceridade Radical na abordagem de questões de diversidade e inclusão. O workshop foi o mais bem classificado entre os vinte treinamentos diferentes na primeira empresa em que o testamos. Usar o improviso para praticar de forma lúdica de fato ajudou as pessoas a colocar a Sinceridade Radical em uso, mesmo nas situações mais difíceis.

O QUE VEM A SEGUIR?

Desde a publicação da primeira edição deste livro, nossos programas se concentraram principalmente em um aspecto específico da gestão: conversas improvisadas sobre elogios e críticas. Assim que se sentem à vontade para solicitar e orientar, o desejo dos gerentes é continuar a aprender e cumprir inteiramente todas as responsabilidades da função.

No momento, estamos expandindo nossas ofertas atuais para cobrir tópicos como o incentivo à Sinceridade Radical entre os integrantes de uma equipe. Nesses programas, explicamos como criar uma norma que facilite a ampliação saudável dessas ações, e também como implementar reuniões "fale a verdade a quem manda". Além disso, estamos trabalhando para aprofundar os líderes em tópicos relacionados à formação de equipes, como conversas sobre a carreira e processos de planejamento de como gerenciar o crescimento profissional. E, por fim, igualmente importante é o trabalho que estamos realizando com as lideranças no sentido de ajudá-los a alcançar resultados de uma maneira Radicalmente Sincera. Nosso foco é entender a "Roda do Fazer Acontecer" descrita neste livro e como colocá-la para girar em conversas individuais mais céleres e mais produtivas, reuniões da equipe, debates, tomada de decisões, reuniões gerais e estabelecimento de objetivos. Além disso, ajudamos os líderes a identificar reuniões e processos dispensáveis, de modo a que as tarefas possam ser feitas durante o expediente, em vez de tarde da noite em casa. Esse conteúdo todo, quando reunido, significará uma credencial de gerenciamento. Como reforço a essas ideias, também criaremos conteúdo digital com o Second City Works para apoiar nossas experiências pessoais.

Vai aqui um convite para que você trabalhe conosco e nos brinde com algumas críticas ao que estamos fazendo. Como escreveu John Stuart Mill, a menos que uma ideia seja "vigorosa e sinceramente contestada... o significado da doutrina corre o risco de ser perdido ou debilitado e privado de seu efeito vital sobre o caráter e a conduta: o dogma se torna mera profissão formal, ineficaz para o bem e impede o crescimento de qualquer convicção real e sincera."

Em outras palavras, nós dependemos de suas críticas para fazer dessas ideias, uma realidade. Ao nos enviar suas críticas sobre estas práticas e ideias, você tem nossa promessa de envidar nossos melhores esforços não só para lhe dar respostas, mas também integrar seus pensamentos nas futuras reedições deste livro e em nossos programas de educação executiva.

Podemos ser contatados online em www.RadicalCandor.com, pelo e-mail RadicalCandor@RadicalCandor.com, e no Twitter em @Candor [em todos eles, conteúdo em inglês]. Somos gratos por você se juntar a nós na missão de livrar o mundo dos maus chefes!

CAPÍTULO BÔNUS

UMA REVISÃO RADICALMENTE SINCERA DO DESEMPENHO

MUITOS DOS PARTICIPANTES de nossos workshops nos perguntam qual o tipo de processo formal de revisão que melhor apoiaria uma cultura de Sinceridade Radical. Antes de responder a essa pergunta, quero deixar muito claro um ponto: a revisão semestral ou anual é sobre gerenciamento de desempenho, que é diferente do feedback sobre o desenvolvimento! A Sinceridade Radical trata, principalmente, da questão do feedback do desenvolvimento, algo que deve ocorrer regularmente (idealmente, toda semana) em conversas improvisadas de dois minutos. Confundir desenvolvimento e gestão de desempenho é correr o risco de minar todo o árduo trabalho que você realizou ao tornar sua cultura mais Radicalmente Sincera.

Qual é a importância de manter separados o gerenciamento de desenvolvimento e o gerenciamento de desempenho? Ocorre que classificações, recompensas ou penalidades associadas ao gerenciamento de desempenho liberam uma resposta a ameaças, e isso torna muito difícil para as pessoas receberem de bom grado qualquer tipo de sugestão de desenvolvimento. Quando você atribui uma classificação a uma pessoa, a reação natural dela é se concentrar em como pode convencê-lo a melhorar essa classificação de molde a fazer jus a um bônus ou qualificar-se para uma promoção, ou para evitar uma demissão. O foco da pessoa está nas consequências, não em seu desenvolvimento. Pedir às pessoas que se concentrem em como podem desenvolver suas habilidades quando há um belo bônus em jogo ou quando seu trabalho está a perigo simplesmente não é realista.

Esse não é um argumento a favor da eliminação das revisões de desempenho. É um argumento a favor de *manter separadas* as conversas sobre desenvolvimento da gestão de desempenho. Entretanto, as pessoas geralmente esperam que avaliação e feedback sobre o desenvolvimento aconteçam simultaneamente e apenas uma ou duas vezes por ano. Portanto, se você estiver tentando criar uma cultura de Sinceridade Radical, é importante explicar a diferença entre conversas sobre desenvolvimento (bate-papos improvisados que acontecem semanalmente) e uma análise de desempenho (o processo formal de avaliação anual ou semestral). Seu trabalho é maximizar as chances de que as conversas sobre desenvolvimento limitem-se unicamente a ajudar cada pessoa a melhorar, e permitir que o processo de gerenciamento de desempenho se concentre em tornar as decisões de remuneração e promoção mais transparentes.

A aplicação da Sinceridade Radical é voltada principalmente à questão do desenvolvimento e do hábito de solicitar e dar orientações frequentes in loco. Mas isso não significa que não acredito em análises de desempenho. De fato, minha preocupação é com a tendência de muitas empresas, que parecem ou lhes dar ênfase ou eliminá-las de vez. Prevejo que a maioria dessas empresas precisará reintegrar as análises de desempenho. Um grande passo na direção correta seria as empresas alocarem recursos para ensinar os gestores a realizar conversas de desenvolvimento mais frequentes e significativas antes de projetar um novo e aperfeiçoado sistema de gerenciamento de desempenho. Contudo, caso elas decidam eliminar a gestão de desempenho e não intensifiquem seus esforços na questão do desenvolvimento, os gestores simplesmente não serão responsabilizados pela gestão.

Um bom gerenciamento de desempenho preocupa-se, fundamentalmente, com resultados, justiça, retenção e transparência. Trata-se de garantir que as pessoas com as melhores habilidades obtenham mais responsabilidade, se quiserem, para que seu trabalho tenha uma repercussão maior. Isso melhora os resultados de indivíduos e equipes coletivamente. Ademais, seria injusto promover a incompetência ou dar a quem faz um trabalho medíocre o mesmo bônus pago à pessoa cujo trabalho é excelente. No que se refere à retenção, você quer identificar as pessoas que obtêm os melhores resultados para, tanto quanto possível, mantê-las felizes, produtivas e desejosas de permanecer na empresa. É vital, também, que um bom sistema de gerenciamento de desempenho tome decisões mais transparentes sobre pagamento, promoções e dispensas; a transparência responsabilizará os gerentes, resultando em decisões melhores e mais justas.

Na sequência, explorarei aspectos relacionados a esse processo, mas antes gostaria de descrever algumas etapas envolvidas na reestruturação de seu sistema de gestão de desempenho, caso você decida ser necessário:

1. *Crie uma equipe de gestão de desempenho.* O gerenciamento de desempenho deve ser um processo dinâmico cujos processos e categorias de classificação são revisados de tempos em tempos. Ele também deve se concentrar, basicamente, em garantir que o processo não saia do controle, transcorra sem percalços e não tome muito do tempo das pessoas.

2. *Múltiplos pontos de vista.* A equipe deve incluir líderes operacionais e executivos de RH. Os primeiros são importantes pelo peso de sua experiência e especialização no trabalho. Já os profissionais de RH, com seu conhecimento, possibilitam que haja uma compreensão mais ampla da variedade de consequências não intencionais que podem advir de sistemas mal projetados. Ocorre, com muita frequência, de os líderes operacionais delegarem questões em demasia para RH e depois se recusarem a participar do sistema. Isso não é produtivo, para dizer o mínimo.

3. *Revise os principais elementos de sua atual avaliação de desempenho* (Veja adiante). Após a revisão, compartilhe as alterações propostas com um conjunto mais amplo de líderes funcionais, adicione feedback útil, responda a perguntas e explique os princípios que o levaram àquela formulação. Todos emitirão opiniões fortes, então concorde — e certifique-se que os outros também — com uma norma pela qual as pessoas entendam que podem desafiar as ideias sobre desempenho da equipe,incorporar feedback se possível, mas que, no final das contas todos, devem se comprometer com o sistema que a equipe de gestão de desempenho elaborar. Sem esse comprometimento, o processo se arrastará indefinidamente e de maneira nada produtiva.

4. *Comunicação*: O novo processo de revisão de desempenho é uma oportunidade para: a) explicar aos funcionários que o desenvolvimento foi formalmente separado do processo de revisão e qual o motivo para isso, e b) enfatizar que o novo processo de análise de desempenho tem por objetivo buscar mais transparência e que você não apenas incentivará, mas esperará feedback. Reserve datas anualmente para relatar a todos o feedback recebido e como ele será incorporado.

5. *Determine um ciclo regular de revisão* (a cada três anos) em que a equipe de gestão de desempenho aprimore o processo com base no feedback da empresa. De novo: um objetivo importante é minimizar o tempo que o processo requer de todos.

Não esqueça: a arbitrariedade é o inimigo, a justiça é o objetivo. Análises de desempenho visam demonstrar aos funcionários seu comprometimento com a manutenção de um sistema justo para compensar o trabalho deles, e que isso é parte da missão da empresa. Se, finalizado o processo, as pessoas saírem com essa percepção, mesmo que nem sempre gostem do feedback envolvido, você terá êxito. Mas caso elas considerarem que o processo é injustamente punitivo, aleatório ou humilhante, ou que recompensa atitudes de cunho político, em vez de resultados e trabalho em equipe, você terá prejudicado o ciclo virtuoso que a Sinceridade Radical deve colocar em ação.

ELEMENTOS DE UM PROCESSO FORMAL DE REVISÃO DE DESEMPENHO

Sabe-se que cada empresa tem necessidades diferentes para suas avaliações de desempenho. Isso implica na impossibilidade de haver um modelo único, do jeito que penso que deveria ser. O que está ao alcance é levantar as principais considerações a respeito de que você e sua equipe devem manter em mente, e refletir um pouco em que a Sinceridade Radical pode ajudar nessa questão.

1. Classificar ou não classificar
2. Categorias de classificação
3. Progressão de carreira
4. Número de classificações
5. A linguagem das classificações
6. Consequência das classificações
7. Distribuição das classificações
8. Curva forçada ou não
9. Ajuste das classificações
10. Frequência
11. Processo de desempenho "360°" ou confiar na avaliação unilateral
12. Transparência ou confidencialidade
13. Pegar leve ou pesado

1. Classificar ou não classificar

Cresce a convicção de muitos de que as classificações são inerentemente falhas, e, de fato, há evidências de que elas frequentemente revelam mais sobre o avaliador do que o avaliado, e que podem desestimular a assunção de riscos devido às punições excessivamente rigorosas se aqueles se confirmarem. Finalmente, há o argumento de que a obsessão por classificações atrapalha as conversas sobre desenvolvimento, crítica que assino embaixo.

Se por um lado essa problematização é um fato, de outro, é preciso levar em consideração os benefícios envolvidos nas classificações. O papel desempenhado por eles pode ser de vital importância na questão da transparência do processo de tomada de decisão por trás de bônus, promoções e demissões. Uma pessoa pode estar recebendo feedbacks regulares e improvisados, mas não entende o impacto em seu salário ou carreira até tomar conhecimento de sua classificação. Eliminar as avaliações pode abrir caminho para a Empatia Ruinosa. Avaliações podem forçar uma conversa difícil que, em última instância, ajuda o funcionário. Elas também facilitam o ajuste fino das decisões gerenciais — uma contribuição à equidade. Se não houver classificação de desempenho, as avaliações de gestores individuais não poderão ser facilmente correlacionadas entre si. Em tal situação, os funcionários menos eficazes, cujos chefes são pouco exigentes, às vezes são recompensados regiamente, enquanto os funcionários mais eficazes, subordinados a chefes que são mais rigorosos, podem receber bônus menores ou demorar a ser promovidos. Quando os gestores fazem avaliações de desempenho, é muito mais fácil notar quem é um "avaliador fácil" e quem é um "avaliador difícil" e agir de acordo.

Deixe claro que o objetivo da classificação é demonstrar da forma a mais transparente possível a avaliação do gestor quanto ao desempenho nos últimos meses e o impacto que isso tem na remuneração. Reconheça as limitações das classificações e garanta que as pessoas as vejam como uma ferramenta de comunicação, não como um julgamento absoluto.

2. Categorias de classificação

A questão principal aqui é se a opção é pelo simples, com uma classificação básica de "desempenho geral", ou se é necessário considerar os principais indutores de desempenho, classificando cada um separadamente. Dá um pouco de trabalho identificar os principais fatores de desempenho, mas isso traz benefícios profundos. Se você conseguir identificar três ou quatro categorias eficazes, dará condições a seus gerentes de se concentrarem um pouco mais nas áreas que precisam ser trabalhadas e permitirá aos funcionários ter uma noção mais clara do motivo pelo qual receberam ou não a remuneração ou promoção que mereciam. Uma ressalva:

é claro, a partir do feedback amplo e das análises, que categorizar muito se torna confuso e excessivamente complicado. Portanto, limite-se a três ou quatro. Novamente: arbitrariedade é o inimigo, justiça é o objetivo.

Agora, portanto, é hora de sua equipe de gestão de desempenho escolher suas três ou quatro categorias. É aqui que começa a importância de ter uma equipe de líderes operacionais e de RH. Vale a pena dedicar um tempo para chegar à mesma página na hora de identificar as categorias. Também vale a pena pensar bem em como você as comunica. As palavras escolhidas transmitirão, de duas, uma: um processo cuidadosamente alinhado com a missão de sua empresa ou, em vez disso, um processo de terceirização para uma burocracia sem rosto. Se as pessoas sentem que seu salário e suas perspectivas de carreira dependem de uma burocracia aleatória, dificilmente se inspiram para fazer o melhor trabalho possível.

Você elencará, provavelmente, três ou quatro termos genéricos que representam seus principais indutores de desempenho. Não fique apenas nisso! Pense em modificar cada palavra ou frase mais relacionada a aspectos de RH, de modo a fazer com que sejam um reflexo real do que sua organização está tentando alcançar. "Trabalho em equipe" é a frase certa, ou talvez fosse melhor chamar isso de "regra do não idiota" ou "colaboração". Verifique se as palavras refletem as aspirações de sua empresa. Corrigir esses detalhes faz parte da vinculação do processo a uma sensação de verdadeira transparência e justiça a serviço de seus objetivos compartilhados.

Eis aqui quatro categorias comuns expressadas como "termos genéricos" para que sejam amplamente aplicáveis:

- *Resultados.* **A pessoa está cumprindo suas metas, fazendo o que deve fazer? Ela possui as habilidades ou especialização necessárias para serem eficazes em seu papel?**

- *Trabalho em equipe.* **Quão bem a pessoa trabalha com outras pessoas para obter os resultados? Ela ajuda os demais a ter sucesso ou deixa um rastro de cadáveres por onde passa? Ela exibe Sinceridade Radical, desafia diretamente e se importa pessoalmente?**

- *Inovação.* **Essa pessoa apresenta ideias novas, capazes de mudar o jogo para melhor, ou ajuda a equipe a fazer o trabalho antigo de uma maneira diferente e mais eficiente? A inovação não se refere apenas a ideias ousadas e disruptivas que resultam, digamos, no iPhone. Inovações também têm um caráter incremental. Por exemplo, o funcionário descobrir que teclados programáveis permitirão à equipe responder mais rapidamente as perguntas rotineiras de suporte ao cliente, fazendo com que se concentrem no trabalho mais interessante e impactante.**

■ *Eficiência.* Essa pessoa trabalha rápido e de maneira produtiva e contribui para aumentar a capacidade da equipe de fazer o mesmo? Por exemplo, o funcionário que pode fazer o trabalho com mais rapidez se põe à disposição para mostrar aos demais com se faz isso?

Trabalho em equipe e resultados são escolhas bastante óbvias. Quanto a inovação e eficiência, sua presença se explica pela importância de pensar em coisas novas e, naquilo que já existe, trabalhar com mais eficiência. Frequentemente, para descobrir como ser mais eficiente, é necessária uma grande inovação, e o tempo ganho decorrente da eficiência pode ser utilizado para o trabalho mental capaz de inovações disruptivas. Você precisa identificar os fatores indutores que são relevantes e específicos para sua empresa.

Minha recomendação é usar as classificações de categoria apenas como primeiro passo. Mas não insista para que todos os gestores ajam da mesma forma. Antes do encontro com seu subordinado, pergunte a si mesmo se ele, de alguma maneira, está agregando algum valor não cogitado aqui. Particularmente para pessoas com dificuldades em algumas áreas, mas que acreditam ter espaço para crescimento, isso as lembra de que você não as está vendo apenas como um número em um formulário. Honre o processo, mas não seja um escravo irracional do sistema!

3. Progressão de carreira

O termo progressão de carreira forma em minha mente a imagem de uma "escada de empregos" [tradução literal de "job ladders"]. Eu odeio essa imagem, pois há os que tendem a comemorar a "subida da escada corporativa", em vez de fazer um trabalho que seja significativo. Mas se trata de um mal necessário. Obviamente, o desempenho de um recém-formado e de um CEO não deve ser medido pelos mesmos padrões. Portanto, você precisa descrever o que significa trabalho em equipe para um funcionário de nível básico de forma diferente do que o faz para um gerente, diretor, vice-presidente, e assim por diante. De novo: a linguagem, a forma de dizer, é importante aqui. Descrever especificamente cada lance de escada poderá fazer com que as pessoas se concentrem nos degraus em si, afastando-se do senso comum de desenvolver habilidades. A progressão de carreira que está no papel não pode ser como uma promessa falsa que você não pode cumprir: *se você fizer essas coisas, será promovido.* Além disso, a especificação em demasia fará com que haja uma proliferação do número de degraus. Em vez de ter um para cada uma das principais funções de uma empresa, cada subgrupo terá sua própria escada e entrará em uma briga pelo pão com outros subgrupos que se julguem ou são prejudicados. Se, ao contrário, as descrições forem muito abstratas, serão lidas como irrelevantes para o trabalho das pessoas e consideradas letra morta. Para não cair nesses extremos, ajuda encarregar da redação das descrições os executivos das áreas operacionais que já realizaram o trabalho em todos os níveis componentes da progressão de carreira. O departamento de RH pode servir como editor dessas descrições.

4. Número de classificações

Já foi objeto de muitos estudos descobrir qual é o número ideal de classificações (ou seja, se cada categoria deve ser classificada em uma escala de um a três ou uma a cinco, etc.). Segundo os estatísticos, cinco a sete classificações são suficientes para, sem recair em muita complexidade, dar condições de mensurar o desempenho de uma pessoa. No entanto, os profissionais de RH com quem conversei sugeriram que há muito mais classificações.

Mais de quatro classificações dão um falso senso de precisão. Recorrer a muitas classificações, em face das minúcias a que se chega, induz os gestores a pensar em um nível de avaliação do desempenho das pessoas praticamente impossível de alcançar. Além disso, quando os gestores têm muitas classificações à sua disposição, tendem a tentar mostrar que houve uma pequena melhoria em cada revisão, no intuito de fazer a pessoa "sentir" que está se aprimorando. Isso não é gestão de desempenho, é bobagem, um falso senso de progresso. Como invariavelmente o desempenho tem altos e baixos, algumas pessoas terão um trimestre inferior, e, se isso não se refletir na avaliação, os gestores as estarão usando para medir o tempo em uma função, e não o desempenho.

Se as classificações forem apenas três, a maior parte das pessoas não aprenderá nada com elas, porque a grande maioria (geralmente cerca de 80%) estará no meio. Quatro classificações exigem que os gestores dividam esse imenso meio entre aqueles que estão acima da média e aqueles que estão abaixo. Há forte resistência a isso entre muitos gestores em razão das conversas difíceis resultantes desse procedimento. Mas se você está nesse imenso meio, na verdade merece saber o que seu gerente e sua equipe pensam.

Eu optei por quatro classificações por geralmente proporcionar a melhor relação entre simplicidade e sinalização. Mas pode haver uma boa razão para você fazer algo diferente. Seja qual for sua escolha, você deseja um sistema que leve os gestores a deixar claro para as pessoas em que ponto estão e quais as implicações disso para salários e futuras ocupações. Considerando que as conversas improvisadas com Sinceridade Radical se concentram no desejo intrínseco de melhorar, as consequências extrínsecas do desempenho merecem uma conversa focada.

Quatro classificações dão um feedback claro aos funcionários sobre a quantas anda seu desempenho, sem forçar a falsa precisão de um número maior de classificações. Separar as classificações para cada uma das quatro categorias que você escolheu pode ajudar a avaliação de desempenho a servir como um diagnóstico de melhoria (ou seja, "seus resultados são incríveis, mas seu trabalho

	Não OK	Mais ou Menos (OK)	Bom	Excelente
Trabalho em Equipe	●	○	○	○
Inovação	○	○	●	○
Eficiência	○	○	●	○
Resultados	○	○	○	●
No geral**	Não ok			

** Se você classificar como Não OK em qualquer área, sua classificação geral é Não OK. Para obter um Excelente, você precisa de um Excelente no trabalho em equipe, nos resultados e em um dos outros dois. Caso contrário, é uma média arredondada.

em equipe deixa a desejar"), não apenas um chicote ou uma cenoura, como decorre de uma classificação geral. Em outras palavras, isso pode trazer alguns dos benefícios de mais classificações sem a armadilha da falsa precisão.

Uma desvantagem de quatro classificações é que elas não possibilitam avaliar pessoas cujo desempenho é realmente excepcional — digamos, entre as cinco principais, ou mesmo o 1%. Contudo, para manter essas pessoas envolvidas, geralmente é preciso fazer algo sob medida. Um processo não será suficiente.

Mais uma vez, não adote minhas recomendação. Você precisará descobrir o que funciona melhor em virtude de sua situação em particular e das contribuições de diversas partes interessadas. E não use palavras genéricas como as que estou usando.

Não recomendo obter uma classificação geral calculando uma média das classificações para cada categoria. As únicas pessoas que poderiam obter uma classificação Excelente devem ter uma classificação Excelente em todas as categorias. As pessoas que obtêm uma classificação Não OK em uma categoria recebem uma classificação geral Não OK. Isso o ajudará a obter uma distribuição razoável da classificação geral.

5. A linguagem das classificações

As palavras podem, por analogia, ser expressas em números, o que permite o cálculo de médias. Porém, quando você apresenta a classificação, as palavras funcionam melhor que os números. Você pode simplesmente atribuir números: 1, 2, 3, 4. Pode usar símbolos, ✓−, ✓, ✓+, ✓++. No entanto, em minha opinião, as palavras humanizam o que é um processo potencialmente alienante. Assegure-se de escolher palavras capazes de demonstrar que o trabalho de avaliar uma pessoa visa ajudá-la a crescer profissionalmente, e não apor um rótulo ou julgá-la enquanto ser humano.

Cada termo deve ser definido com clareza e de uma maneira que possa chegar ao conhecimento de todos (por exemplo, uma página na intranet da empresa), mas nada impede um reforço nas reuniões de revisão. Há algumas empresas que gostariam de deixar claro, por exemplo, que uma classificação Não OK significa que "você e seu gerente devem trabalhar juntos e elaborar um plano para ajudá-lo a resolver os problemas descritos aqui, porque, se você não cuidar desses problemas, provavelmente será colocado em um plano de desempenho que mais tarde poderia levar à rescisão do contrato de trabalho."

Já em outras empresas, uma classificação Não OK pode ser menos terrível. As definições não devem ocupar páginas e páginas, nem devem estar escritas com um palavreado jurídico. Bastam duas a três frases para cada intervalo de classificações. Cada frase deve incluir informações da equipe de gerenciamento de desempenho, a qual deve ter sempre em mente a simplicidade e clareza. O resultado deve ser fácil de entender e rápido de ler.

6. Consequência das classificações

Das classificações dependem a remuneração variável, promoções e rescisões de contrato. Espera-se que elas tornem mais transparente para os funcionários o raciocínio por trás dessas decisões, que levem os gestores a ajustes cuidadosos e, de modo feral, a fazer com que todo o processo pareça simples, transparente e justo. *Alguma coisa* levará a essas decisões. A natureza humana sugere que, quando não as tomamos observando um processo previamente preparado, nossa tendência é recompensar as pessoas porque "gostamos" delas, ou em decorrência de alguma experiência recente, ou por um preconceito qualquer. Fazer as classificações e explicar o impacto que elas têm nessas decisões forçará os gerentes a pensar e comunicar tais decisões de forma mais clara e explícita. E quando a gerência comunica claramente para toda a organização que investiu tempo e esforço para dar consistência e licitude ao processo, ela reforça uma cultura de Sinceridade Radical.

É também importante gerenciar a natural reação negativa às classificações. Assim, é preciso enfatizar ao funcionário que ele não está sozinho, que o gerente o ajudará a melhorar. Igualmente importante é procurar oportunidades que correspondam aos pontos fortes da pessoa (ou oferecer a ela uma função para a qual ela é mais adequada). Claro que existe, sem dúvida, o risco de a pessoa ser dispensada caso não consiga alcançar um nível básico de proficiência em uma determinada área.

Se uma pessoa tem conceito excelente em todas as categorias, exceto no trabalho em equipe, para o qual está "Mais ou Menos OK", é importante avaliar se a pessoa pode ser treinada para trabalhar melhor com outras pessoas. E ao menos no curto prazo, é recomendável a pessoa receber mais trabalho que possa ser efetuado de forma individual, em vez de ser colocada em situações de gerenciamento em que possa prejudicar ou desmoralizar toda uma equipe.

Ao ponderar sobre as consequências de uma avaliação de desempenho, não deixe de se concentrar nos pontos fortes das pessoas. Em vez de tentar forçar alguém a melhorar alocando-a em uma área em que ele está Mais ou Menos OK, pense em lhe dar mais trabalho no qual é Excelente. Dê às pessoas um trabalho que as faça se esforçar ao máximo, em vez de matá-las por dentro obrigando-as a fazer mais coisas que não são boas em fazer. Não é incomum os gestores concentrarem todos os seus esforços em eliminar as fraquezas, em vez de ajudar as pessoas a fazer mais do trabalho que adoram e no qual são ótimas. Isso pode ser altamente contraproducente.

Na Sinceridade Radical há também a esperança de que as pessoas se destaquem em um trabalho de excelência. Então, o que isso significa para as pessoas que, de modo consistente, sempre obtêm um conceito Mais ou Menos OK em todas as categorias, nunca demonstrando muita melhoria? Idealmente, essas pessoas devem ser ajudadas a encontrar uma função em que possam se destacar. E ninguém cujo trabalho for classificado como Mais ou Menos OK deve ser promovido. Uma condição para promoção deve ser a maioria de classificações Excelente de forma recorrente ao longo do tempo.

Quando um gerente atribui uma classificação Não OK, isso não deveria "ficar em suspensão" até a próxima avaliação de desempenho. Tal categorização requer do gestor elaborar e colocar em ação um plano de treinamento para aprimorar o desempenho do funcionário. O departamento de RH deve designar alguém para ajudar o gerente a começar a documentar problemas de desempenho, que é uma maneira de conscientizar a pessoa de quais serão as consequências caso não haja um aprimoramento funcional. Às vezes, os gestores evitam atribuir essa classificação para evitar os problemas das próximas etapas. O papel do RH aqui é aconselhar e ajudar.

Recompensas. Após receberem uma avaliação positiva, é claro que promoções e compensações financeiras estão no topo da lista de esperanças da maioria das pessoas. Mas dinheiro não é tudo, especialmente quando as pessoas realmente amam seu trabalho. É importante não apenas entregar um cheque a uma pessoa, mas também mostrar que você se importa pessoalmente. Aproveite o momento positivo para verificar como elas se sentem sobre o trabalho delas e sobre você como gerente. Descubra o que você poderia fazer para que elas sejam mais eficazes e não se frustrem com o trabalho. Vi o fundador de uma empresa adquirida pela minha se afastar de um pacote gigante de retenção porque estava muito frustrado pelo que não conseguiu fazer. Ele se foi com lágrimas nos olhos, dizendo: "Não me senti ouvido aqui." Isso me impressionou, porque eu havia deixado uma empresa que me dera opções de ações que deveriam me seduzir a permanecer na empresa "para sempre". Não deu certo. Saí e aceitei um emprego por metade do que ganhava. Por quê? O chefe do meu chefe se recusou firmemente a ouvir uma única &% #! palavra que eu dizia. Obviamente, muitas pessoas não terão a sorte de poder se afastar do dinheiro. Mas as pessoas raramente conseguem realizar seu melhor trabalho se estiverem algemadas. E, se puderem, muitas vezes se afastam de uma situação frustrante ou humilhante, por mais lucrativa que seja. Portanto, dedicar um tempo para *escutar* as pessoas é tão importante quanto remunerá-las.

Classificações devem ser usadas em seu máximo potencial para lhe dar a segurança de estar fazendo tudo que pode para manter as pessoas realizando o melhor trabalho. O dinheiro importa, mas há aspectos não materiais que têm mais importância. Lembre os gerentes de prestar atenção em tais aspectos.

7. Distribuição das classificações

Há, naturalmente, considerações práticas a serem consideradas quanto à distribuição de classificações, em especial sobre como se fatiará o bolo da remuneração. É lógico que, se você premiará com grandes bônus as pessoas cujas classificações são Excelentes, provavelmente não pode se dar ao luxo de ter 50% da empresa nessa categoria. Em geral, eu evitaria ter uma distribuição muito rígida, porque você pode em um determinado ano dispor de uma equipe excepcionalmente capaz, à qual você recompensou regiamente, e no ano seguinte contar com um monte de pessoas fazendo um péssimo trabalho, e você não quer que haja uma expectativa de manutenção de altos bônus que o cegue para a realidade. O processo de ajuste fino (mais sobre isso a seguir) é o mais importante.

De acordo com minha experiência, há sempre ao menos 5% das pessoas provavelmente necessitando do tipo de alerta que a classificação mais baixa indica. Entretanto, talvez em seu caso particular, você avalie que esse nível é excessivamente severo ou minimize a realidade. Uma classificação Excelente significa que você deseja conceder recompensas excepcionais às pessoas no intuito de lhes fazer justiça (elas foram mais eficazes do que outras!) e retê-las. Em geral, verifiquei que esse grupo compreende aproximadamente (muito aproximadamente) 15% de uma equipe. Como vimos antes, há geralmente entre 1% e 5% da força de trabalho cujo desempenho funcional é de tal modo notável, que você deseja manter a todo custo. É sem dúvida importante identificar essas pessoas, mas não há necessidade de criar uma classificação especial para elas. Isso deixa cerca de 40% de seu pessoal com um conceito Mais ou Menos OK e outros 40% com uma classificação Bom.

Como não conheço sua organização, não tenho condições de dizer se as distribuições que descrevi são adequadas. Cabe a você ponderar sobre as consequências de cada classificação e aí, então, decidir qual deve ser a distribuição.

De qualquer maneira, minha recomendação é a de que a distribuição seja transparente para a organização. Caso contrário, o ajuste das distribuições (item 9, adiante) se tornará nebuloso e frustrante demais.

8. Curva forçada ou não

Também há uma polêmica considerável sobre "forçar" ou não a curva, ou seja, instruir os gestores para definir rigidamente uma certa porcentagem de Não OK, uma porcentagem fixa de Excelente, e assim por diante. Esse procedimento é útil porque pressiona os gestores a evitar duas maneiras comuns de burlar o sistema: dar um troféu para cada funcionário ou colocar todos no meio para evitar conversas difíceis. Isso, contudo, tem o efeito colateral de ocorrerem classificações injustas.

Um dos benefícios de dispor de categorias (trabalho em equipe, inovação, eficiência e resultados) e calcular a classificação geral, como descrevi antes, é retirar das costas dos gestores parte da pressão da distribuição. Eles ficam com a opção, caso considerem apropriado, de dizer a cada pessoa em sua equipe que são excelentes em alguma coisa sem deixar de se estar alinhados com as diretrizes de distribuição. A questão é: faz sentido *forçar* os gestores a proceder dessa maneira?

A literatura disponível a respeito dos males da curva forçada é vasta. As consequências não intencionais e o jogo político envolvido são terríveis. Nunca passei por uma experiência dessas, mas ouvi histórias loucas de organizações nessa situação. Conheci um vice-presidente que achava muito difícil identificar verdadeiros baixos desempenhos, então atribuía as classificações mais baixas no estilo roleta russa. Ele foi transparente com sua equipe e achou que estava sendo muito inteligente por nunca haver necessitado de ter conversas difíceis com seus subordinados sobre por que eles estavam obtendo classificações baixas ou com seu chefe sobre por que ele não forçou a curva. Ele era um líder preguiçoso e injusto. Esse tipo de história me convenceu de que uma curva forçada é uma má ideia.

Eis aqui minha recomendação. Não force uma curva, mas ponha pressão nela:

- **Declare de modo explícito qual é a curva esperada.**

- **Verifique o número de pessoas que foram demitidas ou de alguma maneira afastadas nas estatísticas para obter a classificação mais baixa. Faça um acompanhamento ao longo do tempo. Caso contrário, as pessoas mantêm seus funcionários de baixo desempenho por perto para forçar a curva, em vez de demiti-los.**

- A curva de cada gestor deve estar visível para seus pares; a curva de classificação de cada diretor deve ser visível para seus pares; a curva de classificação de cada vice-presidente deve estar visível para seus pares, e assim por diante.

- Exija que os gestores cujas curvas estão fora do esperado deem uma explicação por escrito do motivo; faça muitas perguntas e permita que os pares deles o façam também. Quando a curva de uma equipe é notavelmente inclinada quando comparada à de outras equipes, pergunte: "Essa equipe na realidade contribuiu mais/menos do que as outras equipes neste ciclo de classificação?" Se a resposta for não, pressione o gerente para reavaliar as classificações. Da mesma forma, se uma equipe produziu algo excepcional, verifique se o gerente da equipe está refletindo isso nas classificações. A maioria dos gestores fica no meio, inclinando-se para o positivo; eles distribuem muitos Bom e OK, e poucos Excelente e Não OK. É por essa razão que as sessões de ajuste fino são tão importantes.

9. Ajuste das classificações

Nas chamadas reuniões de ajuste das classificações, um grupo de gestores delibera e garante que todos eles classifiquem as pessoas segundo um mesmo critério, evitando que um seja um avaliador rigoroso enquanto o outro é mais condescendente. Se você é gestor de gestores, é importante garantir que todas as pessoas que trabalham para você se reúnam e façam o ajuste. Se você é gestor e seu chefe não está fazendo isso, verifique com seus pares.

Tais reuniões são fundamentais por dois motivos, sendo o primeiro a transparência. Os gestores necessitam ser sinceros caso saibam que precisam defender suas classificações diante de seus pares e de níveis gerenciais ainda mais altos. O segundo é o feedback dado aos novos gestores. Essas reuniões são uma excelente oportunidade de se informar sobre as expectativas de desempenho e observação das normas culturais. A grande desvantagem delas é que podem levar horas e horas. Defina quando parar e, chegado esse momento, encerre a reunião.

Não há como ser diferente: reuniões de ajuste são invariavelmente dolorosas. Digamos que Geoff tenha seis subordinados. Para ele, todos são fantásticos, especialmente Tony, cujo trabalho ele considera "Excelente". A colega de Geoff, Wilma, que também administra seis pessoas, não acha que Tony seja tão bom assim. De fato, Wilma provavelmente classificaria o trabalho de Tony como "OK". Se Wilma expuser sua opinião, Geoff pode se envergonhar ou se enraivecer. Caso ela não se manifeste, ficará ressentida com Geoff. A chefe deles, Ann, *precisa* iniciar o que será uma conversa difícil. Se ela se omitir, várias coisas ruins acontecerão. Para começar, ela não procedeu à distribuição correta. Depois, Geoff será reputado como um avaliador condescendente. As pessoas continuarão gostando muito de trabalhar para Wilma, mas acharão injusto que a equipe de Geoff seja melhor remunerada e obtenha promoções mais rapidamente porque Geoff é um avaliador condescendente. Isso criará incentivos esdrúxulos. Ann poderia resolver o problema chamando Geoff de lado, mas com isso ela perderia uma oportunidade de promover um entendimento compartilhado na equipe sobre o que "Excelente" significa, e também a chance de fazer com que Geoff e Wilma tenham conversas Radicalmente Sinceras. Se Ann forçar todo mundo em sua equipe a se desafiarem mutuamente, é muito mais provável que eles cheguem à mesma página com mais rapidez e profundidade — e também estreitem seus relacionamentos — do que se Ann tentasse ajustar as classificações. E, o mais importante, se Ann forçar a conversa entre Geoff e Wilma, o resultado provavelmente será mais justo para os funcionários de ambos.

Se Ann tem várias camadas hierárquicas sob sua gestão, a reunião de ajuste ganha ainda maior relevância, pois, à medida que as empresas crescem, torna-se mais comum que um número desproporcional de funcionários seniores obtenha as classificações mais altas, com a maior parte das classificações baixas dadas aos funcionários mais juniores.

Quando eu estava no Google, pedi ao nosso RH para dividir as classificações em níveis. Embora o Google tenha se esforçado bastante para ser uma organização "plana", havia oito níveis diferentes na equipe que gerenciei: do nível 2 ao 9. O nível 2 correspondia aos funcionários do atendimento ao cliente; o nível 9, ao de Diretor II. Parecia ser, de maneira geral, uma boa distribuição de classificações. Porém, quando analisamos a distribuição de classificações para funcionários de nível 2 vis a vis com a dos funcionários de nível 7 a 9, descobrimos que a maior parte das classificações mais baixas foi atribuída a funcionários do nível 2; as únicas classificações superiores foram dadas a funcionários do nível 8. Se eu olhasse para como classifiquei as seis pessoas que trabalhavam diretamente para mim, pareciam terem sido feitas mais para atender interesses meus, e eu sabia que não era justo.

Antes de rever e reajustar por nível, tivemos uma conversa teórica. Deveria realmente haver tanta diferença por nível? Alguns argumentaram a favor de uma distribuição diferente para funcionários iniciantes. Os primeiros dois anos poderiam representar uma espécie de eliminatória. Há bancos de investimento e empresas de consultoria que oferecem um programa de dois anos para pessoas vindas diretamente da faculdade. Findo esse período, eles convidam somente 10% delas para permanecer na empresa. Eles não chamam isso de falta de expectativas ou desempenho ruim— apenas o chamam de um programa de dois anos e definem expectativas para continuar mais tempo que raramente acontecem. O efeito é o mesmo de atribuir uma classificação ruim a 90% dos funcionários do nível 2. Deveríamos fazer algo assim? Decidimos que não, que queríamos que nossa equipe fosse um lugar em que as pessoas conseguissem um emprego depois da faculdade e permanecessem nele. As habilidades que eles aprenderam nos dois primeiros anos os tornariam mais valiosos. Portanto, concordamos que a distribuição deve ser a mesma em todos os níveis. Você terá uma conversa sobre o mesmo assunto, mas poderá chegar a conclusões muito diferentes.

Meu instinto me diz para ser mais justo e impor a mesma distribuição em todos os níveis de funcionários. Trata-se, porém, de instinto, não de recomendação. Em algumas situações, variar a distribuição por nível pode estar apoiado em um bom motivo. Tenho, no entanto, uma forte recomendação a fazer: tome uma decisão consciente.

10. Frequência

Em algumas empresas, as análises de desempenho são efetuadas a cada trimestre, em outras, uma ou duas vezes por ano, e muitas nunca as fazem. Na startup que criei, nunca fiz análises de desempenho e não conseguia entender por que elas eram necessárias. Levei um tempo para ver o tamanho do desastre. No Google, fizemos quatro vezes por ano, e depois, duas vezes por ano. Funcionou muito bem, até o sistema ficar mais complicado e consumir muito tempo.

Se, por um lado, nunca fazer análises de desempenho é uma má ideia, fazê-las todos os trimestres de modo integral, além de sobrecarregar os gestores, não dá muito tempo aos funcionários para mostrar melhorias em relação ao último ciclo de classificação. Então, eis minha recomendação: faça isso duas vezes por ano. Uma delas pode ser leve, oral e apenas entre o gerente e o funcionário; a outra deve ser por escrito e incluir uma análise de 360°.

Convém frisar que nessa recomendação estamos falando de classificação para gestão de desempenho, não de desenvolvimento. As conversas improvisadas sobre desenvolvimento devem acontecer semanalmente, mas devem ser privadas e levar não mais de dois minutos, sem envolver classificação ou processo. Mudanças nas quais se passa a fazer classificações mais frequentes geralmente resultam em confusão entre gerenciamento de desempenho e desenvolvimento. Este é algo diário, semanal. Caso as classificações ocorram com muita frequência, elas se confundem com o desenvolvimento, e as conversas que deveriam se ater ao impulso intrínseco de melhorar desencadeiam, em vez disso, a resistência que acontece quando somos julgados, redundando em recompensas e punições de outro teor, extrínsecas.

A função do sistema é lembrar a todos para dar e solicitar conversas de feedback de dois minutos diariamente/semanalmente. E também de fazer ver às pessoas que surpresas nos tópicos das classificações indicam que não está havendo desenvolvimento suficiente.

11. Processo de desempenho "360°" ou confiar na avaliação unilateral

Eu recomendaria fortemente um processo de revisão de desempenho em 360° no qual as informações são obtidas junto às pessoas situadas "acima", "abaixo" e "lateralmente" na organização. Essa é uma providência das mais eficazes que qualquer organização pode tomar no intuito de garantir que o ponto de vista subjetivo de um gerente não resvale para o favoritismo ou permita uma alocação injusta ou imperfeita de recursos. Quando os gerentes tomam decisões unilaterais em excesso, a repercussão é danosa em termos de resultados, e um desastre para a capacidade de um chefe ter um relacionamento Radicalmente Sincero com seus funcionários. Há poucas coisas mais deletérias para um relacionamento do que o poder unilateral. Além disso, quando o chefe de seu chefe solicita que você dê um feedback sobre ele, há nisso uma mensagem clara de "fale a verdade ao poder", que também é importante para uma cultura de Sinceridade Radical. Quando existe transparência, as avaliações de 360° também podem reforçar uma cultura de feedback direto e de atenção com o outro.

Contudo, há nessa questão um aspecto problemático. As avaliações 360° geralmente levam mais tempo do que seria necessário. Durante a temporada de revisão no Google, cada avaliação me tomava de trinta a sessenta minutos, e geralmente me pediam para escrever cerca de vinte delas. Todos ao meu redor estavam na mesma situação. Elaborar feedbacks tão extensos tinha lá seus benefícios — realmente me faziam refletir. Porém, creio que grande parte do valor representado pelas revisões poderia ter sido alcançado simplesmente informando as pessoas como eu pensava que estavam indo de acordo com os quatro critérios. Penso que as avaliações 360° entre os pares, em particular, podem ser muito menos extensas do que ocorre na maioria das empresas. Recomendo simplesmente pedir aos funcionários que classifiquem seus pares em cada um dos quatro critérios, não sendo necessário escrever nada para as classificações Mais ou Menos OK ou Bom — basta pedir-lhes que escrevam não mais que 75 palavras para as classificações Não OK e Excelentes. A distribuição esperada deve ser exibida ao lado da distribuição real do funcionário para que eles possam se autorregular quando considerarem um avaliador "condescendente" ou "rígido".

Pressionar todos para que avaliem segundo um determinado padrão ajuda a eliminar o problema de que as classificações tendem a dizer mais sobre o avaliador do que sobre o avaliado. E também incentiva as pessoas a identificar e comunicar o que de fato pensam sobre o desempenho dos outros.

12. Transparência ou confidencialidade

FORMULARIO A SER PREENCHIDO PELO GERENTE NA AVALIACAO DE DESEMPENHO DE FULANO DE TAL (SEGUNDO TRIMESTRE DE 20XX)

SEM SURPRESAS! Espero que esta não seja a primeira vez que você está fazendo algum comentário. Você já deveria estar tendo conversas improvisadas regulares de desenvolvimento com seus pares, subordinados e gestor. Se você quiser feedback, clique aqui. Caso sinta que está tentando e não está conseguindo, clique aqui. E se não disse antes o que está escrevendo agora, clique aqui para obter conselhos sobre uma conversa individual antes de clicar em enviar.

CLASSIFICACAO

COMENTARIOS

Instruções: não é necessário comentar sobre classificações "Mais ou Menos OK" ou "Bom". Por favor não escreva mais que 75 palavras para explicar as classificações "Não OK" e "Excelente".

	Não OK	Mais ou Menos (OK)	Bom	Excelente	
Trabalho em Equipe	O	O	O	O	
Inovação	O	O	O	O	
Eficiência	O	O	O	O	
Resultados	O	O	O	O	
No geral**	calculado automaticamente				
Distribuição esperada	1%	30%	50%	19%	

Sua distribuição (calculada depois que você terminou 60% da avaliação de seus pares)

** Se você classificar como Não OK em qualquer área, sua classificação geral é Não OK. Para obter um Excelente, você precisa de um Excelente no trabalho e equipe, nos resultados e em um dos outros dois. Caso contrário, é uma média arredondada.

(1%) Esperamos que 5% dos funcionários recebam uma classificação "Não OK". Você só tem 1%. Revise suas classificações. Se você não conseguir atingir a distribuição esperada, explique aqui.
(30%) Esperamos ver 40% dos funcionários obterem uma classificação "Não OK". Você só tem 30%. Revise suas classificações. Se você não conseguir atingir a distribuição esperada, explique aqui.
(50%) Esperamos que 40% dos funcionários obtenham uma classificação "Não OK". Você só tem 50%. Revise suas classificações. Se você não conseguir atingir a distribuição esperada, explique aqui.
(19%) Esperamos que 15% dos funcionários recebam uma classificação "Não OK". Você só tem 19%. Revise suas classificação. Se você não conseguir atingir a distribuição esperada, explique aqui.

Caso decida fazer o feedback 360°, você precisará decidir se será transparente (o que as pessoas escrevem sobre seus colegas é visível para eles) ou confidencial (o que as pessoas escrevem sobre seus colegas é visível apenas para os gerentes desses colegas). Recomendo fortemente a transparência. O feedback confidencial não incentiva as pessoas a Desafiarem Diretamente, e muitas vezes também prejudica a dimensão Importar-se Pessoalmente da Sinceridade Radical. As pessoas são frequentemente mais detestavelmente agressivas no anonimato.

Feedbacks confidenciais têm alguns benefícios. Primeiro, em teoria, permitem que os funcionários escrevam de forma mais sucinta — se você sabe que alguém vai ler o que escreverá sobre eles, é provável que gaste mais tempo escolhendo suas palavras com cuidado. Segundo, confidencialidade às vezes significa que as pessoas dão a um gestor um feedback que, de outra forma, não dariam.

As desvantagens do feedback confidencial, entretanto, são várias. Primeiro, não força os colegas a ter conversas diretas entre si. É, assim, há uma oportunidade perdida de impulsionar uma cultura de feedback direto e aberto. Nos piores casos, incentiva o comportamento de falar mal pelas costas. Segundo, como decorrência da não transparência, os gerentes precisam ler e sintetizar todo o feedback de seus pares para todos os funcionários. Infelizmente, nessa síntese, às vezes ocorre um processo de subtração de valores. Tornar o feedback 360° transparente gera uma cultura de feedback direto, é mais eficiente para os gerentes e fornece aos funcionários feedback de alta qualidade dos colegas.

Eu recomendo fortemente que um processo 360° envolva todos os funcionários da empresa. Se você fizer isso apenas para líderes seniores, lhes dará mais um benefício que outras pessoas "mais abaixo" na hierarquia não recebem. Então faça isso para todos. (Elimine salas de canto e vagas de estacionamento executivo enquanto você estiver nisso).

Ademais, quanto mais cedo você começar a ensinar às pessoas como escrever um bom feedback, melhor e mais útil será. Eu recomendaria uma ação do tipo "não conte, mostre" de boa escrita. Quanto mais abstrato o feedback, mais intrigante. Quanto mais específico, mais você pode contar uma história sobre um incidente ilustrativo do que você quer dizer. Ajuda ensinar as pessoas a escrever um bom feedback de desempenho, mas é claro que a melhor maneira de as pessoas aprenderem é começar a escrevê-los e recebê-los.

E quando as pessoas têm conhecimento de que aquele sobre quem estão escrevendo saberá disso, naturalmente terão mais cuidado em dizer as coisas de uma maneira produtiva. Evidentemente, haverá também a tentação de não dizer nada. É por isso que fazer as pessoas se inclinarem em direção a padrões é tão importante.

Eu optaria pelo feedback transparente entre os pares. Não obstante, não me oponho a criar um campo no qual as pessoas possam dar feedback confidencial.

13. PEGAR LEVE OU PESADO

Um processo de revisão rigoroso, que "pegue pesado", requer que todos executem avaliações de funcionários e feedback "de cima", "de baixo" e "laterais", envolvendo uma quantidade enorme de tempo.

No Google, quando começou, o processo não era rigoroso, mas ficou mais complicado à medida que a empresa crescia. Na época em que saí dali, em 2010, eu passava quatro horas escrevendo a revisão para cada um de meus subordinados diretos. Apesar de eles serem apenas seis, essa tarefa representava 24 horas de trabalho duas vezes por ano; além disso, eu tinha todo o feedback de meus pares para escrever — mais vinte horas de trabalho. E as demandas dos negócios não diminuíam só por estarmos na temporada de avaliações. Isso implicava que havia quatro semanas por ano em que todos praticamente tinham um segundo emprego e estavam de mau humor. As pessoas ficavam acordadas até tarde fazendo as revisões e ficavam resfriadas. Os resfriados se espalharam. Todos nós começamos a temer esse período a ponto de chamá-lo de "a procrastinação perfeita", porque deixávamos de concluir outras coisas importantes no trabalho e em casa. Embora eu ache que me forçar a gastar esse tempo tenha me feito refletir mais profundamente sobre o modo como eu estava gerenciando a equipe, não tenho certeza de que o custo desse processo para a organização tenha valido a pena.

Ainda que se implemente um bom processo, eles ganharão vida própria se não forem gerenciados apropriada e ativamente. Um grande problema no Google foi que as redações da avaliação de desempenho foram inseridas no processo de promoção, o qual estava se tornando pesado. E o ônus acarretado pela senioridade era dramático. Eu conhecia um líder de engenharia que tinha um recém-formado trabalhando para ele que morava em seu caminhão no estacionamento porque não podia pagar os aluguéis em Mountain View e seu empréstimo na faculdade. Enquanto isso, os VPs eram agraciados com pacotes de remuneração no valor de US$100 milhões. Quando as coisas estão postas assim, é ridículo dizer às pessoas "não se preocupe com uma promoção". E quando algo que você escreveu há dois anos no feedback de alguém foi lido no comitê de promoção e esta não aconteceu, significa que cada palavra que escreveu foi escolhida com níveis improdutivos de atenção.

Mesmo que não se esteja remunerando os altos executivos de maneira tão insana assim, imprevisibilidades desse tipo podem ocorrer, e ocorrem, em todos os lugares. Portanto, será preciso monitorar ativamente quanto tempo o processo leva e aparar arestas para garantir que não cresça além do que se pretende.

Enquanto você permanecer no controle de seu processo, recomendo uma avaliação menos detalhada que ocorra duas vezes por ano. Lembre-se de que o processo levará menos tempo e será mais Radicalmente Sincero se todo o feedback 360° for transparente. O fato de não ser anônimo e não ser necessário fazer sínteses do feedback 360° reduzirá a quantidade de tempo que os gestores gastam escrevendo comentários para cada superior hierárquico imediato ao qual o funcionário avaliado se reporta. Uma ferramenta de revisão assim seria muito parecida com a ferramenta 360° que descrevi antes. Ela pedia aos gestores que classificassem seus funcionários para cada categoria e solicitava que eles inserissem texto quando o funcionário estivesse na classificação inferior ou superior. Quanto à classificação geral, seria calculada automaticamente, e a distribuição de classificação do gestor seria comparada à distribuição esperada. Se a distribuição do gestor ficar fora do esperado, ele deverá explicar a razão. O gestor deve ser capaz de preencher o formulário de revisão de cada funcionário em menos de trinta minutos.

O QUE O GERENTE DE FULANO DE TAL VÊ ANTES DE PREENCHER A AVALIAÇÃO DE DESEMPENHO (SEGUNDO TRIMESTRE DE 20XX)

CLASSIFICAÇÃO

COMENTARIOS

Instruções: não é necessário comentar sobre classificações "Mais ou Menos OK" ou "Bom". Por favor, não escreva mais que 75 palavras para explicar as classificações "Não OK" e "Excelente".

	Não OK	Mais ou Menos (OK)	Bom	Excelente	
abalho em quipe	◯	②	②	⑥	
ovação	◯	◯	②	⑧	
iciência	②	⑧	①	◯	Funcionário: "Fulano de Tal leva muito tempo para chegar ao ponto. Se ele quer algo de mim, gostaria que ele perguntasse. Chegamos a conversar a respeito, mas não houve melhora até o momento."
sultados	◯	②	⑧	◯	
geral**		Bom			

* Se você classificar como Não OK em qualquer área, sua classificação geral é Não OK. Para obter um Excelente, você precisa de um Excelente no trabalho em equipe, nos resultados e em um dos outros dois. Caso contrário, é uma média arredondada.

Se a organização enfatizar a importância de um feedback regular e de improviso, não haverá a necessidade de grande parte de um processo de avaliação mais encorpado.

O gestor obteria um resumo do feedback de seus pares, que poderia ser examinado antes de chegar à avaliação final. O relatório mostraria quantas pessoas deram qual classificação, e, se o gestor clicar na classificação, verá algo parecido com isto:

O QUE O GERENTE DE FULANO DE TAL VÊ DEPOIS DE PREENCHER A AVALIAÇÃO DE DESEMPENHO E ANTES DE DIVULGÁ-LO (SEGUNDO TRIMESTRE DE 20XX)

AVALIAÇÃO DO GERENTE

SEM SURPRESAS! Espero que esta não seja a primeira vez que você está fazendo algum comentário. Você já deveria estar tendo conversas semanais com cada subordinado, <u>solicitando</u> e <u>dando</u> feedbacks. Se você não disse antes o que está escrevendo agora, clique <u>aqui</u> para orientação.

CLASSIFICAÇÃO

	Não OK	Mais ou Menos (OK)	Bom	Excelente
Trabalho em Equipe	○	○	⦿ (!!!)	○
Inovação	○	○	○	●
Eficiência	○	●	○	○
Resultados	○	○	●	○
No geral**		(Bom)		

Você classificou o Trabalho em Equipe de Fulano de Tal mais baixo do que seus pares. Por favor, certifique-se de explicar a razão disso em seus comentários sobre Fulano de Tal. Também copie e cole e coloque aqui.

COMENTÁRIOS

Instruções: não é necessário comentar sobre classificações "Mais ou Menos OK" ou "Bom". Por favor não escreva mais que 75 palavras para explicar as classificações "Não OK" e "Excelente".

A equipe de Fulano de Tal lhe deu uma classificação mai do que a minha por duas razões. Uma delas (continue lendo)

O Projeto Y de Fulano de Tal foi um divisor de águas para nossa equipe. Sua criatividade (continue lendo)

John trabalha o tempo todo e nem sempre é tão sensíve necessidades (continue lendo)

Se John puder ser mais eficiente, seus resultados seu trabalho em equipe melhorarão (continue len

* Se você classificar como Não OK em qualquer área, classificação geral é Não OK. Para obter um Excelente você precisa de um Excelente no trabalho em equipe, nos resultados e em um dos outros dois. Caso contrá é uma média arredondada.

Em seguida, o gerente poderia preencher sua avaliação do desempenho de Fulano de Tal. Se a avaliação do gerente for radicalmente distinta daquela feita pela equipe, ele será solicitado a explicar.

Na última etapa do processo, todos os gerentes que lideram mais de trinta pessoas receberiam uma mensagem caso as avaliações dos pares de sua equipe ou a sua própria avaliação da equipe estivessem fora dos limites esperados.

	Não OK	Mais ou Menos (OK)	Bom	Excelente	
Distribuição esperada	5%	40%	40%	15%	!!! Sua equipe está com uma classificação mais alta que o esperado. Peça-lhes para entrar no intervalo ou explique aqui por que sua equipe está acima da distribuição esperada. Sua equipe realmente conseguiu mais do que outras equipes?
Distribuição de sua equipe	2%	35%	43%	20%	

CONCLUSÃO

Espero que este capítulo bônus o ajude a pensar sobre como os tipos de conversas sobre desenvolvimento que descrevi no livro podem funcionar em conjunto com um sistema de gestão de desempenho para criar uma cultura de Sinceridade Radical. Apreciaria muito receber feedback sobre isso, principalmente das pessoas com experiência na implementação de sistemas de gestão de desempenho. Envie seus comentários para PerformanceReviews@RadicalCandor.com.

ÍNDICE

A ESTRUTURA DA SINCERIDADE RADICAL
uma bússola, não um teste de personalidade!

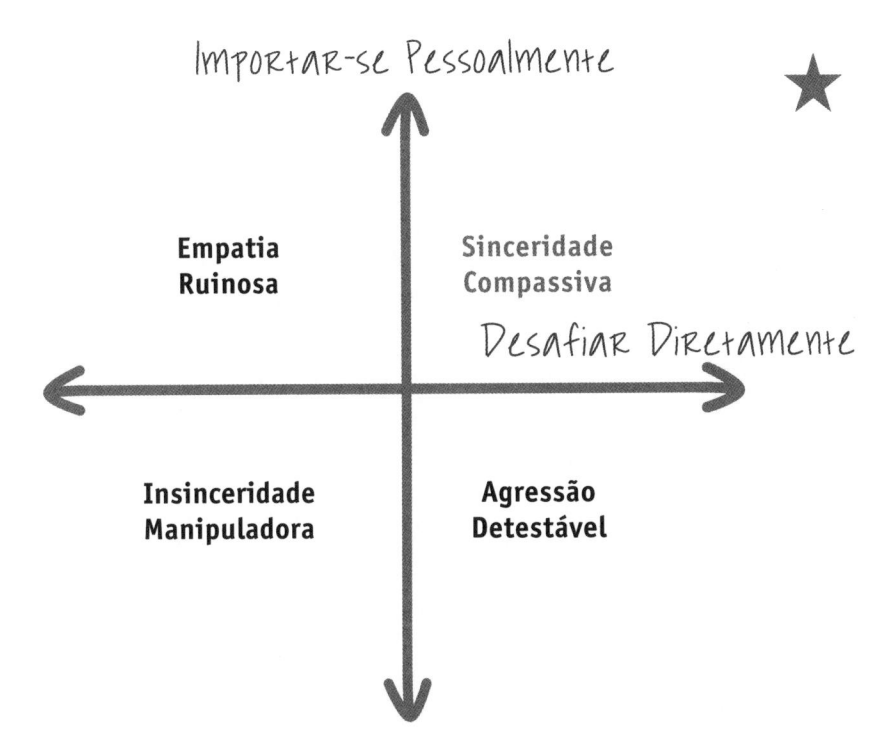

Importar-se Pessoalmente

**Empatia
Ruinosa**

**Sinceridade
Compassiva**

Desafiar Diretamente

**Insinceridade
Manipuladora**

**Agressão
Detestável**

Use a estrutura da SINCERIDADE RADICAL como uma bússola para orientar as conversas de modo mais positivo. Por favor, NÃO a use como teste de personalidade para avaliar a si mesmo ou a outrem. Não escreva nomes nos quadrantes, todos caímos em cada um deles diversas vezes ao dia.